수백 번 본들 한번 만들어봄만 하랴!

百見不如一打

백견불여일타

파이어베이스

남진하 지음

수백 번 본들 한번 만들어봄만 하랴!

百見不如一打

백견불여일타

파이어베이스

지은이 남진하 **1쇄 발행일** 2019년 9월 23일 **2쇄 발행일** 2020년 8월 4일

펴낸이 임성춘 **펴낸곳** 로드북 **편집** 조서희 **디자인** 이호용(표지), 심용희(본문)

주소 서울시 동작구 동작대로 11길 96-5 401호

출판 등록 제 25100-2017-000015호(2011년 3월 22일)

전화 02)874-7883 **팩스** 02)6280-6901

정가 38,000원 **ISBN** 978-89-97924-44-8 93000

이메일 chief@roadbook.co.kr **블로그** www.roadbook.co.kr

百見不如一打

코드를 한번 쳐보고 실행해보는 것이
프로그래밍을 익히는 으뜸 공부법이라는
철학을 담았습니다.

저자의 말

만나지 않고도 내 앱에 당신의 마음을 바로 담을 수만 있다면

구글과 애플에서 각각 안드로이드/iOS를 공개한 후 다양한 앱들이 거의 매일 전세계에서 만들어지고 있습니다. 초기에는 플랫폼에 종속된 앱들이 대부분이었지만 지금은 기발하고도 재미있는 발상들이 접목된 앱들이 개발되어 상용화되고 있습니다. '이런 앱도 있을까?' 생각하며 구글의 플레이스토어나 오픈마켓을 검색해보면, 검색 리스트에 각양각색의 이름으로 표시되며 '설치'되기만을 기다리고 있습니다. '아이디어'만으로 승부하기가 어렵게 된 지 오래입니다.

현재의 앱은 안정성이 높아야 함은 물론, 고객이 원하는 형태로 변화해 나가야 합니다. 즉, 끊임 없이 고객의 소리에 귀를 기울여야 합니다. 구체적으로 말하면 '사용자들이 어떠한 기능을 자주 사용하고, 자주 사용하지 않는 것은 무엇인지' 지속적으로 모니터링해야 합니다. 그렇지 않으면 고객들은 바로 그와 비슷한 기능을 하지만 '좀더 재미있는 경험'을 안겨 주는 경쟁 앱으로 이동하게 될 것입니다.

당신의 마음과 내 기술이 바로 통할 수 있게 하는 앱 개발 플랫폼, 파이어베이스

앱을 만드는 입장에서 고객을 만나지 않고 이러한 지속적인 모니터링을 어떻게 할 수 있을까요? 구글이 이러한 개발자들의 고민을 해결할 수 있는 파이어베이스 서비스를 시작했습니다. 파이어베이스를 처음 접했을 때 개발자가 정말 필요로 하는 기능들을 갖고 있다는 느낌을 받았던 것을 기억합니다. 인증, 실시간 데이터베이스, 파이어스토어, 저장소, 호스팅, 크래시리틱스, 클라우드 메시징, 원격 구성 등 다양하지만 꼭 필요한 서비스들을 제공하고 있으며, 크게 3가지 유용함을 제공하고 있습니다.

첫째는, 파이어베이스는 앱 개발에 도움을 줍니다. 파이어베이스 인증, 실시간 데이터베이스, 파이어스토어, 저장소, 호스팅 등은 인프라(서버 장비, 백엔드)에 대한 부담을 줄여 앱 개발에 집중할 수 있도록 제공됩니다.

둘째는, 파이어베이스는 품질 향상에 도움을 줍니다. 파이어베이스 크래시리틱스, 성능 모니터링, 테스트 랩은 앱에서 발생되는 문제들에 대한 정보를 수집하여 보여줌으로써 문제 해결을 빠르게 할 수 있으며, 해결된 문제는 테스트 랩을 통해 앱 검증을 빠르게 할 수 있습니다.

셋째는, 앱이 지속적으로 성장할 수 있게 합니다. 파이어베이스 클라우드 메시징, 원격 구성, 동적 링크, 애널리틱스 등은 사용자들이 앱을 어떻게 사용하고 어떤 것을 많이 사용하는지 모니터링뿐만 아니라 타겟을 구분하여 꼭 필요한 사용자들에게만 정보를 제공합니다.

파이어베이스에 빠르게 익숙하도록 예제 위주로 구성

이 책에서는 개발에 필요한 서비스들이 제공되는 목적과 주제별로 예제를 따라하며 기능을 실습으로 숙지할 수 있도록 구성했습니다. 또한 작은 단위의 앱 예제들을 상용 수준으로 개발해볼 수 있어야 한다고 생각하여, 특별부록으로 1장부터 14장까지 배운 내용을 토대로 앱을 기획하는 시점부터 테스트하여 배포하는 과정을 담았습니다. 이 내용은 실제로 필자가 앱을 개발할 때의 과정을 요약한 것이며, 전체적인 앱의 구조뿐만 아니라 소스코드 전체를 제공하고 있으니, 실제로 그대로 코딩해보면 학습에 큰 도움이 되리라 생각합니다.

이 책을 쓰는 동안 파이어베이스의 잦은 변화로 인해 녹록지 않은 시간을 보냈습니다. 집필을 시작했을 때의 파이어베이스 서비스와 현재의 서비스 항목은 다릅니다. 서비스 중이던 '오류보고'와 '초대'는 더는 지원하지 않으며, 새로운 서비스들도 추가되었습니다. 안드로이드 OS와 Android Studio 버전도 업그레이드 되었으며, 기존에 제공하던 API들도 일부 변경되어 수정 작업을 추가로 진행했습니다.

그러나 이 책의 머리말을 쓰고 있는 지금은 힘들었던 순간은 싹 가시고 긴장과 설렘만이 남아 있습니다. 파이어베이스의 바다를 항해할 독자 여러분과 소통할 곳도 네이버 카페에 마련했습니다. 함께 배워나갔으면 좋겠습니다. 독자 여러분의 앞날에 멋진 일들이 함께 하길 바랍니다.

남진하 드림

감사의 글

길고도 긴 집필 기간에도 믿고 기다려주시고 출간될 수 있도록 도움을 주신 로드북의 임성춘 편집장님과 조서희 편집자님께 큰 감사를 드립니다.

우리 집의 귀염둥이 딸 지유, 지온이와 항상 옆에서 아낌없이 격려해주는 아내, 그리고 가족들에게 항상 감사하다는 말을 전하고 싶습니다.

기획자 & 베타테스터의 말

어느 때부턴가 저자의 책 한 켠을 빌어 편집자 또는 기획자의 글을 쓰고 있습니다. 이 책을 기획한 제작자로서 꼭 하고 싶은 이야기가 있을 때입니다.

우리가 부담 없이 읽는 보통의 책들과는 달리, 프로그래밍 책을 읽는다는 것은 '생존을 위한 책 읽기'와 같습니다. 미래의 직업을 위해, 현재의 일을 제대로 해내기 위해 필요에 의해 구입하는 '도구'이기 때문입니다.

"허접한 도구를 만들면 어떡하나?" "도구 사용법이 너무 어려우면 어떡하나?" 등등 걱정을 많이 하는 편입니다. 이런 걱정을 떨쳐내는 유일한 방법은 내가 그들(독자)이 되어봄으로써 저자가 쓴 원고로 공부하듯이 책을 만드는 것뿐이라고 생각합니다.

여기서 '공부를 한다'는 의미는 개발환경을 책과 똑같이 구축해서 코드를 직접 입력해보고 실행이 제대로 되는지 일일이 확인하는 일을 포함합니다. 무작정 따라하기가 아니라 실습하는 과정을 이해하고 설명이 부족하거나 누락된 부분은 저자에게 알려 글에 바로 반영해야, 출간된 후 독자의 불필요한 고생을 줄여줄 수 있기 때문입니다.

며칠 간격으로 이 책을 포함해서 곧 출판될 책의 원고 내용을 따라 하며 공부했던 책들의 소개 글을 두 개나 쓰고 있습니다. 다른 하나는 C# 입문서입니다. C# 입문서와 이 책의 공부법은 확연히 차이가 있었습니다. C# 입문서는 글자 하나하나 소스코드 한줄한줄 꾹꾹 눌러서 공부했다면, 이 책은 개발 툴과 앱과 파이어베이스 간의 복잡한(알고 보면 간단한) 관계를 이해하고 실제 에러 없이 실행하는 데 중점을 두고 공부했습니다. C#과 파이어베이스의 독자가 공부를 한다고 하더라도 아마 같은 느낌일 것입니다.

이 책을 공부하면서 가장 힘들었던 것은 자주 일어나는 Sync Fail이었습니다. 분명 책에서 하라는 대로 했는데, 에러를 봐도 해결할 수 없었던 상황이 초반에 자주 있었습니다. "왜 이러지?" 진도가 더 이상 나가지 않으면 바로 에러 메일을 캡처해서 저자에게 포워드하고 답을 찾아 바로 적용했습니다. 에러의 이유는 사소한 실수가 대부분이었고, 나머지는 개발환경(툴이나 라이브러리의 버전)의 차이 등이었습니다. 그 과정에서 저자가 생각하지 못했던 부분도 책에 반영한 사례도 있었는데, 이럴 때 많은 보람을 느끼곤 합니다. 저자가 검증하고 베타테스팅을 했다고 하더라도 분명 어딘가의 환경에서는 잘 안 되는 부분도 있을 겁니다. 이 부분은 백견불여일타 카페에 올려주시면 바로 바로 답을 드리도록 하겠습니다.

'파이어베이스'라는 주제로 책을 기획할 초기에 약간은 난감했습니다. 버전업도 잦을 테고 무엇보다 파이어베이스가 처리하는 범위가 워낙 넓기 때문에 '책'이 이를 제대로 커버할 수 있는가에 대한 고민 때문이었습니다. 하지만 안드로이드 개발의 상당 부분을 파이어베이스가 차지하고 있고 대부분 자체 서버 환경을 갖추기에는 영세한 업체들이 많아 충분히 투자할 만한 가치가 있다고 판단하여 2년 여의 집필 끝에 드디어 결실을 맺게 되었습니다. 앞으로 시간이 지남에 따라 개정시점이 늦어지면 책의 내용도 어느 정도는 현실의 환경을 따라가지 못하는 부분이 생길 겁니다. 이 부분 또한 '백견불여일타' 카페에서 충분히 정보를 공유하도록 하겠습니다.

로드북의 〈안드로이드 신〉이라는 책을 만들 때는 4G 메모리로 부족한 부분이 많았는데, 이 책을 진행하면서 노트북을 따로 장만하여 빵빵한(?) 시스템 사양으로 쾌적하게 테스트를 했습니다. 처음엔 파이어베이스를 활용하는 게 낯설고 왜이리 복잡하게 해놨지 투덜거렸지만, 계속 진행하다 보니 익숙해지는 과정을 보며 "자주 접해보고 써봐야 쉬워지는구나"라는 사소한 진리를 깨달을 수 있었습니다. 여러분도 이 책을 통해 파이어베이스의 신기술에 빠르게 익숙해지기를 바랍니다.

이미 표지 디자인도 거의 완성되어 이제는 출간을 코앞에 두고 있습니다. 과연 어떤 결과가 있을지 기획자로서 항상 설레는 마음입니다. 그러나 끝났다고 끝난 것이 아님을 알고 있습니다. 독자들이 학습하며 생기는 여러 어려움들이 분명히 있을 겁니다. 꼭 카페에 가입하셔서 함께 공부하면 좋겠습니다.

이 책을 진행하면서 2년 간 많이 힘들고 괴로웠을 남진하 저자님께 존경과 감사의 마음을 전합니다.

2019년 가을
기획자 & 베타테스터 임성춘

일러두기

1. 파이어베이스 실습환경 안내

이 책에 실린 소스코드는 Android Studio에서 작성되었습니다. 설치나 사용법 등은 별도로 설명하지 않지만 필요할 때 책에서 간략하게 언급하고 있습니다. 기본적인 실습환경을 소개합니다.

- 안드로이드 OS 버전 : API 수준 16(젤리빈) 이상
- Gradle 버전 : 4.1 이상
- Android Studio : 최신 버전 사용

2. 이 책의 학습 방법

- 파이어베이스가 처음이라면 1장부터 학습할 것을 권장합니다. 먼저 파이어베이스와 Android Studio 툴 간의 연결 방법이 두 가지가 있습니다. 이 부분에 대해 확실히 숙지하고 뒤이어 이어지는 각종 서비스들을 배워나가면 됩니다.
- 파이어베이스를 이미 사용하면서 레퍼런스로 활용할 독자는 어느 위치를 읽어도 상관 없습니다. 다만, 잘 안 되는 부분들은 앞쪽의 '목차'에서 주제를 찾아보거나, 책 뒤의 '찾아보기'에서 키워드를 찾아서 먼저 막히는 부분을 살펴보기를 바라며, 그래도 안 될 경우 네이버 카페(café.naver.com/codefirst)에 질문을 하시기 바랍니다.
- 각 장의 마지막에서 제공하는 연습문제와 실습문제는 반드시 스스로 풀어보시기 바랍니다.
- 마지막 프로젝트 챕터는 책에서는 소스코드를 일일이 제공하지 않습니다. 별도의 소스는 네이버 카페나 깃헙에서 제공되오니 소스코드의 구조를 파악한 후 스스로 앱을 만들어볼 것을 권합니다.

3. 이 책의 표기법

이 책은 독자가 쉽게 따라할 수 있도록 컬러로 제작되었습니다. 특히 소스코드에서는 붉은색으로 되어 있는 부분은 독자가 추가해야 하는 코드를 의미합니다. 이 부분을 염두에 두고 학습하되, 자동으로 생성되는 나머지 소스도 살펴보며 학습하세요.

```
public class MainActivity extends AppCompatActivity implements View.OnClickListener
{
    @Override
    protected void onCreate(Bundle savedInstanceState)
    {
        super.onCreate(savedInstanceState);
        setContentView(R.layout.activity_main);
```

독자가 추가할 코드!

4. 이 책의 예제 파일 다운로드 안내

각 장에 실린 예제와 실습문제의 소스코드가 담긴 예제 파일을 **백견불여일타 네이버 카페와 로드북 출판사 사이트**에서 내려 받을 수 있습니다. 다운로드한 예제파일의 압축을 해제하면 장별로 구성된 예제 파일들을 볼 수 있습니다.

> ▶ **로드북 출판사** : www.roadbook.co.kr/212 – [자료실] 파이어베이스 예제파일.zip
> ▶ **네이버 카페** : café.naver.com/codefirst – [자료실] 파이어베이스

5. 함께 공부해요!

책을 그대로 따라하거나 예제 파일을 실행했는데도 잘 되지 않을 때, 막히는 내용이나 궁금한 것을 바로 물어볼 수 있는 공간을 마련했습니다. 필자가 직접 상세하게 안내해드립니다. 나와 같은 책으로 공부하고 있는 사람들은 어떤 점을 궁금해하는지도 볼 수 있으니, 혼자 공부하는 것보다 함께 하니 두 배 이상 이롭지 않을까요?

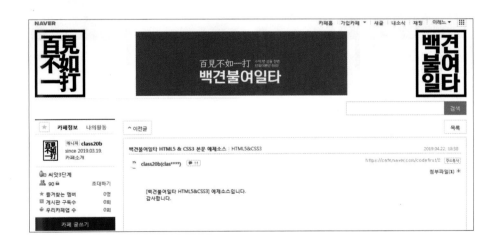

> ** HTML5&CSS3는 이미 출간되었고 뒤이어 C#, Vue.js와 같은 책들이 계속 나올 예정입니다. 많은 정보를 얻을 수 있고 함께 학습할 수 있는 공간으로 만들어가도록 최선을 다하겠습니다.

프로는 이렇게 앱을 만든다!!

현장의 생생함이 살아있는 특별부록 실전 앱 프로젝트 제공

기획서 작성부터 테스트 및 배포까지!
미세알림 앱 제작 프로젝트!

미세먼지 지수를 알리는 실제 상용 수준의 안드로이드 앱 '을 제작하는 과정을 A TO Z까지 담았습니다.

[미세먼지 알림 앱 최종 실행 화면]

▶ 소스코드 다운로드 경로 https://github.com/goodroadbook/FineDustAlert

소스코드를 다운로드하고 자신의 안드로이드 스튜디오에 임포트한 후에 프로젝트를 실행해보고 소스코드의 구조 등을 미리 파악해보시기 바랍니다. 자세한 임포트 및 프로젝트 실행 방법은 특별부록 챕터를 확인하세요.

[특별부록 미세먼지 알림 앱 프로젝트 개발 흐름도!!]

스토리보드를 짜면서 기획서를 작성하고 요구사항을 담는 것뿐만 아니라 디자인을 의뢰하고 요구사항 분석, 소프트웨어 설계 및 화면 가이드, 소프트웨어 구현 및 테스트, 배포 순으로 단계별로 할 일을 자세히 소개했습니다.

▶ **1단계** 기획하기 : 앱 개발 기획서 작성

1. 제품 기획 목적 및 범위
   – 안드로이드 스마트폰을 사용하는 사용자 대상으로 단말에서 쉽게 자신의 현재 위치의 미세먼지 정보를 확인할 수 있는 기능을 제공한다.

2. 시장 환경 (경쟁사 제품 분석)
   – 최근 미세먼지에 대한 사회적 관심이 높아짐에 따라 다양한 미세먼지 알림을 제공하는 앱들이 제작되었다. 시작은 현재 위치의 미세먼지 알림을 제공하는 것을 목표로 하지만 지속적인 업데이트를 통해 경쟁 제품 분석 및 경쟁 제품보다 우위를 가질 수 있도록 차별화할 수 있도록 한다.

▶ **2단계** 요구사항 분석하기 : 분석 보고서 작성

미세먼지 알림 서비스

미세먼지 알림

공공 API

공공 API

Firebase

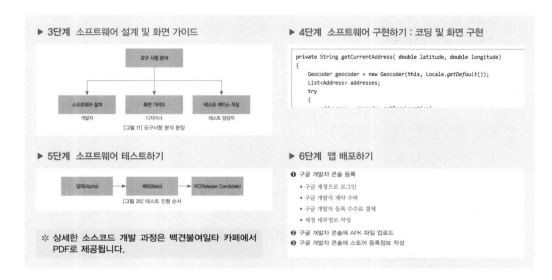

▶ **3단계** 소프트웨어 설계 및 화면 가이드

```
요구 사항 분석

소프트웨어 설계        화면 가이드        테스트 케이스 작성
   개발자            디자이너          테스트 담당자
```
[그림 11] 요구사항 분석 분장

▶ **4단계** 소프트웨어 구현하기 : 코딩 및 화면 구현

```
private String getCurrentAddress( double latitude, double longitude)
{
    Geocoder geocoder = new Geocoder(this, Locale.getDefault());
    List<Address> addresses;
    try
    {
```

▶ **5단계** 소프트웨어 테스트하기

```
알파(Alpha) → 베타(Beta) → RC(Release Candidate)
```
[그림 20] 테스트 진행 순서

※ 상세한 소스코드 개발 과정은 백견불여일타 카페에서 PDF로 제공됩니다.

▶ **6단계** 앱 배포하기

❶ 구글 개발자 콘솔 등록
 • 구글 계정으로 로그인
 • 구글 개발자 계약 수락
 • 구글 개발자 등록 수수료 결제
 • 계정 세부정보 작성
❷ 구글 개발자 콘솔에 APK 파일 업로드
❸ 구글 개발자 콘솔에 스토어 등록정보 작성

[저자의 앱 개발 프로세스 노하우 공개]

안드로이드 개발자인 저자는 평소에 자주 아이디어가 생기면 정해진 개발 프로세스로 앱을 개발하여 공개합니다. 현재까지 공개한 앱만 10여 개가 있습니다. 이번 미세먼지 알람 앱은 14장까지 배운 파이어베이스 내용을 종합적으로 적용하며 만들었기 때문에 실제 서비스에서 어떻게 활용되는지를 배울 수 있는 좋은 계기가 될 것입니다.

저자가 즐겨 사용하는 스토리보드로 작성한 앱 메인 화면: 현재 위치 정보와 미세먼지 등급을 표시하는 화면

공공데이터 포털에서 개발자 계정을 획득하고 서버 접속 정보와 요청/수신 에 대한 프로토콜을 확인하고 이를 앱에 적용하는 과정을 배울 수 있어요!

파이어스토어에 대기오염 정보를 저장하는 방법과 파이어베이스 애널리틱스, 크래스리틱스, 테스트 랩, 성능 모니터링 서비스를 적용하여 앱의 완성 단계까지 확인할 수 있어요!

목차

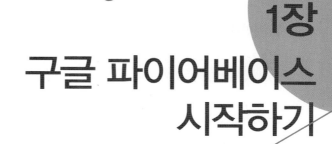

1장
구글 파이어베이스
시작하기

이 장을 시작하기 전에

❶ 파이어베이스는 개발자들이 앱을 만들기 위해 필요한 서비스와 앱을 검증하기 위해 필요한 서비스, 앱을 배포한 후 수익 증대 또는 사용자 확대를 위해 필요한 서비스를 제공합니다.

❷ 우리는 구글에서 제공하는 파이어베이스 서비스에 대한 전반적인 구성 및 각각의 서비스들에 대한 소개를 통해 어떠한 도움을 받을 수 있는지 알아 볼 것입니다.

1.1 파이어베이스란?

앱 마켓, 웬만해선 거의 모든 것이 있는 세상

구글에서 안드로이드Android를 공개한 후 다양한 앱App들이 거의 매일 전세계에서 만들어지고 있습니다. 초기에는 기발하고도 재미있는 발상들이 접목된 앱들이 개발되었고, 이어서 생활의 아이디어를 실현시키는 앱도 등장하기 시작했습니다. 현재는 수많은 앱들이 상용화되어 있어 '이런 앱도 있을까?' 라고 생각하며 구글의 플레이스토어나 오픈마켓을 검색해 보면 웬만한 앱들은 다운로드하여 쓸 수 있게 되었습니다. 점차 아이디어만으로 승부하기가 어렵게 된 것이죠.

[그림 1-1] 구글 플레이스토어 모바일 화면 : 현재 개발 중인 앱들을 볼 수 있으며
사전 체험판을 이용하면서 개발자에게 의견을 제안할 수도 있다.

이렇게 치열한 시장에서 살아남기 위해서는 기존에 있는 앱들의 기능들을 보다 사용자에게 친숙하면서도 편리하고 직관적으로 접근할 수 있도록 만드는 것이 관건입니다. 또한 안정성을 높여야만 사용자들에게 인정 받을 수 있게 되었습니다. 사용자에게 친숙하면서도 완성도 높은 앱을 제공하려면 앱을 잘 만들어 배포하는 것은 개발의 반 정도만 진행한 것일지도 모릅니다. 현실적으로 불가능한 일이죠. 사용자들이 요구하는 앱을 안정성 있게 잘 만들어 배포할지라도 단말 환경이나 사용자 성향은 언제든지 바뀔 수 있기 때문에 앱을 개발하고 배포한 이후 그 **유지**와 **관리**가 더 중요한 시기입니다. 유지와 관리가 매끄럽고 빠르게 이루어져야 긴 시간 동안 사용자들에게 사랑 받는 앱으로 자리 잡습니다.

유지와 관리의 키, 모니터링

개발한 앱을 효율적으로 유지하고 관리하려면 무엇을, 어떻게 해야 할까요?

먼저, 사용자가 많이 사용하는 기능과 그렇지 않은 기능들을 모니터링해야 합니다. 사용자들이 어떠한 패턴으로 앱을 사용하는지를 확인하여 앱 업데이트를 통해 개선하는 작업 또한 필요합니다. 버그나 오류들에 대한 정보도 수집하여 앱을 업데이트할 때 반영함으로써 안정성을 높일 수 있습니다. 이러한 내용들을 앱에서 확인하려면 먼저 앱으로부터 정보를 받아야 합니다. 그러려면 앱의 정보를 수집할 수 있는 서버도 준비되어 있어야 하고 서버와 앱 간에 통신할 수 있도록 하는 개발도 이루어져야 합니다.

앱의 유지와 관리를 도와주기 위한 서비스 중에는 사용자들의 앱을 사용하는 패턴이나 선호하는 기능을 모니터링할 수 있는 구글 애널리틱스Google Analytics가 있습니다.

구글 애널리틱스는 사용자가 어떠한 기능을 많이 사용하고, 어떤 것은 그렇지 않은지 확인할 수 있는 기능을 제공하여 이를 통해 친숙하고 편리한 앱으로 발전시킬 수 있습니다.

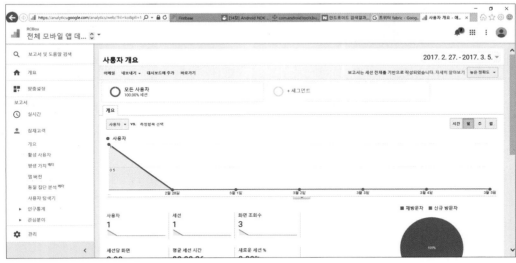

[그림 1-2] 구글 애널리틱스에서 앱을 모니터링하는 모습

구글 애널리틱스는 안정성을 높이기 위한 버그 리포트나 관련 로그 수집은 어렵기 때문에 별도의 서비스를 추가해야 합니다. 여러 서비스가 있겠지만 가장 많이 사용하는 툴로는 구글의 패브릭Fabric이 있습니다.

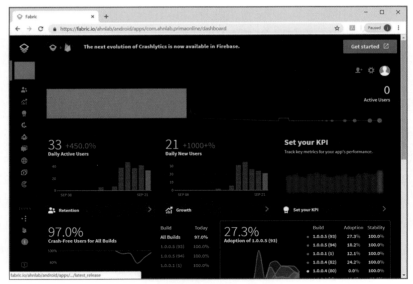

[그림 1-3] 패브릭 서비스

패브릭은 트위터의 모바일 앱 개발 플랫폼입니다. 트위터가 2014년부터 서비스하기 시작한 패브릭은 모듈형 소프트웨어개발키트(SDK)로 개발자들이 그들이 만든 앱을 개선하기 위해 여러 서로 다른 툴들을 활용할 수 있게 돕는 역할을 담당했습니다. 패브릭은 2017년에 구글이 인수하여 서비스 중입니다.

특히, 패브릭의 '버그 리포트' 기능은 앱을 실시간으로 모니터링할 수 있기 때문에 안정성을 높이는 데 많은 도움을 주는 서비스입니다. 테스트 기간에 발생하는 버그 대부분은 개발자들이 발견하여 수정할 수 있습니다. 하지만 앱을 배포한 후 발생되는 버그들은 패브릭과 같은 서비스가 없다면 오류 증상이나 로그 정보를 사용자에게 직접 연락하여 전달받아야만 해결이 가능합니다. 100% 재현되지 않는 CRASH(강제종료) 버그 같은 경우는 사용자에게 직접 연락하여도 버그 당시와 똑같이 재현되지 않으면 정보를 수집하기가 쉽지 않아 바로 잡기가 어렵습니다.

앱을 개발할 때 패브릭 서비스를 적용하면 실시간으로 CRASH 정보가 수집되기 때문에 문제가 되는 부분을 바로 알 수 있습니다. 다음 [그림 1-4]에 구글 패브릭 서비스로 앱의 CRASH 정보를 수집하는 장면을 보여드리겠습니다.

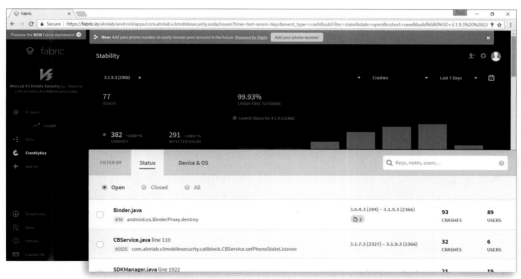

[그림 1-4] 앱에서 발생하는 CRASH 정보가 실시간으로 수집되는 패브릭 서비스

이와 같이 우리는 구글에서 제공하는 구글 애널리틱스와 구글 패브릭을 통해 사용자 친화적이고 안정성이 높은 앱을 만들 수 있습니다. 구글에서는 이 둘 외에도 구글 파이어베이스 서비스를 제공합니다.

앱 개발은 개발자가, 다듬는 건 '구글 파이어베이스'

구글 파이어베이스Google Firebase 서비스는 구글 애널리틱스와 구글 패브릭에서 제공하는 기능들을 포함한 다양한 기능들을 제공합니다. 파이어베이스는 개발자가 안드로이드, iOS 등의 운영체제에 상관없이 앱을 만들 수 있도록 한 툴입니다. 구글의 드라이브(클라우드 서비스)와 애널리틱스(사용자 분석 프로그램)을 적용해서 어떤 기기에서나 개발할 수 있는 환경을 만들어주고, 사용자들의 이용횟수, 광고 효과, 문제 발생 빈도 등을 알려주는 개발자용 프로그램입니다.

[그림 1-5] 구글 파이어베이스 로고

파이어베이스가 없어도 앱을 개발하고 서비스를 제공하는 데 아무런 문제가 없습니다. 하지만 서비스의 근간인 백엔드를 하나하나 개발해야 하기 때문에 개발 기간이 길어질 뿐 아니라, 개발 난이도가 높아지는 문제가 있습니다. 재빨리 서비스를 시작한 후 사용자의 피드백을 받는 최근 추세와 거리가 먼 개발 방식입니다.

파이어베이스는 개발 방식을 효율적으로 개선하는 방면에 강점이 있습니다. 앱의 개발 기간을 단축시키고, 앱 개발 난이도를 낮춰주는 도구입니다. 앱을 세련되게 다듬어주는 기능도 갖추고 있습니다. 앱에서 사용하는 기능들 중에 많이 사용되는 기능을 API 형태로 통합하여 제공함으로써 쉽고 빠르게 앱을 제작할 수 있도록 도와줍니다. 때문에 파이어베이스를 활용하면 개발자는 사용자들에게 보여지는 서비스(프론트엔드) 개발에만 집중할 수 있는데요, 그중 **인증, 클라우드 파이어스토어, 저장소, 호스팅, 클라우드 메시징, 원격 구성** 등을 개발자에게 꼭 필요한 대표적인 기능으로 꼽습니다.

우리는 이제부터 개발자에게 필요한 기능만 쏙쏙 배워보려고 합니다. 개발자에게 큰 도움을 주는 파이어베이스 기능을 소개할 텐데요, 예제를 통해 기능을 습득해보기로 합니다. 이 예제들을 따라해보면, 고품질 앱을 만드는 것은 물론 사용자층을 늘리고, 더 많은 수익을 창출할 수 있는 파이어베이스를 통해 파악할 수 있을 것입니다.

1.2 파이어베이스 개발 기능 – 인증, 실시간 데이터베이스, 클라우드 파이어스토어, 저장소 호스팅

파이어베이스는 우리가 품질이 좋은 앱을 만들고, 사용자층을 늘리는 동시에 더 많은 수익을 창출할 수 있도록 도와줍니다. 실제로 우리가 만든 앱을 개선할 수 있도록 파이어베이스가 제공하는 서비스들을 항목별로 구분했습니다.

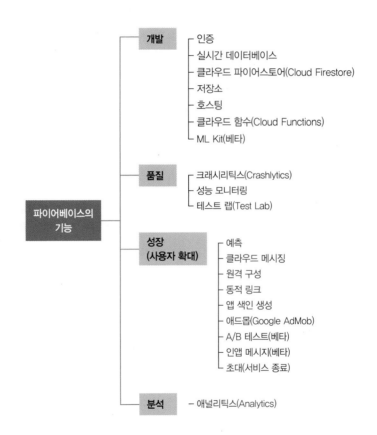

파이어베이스 기능은 위와 같이 크게 개발, 품질, 성장(사용자 확대 or 수익 창출), 분석으로 구분되어 있습니다. 개발, 품질, 성장, 분석 순으로 각각의 기능에 대해서 알아볼 텐데요, 각 내용을 한 절씩 소개하겠습니다.

이번 절에서는 **개발**과 관련해 파이어베이스가 개발자들에게 도움을 주는 기능을 알아봅니다. 개발 관련해서는 7개 기능으로 구성되어 있는데요, 개발 쪽에서는 크게 **인증, 실시간 데이터베이스, 클라우드 파이어스토어, 저장소, 호스팅** 이렇게 5개 기능을 꼭 알아두면 좋을 것으로 판단해서 필요한 내용만 담았습니다. 자, 소개할게요~!

1.2.1 인증

파이어베이스 인증 Authentication은 앱에서 로그인이나 회원가입할 때 보다 쉽게 할 수 있도록 돕는 기능인데요, 사용자가 널리 사용하는 서비스(페이스북, 트위터, 깃헙 등)에 이미 로그인이나 회원가입이 된 상태라면 그 서비스의 로그인 정보를 이용하여 인증할 수 있도록 도와줍니다. 앱에서 일일이 페이스북Facebook, 트위터Twitter, 깃헙GitHub의 SDK를 사용할 필요 없이 구글의 파이어베이스에서 제공하는 인증 기능을 사용하면 SSO를 지원하는 서비스를 통해 사용자가 쉽게 로그인하여 사용하도록 합니다.

파이어베이스에서 제공하는 UI를 사용하면 쉽고 빠르게 파이어베이스 인증을 만들 수 있습니다. 제공하는 서비스도 다양해서 사용자들도 쉽게 회원으로 가입하거나 로그인할 수 있습니다.

참고

SSO가 무엇인가요?

SSO는 Single Sign On의 약어로 사용자가 기기에서 단 한번의 인증 절차만으로 여러 앱에 접속할 수 있도록 제공해주는 인증입니다. 추가적인 인증이 없어 쉽게 접근이 가능하고 같은 계정을 사용하기 때문에 다수의 계정 정보에 대한 기억을 하지 않아도 됩니다. 다수의 계정 정보가 불필요한 이유는 그림과 같이 IdP(Identity Provider)를 통해 서비스들의 인증 관련된 정보를 관리함으로써 하나의 계정으로 다수의 서비스들을 사용할 수 있게 됩니다.

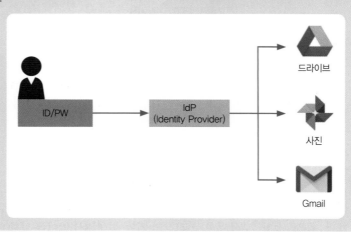

파이어베이스 인증 사용법

파이어베이스 인증을 사용하는 방법을 소개하겠습니다.

크게 두 가지 방법이 있는데 파이어베이스 UI를 앱에 삽입하는 방법과, 인증 SDK를 사용하는 방법입니다. 각 방법의 주요 기능을 [표 1-1]로 정리했습니다.

[표 1-1] 파이어베이스 인증 사용 방법

이름	기능
삽입형 인증 솔루션	파이어베이스에서 UI까지 제공하기 때문에 앱 안에 삽입하여 쉽게 사용할 수 있다. 특히 FirebaseUI는 앱 전체의 시각적인 스타일에 어울리도록 외양을 바꾸기 쉽고, 오픈소스이므로 내가 바라는 사용자 경험을 아무런 제약 없이 구현할 수 있다.

▲ 파이어베이스 UI 인증

이름	기능
이메일 및 비밀번호 기반 인증	이메일 주소와 비밀번호로 사용자를 인증한다. 파이어베이스 인증 SDK는 사용자의 이메일 주소와 비밀번호를 사용해 로그인을 처리하는 사용자 계정을 생성하고 관리하는 수단을 제공하며, 파이어베이스 인증은 또한 비밀번호 재설정도 처리한다.
제휴 ID 공급업체 통합	제휴 ID 공급업체와 통합하여 사용자를 인증하며, 파이어베이스 인증 SDK는 사용자들이 Google, Facebook, Twitter, GitHub 계정으로 로그인할 수 있는 수단을 제공한다.
맞춤 인증 시스템 통합	앱의 기존 로그인 시스템을 파이어베이스 인증 SDK에 연결하면 파이어베이스 실시간 데이터베이스와 기타 파이어베이스 서비스를 이용할 수 있다.
익명 인증	임시 익명 계정을 생성하여 사용자들이 로그인하지 않고도 인증할 수 있으며, 사용자가 나중에 가입을 결심하면 익명 계정을 일반 계정으로 업그레이드하여 사용자의 이용 내역을 그대로 가져올 수 있다.

▲ 파이어베이스 SDK 인증

파이어베이스 인증에 대해 유튜브 동영상으로 확인할 수 있습니다. 모바일 또는 PC의 유튜브에서 '파이어베이스 인증 소개'로 검색하면 해당 영상을 볼 수 있으며 유튜브 URL 주소를 적어두었으니 참고하시면 좋습니다. QR 코드 리더 앱이 있다면 [그림 1-6]의 QR 코드로 소개 내용을 볼 수 있습니다.

[유튜브 동영상 URL] https://www.youtube.com/watch?v=8sGY55yxicA

[그림 1-6] 각 서비스와 연동하여 쉽고 간단하게 로그인 및 회원가입을 돕는 파이어베이스 인증

참고 파이어베이스의 인증과 관련해서 **3장 파이어베이스의 인증**에서 예제를 통해 자세히 배워보겠습니다.

1.2.2 실시간 데이터베이스

개발할 앱/웹이 정보를 제공하거나 받아와야 할 때나 데이터를 주고 받아야 할 경우 등 데이터베이스 기능은 개발에 있어 필수입니다. 파이어베이스에서는 다양한 백엔드 서비스를 제공하고 있는데 그 중 가장 대표적인 기능이 실시간 데이터베이스입니다

파이어베이스 실시간 데이터베이스Real-Time Database는 클라우드 호스팅 데이터베이스입니다.

NoSQL 클라우드 데이터베이스에 JSON 형태로 데이터를 저장하고 클라이언트에 실시간으로 동기화합니다. 일반적인 HTTP 요청이 아니라 동기화를 하므로 데이터가 바뀔 때마다 연결된 모든 기기가 수 밀리 초 안에 업데이트를 수신하게 됩니다.

> **용어**
>
> **NoSQL**
> NoSQL(Not Only SQL)은 기존 RDBMS 형태의 관계형 데이터베이스가 아닌 고성능 비관계형 데이터베이스를 설명하는 데 사용되는 용어입니다. NoSQL 데이터베이스는 문서, 그래프, 키-값, 컬럼 형식 등을 비롯한 다양한 데이터 모델을 사용하고, NoSQL 데이터베이스는 배포 용이성, 확장 가능한 성능, 고가용성 및 복원력으로 널리 인정받고 있습니다.

특히 기기가 오프라인 상태일 때도 로컬에 데이터를 저장하며, 기기가 온라인 상태가 되면 오프라인일 때 발생한 로컬 데이터와 원격 데이터를 동기화하여 충돌 없이 안정적으로 데이터를 사용할 수 있도록 제공됩니다.

주요 기능

파이어베이스 실시간 데이터베이스를 사용하면 다음과 같은 이점이 있습니다. 앱에서 데이터베이스 사용을 위한 별도의 서버 구성이 필요 없고, 서버 구성이 불필요하기 때문에 그와 관련된 장비 구입 및 서버 개발자에 대한 비용을 절약할 수 있습니다. 또한 클라이언트 개발자만 있어도 충분히 데이터베이스를 구성하여 안정적인 서비스를 제공할 수 있습니다.

파이어베이스 실시간 데이터베이스의 주요 기능은 데이터 저장, 데이터 검색, 오프라인 기능 사용 설정, 데이터 보안 설정, 사용자 데이터 보안 설정, 데이터 색인 생성 기능으로 이루어져 있습니다. 특히 데이터 보안 설정은 파이어베이스 실시간 데이터베이스 보안 규칙을 통해 데이터의 구조 및 데이터를 읽거나 쓸 수 있는 조건을 정의할 수 있고, 개발자는 파이어베이스 인증과 통합하여 사용자의 데이터 액세스 권한 및 액세스 방법을 정의할 수 있습니다.

유튜브를 통해 다음 [그림 1-7]처럼 파이어베이스 실시간 데이터베이스 소개 영상을 확인할 수 있습니다. 유튜브에서 '파이어베이스 실시간 데이터베이스 소개'로 검색하거나 그림의 URL을 이용하여 접속할 수 있습니다.

[유튜브 동영상 URL] https://www.youtube.com/watch?v=U5aeM5dvUpA

[그림 1-7] 실시간으로 모든 클라이언트에서 데이터가 동기화되고,
앱이 오프라인 상태라도 계속 사용할 수 있도록 하는 파이어베이스 실시간 데이터베이스

> **참고** 파이어베이스의 실시간 데이터베이스의 실제 사용 방법은 **4장**에서 구체적인 예제로 자세히 살펴보겠습니다.

1.2.3 클라우드 파이어스토어

파이어베이스 클라우드 파이어스토어Firebase Cloud Firestore는 파이어베이스 및 구글 클라우드 플랫폼의 모바일, 웹, 서버 개발에 사용되는 유연하고 확장 가능한 데이터베이스입니다. 파이어베이스 실시간 데이터베이스와 마찬가지로 실시간 리스너를 통해 클라이언트 애플리케이션 간에 데이터의 동기화를 유지하고 모바일 및 웹에 대한 오프라인 지원을 제공해 네트워크 지연 시간이나 인터넷 연결에 상관없이 원활하게 반응하는 앱을 개발할 수 있습니다. 클라우드 파이어스토어는 Cloud 함수를 비롯한 다른 파이어베이스 및 구글 클라우드 플랫폼 제품과도 통합하여 사용할 수 있습니다.

[표 1-2] 파이어베이스 클라우드 파이어스토어 사용 방법

주요 기능	내용
유연성	• 클라우드 파이어스토어 데이터 모델은 유연한 계층적 데이터 구조를 지원한다. • 컬렉션으로 정리되는 문서에 데이터를 저장할 수 있으며, 하위 컬렉션 외에도 복잡한 중첩된 개체를 문서에 포함할 수 있다.
표현형 쿼리	• 클라우드 파이어스토어에서는 쿼리를 사용해 개별 특정 문서를 가져오거나 쿼리 매개변수와 일치하는 컬렉션의 모든 문서를 가져올 수 있다. • 쿼리에 서로 연결된 여러 필터를 포함할 수 있으며 필터링과 정렬의 결합도 가능하다. • 기본적으로 색인이 생성되어 쿼리 성능이 데이터 세트가 아닌 결과 세트의 크기에 비례한다.
실시간 업데이트	• 실시간 데이터베이스와 마찬가지로 클라우드 파이어스토어는 데이터 동기화를 사용해 연결된 모든 기기의 데이터를 업데이트한다. • 간단한 일회성 가져오기 쿼리도 효율적으로 수행할 수 있도록 설계되었다.

주요 기능	내용
오프라인 지원	• 클라우드 파이어스토어는 앱에서 많이 사용되는 데이터를 캐시하기 때문에 기기가 오프라인 상태더라도 앱에서 데이터를 쓰고 읽고 수신 대기하고 쿼리할 수 있다. • 기기가 온라인 상태로 전환되면 클라우드 파이어스토어에서 모든 로컬 변경사항을 다시 클라우드 파이어스토어로 동기화한다.
확장형 설계	• 클라우드 파이어스토어에서는 자동 다중 지역 데이터 복제, 강력한 일관성 보장, 원자적 일괄 작업, 실제 트랜잭션 지원 등 구글 클라우드 플랫폼의 강력한 인프라를 최대한 활용한다. • 클라우드 파이어스토어는 세계 최대 규모의 앱에서 수많은 데이터베이스 워크로드를 처리하도록 설계되었다.

[유튜브 동영상 URL] https://www.youtube.com/watch?v=QcsAb2RR52c

[그림 1-8] 실시간 리스너를 통해 클라이언트 애플리케이션 간에 데이터의 동기화를 유지하고 모바일 및 웹에 대한 오프라인 지원을 제공해 네트워크 지연 시간이나 인터넷 연결에 상관없이 원활하게 반응하는 앱을 개발한다.

> **참고** 위 내용은 5장 파이어베이스 클라우드 파이어스토어에서 예제로 자세히 배워보겠습니다.

1.2.4 저장소

파이어베이스 저장소(스토리지Storage)는 사용자가 제작한 이미지, 오디오, 동영상 등의 콘텐츠를 저장하고 필요에 따라 저장된 콘텐츠를 제공하기 위해 만들어졌습니다. 실제로 우리가 앱을 개발하다 보면 사진, 동영상, 오디오와 관련된 파일들을 많이 다루고 있지만 사용자끼리 공유, 백업, 동기화 같은 부분을 해결하기 위해 필요한 인프라를 만들기가 쉽지 않았습니다. 특히 개인 개발자 같은 경우 이 부분이 가장 큰 벽이었는데요, 파이어베이스 저장소가 해결해줍니다. 즉, 콘텐츠 파일에 대한 저장을 별도의 인프라 구성없이 파이어베이스 저장소를 통해 공유, 백업, 동기화를 진행할 수 있습니다.

파이어베이스 저장소는 견고한 작업, 강력한 보안, 높은 확장성을 특징으로 내세우고 있습니다. 견고한 작업은 다운로드/업로드가 중지되었을 때 중단된 위치부터 다시 시작하므로 사용자의 시간과 데이터 절감 효과가 있습니다. 보안이 강력하여 파이어베이스 인증과 통합하여 파이어베이스 저장소에 대한 접근 제어를 간편하게 할 수 있고, 확장성이 높아 앱 사용자가 급격히 늘더라도 엑사바이트급까지 쉽게 확장할 수 있는 장점을 내세우고 있습니다.

데이터 저장 단위

- 비트(Bit)
- 바이트(Byte)
- 킬로(10^3)바이트(Kilobyte)
- 메가(10^6)바이트(Megabyte)
- 기가(10^9)바이트(Gigabyte)
- 테라(10^{12})바이트(Terabyte)
- 페타(10^{15})바이트(Petabyte)
- 엑사(10^{18})바이트(Exabyte)
- 제타(10^{21})바이트(Zettabyte)
- 요타(10^{24})바이트(Yottabyte)

파이어베이스 저장소의 주요 기능은 '파일 업로드, 파일 다운로드, 파일 삭제'입니다. 주요 기능에 대한 실제 사용 방법은 6장에서 예제로 소개하려고 합니다. 그 전에 어떤 식으로 구현되는지 [그림 1-9]의 동영상을 참고하면 어떠한 부분이 앱 개발에 도움이 될지 쉽게 이해가 될 것입니다. 유튜브에서 '파이어베이스 저장소 소개'로 검색하거나 다음 URL을 이용하여 접속할 수 있습니다.

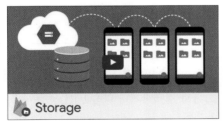

[유튜브 동영상 URL] https://www.youtube.com/watch?v=_tyjqozrEPY

[그림 1-9] 이미지, 동영상, 오디오 파일 등을 저장할 때 별도의 인프라 구성없이
파이어베이스 저장소를 통해 공유, 백업, 동기화를 진행할 수 있다.

> 파이어베이스 저장소를 앱에서 어떤 방법으로 연동하여 사용하는지는 **6장 파이어베이스 클라우드 스토리지**에서 자세히 예제로 배워보겠습니다.

1.2.5 호스팅

파이어베이스 호스팅 Hosting은 HTML, CSS, 자바스크립트 등과 같이 정적(자주 바뀌지 않는) 콘텐츠를 빠르고 안전하게 호스팅해 줍니다. 여기서 호스팅이란 인터넷상의 공간을 임대해 주는 서비스로 직접 웹 서버를 구축하지 않고 서버 일부 공간을 임대해서 독자적인 서버를 가진 것과 같은 효과를 낼 수 있습니다. 또한 파이어베이스 호스팅은 글로벌 CDN을 기반으로 하여 SSL을 통해 콘텐츠를 제공하고 맞춤 도메인 또는 firebaseapp.com의 하위 도메인을 통해 이용할 수 있습니다.

파이어베이스 호스팅은 기본적으로 SSL을 제공하기 때문에 안전하게 콘텐츠를 전송할 수 있는 것이 커다란 장점입니다. 전세계 CDN에 캐싱되어 있기 때문에 사용자가 어디에 있든지 제한 없이 콘텐츠를 빠르게 전송 가능합니다. 또한 몇 초 만에 콘텐츠를 쉽게 배포할 수 있으며 클릭 한번으로 간단하게 롤백할 수 있기도 합니다.

파이어베이스 호스팅을 파이어베이스의 실시간 데이터베이스와 파이어베이스 인증을 함께 사용하면 '11번가'와 같은 하이브리드 앱과 같은 서비스를 쉽게 구성할 수 있습니다. 즉, 파이어베이스에서 제공하는 서비스로 별도 서버를 만들어 구성할 필요 없이 클라이언트 개발만으로 충분합니다.

> **CDN**
>
> CDN(Content Delivery Network)은 일종의 캐시 역할을 할 수 있도록 네트워크에 동일한 콘텐츠 내용을 복제하여 대규모 인터넷상에 분산시켜 놓은 시스템입니다. 콘텐츠가 복제되어 특정 국가 또는 전세계에 걸쳐 분산 배치되면 콘텐츠가 하나일 때보다 훨씬 빠르게 접근할 수 있습니다.

> **SSL**
>
> SSL(Secure Sockets Layer)은 월드 와이드 웹 브라우저와 웹 서버 간에 데이터를 안전하게 주고받기 위한 업계 표준 프로토콜입니다. 미국 넷스케이프 커뮤니케이션스사가 개발했고, 마이크로소프트사 등 주요 웹 제품 업체가 채택하고 있습니다. SSL은 웹 제품뿐만 아니라 파일 전송 규약(FTP) 등 다른 TCP/IP 애플리케이션에 적용할 수 있으며, 인증 암호화 기능이 있습니다. 인증은 웹 브라우저와 웹 서버 간에 서로 상대의 신원을 확인하는 기능인데요, 웹 브라우저를 사용하는 웹 서버를 사용한 가상 점포의 진위 여부를 조사할 수 있기도 합니다. 암호화 기능을 사용하면 주고받는 데이터가 인터넷상에서 도청되는 위험성을 줄일 수 있습니다.

파이어베이스의 다른 서비스와 마찬가지로 유튜브를 통해 간략하게 소개 동영상을 보도록 합니다. 유튜브에서 '파이어베이스 호스팅 소개'로 검색하거나 다음 URL을 통해 확인할 수 있습니다.

[유튜브 동영상 URL] https://www.youtube.com/watch?v=jsRVHeQd5kU

[그림 1-10] 사용자가 어디에 있든지 제한 없이 콘텐츠를 빠르게 전송 가능한 파이어베이스 호스팅

참고 **7장 파이어베이스 호스팅**에서 주요 기능을 예제로 자세히 배워보겠습니다.

1.3 파이어베이스 품질 기능
　 −크래시리틱스, 성능 모니터링, 테스트 랩

1.3.1 크래시리틱스

파이어베이스 크래시리틱스Firebase Crashlytics는 앱 품질을 저해하는 안전성 문제를 추적하고 수정하는데 도움을 주는 실시간 오류 보고 도구입니다. 개발 시점에 발생되는 비정상적인 오류 및 기타 오류는 발생되는 단말에서 로그를 넣고 재현을 해보거나 디버깅 모드로 오류가 발생되는 지점의 코드를 분석하여 원인을 찾을 수 있습니다. 그러나 우리가 만든 앱이 앱 스토어를 통해 사용자에 전달되는 순간부터 디버깅 모드, 로그 추가는 정말 어려운 일 중에 하나가 됩니다. 고객의 문제를 쉽게 파악하기도 어렵고, 원인 분석을 위해 고객의 단말을 확보하기 또한 하늘에 별 따기와 같은 수준입니다.

이렇게 어려운 일을 파이어베이스 크래시리틱스가 도와주는데요, 우리가 고객을 만나지도 않고, 고객 단말을 확보하지 않아도 문제 해결에 필요한 중요한 부분들에 대해서 도움을 받을 수 있는 도구로 이해하면 좋을 것 같습니다.

파이어베이스 초기에 '오류 보고' 기능이 있었지만 패브릭Fabric과 파이어베이스가 협력 관계를 체결한 후에 파이어베이스 크래시리틱스로 변경되고 '오류 보고' 기능은 사용이 중지되었습니다.

> **참고** **패브릭(Fabric)**은 트위터에서 개발자들이 더 나은 모바일 앱을 개발할 수 있도록 도와줄 목적으로 만들어졌습니다. 특히 앱 개발자들이 부딪히는 안정성, 사용자 확보, 수익성, 사용자 인증을 해결할 수 있는 서비스를 제공하였는데요, 이후 파이어베이스와 패브릭 팀이 협력 관계를 체결한 후에는 파이어베이스 크래시리틱스에서도 앱의 안정성을 확보할 수 있게 되었습니다.

파이어베이스 크래시리틱스의 주요 기능으로는 비정상 종료의 심각도와 발생률을 강조해주며, 비정상 종료에 대한 통계, 애널리틱스와 통합, 실시간 알림 기능을 제공합니다. [그림 1-11]은 파이어베이스 크래시리틱스에서 비정상 종료가 보고되었을 때의 화면입니다. 오류가 발생되는 단말의 정보와 비정상 종료가 발생되는 코드 위치를 스택을 추적하여 확인할 수 있습니다. 또한 파이어베이스 크래시리틱스의 정보를 통해 비정상 종류의 심각도를 파악하여 바로 업그레이드를 진행할지, 추후에 수정하면 되는지를 판단하는 지표로도 삼을 수 있습니다.

[그림 1-11] 파이어베이스 크래시리틱스에서 비정상 종료가 보고되었을 때의 화면:
오류가 발생되는 단말의 정보와 비정상 종료가 발생되는 코드 위치를 스택 추적으로 확인 가능하다.

[유튜브 동영상 URL] https://www.youtube.com/watch?v=k_mdNRZzd30&t=12s

[그림 1-12] 우리가 고객을 만나지도 않고, 고객 단말을 확보하지 않아도 문제 해결에 필요한
중요한 부분들에 대해서 도움을 받을 수 있는 도구인 파이어베이스 크래시리틱스

간략하게 파이어베이스 크래시리틱스의 특징을 설명했는데요, **8장**에서 앱을 통해 이를 사용하는 방법을 자세히 다루려고 합니다. [그림 1-12]의 유튜브 링크에서 크래시리틱스에 관해 설명하는 영상을 통해 어떻게 기능하는지 이해하고 넘어가세요.

1.3.2 성능 모니터링

파이어베이스 성능 모니터링은 앱의 성능을 파악하는 데 도움이 되는 서비스입니다. 파이어베이스가 제공하는 성능 모니터링 SDK를 사용하여 데이터를 수집하고, 수집된 데이터를 파이어베이스 콘솔에서 확인하고, 성능이 좋지 않은 부분에 대해서는 분석하여 제품에 반영할 수 있습니다. 실제 사용자 환경에서 수집된 성능 모니터링 정보이기 때문에 앱을 배포하기 전 테스트에서는 쉽게 확인이 안 되는 부분이고, 제품을 개선하는 데 반드시 필요한 정보로 이해하면 됩니다.

성능 모니터링의 주요 기능을 요약하면 다음 네 가지인데요, 항목별로 간단히 소개하겠습니다.

❶ 자동 추적
❷ 앱 성능 개선
❸ 맞춤 속성 모니터링
❹ 성능 모니터링 사용 중지

자동 추적

먼저, 자동 추적은 앱 시작 시간, HTTP/HTTPS 네트워크 요청, 화면별 렌더링 데이터, 포그라운드 작업, 백그라운드 작업 등의 앱 성능에 영향을 주는 요소들을 자동으로 추적하는 기능입니다. 파이어베이스 성능 모니터링에서 '추적'은 앱에서 '측정 시작' 시점부터 '측정 종료' 시점의 두 지점 간에 캡처된 성능 데이터 보고서입니다. 이 데이터 보고서는 성능 모니터링 SDK를 설치하면 다음과 같은 추적 유형이 자동 추적됩니다.

- 사용자가 앱을 여는 시점과 앱이 반응하는 시점 사이의 시간을 측정하는 앱 시작 추적
- 화면의 전체 기간을 연장하고 저속 프레임과 정지된 프레임을 측정하는 화면 추적
- 앱이 백그라운드에서 실행되는 시간을 측정하는 백그라운드 앱 추적
- 앱이 포그라운드에서 실행되어 사용자가 이용 가능한 시간을 측정하는 포그라운드 앱 추적

성능 모니터링은 앱의 메소드 호출 및 알림을 사용하여 각 유형의 자동 추적이 시작되고 중지되는 시점을 파악할 수 있습니다. 다음 [표 1-3]은 자동 추적이 동작하는 시점을 나타내는 것으로 한번 읽어 보시는 것이 좋겠습니다.

[표 1-3] 자동 추적이 동작하는 시점

추적 이름	내용
앱 시작	앱의 FirebasePerfProvider ContentProvider가 onCreate 메소드를 완료할 때 시작되고, 첫 번째 액티비티의 onResume() 메소드가 호출될 때 중지, 활동(예: 서비스 또는 broadcast receiver)에 의해 앱이 부팅되지 않으면 추적이 생성되지 않는다.
화면	앱이 onActivityStarted()를 호출하면 모든 Activity 클래스에 대해 시작되고, 앱이 onActivityStopped()를 호출하면 중지된다.
백그라운드 앱	포그라운드를 벗어나는 마지막 액티비티의 onStop() 메소드가 호출될 때 시작되고, 포그라운드에 도달하는 첫 번째 액티비티의 onResume() 메소드가 호출될 때 중지된다.
포그라운드 앱	포그라운드에 도달하는 첫 번째 액티비티의 onResume() 메소드가 호출될 때 시작되고, 포그라운드를 벗어나는 마지막 액티비티의 onStop() 메소드가 호출될 때 중지된다.

앱 성능 개선

앱의 성능 개선 기능으로 사용자에게 성능 문제로 불편을 주는 상황과 원인을 정확하게 파악하지 못하면 앱 성능을 개선할 수 없습니다. 파이어베이스 성능 모니터링에서 속성을 사용하면 성능 데이터를 세분화하고 여러 실제 시나리오에서의 앱 성능에 집중할 수 있습니다. 운영체제 정보, 국가, 이동통신사, 기기, 앱 버전 등 다양한 속성을 즉시 사용할 수 있도록 제공됩니다.

[그림 1-13] 앱 시작 과정을 성능 모니터링에 대한 정보로 앱 버전, 국가, OS 수준, 기기 등과 같은 조건에 따라 시간 경과 따른 추세와 중앙값을 제공한다.

맞춤 속성 모니터링

앱의 성능 모니터링을 위해 맞춤 속성을 설정할 수 있습니다. 맞춤 속성 설정이란 특정 항목을 만들어 이벤트를 추적하는 것으로 특정 상황의 앱 성능을 확인할 수 있습니다. 맞춤 속성은 추적당 5개로 제한하고 있으며, 파이어베이스 콘솔에서 성능 모니터링의 [Traces](추적) 탭에서 보여줍니다.

성능 모니터링 사용 중지

우리가 테스트 기간에는 파이어베이스 성능 모니터링 사용 시작 및 중지를 앱에 포함시키지 않아도 특별히 문제가 되지 않지만 앱이 배포되고 사용자가 직접 사용하는 경우에는 파이어베이스 성능 모니터링을 사용 시작 및 중지를 할 수 있어야 합니다. 파이어베이스 성능 모니터링에서는 다음과 같이 사용 시점에 따라 시작 및 중지를 할 수 있다.

❶ 빌드 타임에서 사용 시작/중지 설정
❷ 런타임에서 사용 시작/중지 설정
❸ 런타임에서 사용 항상 중지 설정

[유튜브 동영상 URL] https://youtu.be/0EHSPFvH7vk?list=PLI-K7zZEsYLmOF_07layrTntevxtbUxDL
[그림 1-14] 데이터를 수집하고 그 데이터를 분석하여 앱의 성능을 파악하는 데 도움을 주는 파이어베이스 성능 모니터링

> **참고** **9장 파이어베이스 성능 모니터링(FPM)**에서 모니터링의 속성을 자세히 알아보고 실제 예제를 통해 동작들을 익혀볼게요.

1.3.3 테스트 랩

우리가 하나의 앱을 만들려면 기획, 요구사항 분석, 설계, 구현, 검증 등과 같은 단계를 거쳐 사용자에게 개발한 앱을 배포를 하게 됩니다. 각 단계가 모두 중요하겠지만, 안드로이드 환경에서 검증 단계는 시간과 비용이 가장 많이 발생하는 단계입니다. 그렇다면 시간과 비용이 왜 많이 들어가는 걸까요? 안드로이드 같은 경우 다양한 제조사에서 다양한 단말들을 만들어 판매하고 있습니다. 이러한 단말들이 안드로이드 플랫폼을 기반으로 하고 있긴 하지만 제조사별로 만들어지는 단말의 스펙이 다릅니다. 때문에 우리가 만든 앱이 모든 단말에서 정상적으로 동작하는 것을 보장할 수 없으며, 실제 구하지 못하는 단말이 대다수이기도 합니다. 이와 같은 이유로 구글은 파이어베이스 테스트 랩Test Lab이라는 것을 통해 단말 구매 비용을 절약하고 검증 시간을 단축할 수 있도록 도와 주며 구하기 어려운 단말들을 제공해주어, 앱의 품질을 높일 수 있습니다. [그림 1-15]는 구글 데이터 센터의 기기들입니다.

[그림 1-15] 구글의 데이터 센터 기기들의 모습

파이어베이스 테스트 랩은 앱을 검증할 수 있도록 단말만 제공하는 것입니다. 검증을 쉽고 빠르게 할 수 있도록 다음과 같은 기능들을 제공합니다.

보통 많이 사용되는 Espresso, UI Automator 2.0 또는 Robotium을 사용하여 테스트 스크립트를 만들었다면 Firebase Test Lab에서 바로 사용하여 테스트할 수 있습니다. 또한, Android Studio 2.2버전 이상에서 새로 나온 Espresso Test Recorder 도구를 사용하면 실제 기기 테스트 Instrumentation Test 스크립트를 쉽게 작성할 수 있습니다. 즉, 스크립트를 직접 작성하는 방식이 아닌 '기록 모드'로 테스트 레코드에서 앱과의 모든 상호 작용을 관찰하고 기억하여 Espresso Test Recorder에서 테스트 코드를 만듭니다. 만들어진 테스트 코드는 파이어베이스 테스트 랩에서 테스트를 실행하면 되기 때문에 보다 쉽고 빠르게 검증할 수 있습니다. 그리고 'Robo 테스트'라는 기능을 이용하여 테스트 스크립트 작성 없이 사용자가 직접 사용한 것과 같이 테스트 해볼 수 있습니다. 마지막으로 모든 테스트 결과는 온라인으로 조회 가능합니다. 테스트 결과에는 테스트 로그 및 앱의 오류 세부 정보가 포함되며, 'Robo 테스트' 결과에는 스크린 샷과 동영상도 함께 제공됩니다. [그림 1-16]은 파이어베이스 콘솔에 표시되는 테스트 결과입니다.

[그림 1-16] 파이어베이스 콘솔에 표시되는 앱 테스트 결과

유튜브에서 '안드로이드를 위한 파이어베이스 테스트 랩'으로 검색하거나 아래 URL을 통해 확인할 수 있습니다.

[유튜브 동영상 URL] https://www.youtube.com/watch?v=4_ZEEX1x17k

[그림 1-17] 앱을 검증할 수 있도록 다양한 단말을 제공하는 파이어베이스 테스트 랩

참고 **10장**에서 테스트 랩에 대해서 자세히 알아보고 실제 예제를 통해 동작들을 익혀볼게요.

1.4 파이어베이스 성장 기능
–클라우드 메시징, 원격 구성, 동적 링크, 애드몹

1.4.1 클라우드 메시징

클라우드 메시징 Cloud Messaging은 GCMGoogle Cloud Messaging이 파이어베이스로 통합된 것으로 푸시 메시지를 무료로 전송할 수 있도록 제공됩니다. 클라우드 메시징의 주요 기능을 [표 1–4]에 정리해보았습니다.

[표 1–4] 클라우드 메시징의 주요 기능

주요 기능	내용
알림 메시지 또는 데이터 메시지 전송	사용자에게 표시되는 알림 메시지를 전송, 또는 데이터 메시지를 전송하고 애플리케이션 코드에서 임의로 처리한다.
강력한 메시지 타겟팅	단일 기기, 기기 그룹, 주제를 구독한 기기 등 3가지 방식으로 클라이언트 앱에 메시지를 배포할 수 있다.
클라이언트 앱에서 메시지 전송	FCM의 신뢰성 높고 배터리 효율적인 연결 채널을 통해 기기에서 다시 서버로 확인, 채팅 및 기타 메시지를 보낼 수 있다.

파이어베이스 클라우드 메시징(FCM)의 주요 기능에 대한 자세한 내용을 알기보다 '여기서는 이러한 기능들이 있구나' 정도로 이해하고 넘어가시는 것이 좋겠습니다.

용어

GCM(Google Cloud Messaging)
GCM은 Google Cloud Messaging으로 서드파티 서버에서 구글에서 제공하는 푸시 서버를 이용하여 사용자 디바이스에 설치된 앱 단위로 메시지를 전송할 수 있는 서비스입니다. 현재 GCM을 신규로 추가할 수는 없으며, FCM으로 등록하여 사용해야 합니다.

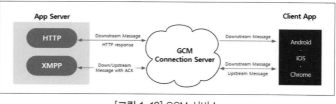

[그림 1–18] GCM 서비스

[그림 1-19]를 보시면 알 수 있듯이 FCM이 안드로이드 플랫폼에 대해서만 메시지를 전송하는 것은 아닙니다. 안드로이드 이외의 iOS와 같은 플랫폼에서도 FCM을 사용할 수 있습니다.

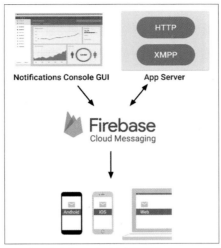

[그림 1-19] 안드로이드 이외의 iOS와 같은 플랫폼에서도 FCM을 사용할 수 있다.

파이어베이스에서 1분 정도로 FCM의 장점을 소개한 유튜브 영상을 다음에 소개했습니다. 유익한 영상이니 한번쯤 보길 권합니다. 모바일 또는 PC의 유튜브에서 '파이어베이스 클라우드 메시지 소개'로 검색하시거나, QR 코드를 참고하세요.

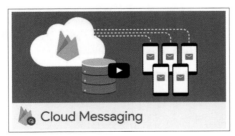

[유튜브 동영상 URL] https://youtu.be/sioEY4tWmLI?list=PLI-K7zZEsYLmOF_07layrTntevxtbUxDL

[그림 1-20] 푸시 메시지를 무료로 전송할 수 있도록 제공하는 파이어베이스 클라우드 메시징

> **참고** 11장에서 클라우드 메시징에 대해서 자세히 알아보고 실제 예제를 통해 동작들을 익혀볼게요.

1.4.2 원격 구성

파이어베이스 원격 구성Remote Config은 사용자가 앱 업데이트를 다운로드할 필요 없이 앱의 동작과 모양을 변경할 수 있는 클라우드 서비스입니다. 이렇게만 소개하면 내용을 이해하기에 어려울 수도 있는데요, 간단히 말하면 '앱의 특정 값을 원격으로 변경할 수 있도록 제공되는 서비스'입니다. 원격으로 앱의 특정 값을 변경할 수 있기 때문에 사용자가 업데이트 없이도 앱의 동작 및 보여주는 화면을 변경할 수 있는 것입니다.

다음 [그림 1-21]과 같이 우리가 앱을 업데이트하기 위해서는 그림에 나온 과정을 거쳐야 하고, 릴리즈 이후에 사용자들이 구글 플레이스토어에서 업데이트를 받아야만 했습니다. 수정사항이 사용자에게 반영되기까지 얼마나 많은 시간이 걸릴까요? 이러한 부분을 파이어베이스 원격 구성을 사용하게 되면 많은 부분에서 절약할 수 있습니다.

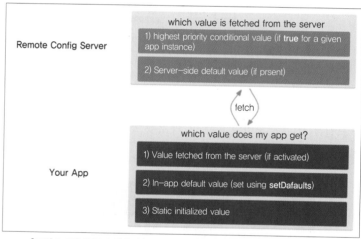

[그림 1-21] 우리가 앱을 업데이트 하기 위해서 거쳐야만 했던 오랜 과정

파이어베이스 이점을 확인할 수 있는 예를 들어보겠습니다. 앱에서 신규 기능이 추가될 때 0인 경우 신규 기능을 사용할 수 있고, 1이면 신규 기능을 사용할 수 없도록 되어 있다고 가정해볼까요? 신규 기능을 출시했을 때 사용자의 반응이 안정적으로 동작하면 아무런 이슈가 없겠으나 만약 사용자의 반응이 좋지 않고 안정적으로 동작하지 않는 상황이라면 어떻게 할까요? 기존과 같이 업데이트를 통해 진행한다면 사용 업데이트 버전이 배포되기 전까지 구글 플레이스토어의 평점은 계속 내려갈 것입니다. 반대로 파이어베이스 원격 구성으로 0이던 값을 1로 변경하여 신규 기능을 사용하지 않도록 바로 처리한다면, 사용자가 불만을 가진 부분을 바로 해결할 수 있고 구글 플레이스토어의 평점도 유지할 수 있습니다.

또한 다음과 같은 경우에도 이점이 있습니다. 사용자가 앱을 실행할 때 업데이트 알림을 제공하고 싶을 때가 있을 것입니다. 기존에 업데이트 알림을 제공하려면 서버 연동을 통해 업데이트 유무를 확인했지만, 파이어베이스 원격 구성을 통해 업데이트 유무를 알리는 경우에는 별도의 서버 구성이 필요하지 않습니다. 파이어베이스 원격 구성에서 특정 값으로 바꾸어 사용자에게 알림 및 업데이트를 유도할 수 있기 때문입니다. 그리고 업데이트도 그룹별로 변경이 가능하기 때문에 업데이트 때 발생될 수 있는 대량 장애도 일부에서 먼저 확인하고 안정적인 상태를 체크해서 전체 배포할 수 있도록 합니다. 즉, 특정 사용자들에게 설정 값 변경이 가능하다는 점을 알 수 있죠.

주요 기능

파이어베이스 원격 구성의 주요 기능으로는 앱 사용자에게 변경 사항을 빠르게 적용, 앱 사용자 별로 설정 기능, A/B 테스트를 이용한 앱 개선 기능으로 구분할 수 있습니다.

먼저, 앱 사용자에게 변경 사항을 빠르게 적용하는 기능은 앱의 업데이트 없이 앱의 레이아웃이나 텍스트, 동작을 변경할 수 있음을 의미합니다.

앱 사용자별로 설정 기능은 앱의 버전, 사용하는 언어별 등과 같이 특정 항목으로 구분하여 파이어베이스 원격 구성이 가능합니다.

마지막으로 A/B 테스트를 이용한 앱 개선은 A그룹과 B그룹으로 나누어 A그룹에 적용 후 개선 내용에 대한 긍정적인 결과가 나오면 나머지 B그룹에 반영할 수 있도록 제공되는 기능입니다.

'파이어베이스 원격 구성 소개'로 유튜브 영상을 검색하여 주요 특징들을 확인해보세요.

[**유튜브 동영상 URL**] https://www.youtube.com/watch?v=_CXXVFPO6f0

[그림 1-22] 앱 업데이트를 다운로드할 필요 없이 앱의 동작과 모양을 변경할 수 있는
클라우드 서비스인 파이어베이스 원격 구성

참고 **12장 파이어베이스 원격 구성**에서 원격 구성에 대해서 자세히 알아보고 실제 예제를 통해 동작들을 자세히 익혀볼게요.

1.4.3 동적 링크

파이어베이스 동적 링크는 하나의 링크 정보를 이용하여 앱 설치 여부와 상관 없이 플랫폼에 따라 동작할 수 있도록 만들어졌습니다. 가령 http://dynamic.links라는 링크 정보를 안드로이드, iOS 앱 설치 유무에 따라 적절히 동작을 정의할 수 있고, 데스크톱 브라우저에서는 앱 정보를 제공하여 Android / iOS에서 사용할 수 있도록 유도할 수 있는 페이지를 보여줄 수 있습니다.

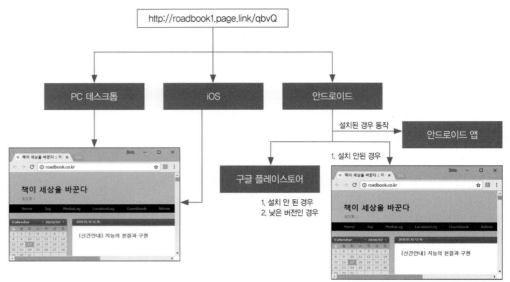

[그림 1-23] 하나의 동적 링크에는 플랫폼 별로 동작을 지정할 수 있도록 제공되고,
각 플랫폼 별로 조건이 맞으면 지정된 동작으로 사용자에게 제공

파이어베이스 동적 링크에서는 크게 동적 링크 만들기, 동적 링크 수신으로 분류할 수 있습니다. 동적 링크를 사용하기 위해서 동적 링크 만들어야 하는데 네 가지 방법이 있습니다.

❶ 파이어베이스 콘솔을 사용한 동적 링크 생성
❷ 안드로이드/iOS에서 동적 링크 Builder API로 동적 링크 생성
❸ REST API를 사용하여 동적 링크 생성
❹ 직접 만들기

파이어베이스 콘솔을 사용한 동적 링크 생성하기

파이어베이스 콘솔을 사용한 동적 링크 생성은 제품 설치 유도와 같은 제품 홍보로 사용할 경우에 유용합니다. 다음 [그림 1-24]처럼 파이어베이스 콘솔에서 동적 링크를 만들게 됩니다.

[그림 1-24] 파이어베이스 콘솔에서 동적 링크를 만든다.

안드로이드/iOS에서 동적 링크 Builder API로 동적 링크 생성하기

다음은 안드로이드/iOS에서 동적 링크 Builder API로 동적 링크를 생성하는 방법입니다. Builder API로 동적 링크를 생성할 때에도 먼저 파이어베이스 콘솔에서 동적 링크 도메인은 등록이 되어 있어야 합니다. Builder API로 동적 링크를 생성하여 사용하는 방법은 링크가 여러 개 필요하거나 사용자 간에 공유가 필요하여 동적으로 링크를 만들 때 많이 사용됩니다. Builder API를 사용하는 방법은 13장에서 자세히 소개할게요.

REST API를 사용하여 동적 링크 생성 및 직접 동적 링크 만들기

REST API를 통하거나 직접 동적 링크를 생성할 수 있습니다. 이 방법들은 Builder API를 제공받지 못하는 플랫폼에서 사용할 수 있습니다. 이 둘의 차이점은 REST API는 긴 링크 정보를 Short Links API를 이용하여 짧은 동적 링크를 만들 수 있고, 직접 만들기는 긴 동적 링크를 생성하는 차이가 있습니다.

4가지 동적 링크를 만드는 방법에 대해서 알아보았습니다. 그러면 만들어진 동적 링크 수신은 어떻게 할까요? 동적 링크 수신은 만들어진 동적 링크를 수신하기 위해서 앱에서 동적 링크 SDK를 포함하고 `FirebaseDynamicLinks.getDynamicLink()` 메소드를 호출하여 동적 링크로 전달된 데이터를 가져와야 합니다. 앱에서 동적 링크를 수신하는 방법에 대해서는 13장에서 자세히 설명하겠습니다.

[유튜브 동영상 URL] https://youtu.be/LvY1JMcrPF8?list=PLI-K7zZEsYLmOF_07layrTntevxtbUxDL

[그림 1-25] 하나의 링크 정보를 이용하여 앱 설치 여부와 상관 없이
플랫폼에 따라 동작할 수 있도록 만들어진 파이어베이스 동적 링크

 13장에서 동적 링크에 대해서 자세히 알아보고 실제 예제를 통해 동작들을 익혀볼게요.

1.4.4 애드몹

사용자들에게 유용한 기능들을 제공하려고 많은 기업이나 개인들이 다양한 앱들을 출시하고 있습니다. 기업이나 개인들이 해당 앱을 유지하려면 수익을 내야 하는데 유료로 배포하는 경우 활성화가 되지 않기 때문에 대부분의 앱에서 무료로 제공합니다. 무료로 제공하면 수익이 전혀 없기 때문에 앱을 유지하는데 어려움이 있습니다. 따라서 무료로 앱을 제공하되 수익을 발생하는 방법으로 안드로이드 앱 안에 광고 모듈을 붙이는 방법을 사용하고 있습니다.

파이어베이스 애드몹Firebase Admob은 구글의 애드몹Admob을 활용하여 인앱 광고를 통해 수익을 낼 수 있도록 서비스합니다. 배너 광고, 전면 광고, 동영상 광고 또는 네이티브 광고를 게재할 수 있습니다. 안드로이드의 경우 사용자가 광고 제품을 앱 안에서 구입할 수 있는 인앱 구매 광고도 지원됩니다. 구글의 애드몹 구성을 바꾸지 않아도 파이어베이스에서는 쉽게 통합하여 사용할 수 있습니다.

이름으로 봐도 파이어베이스 애드몹은 구글의 애드몹과 파이어베이스를 연결하여 사용함을 알 수 있습니다. 구글 애드몹과 파이어베이스가 애드몹에서 파이어베이스의 애널리틱스의 데이터를 사용할 수 있게 됩니다. 따라서 애널리틱스의 잠재적 고객, 이벤트 정보를 사용하여 보다 정밀한 타켓팅 광고를 할 수 있어 수익이 늘어날 수 있도록 도와줍니다. 그리고 앱이 애드몹에 연결되면 모바일 광고 SDK는 광고 노출 수 및 상호작용을 자동으로 기록합니다. 파이어베이스 애널리틱스는 이 이벤트를 기반으로 ad_click 및 ad_impression 이벤트 보고서에서 광고 실적을 측정할 수 있습니다. 광고 실적 측정 항목은 노출 수, 클릭 수, 광고 노출, 예상 수익이며 광고 단위, 화면, 광고 형식, 광고 소스별로 분류할 수 있으며, 또한 잠재고객 및 사용자 속성을 기준으로 이 보고서를 필터링하면 사용자층의 다양한 세그먼트에 대한 광고 실적을 자세히 파악할 수 있습니다. 파이어베이스와 애드몹의 연결된 모습을 다음 [그림 1-26]에 담았습니다.

[그림 1-26] 파이어베이스와 애드몹의 연결된 모습

애드몹은 안드로이드 앱에서 다양한 광고 형식을 제공합니다. 다양한 광고 형식을 보고 앱에서 필요로 하는 광고 형식을 선택하여 사용하면 됩니다. 광고 형식에는 배너 광고, 전면 광고, 네이티브 광고, 보상형 동영상 광고를 제공하고 있습니다. 각각의 광고 형식에 대해 소개하겠습니다.

배너 광고

배너 광고는 앱의 레이아웃 안에서 자리를 차지하는 직사각형 이미지 또는 텍스트 광고입니다. 사용자가 앱과 상호작용하는 동안 화면에 머무르며 특정 시간이 지나면 자동으로 새로고침 할 수 있습니다. 모바일 광고를 처음 시작하는 경우 이 형식부터 이용해 보는 것이 좋습니다. [그림 1-27]은 배너 광고를 사용하는 앱들입니다. 배너 광고를 사용할 때 참고하면 좋습니다.

[그림 1-27] 배너 광고를 사용하는 앱들

전면 광고

전면 광고는 사용자가 닫을 때까지 앱의 인터페이스를 완전히 덮는 전체 화면 광고입니다. 이 형식은 게임의 레벨 사이나 작업 완료 직후와 같이 앱 실행의 흐름이 자연스럽게 멈추는 시점에 가장 적합합니다. 간혹 앱이 종료될 때 전면 광고를 사용하는 경우가 있는데, 구글 광고 정책에서 앱 종료 시 전면 광고를 표시할 경우 앱의 전체 광고가 표시되지 않도록 차단됩니다. 또한 사용자가 앱을 삭제하는 원인이 되기도 합니다. 전면 광고 사용 시에는 표시 시점을 잘 정하는 것도 중요합니다. 아래의 그림은 구글 애드몹의 전면 광고 시에 화면에 표현되는 형태입니다.

[그림 1-28] 전면 광고를 사용하는 앱들

네이티브 광고와 보상형 광고

네이티브 광고는 제목 및 클릭 유도 문안 등의 애셋이 앱에 표시되는 방법을 자유롭게 맞춤 설정할 수 있는 구성요소 방식의 광고 형식입니다. 글꼴, 색상, 기타 세부 요소를 직접 선택하여 사용자 환경을 더욱 풍부하게 만드는 자연스러운 방식으로 광고를 표시할 수 있습니다.

보상형 또는 보상 기반 동영상 광고는 끝까지 시청한 사용자에게 인앱 보상을 지급하는 전체 화면 동영상 광고입니다.

[유튜브 동영상 URL] https://youtu.be/EPKmYheOmiw?list=PLI-K7zZEsYLmOF_07layrTntevxtbUxDL

[그림 1-29] 구글의 애드몹을 활용하여 인앱 광고를 통해 수익을 낼 수 있게 하는 파이어베이스 애드몹

1.5 파이어베이스 분석 기능-애널리틱스

1.5.1 애널리틱스

파이어베이스 애널리틱스Firebase Analytic는 구글이 모바일 앱을 위해 앱 사용 및 사용자 참여도에 대한 통계를 제공하는 무료 서비스입니다. 또한 사용에 대한 제한이 없기 때문에 무제한으로 사용할 수 있으며, 최대 500개의 고유 이벤트를 사용하여 통계에 활용할 수 있습니다. 앱에서 파이어베이스 애널리틱스 SDK를 사용하여 데이터를 보내고, 수집된 데이터를 이용하여 앱의 사용자 및 사용자 참여도에 대한 통계를 확인할 수 있습니다.

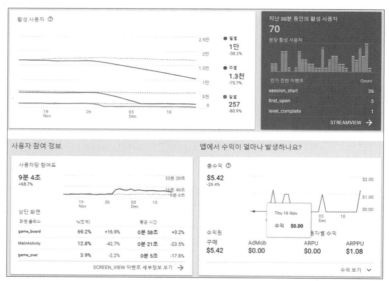

[그림 1-30] 구글의 애널리틱스를 통해 수집된 데이터를 이용하여 앱의 사용자 및 사용자 참여도에 대한 통계를 확인한다.

파이어베이스 콘솔의 애널리틱스에서 제공되는 기능들에 대해서 알아보겠습니다. 앱에서 전달하는 이벤트들을 이용하여 애널리틱스의 다양한 기능을 통해 분석 내용을 확인할 수 있습니다. 주요 기능으로는 다음 [표 1-5]로 정리했습니다. 제공되는 기능별로 간략한 내용을 살펴볼게요.

[표 1-5] 파이어베이스 애널리틱스에서 제공되는 기능

기능	내용
대시보드 (Dashboard)	활성 사용자, 지난 30분 동안의 활성 사용자, 인기 전환 이벤트, 사용자당 참여도, 총 수익, 비정상 종료가 발생하지 않은 사용자, 앱 버전 채택, 획득, 유지 집단, 잠재고객 정보를 확인할 수 있다.
이벤트(Events)	활성 기간 동안 앱에서 발생한 이벤트가 표에 표시된다. 표에는 각 이벤트에 대해 다음과 같은 항목이 표시된다. • 횟수 : 이벤트가 발생한 횟수 • 사용자 : 이벤트를 발생시킨 사용자 수
전환 수 (Conversions)	신규 사용자를 확보하고 지속적으로 참여시키기 위한 방법으로 가장 큰 효과를 보인 마케팅 활동이 무엇인지를 파악할 수 있도록 제공된다.
잠재고객 (Audiences)	비즈니스에 중요한 의미를 갖는 방식으로 사용자층을 분류할 수 있다. 이벤트(예: session_start 또는 level_up) 및 사용자 속성(예: 나이, 성별, 언어)에 따른 분류가 가능하며 이벤트, 매개변수 및 속성을 조합하여 모든 종류의 사용자 그룹을 포함할 수 있다.
유입 경로(Funnels)	앱에서 연속된 단계(이벤트)의 완료율을 시각화, 최적화할 수 있다. 예를 들어 계정 만들기에 필요한 단계를 포함하는 유입 경로를 만들고 각 단계의 완료율을 추적하면, 사용자가 계정 만들기 흐름 중 구체적으로 어떤 단계에서 이탈하는지를 파악할 수 있다.
사용자 속성 (User Perperties)	사용자층을 분류할 수 있는 기능을 제공한다. User Property를 사용하면 사용자 기반의 다양한 세그먼트에 대한 동작을 분석할 수 있다. 앱당 최대 25개의 고유한 사용자 속성을 제공할 수 있으며 각각에 대해 선택한 이름과 값을 사용할 수 있다.
최신 버전 (Latest Release)	앱 출시에 관한 유용한 정보를 얻을 수 있다. 앱의 새 버전을 배포할 때, 업그레이드하는 사용자 수를 추적하고 참여도를 파악하고 출시된 버전을 사용자층이 얼마나 안정적으로 채택하는지 알아야 하는 경우가 있는데, 이런 경우 앱의 채택률, 참여도, 안정성 측정 항목을 통해 확인할 수 있다.
사용자 보유(Retention)	사용자가 앱을 계속 사용하는 비율을 확인할 수 있다.
StreamView	분석 이벤트 스트림을 들여다보는 창으로 애널리틱스의 각종 보고서를 통해 일정 기간의 앱 데이터를 분석하여 다양한 사용자층 세그먼트의 추세를 파악하고 이상을 발견할 수 있다.
DebugView	애널리틱스 배포 시스템은 휴대기기의 네트워크 데이터 및 배터리 수명을 절약하기 위해 사용량 데이터를 주기적으로, 보통 1시간마다 폴링한다.

간략하게 파이어베이스 애널리틱스에 대해 알아보았습니다. 애널리틱스의 상세 기능들에 대한 내용은 14장에서 자세히 다루겠습니다.

[유튜브 동영상 URL] https://www.youtube.com/watch?v=8iZpH7O6zXo

[그림 1-31] 구글의 애널리틱스는 앱에서 전달하는 이벤트들로 애널리틱스의 다양한 기능을 통해 분석 내용을 확인한다.

1.5.2 가격 정책

파이어베이스에서 제공하는 서비스들이 모두 무료는 아니기 때문에 가격 정책에 대해서 먼저 확인하고 서비스 도입을 고민해야 합니다. 파이어베이스 가격 정책은 크게 Spark 요금제, Flame 요금제, Blaze 요금제이며 무료로 시작하고 종량제 방식으로 확장되는 형태입니다. 즉, 앱이 활성화되고 사용자가 많아지면 돈을 더 지불하는 형식으로 이해하면 되겠습니다. 파이어베이스 가격 정책에서 무료로 서비스되는 것만 다음 [표 1-6]으로 볼까요?

[표 1-6] 파이어베이스 가격 정책에서 무료로 서비스되는 것

파이어베이스 서비스	Spark 요금제	Flame 요금제	Blaze 요금제
A/B Testing, Analytics, App Indexing, Authentication (except Phone Auth), Cloud Messaging (FCM), Crashlytics, Dynamic Links, Invites, Performance Monitoring, Predictions, Remote Config,	무료	무료	무료

실시간 데이터베이스, 저장소, 호스팅, 테스트 랩 등과 같은 서비스들은 무료로 사용되다가 종량제 방식으로 확장되는 형식으로 앱을 개발할 때 테스트는 해볼 수 있습니다.

정리하며

1장에서는 파이어베이스에서 제공되는 서비스들이 어떤 것들이 있고, 해당 서비스들의 주요 기능들과 특징은 무엇인지 알아보았습니다. 이러한 내용을 토대로 내 앱을 개발할 때 파이어베이스의 어떤 서비스를 적용할지 고민하면서 보았으면 좋습니다. 고민하지 못했더라도 걱정하지 마세요. 파이어베이스 서비스를 실제로 적용하는 방법을 예제를 통해 각 장에서 상세히 소개하겠습니다. 내용을 살펴볼 때마다 내 앱에 적용할 기능을 접목시켜가면서 익힌다면 더할 나위 없이 백견불여일타겠지요. 준비되셨나요? 출발하겠습니다!

연습문제 | 퀴즈를 풀어보며 개념을 복습합니다.

문제에 대한 답은 백견불여일타 카페에서 확인할 수 있습니다. cafe.naver.com/codefirst

1   파이어베이스는 크게 개발, 품질, 성장으로 서비스를 구분할 수 있습니다. 구분된 항목별로 어떠한 서비스가 있는지 기술해보세요.

2   파이어베이스 인증에 대해서 간략하게 적어보세요.

3   파이어베이스 실시간 데이터베이스에 대해서 기술해보세요.

4   파이어베이스 저장소와 호스팅에 대해서 아는 대로 적어보세요.

5   파이어베이스 크래시리틱스(Crashlytics), 성능 모니터링, 테스트 랩(Test Lab)에 대해서 요점만 정리해보세요.

6   파이어베이스 클라우드 메시징에 대해 설명해보세요.

7   파이어베이스 원격 구성이 어떠한 것인지 적어보세요.

8   파이어베이스 동적 링크에 대해 기술해보세요.

9   파이어베이스 애드몹(Admob)에 대해 간략하게 적어보세요.

10 파이어베이스 애널리틱스(Analytics)에 대해 간략하게 설명해보세요.

실습문제

실습은 지식을 내것으로 만드는
최고의 방법입니다.

문제에 대한 답은 백견불여일타 카페에서 확인할 수 있습니다. cafe.naver.com/codefirst

파이어베이스 서비스를 사용하기 위해 구글 계정 및 파이어베이스 콘솔에 접속하도록 합니다. 그리고 파이어베이스 콘솔에서는 프로젝트 및 앱 등록 전에 데모 앱을 통해 파이어베이스 서비스별로 어떻게 관리되는지 보여줍니다. 각 서비스를 사용하기 전에 데모 프로젝트의 파이어베이스 서비스들의 데이터를 한번 보는 것이 도움이 됩니다.

1. 구글 계정을 만듭니다.

구글 계정을 보유하고 있지 않은 경우 구글 계정을 만듭니다.

2. 파이어베이스 콘솔에 접속합니다.

https://firebase.google.com/ 사이트에 접속하여 우측 상단 〈콘솔로 이동〉 버튼을 클릭합니다.

실습문제 | 실습은 지식을 내것으로 만드는
최고의 방법입니다.

3. 파이어베이스 **콘솔**에서 데모 프로젝트를 엽니다.

4. 데모 프로젝트의 각각 파이어베이스 서비스들을 확인합니다.

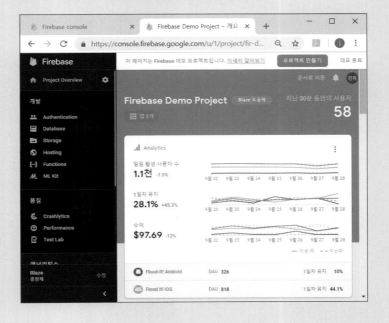

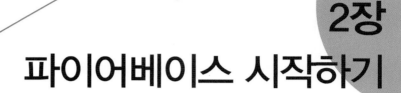

2장
파이어베이스 시작하기

이 장을 시작하기 전에

❶ 파이어베이스를 사용하려면 안드로이드 OS 버전, 구글 플레이 서비스 버전, Android Studio 버전의 조건이 맞아야 파이어베이스 서비스들이 동작하게 됩니다. 이 조건들에 대해서 상세히 알아봅니다.

❷ 파이어베이스 서비스에서 프로젝트 관리, 앱 연동 및 관리를 할 수 있는 파이어베이스 콘솔을 제공해주는데요, 파이어베이스 콘솔에서 무엇을 할 수 있는지 살펴봅니다.

❸ 안드로이드 프로젝트의 앱들을 파이어베이스 서비스에 추가하는 방법을 자세히 배워봅니다.

2.1 파이어베이스를 사용하기 위한 기본 조건 갖추기

구글의 파이어베이스에 개발자를 위한 다양한 서비스가 있다는 것을 간략하게 살펴보았습니다. 이러한 서비스를 사용하기 전에 알아야 할 내용들이 있는데요, 이번 장에서 그 부분들을 살펴보겠습니다.

파이어베이스 서비스들이 지원해주는 주요 기능들에 대해 아는 것도 중요하겠지만, 이 서비스를 사용하기 위한 사양을 알고 있는 것 또한 중요합니다.

아직 파이어베이스 서비스가 지원하는 운영체제os 이전 버전을 사용하는 앱들이 시중에 많습니다. 이럴 때는 운영체제 버전별로 분기 처리해야 하며, 어떤 버전에서 파이어베이스 서비스가 지원되지 않는지 관리가 필요합니다. 지금부터 파이어베이스 서비스를 사용하기 위해 필요한 것들에 대해 항목별로 소개하겠습니다.

2.1.1 구글 개발자 계정 만들기

가장 먼저 구글 계정이 필요합니다. 이 계정은 반드시 '개발자 계정'이 아니어도 되지만, 가능하다면 '개발자 계정'으로 등록하여 파이어베이스 서비스를 사용하기를 권합니다.

[그림 2-1]과 같이 구글 계정을 만듭니다. 계정을 만들었다면 파이어베이스 콘솔에 접근합니다.

구글 회원가입 후 https://firebase.google.com 사이트에서 파이어베이스 서비스 사용 가이드 문서와 파이어베이스 콘솔 등에 접속합니다.

[그림 2-1] 구글 계정 생성 후 파이어베이스 콘솔로 이동하기

파이어베이스 콘솔에 들어가면 'firebase를 사용하는 프로젝트'라는 항목에 파란색 버튼 모양으로 프로젝트를 추가할 수 있는 메뉴가 보입니다. 그 옆에는 파이어베이스를 사용하기 전에 [데모 프로젝트 살펴보기] 기능을 통해 어떠한 서비스들이 있고 해당 서비스들로 무엇을 할 수 있는지 볼 수 있습니다.

[그림 2-2] 파이어베이스 프로젝트 추가 화면

프로젝트를 만들기 전에 데모 프로젝트를 둘러보기를 추천합니다. 먼저 [데모 프로젝트 살펴보기] 버튼을 누르면 [그림 2-3]과 같은 화면이 나옵니다.

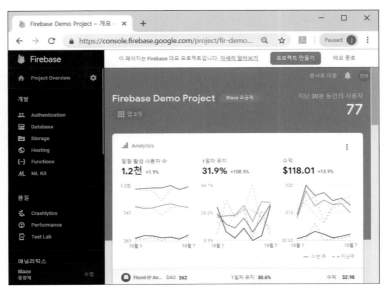

[그림 2-3] 데모 프로젝트 살펴보기

파이어베이스의 [데모 프로젝트 살펴보기]를 통해 '개발', '품질', '분석(애널리틱스)', '성장'의 항목별로 제공되는 세부 서비스들을 확인할 수 있습니다. 파이어베이스 서비스 중에 크래시리틱스 Crashlytics 서비스의 데모 데이터를 보면 [그림 2-4]와 같이 제품에서 비정상 종료 건수, 실제 사용자 건수 등을 상세히 확인할 수 있습니다.

[그림 2-4] 파이어베이스 서비스 중 크래시리틱스 서비스에서 확인할 수 있는 항목들 : 비정상 종료 건수, 실제 사용자 건수

참고 파이어베이스 콘솔은 크롬 브라우저를 사용하는 것이 좋습니다. 인터넷 익스플로러 같은 경우 아래 그림이 계속 등장하여 다음 과정 진입이 안 되는 현상이 발생합니다.

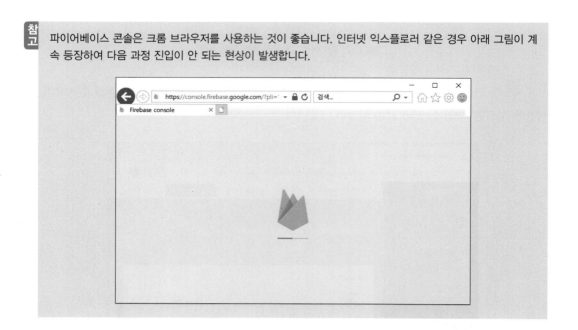

2.1.2 파이어베이스 프로젝트 만들기

데모 프로젝트를 둘러보았으면 다음은 우리가 직접 파이어베이스 프로젝트를 추가해봅니다. 다음과 같은 과정으로 진행됩니다.

[그림 2-5]에서 파란색의 〈프로젝트 추가〉 버튼을 누릅니다. 프로젝트 추가에 필요한 '프로젝트 이름'을 입력하고 '위치 설정'을 한 후에 '사용 약관 동의'에 체크합니다.

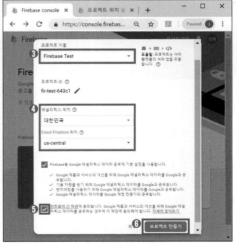

[그림 2-5] 프로젝트 추가하기

〈프로젝트 만들기〉 버튼을 누르면, [그림 2-6]과 같은 과정으로 프로젝트가 생성됩니다.

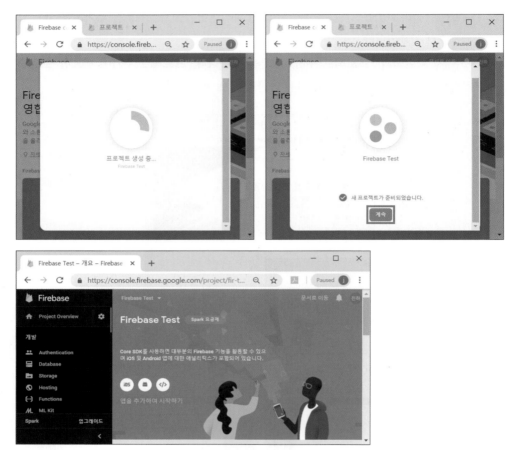

[그림 2-6] 프로젝트 생성 완료

파이어베이스 프로젝트가 만들어졌지만 아직 안드로이드, iOS 등의 모바일 OS의 앱에서 파이어베이스와 연동되지 않은 상태이므로 파이어베이스 서비스에서 확인할 수 있는 정보가 아직 없습니다. 파이어베이스 서비스와의 연동은 뒤에서 다시 다루겠고요, 먼저 추가된 파이어베이스 프로젝트에서 어떤 서비스들이 제공되며 어떻게 사용할 수 있는지 자세히 살펴보겠습니다.

2.2 파이어베이스 콘솔에서 제공하는 프로젝트 설정 항목 살펴보기

프로젝트가 추가되면 파이어베이스에서는 해당 프로젝트에 대한 설정 항목을 통해 다른 서비스와의 연동에 필요한 정보를 제공하거나, 프로젝트 이름, 프로젝트 ID 등과 같은 정보를 제공합니다. 따라서 우리는 파이어베이스 프로젝트 설정에 어떠한 내용들이 있는지 자세히 알아볼 필요가 있습니다. 프로젝트 설정 항목은 크게 아래 [그림 2–7]과 같이 구성됩니다.

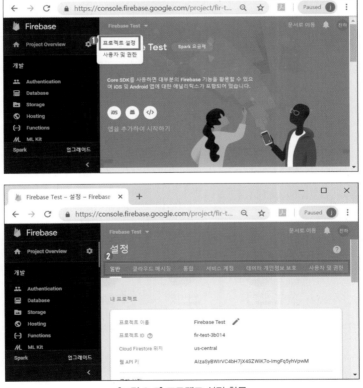

[그림 2-7] 프로젝트 설정 항목

프로젝트 설정에서 제공하는 항목을 자세히 보면 다음과 같은데요, [그림 2-7]의 ❷에서 가리키는 항목을 소개하겠습니다.

❶ 일반
❷ 클라우드 메시징
❸ 통합
❹ 서비스 계정
❺ 데이터 개인정보보호
❻ 사용자 및 권한

프로젝트 설정 : 일반

프로젝트 설정에서 '일반'에는 프로젝트 이름, 프로젝트 ID와 웹 API 키를 제공합니다. 또한 공개용 이름, 지원 이메일이 표시됩니다. 프로젝트에 앱을 추가할 때 내 앱에 추가된 앱 정보를 표시하게 됩니다.

[그림 2-8] 프로젝트 설정 : 일반

프로젝트 설정 : 클라우드 메시징

프로젝트 설정의 '클라우드 메시징'에는 푸시 발송에 필요한 서버 키, 발신자 ID, 웹 구성, iOS 앱 구성 내용을 표시합니다. 이전 서버 키는 파이어베이스에서 서버 키를 새 버전으로 업그레이드함으로써, 이전 서버 키를 계속 사용할 수 있지만 최신 버전으로 업그레이드해야 합니다.

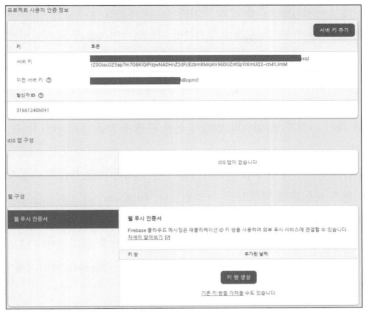

[그림 2-9] 프로젝트 설정 : 클라우드 메시지

프로젝트 설정 : 통합

프로젝트 설정의 '통합'은 파이어베이스와 다양한 서비스들이 연동되어 동작할 수 있습니다. 연동될 수 있는 서비스들에는 AdMob, Google Ads, BigQuery, Display & Videio 360, Google Play, Slack, Jira 서비스가 있습니다.

파이어베이스 서비스와 연동되는 서비스들에 대해서 간략하게 알아볼까요? 아래의 [그림 2-10]은 '통합' 항목을 클릭하면 볼 수 있는 연동 서비스에 대한 정보입니다.

[그림 2-10] 파이어베이스와 연동되는 서비스 목록

AdMob(애드몹)에서 파이어베이스용 구글 애널리틱스를 사용할 수 있도록 AdMob앱을 파이어베이스에 연결합니다. 파이어베이스에 앱을 연결하면 파이어베이스용 구글 애널리틱스의 데이터 공유 설정에 관계없이 AdMob에서 데이터를 사용할 수 있으며, 애널리틱스 데이터가 AdMob으로 전송되어 사용자별 맞춤 광고를 통해 수익이 늘어날 수 있습니다.

Google Ads(구글 애즈)를 연동하면 설치 유도, 통계 확인, 타켓팅 캠페인 정보를 파악할 수 있습니다. 즉, Ads에 대한 투자가 앱 설치와 인앱에 연관 관계 추적을 통해 확인할 수 있는 도구로 사용될 수 있습니다.

BigQuery(빅쿼리)를 파이어베이스 앱에 연결하면 모든 매개변수 및 사용자 속성과 함께 샘플링되지 않은 원시 이벤트 데이터에 액세스할 수 있습니다. BigQuery 프로젝트를 파이어베이스 앱에 연결하면 파이어베이스용 구글 애널리틱스와 파이어베이스 크래시리틱스에서 일별로 이벤트 데이터를 해당 BigQuery 데이터 세트로 내보냅니다. 데이터 세트를 쿼리하거나 내보내거나 외부 소스의 데이터와 결합하여 맞춤 분석을 수행할 수 있습니다. BigQuery는 파이어베이스 요금제에서 Blaze 요금제에 가입된 경우에만 데이터 확인이 가능합니다.

Display&Video 360은 구글의 디스플레이 광고 구매 솔루션입니다. 광고주가 Display&Video 360 또는 Campaign Manager에서 연결을 시작하면 파이어베이스의 프로젝트 소유자에게 알림 이메일이 전송됩니다. 개발자가 파이어베이스 콘솔에서 링크 요청을 검토하고 요청을 승인합니다. 링크가 승인되면 광고주는 Google Marketing Platform 디스플레이 광고 제품에서 실행되는 광고가 사용자 유도까지 이끌어 낸 정보를 확인할 수 있습니다. 연결된 계정은 언제든지 삭제할 수 있으며, 연결된 계정이 삭제되면 연결된 파이어베이스 프로젝트에서 앱의 Google Marketing Platform 추적이 사용 중지됩니다.

Google Play(구글 플레이)는 인앱 구매, ANR 이벤트(응답대기), 비정상 종료, 종료 데이터 등에 대한 추적을 진행합니다. 파이어베이스에서 안드로이드 앱의 in_app_purchase 이벤트를 확인하려면 Google Play에 연결해야 볼 수 있습니다. Google Play를 파이어베이스 프로젝트에 연결하면 파이어베이스에서 Google Play 데이터(예: 비정상 종료 및 수익 데이터) 및 기능(예: 비정상 종료 보고서)에 액세스할 수 있고, Google Play Developer Console에서 파이어베이스 데이터(예: 파이어베이스용 구글 애널리틱스 잠재고객) 및 기능(예: 크래시리틱스)에 액세스할 수 있습니다.

Slack(슬랙)은 파이어베이스가 감지한 중요한 알림을 Slack에 전송합니다. 파이어베이스 크래시리틱스에서 급격하게 발생되는 이슈, 새로운 이슈들에 대해서 알림을 제공해줍니다. 알림을 받고 싶지 않은 경우 파이어베이스에서 오프(off) 설정이 가능합니다.

[그림 2-11] Slack 연결 설정을 위해 웹훅 URL 설정, 기본 채널, 게시 사용자 이름을 등록하고 기능별 알림을 설정

> **참고**
>
> **웹훅(webhook)**
> 웹 서비스를 제공해주는 서버단에서 특정 이벤트가 발생되었을 때 외부에 전달하는 방법 중의 하나입니다. 지속적인 데이터 변경 여부를 확인하기 위하여 폴링(Polling)을 하는 것보다 웹훅을 통하여 필요할 때만 정보를 전달하는 방법입니다. 예를 들면, 제품에서 파이어베이스 크래시리틱스로 보고되는 비정상 종료 건수가 급격하게 증가하는 경우 등록된 웹훅 URL로 비정상 종료건 수가 급격하게 증가됨을 알려줄 수 있습니다.

프로젝트 설정 : 서비스 계정

프로젝트 설정에서 '서비스 계정'은 파이어베이스 서비스 계정을 사용하여 통합 Admin SDK를 통해 데이터베이스, 저장소, 인증 등의 다양한 파이어베이스 기능을 프로그래밍 방식으로 인증할 수 있습니다. 즉, 우리가 서비스를 할 때 관리자 페이지를 만들어 사용자 관리 및 사용자별 공지 사항 발송과 같은 것들을 처리할 수 있도록 파이어베이스에서 제공하는 기능입니다. 파이어베이스 Admin SDK는 전체 관리자 권한으로 실시간 데이터베이스 데이터를 읽기/쓰기를 할 수 있고, FCM 서버 프로토콜을 사용하여 프로그래밍 방식으로 파이어베이스 클라우드 메시지를 전송합니다. 또한, 파이어베이스 인증 토큰을 생성 및 검증하며, 클라우드 스토리지 버킷과 같은 구글 클라우드 플랫폼 리소스 및 파이어베이스 프로젝트에 연결된 파이어스토어Firestore 데이터베이스에 액세스하고 간소화된 관리자 콘솔을 직접 만들어 인증을 위해 사용자 데이터 조회, 사용자의 이메일 주소 변경과 같은 작업을 수행합니다.

[그림 2-12] 서비스 계정에서는 Admin SDK를 통한 관리 및 데이터베이스 비밀번호 설정을 할 수 있다.

프로젝트 설정 : 데이터 개인정보보호

프로젝트 설정에서 '데이터 개인정보보호'는 개인정보보호법(GDPR)에 따라 **대규모**로 사용자 데이터를 수집 또는 처리하거나, 특정 유형의 민감한 데이터를 수집 및 처리하거나, **정부 당국 또는 공공기관**에 속하는 개발자는 데이터 보호 책임자(DPO) 및/또는 EU 담당자 지정이 필요합니다.

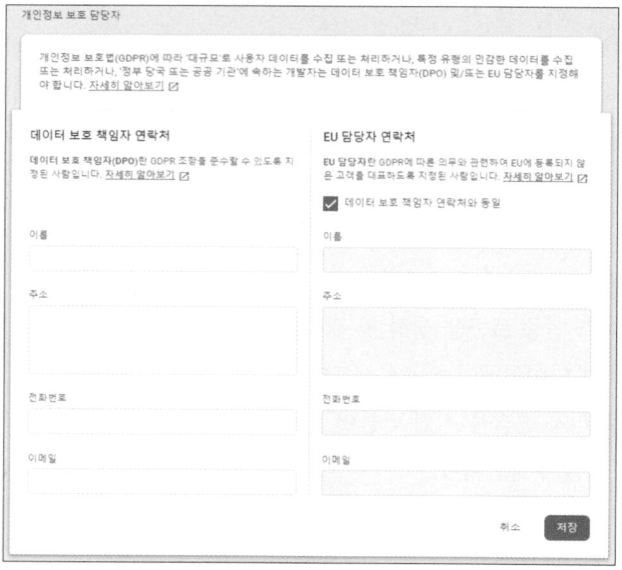

[그림 2-13] 프로젝트 설정 : 데이터 개인정보보호

프로젝트 설정 : 사용자 및 권한

프로젝트 설정에서 '사용자 및 권한'은 파이어베이스 콘솔에 접근할 수 있는 계정을 추가하거나 삭제할 수 있도록 합니다. 또한 추가된 계정에 대해 접근 권한을 구분하여 기능을 제공할 수 있습니다. 접근 권한에는 크게 소유자, 편집자, 뷰어 3단계로 되어 있습니다.

소유자 같은 경우 사용자 관리, 권한, 결제 등 모든 파이어베이스 및 구글 클라우드 플랫폼 리소스에 대한 전체 액세스 권한이 부여됩니다. **편집자**는 모든 파이어베이스 및 구글 클라우드 플랫폼 리소스에 대한 수정 액세스 권한이 제공됩니다. 마지막으로 **뷰어**는 모든 파이어베이스 및 구글 클라우드 플랫폼 리소스에 대한 읽기 액세스 권한만 제공됩니다.

[그림 2-14] 프로젝트 설정 : 사용자 및 권한

지금까지 파이어베이스 콘솔에서 프로젝트 설정 항목에 대해서 알아보았습니다. 다음은 안드로이드에서 파이어베이스를 사용할 수 있는 기본 사양과 안드로이드 프로젝트에서 파이어베이스를 추가하는 방법에 대해서 공부해봅니다.

2.3 개발 환경 및 안드로이드 프로젝트에 파이어베이스 추가하기

개발 환경

안드로이드 프로젝트에서 파이어베이스를 사용하기 위해서는 가장 먼저 파이어베이스를 사용할 수 있는 안드로이드 OS 버전과 구글 플레이 서비스 버전에 대해 알고 있어야 합니다. 그리고 Android Studio 버전은 제시하고 있지 않지만 최신 버전을 사용한다고 명시되어 있습니다. 파이어베이스에서 다음과 같이 안내하고 있습니다.

- 안드로이드 OS 버전 : API수준 16(젤리빈) 이상
- Gradle 버전 : 4.1 이상
- Android Studio 버전 : 최신 버전 사용

다음은 안드로이드 프로젝트에 파이어베이스를 추가하는 방법을 소개할 텐데요, 방법은 다음 두 가지입니다.

- Firebase Assistant로 파이어베이스 추가 : Android Studio 2.2 이상 가능
- 수동으로 파이어베이스 추가 : Android Studio 2.2 미만 사용할 경우 사용, 프로젝트 구성이 복잡한 경우 사용

참고

파이어베이스 어시스턴트(Firebase Assistant)

파이어베이스 어시스턴트는 Android Studio 내에서 파이어베이스 서비스들을 사용할 수 있도록 제공되는 툴입니다.

파이어베이스 어시스턴트 기능이 Android Studio에서 제공되기 전에는 파이어베이스 콘솔 사이트에서 개발자가 직접 관련 내용을 추가하는 방식이었습니다.

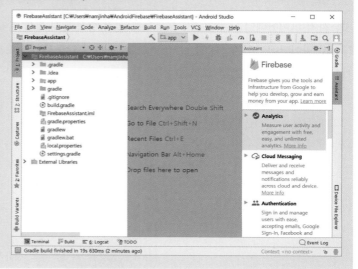

안드로이드 프로젝트 생성하기

파이어베이스에 안드로이드 앱을 추가하기 위해 가장 먼저 Android Studio에서 프로젝트를 만들어야 합니다. 안드로이드 프로젝트를 생성할 때 [그림 2-15]와 같이 패키지명과 앱명을 똑같이 하지 않아도 됩니다.

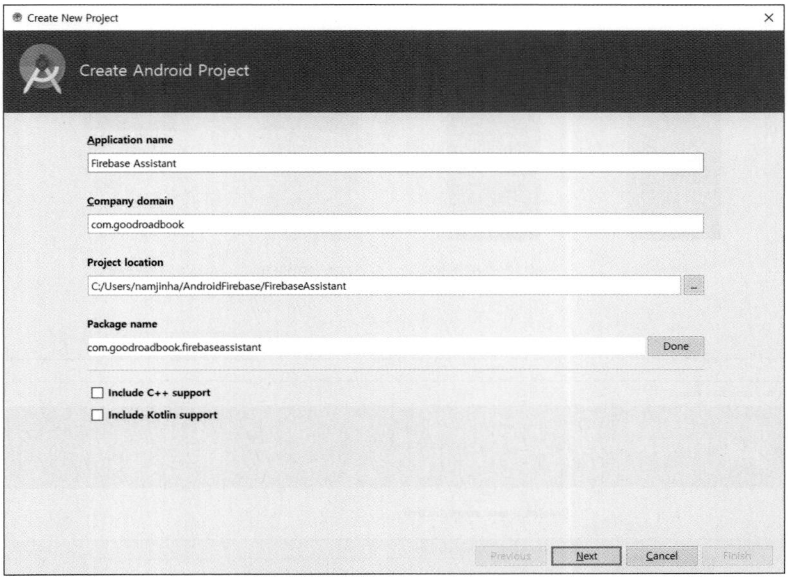

[그림 2-15] 안드로이드 프로젝트 생성

안드로이드 프로젝트를 생성할 때 Android 4.1 이상 버전(젤리빈)에서만 파이어베이스가 동작하기 때문에 안드로이드 버전을 확인한 후 다음으로 넘어가도록 합니다.

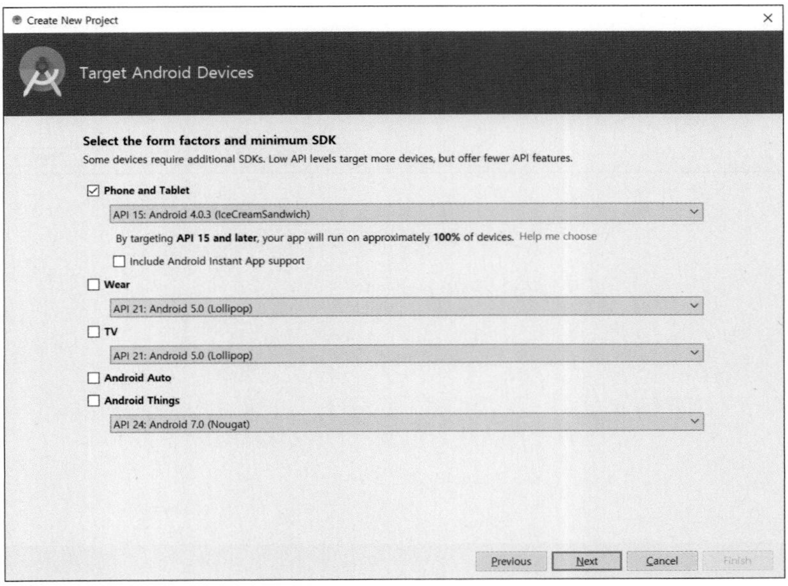

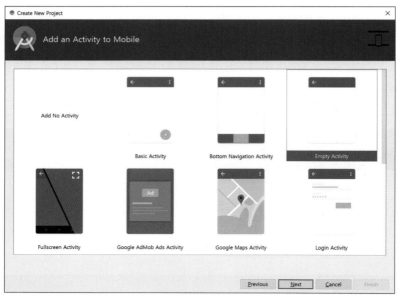

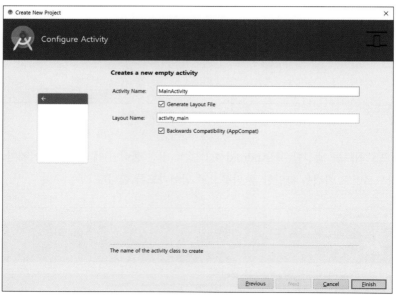

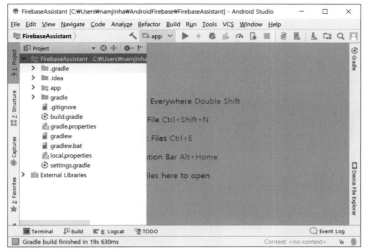

[그림 2-16] Anroid Studio에서 Fierbase Assistant로 파이어베이스에 등록할 프로젝트를 생성한다.

안드로이드 프로젝트가 만들어졌으면 Firebase Assistant로 생성한 안드로이드 프로젝트를 추가하는 방법과 개발자가 직접 파이어베이스 콘솔에서 연동하는 방법에 대해서 각각 알아보겠습니다.

2.3.1 안드로이드 프로젝트에 파이어베이스 추가하는 방법
: Firebase Assistant 사용하기

먼저 안드로이드 프로젝트에 Firebase Assistant로 파이어베이스를 추가하는 방법을 알아보죠.

먼저 Android Studio에서 버전이 2.2 이상인지 확인합니다. 필자가 사용하는 Android Studio 버전을 캡처했습니다.

[그림 2-17] 필자의 Android Studio 버전

안드로이드 프로젝트가 만들어졌다면 Android Studio의 상단 메뉴에 [Tool] – [Firebase]를 찾아서 클릭합니다.

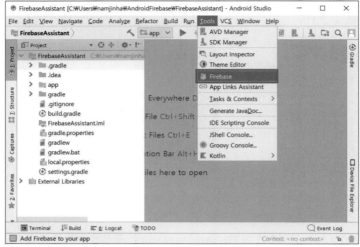

[그림 2-18] Android Studio – [Tools]–[Firebase]

[그림 2-19]의 Android Studio 화면 오른쪽에 파이어베이스 서비스 리스트 항목이 표시됩니다. 파이어베이스 서비스들 중에 사용할 서비스를 선택하면 선택된 서비스 하단에 연결 버튼이 표시됩니다. 다음 [그림 2-19]에서 Analytics의 ▶Log an Analytics event를 클릭합니다.

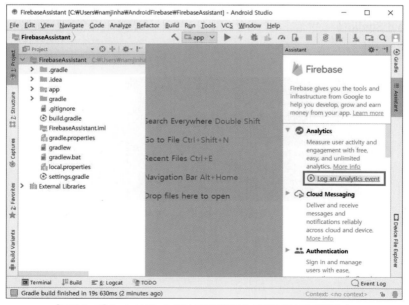

[그림 2-19] Android Studio에서 파이어베이스 어시스턴스를 실행한다.

▶Log an Analytics event의 하위 항목에 파이어베이스를 내 앱과 연결하는 서비스와 파이어베이스 애널리틱스 서비스를 사용할 수 있도록 하는 두 개의 버튼이 나옵니다. 먼저 파이어베이스 연결부터 진행하도록 합니다.

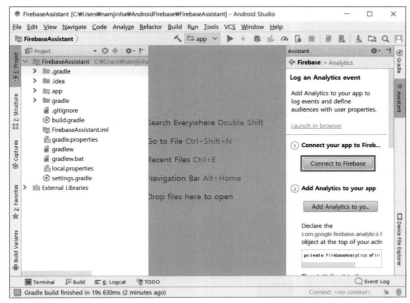

[그림 2-20] 파이어베이스 어시스턴스로 파이어베이스에 앱 등록을 진행한다.

〈Connect to Firebase〉 버튼을 누르면 파이어베이스 접속하기 위해 사용자 동의를 받는 화면이 나옵니다. 사용자 동의는 웹 브라우저에서 진행하고 파이어베이스를 사용할 구글 계정을 먼저 선택합니다.

[그림 2-21] 파이어베이스 앱을 등록하려면 구글 계정이 있어야 하며 로그인 성공 후에 등록이 가능하다.

구글 계정을 선택하고 해당 계정의 패스워드를 입력하면 Android Studio에서 파이어베이스 서비스에 접근하기 위한 권한을 사용자로 하여금 동의를 받은 후에 진행합니다. 이미 사용자가 구글 로그인 및 파이어베이스 서비스 접근에 대한 권한이 있다면 앞의 [그림 2-21]이 표시되지 않으며, Android Studio에서 연결된 계정의 파이어베이스 프로젝트 정보가 표시됩니다.

[그림 2-22] Android Studio에서 구글 계정으로 파이어베이스 연결하기 위해서는 사용자로부터 권한 동의가 필요하다.

Android Studio에서 파이어베이스 서비스 접근이 허용되면 Android Studio에서는 [그림 2-23]과 같이 신규 프로젝트 생성 및 구글 계정에 등록되어 있는 파이어베이스 프로젝트 리스트를 가져와 기존 프로젝트에 안드로이드 프로젝트를 등록할 수 있도록 선택 화면을 사용자에게 제공합니다.

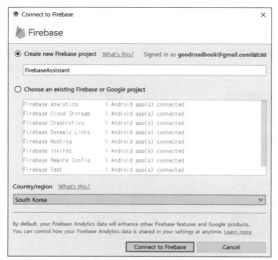

[그림 2-23] 구글 계정에 등록되어 있는 파이어베이스 프로젝트 목록을 기존/신규 프로젝트에
Android Studio 프로젝트를 등록할 수 있도록 선택하게 하는 화면

파이어베이스 서비스에 신규 프로젝트를 생성할 것인지 기존 프로젝트에 사용할 것인지 선택한 후 〈Connect to Firebase〉 버튼을 누릅니다. 필자는 신규 프로젝트를 선택하여 진행합니다. [그림 2-24]는 Android Studio에서 파이어베이스 서비스에 프로젝트를 만들고 연동하는 과정을 화면 아래쪽의 바에 나타납니다.

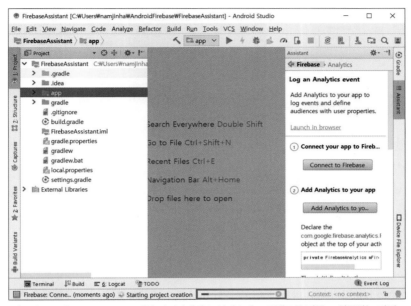

[그림 2-24] Android Studio에서 파이어베이스 서비스에 프로젝트를 만들고 연동하는 과정

안드로이드 프로젝트에 파이어베이스 서비스가 연동되면 [그림 2-25]와 같이 Android Studio에서 표시됩니다.

Android Studio 프로젝트의 /app/src 경로에 google-services.json 파일이 만들어지고, 화면 오른쪽의 〈Connect to Firebase〉 버튼이 〈Connected〉로 연두색으로 변경됩니다. 파이어베이스 콘솔에서 프로젝트 추가하는 과정까지는 완료된 상태입니다.

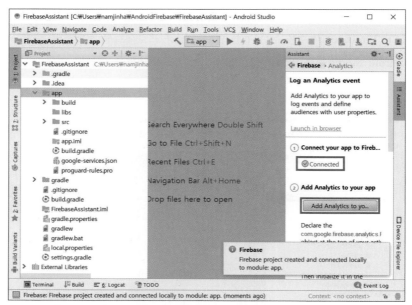

[그림 2-25] 안드로이드 프로젝트에 파이어베이스 서비스가 연동된 화면

Android Studio에서 파이어베이스 서비스를 사용하기 위한 파이어베이스 SDK 연동은 우측 〈Add Analytics to your app〉 버튼을 누릅니다. Android Studio에서 [그림 2-26]과 같이 표시됩니다. 프로젝트 수준의 build.gradle 파일과 앱 수준의 build.gradle 파일에 파이어베이스 서비스를 사용하기 위해 필요한 라이브러리를 자동으로 추가해줍니다. 〈Accept Changes〉 버튼을 누릅니다.

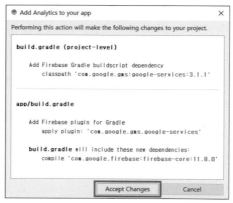

[그림 2-26] 〈Add Analytics to your app〉 버튼을 누르면 나오는 화면

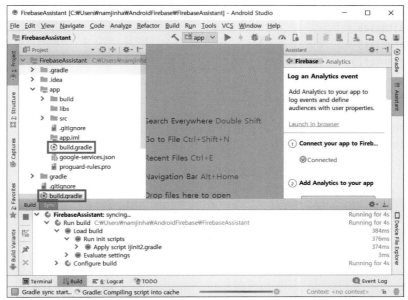

[그림 2-27] 라이브러리가 자동으로 추가된 모습

Android Studio의 프로젝트와 앱의 build.gradle 파일에 각각 다음과 같이 자동으로 추가됩니다.

[프로젝트 수준의 build.gradle]

```
// Top-level build file where you can add configuration options common to all sub-
projects/modules.

buildscript {

    repositories {
        google()
        jcenter()
    }
    dependencies {
        classpath 'com.android.tools.build:gradle:3.4.2'


        // NOTE: Do not place your application dependencies here; they belong
        // in the individual module build.gradle files
        classpath 'com.google.gms:google-services:4.3.0'

    }
}
```

78

```
allprojects {
    repositories {
        google()
        jcenter()
    }
}

task clean(type: Delete) {
    delete rootProject.buildDir
}
```

[앱 수준의 build.gradle]

```
apply plugin: 'com.android.application'
...
...

dependencies {
    implementation fileTree(dir: 'libs', include: ['*.jar'])
    implementation 'com.android.support:appcompat-v7:28.0.0'
    implementation 'com.android.support.constraint:constraint-layout:1.1.3'
    implementation 'com.google.firebase:firebase-core:16.0.4'
    testImplementation 'junit:junit:4.12'
    androidTestImplementation 'com.android.support.test:runner:1.0.2'
    androidTestImplementation 'com.android.support.test.espresso:espresso-core:3.0.2'
}

apply plugin: 'com.google.gms.google-services'
```

앱 수준에서 implementation 'com.google.firebase:firebase-core:16.0.4'로 추가되는데, 최신 버전이 아니기 때문에 [그림 2-28]과 같이 마우스를 올리면 최신 버전이 표시됩니다. 16.0.4가 아닌 17.0.1 버전으로 변경하도록 합니다. 이 책을 보는 독자분들은 같은 경우 이보다 높은 버전으로 표시될 것입니다.

[그림 2-28] 최신 버전이 표시되는 화면

앱 수준의 build.gradle에서 implementation 'com.google.firebase:firebase-core:16.0.4'을
implementation 'com.google.firebase:firebase-core:17.0.1'로 변경 후 sync now를 하면 같은
오류가 발생됩니다.

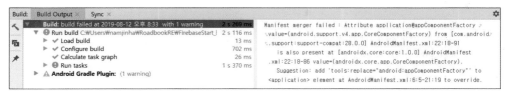

[그림 2-29] 파이어베이스 최신 버전 설정 시 컴파일 오류 발생 화면

파이어베이스의 최근 서비스를 사용하려면 AndroidX 통합 라이브러리를 사용할 수 있도록 제공
하고 있습니다. AndroidX는 기존에 사용 중인 'com.android.support.*' 라이브러리들을 하나로
합친 것으로 이해해 두면 좋습니다. AndroidX는 Android Studio 3.2 버전 이상, 빌드툴 28.0.0
이상 버전부터 사용할 수 있습니다. 실제로 앞과 같은 오류가 나오는 이유는 AndroidX를 사용
하지 않아 발생된 현상입니다. 그래서 앱 수준의 build.gradle 파일에서 기존에 사용 중인 'com.
android.support.*' 라이브러리들 'androidx.'로 모두 바꿔야 합니다. 따라서 FirebaseStart 프로젝
트의 gradle.properties 파일과 앱 수준의 build.gradle 파일을 수정하도록 합니다.

[FirebaseAssistant 프로젝트의 gardle.properties]

```
# Project-wide Gradle settings.
# IDE (e.g. Android Studio) users:
# Gradle settings configured through the IDE *will override*
# any settings specified in this file.
# For more details on how to configure your build environment visit
# http://www.gradle.org/docs/current/userguide/build_environment.html
# Specifies the JVM arguments used for the daemon process.
# The setting is particularly useful for tweaking memory settings.
org.gradle.jvmargs=-Xmx1536m
# When configured, Gradle will run in incubating parallel mode.
# This option should only be used with decoupled projects. More details, visit
# http://www.gradle.org/docs/current/userguide/multi_project_builds.
  html#sec:decoupled_projects
# org.gradle.parallel=true
android.useAndroidX=true
android.enableJetifier=true
```

[앱 수준의 build.gradle]

```
apply plugin: 'com.android.application'

android {
    compileSdkVersion 28
    defaultConfig {
        applicationId "com.goodroadbook.firebaseassistant"
        minSdkVersion 23
        targetSdkVersion 28
        versionCode 1
        versionName "1.0"
        testInstrumentationRunner "androidx.test.runner.AndroidJUnitRunner"
    }
    buildTypes {
        release {
            minifyEnabled false
            proguardFiles getDefaultProguardFile('proguard-android-optimize.txt'),
'proguard-rules.pro'
        }
    }
}

dependencies {
    implementation fileTree(dir: 'libs', include: ['*.jar'])
    implementation 'androidx.appcompat:appcompat:1.0.2'
    implementation 'androidx.constraintlayout:constraintlayout:1.1.3'

    implementation 'com.google.firebase:firebase-core:17.0.1'

    testImplementation 'androidx.test:runner:1.2.0'
    androidTestImplementation 'androidx.test:runner:1.2.0'
    androidTestImplementation 'androidx.test.espresso:espresso-core:3.2.0'
}

apply plugin: 'com.google.gms.google-services'
```

build.gradle에서 'com.android.support.*' 라이브러리들 'androidx.'로 변경됨에 따라 FirebaseAssistant 프로젝트의 MainActivity.java와 activity_main.xml 파일이 다음 [코드 2-1] 과 같이 수정되어야 합니다.

[코드 2-1] 통합 라이브러리 AndroidX 적용하기

[activity_main.xml]　　　　　　　　　　　　　　　[예제 파일 : res/layout/activity_main.xml]

```xml
<?xml version="1.0" encoding="utf-8"?>
<androidx.constraintlayout.widget.ConstraintLayout
    xmlns:android="http://schemas.android.com/apk/res/android"
    xmlns:app="http://schemas.android.com/apk/res-auto"
    xmlns:tools="http://schemas.android.com/tools"
    android:layout_width="match_parent"
    android:layout_height="match_parent"
    tools:context=".MainActivity">

    <TextView
        android:layout_width="wrap_content"
        android:layout_height="wrap_content"
        android:text="Hello World!"
        app:layout_constraintBottom_toBottomOf="parent"
        app:layout_constraintLeft_toLeftOf="parent"
        app:layout_constraintRight_toRightOf="parent"
        app:layout_constraintTop_toTopOf="parent" />

</androidx.constraintlayout.widget.ConstraintLayout>
```

[MainActivity.java]　　　　　[예제 파일 : java/com/goodroadbook/firebaseassistant/MainActivity.java]

```java
package com.goodroadbook.firebaseassistant;

import android.os.Bundle;

import androidx.appcompat.app.AppCompatActivity;

public class MainActivity extends AppCompatActivity
{
    @Override
    protected void onCreate(Bundle savedInstanceState)
    {
        super.onCreate(savedInstanceState);
        setContentView(R.layout.activity_main);
    }
}
```

위 작업까지 모두 완료가 되면 [그림 2-30]과 같이 파이어베이스 연결 완료, 파이어베이스 애널리틱스 설정이 완료되었다는 메시지가 표시됩니다.

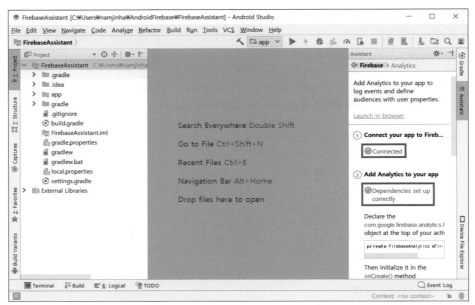

[그림 2-30] 파이어베이스, 파이어베이스 애널리틱스 설정 완료된 상태의 화면

이제 파이어베이스 콘솔에서 파이어베이스 신규 프로젝트에 안드로이드 앱이 추가되어 있는지 확인해볼까요? [그림 2-31]과 같이 파이어베이스 프로젝트에 Firebase Assistant가 추가되어 있네요!

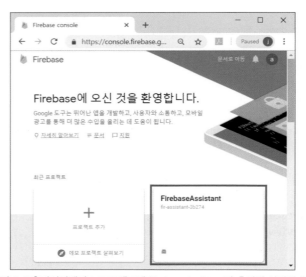

[그림 2-31] 파이어베이스 프로젝트에 FirebaseAssistant가 추가된 상태의 화면

[그림 2-31]에서 FirebaseAssistant를 클릭하여 [프로젝트 설정]-[일반]-[내 앱]을 보면 파이어베이스와 연동된 안드로이드 앱의 상세 정보를 확인할 수 있습니다.

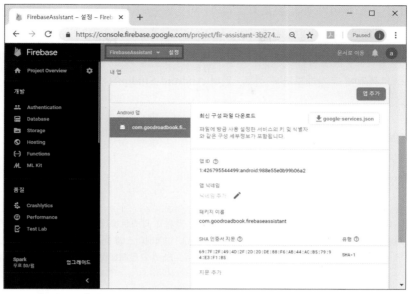

[그림 2-32] 파이어베이스와 연동된 안드로이드 앱의 상세정보가 표시되는 화면

지금까지 Firebase Assistant를 사용하여 안드로이드 프로젝트를 파이어베이스에 추가하는 방법을 알아보았습니다. 다음은 수동으로 파이어베이스를 앱에 추가하는 방법을 설명하겠습니다.

2.3.2 파이어베이스에 내 앱을 직접 연동하기

파이어베이스에 직접 앱을 연동하는 방법은 Firebase Assistant와 Android Studio에서 진행하는 것이 아니며 **파이어베이스 콘솔**에서 진행을 합니다. 다음 URL과 [그림 2-33]은 '파이어베이스 콘솔'의 앱 등록 화면입니다. '파이어베이스 콘솔'에 접속하려면 사전에 구글 계정이 필요한데요, 만약 구글 계정이 없으면 계정을 만든 후에 접속하길 바랍니다. 파이어베이스 콘솔 화면에 들어가면 파이어베이스 어시스턴스로 등록된 FirebaseAssistant 앱이 보입니다.

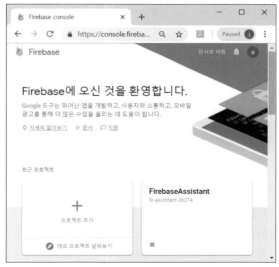

[**파이어베이스에 앱 등록**] URL : https://console.firebase.google.com/

[그림 2-33] 파이어베이스 콘솔의 앱 등록 화면

'파이어베이스 콘솔' 페이지에서 〈프로젝트 추가〉 버튼을 눌러 사용할 앱을 등록해보겠습니다. 프로젝트를 추가하려면 패키지명이 필요하며, Android Studio에서 디버그가 필요한 경우에는 디버그 서명 인증서 SHA-1 값이 필요합니다. 이미 배포되어 사용 중인 앱들도 가능하겠지만, 신규 앱을 만들어 프로젝트에 추가해보도록 하죠. 먼저 Android Studio에서 다음과 같이 프로젝트를 만들었습니다.

[프로젝트 정보]

- 프로젝트명 : FirebaseStart
- 패키지명 : com.goodroadbook.firebasestart

> **참고**
>
> 일반적으로 이 책을 읽는 독자들이 구글 계정을 하나를 가지고 테스트를 진행할 것이라고 판단했습니다. Firebase Assistant로 FirebaseAssistant 프로젝트를 이미 파이어베이스에 등록된 상태에서 같은 프로젝트로 진행할 경우 파이어베이스에 등록할 수 없기 때문에 FirebaseStart 프로젝트를 새로 만들어 안내했습니다.

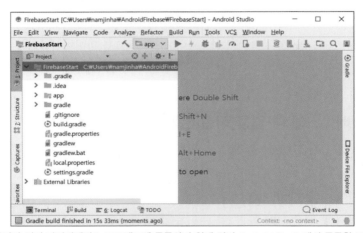

[그림 2-34] 사용자가 직접 파이어베이스 프로젝트에 등록하기 위해 먼저 Android Studio에서 등록할 프로젝트를 만든다.

Android Studio에서 만들어진 프로젝트 정보를 이용하여 '파이어베이스 콘솔'의 앱을 등록해보겠습니다. 파이어베이스 콘솔의 〈프로젝트 추가〉 버튼을 누르면 [그림 2-35]와 같이 프로젝트 정보를 입력할 수 있는 팝업이 나옵니다. 프로젝트 이름과 국가/지역을 선택하고 〈프로젝트 만들기〉 버튼을 누릅니다. [프로젝트 추가] 화면에서 프로젝트 이름 및 위치 설정 후 〈프로젝트 만들기〉 버튼을 클릭하면 파이어베이스 신규 프로젝트가 만들어집니다.

[그림 2-35] 파이어베이스 신규 프로젝트 생성 과정

파이어베이스에 신규 프로젝트를 생성할 수 있는 개수에 제한이 있는데요, 현재는 12개까지 만들 수 있습니다. 파이어베이스 하나의 프로젝트에 안드로이드/iOS 앱을 추가로 등록할 수 있기 때문에 앱별로 프로젝트를 생성하지 않아도 됩니다.

파이어베이스 새 프로젝트에 안드로이드 앱 연동하기

다음은 만들어진 새 프로젝트에서 안드로이드 앱을 연동해볼까요? [그림 2-36]과 같이 iOS, 안드로이드, 웹 앱에 맞게 앱을 등록할 수 있도록 기능을 제공하고 있는데요, 우리는 안드로이드 앱을 등록하기 위해 화면 가운데에 있는 '안드로이드 아이콘'을 클릭합니다.

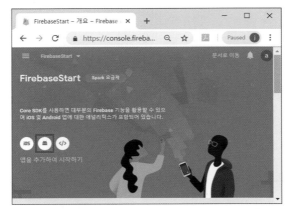

[그림 2-36] 안드로이드 앱을 연동하기 위해 안드로이드 아이콘을 클릭한다.

파이어베이스 서비스를 안드로이드 앱에 사용하기 위해 앱 정보를 입력하여 앱 등록을 진행할 수 있도록 [그림 2-37]의 화면을 보여줍니다.

[그림 2-37] 파이어베이스 서비스를 안드로이드 앱에 사용하기 위해 앱 정보를 입력한다.

안드로이드 앱의 패키지명은 앞서 Android Studio에서 만든 앱의 패키지명(com.goodroadbook. firebasestart)을 입력하면 됩니다. 직접 입력하면 실수할 수 있어서 Android Studio의 build. gradle 파일에서 applicationid 값을 [복사]-[붙여넣기] 메뉴를 이용하여 그대로 입력할 수 있으면 좋습니다.

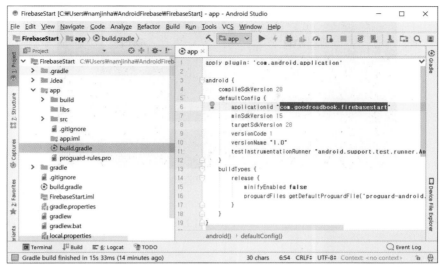

[그림 2-38] Android Studio의 build.gradle 파일에서 applicationid 값을 복사하여 앱의 패키지명을 입력한다.

앱 닉네임과 디버그 서명 인증서 SHA-1 값 입력은 선택사항이긴 하나 디버그 서명 인증서 SHA-1 값은 여러분이 Android Studio에서 디버그용으로 '인증의 Google 로그인', '동적 링크', '초대'를 사용하기 위해서는 필요하기 때문에 추가해주어야 합니다.

디버그 서명 인증서 SHA-1 값은 다음과 같은 방법으로 구할 수 있습니다.

[윈도우에서 확인하는 방법]
```
keytool -list -v -keystore "%USERPROFILE%\.android\debug.keystore" -alias
androiddebugkey -storepass android -keypass android
```

[맥과 리눅스에서 확인하는 방법]
```
keytool -list -v -keystore ~/.android/debug.keystore -alias androiddebugkey
-storepass android -keypass android
```

윈도우에서 확인하는 방법을 이용하여 [그림 2-39]와 같이 디버그 서명 인증서 SHA-1 값을 구할 수 있습니다. 여러분도 위 내용과 [그림 2-39]를 참고하여 디버그 서명 인증서 SHA-1 값을 구해보세요. 키 저장소 비밀번호는 android로 입력하면 됩니다.

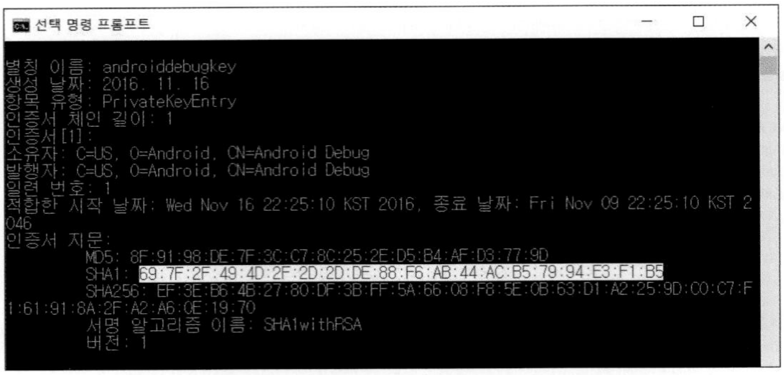

[그림 2-39] 윈도우에서 디버그 서명 인증서 SHA-1 값을 구한다.

참고로, 윈도우 디버그 서명 인증서는 %USERPROFILE%\.android에서 확인할 수 있습니다.

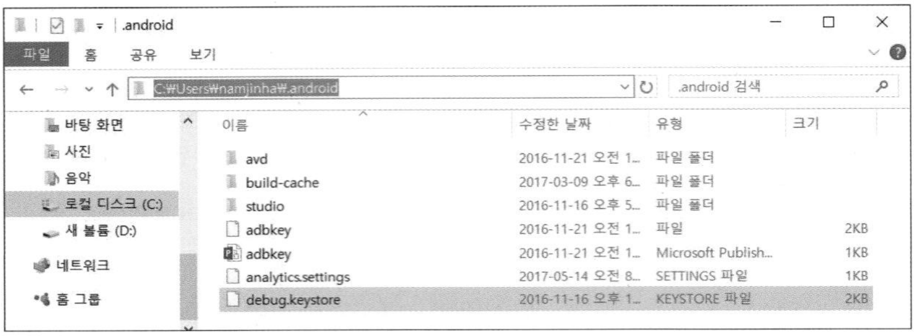

[그림 2-40] 윈도우 디버그 서명 인증서 위치

파이어베이스 서비스를 사용하기 위해 앱 등록에 필요한 패키지명, 디버그 서명 인증서 SHA−1 값을 구했습니다. 아래와 같이 패키지명, 앱 닉네임, 디버그 서명 인증서 SHA−1 값을 입력하고 〈앱 등록〉 버튼을 누릅니다. 〈앱 등록〉 버튼을 누르면 파이어베이스의 앱 등록 과정이 끝납니다.

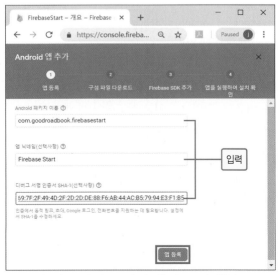

[그림 2-41] 앱 등록에 필요한 정보를 입력한다.

파이어베이스 구성파일로 프로젝트 구성하기

앱을 등록했다면 파이어베이스에서 제공하는 구성파일을 이용하여 프로젝트 구성을 진행하면 됩니다. 앱 등록 후 제공되는 구성파일(google-service.json)을 다운로드하여 프로젝트를 구성해보겠습니다. [그림 2-42]와 같이 구성파일을 내려 받습니다.

[그림 2-42] 파이어베이스에서 구성파일을 다운로드한다.

구성파일(google-services.json)이라 함은 앱에서 파이어베이스 서비스를 사용하기 위해 필요한 정보들로 구성되어 만들어진 파일로 Android Studio의 프로젝트에 추가를 해주어야 합니다. 구성파일(google-services.json)의 내용은 아래와 같습니다.

[코드 2-3] 파이어베이스에서 제공하는 구성파일의 내용   [google-services.json]

```json
{
  "project_info": {
    "project_number": "67462783246",
    "firebase_url": "https://fir-setup-7437a.firebaseio.com",
    "project_id": "fir-setup-78c7a",
    "storage_bucket": "fir-setup-78c7a.appspot.com"
  },
  "client": [
    ...
    ...
    ...
  ],
  "configuration_version": "1"
}
```

Android Studio의 FirebaseStart 프로젝트에서는 google-services.json 파일을 [그림 2-43]처럼 추가되면 되겠습니다.

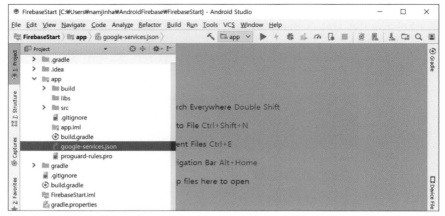

[그림 2-43] FirebaseStart 프로젝트에서 구성파일이 추가된 모습

Android Studio에서 파이어베이스 SDK 추가하기

Android Studio에서 구성파일 추가가 완료되었으면 파이어베이스 앱 등록 페이지에서 〈다음〉 버튼을 눌러 다음 과정으로 넘어갑니다. 〈계속〉 버튼을 누르면 [그림 2-44]처럼 Android Studio에서 파이어베이스 SDK를 추가할 수 있는 방법을 소개해줍니다.

[그림 2-44] Android Studio에서 파이어베이스 SDK를 추가한다.

[그림 2-44]를 참고하여 파이어베이스 SDK를 Android Studio의 FirebaseStart 프로젝트에 추가해보겠습니다. 가장 먼저 프로젝트 레벨의 build.gradle에 구글 플레이 서비스 Gradle 플러그인(classpath 'com.google.gms:google-services:4.3.0')을 다음 위치에 추가합니다.

[코드 2-3] Android Studio에서 파이어베이스 SDK 추가하기　　　　　　　　　[프로젝트 수준의 build.gradle]

```
// Top-level build file where you can add configuration options common to all sub-
projects/modules.

buildscript {

    repositories {
        google()
        jcenter()
    }
    dependencies {
        classpath 'com.android.tools.build:gradle:3.4.2'
        classpath 'com.google.gms:google-services:4.3.0'

        // NOTE: Do not place your application dependencies here; they belong
        // in the individual module build.gradle files
    }
}

allprojects {
    repositories {
        google()
        jcenter()
    }
}

task clean(type: Delete) {
    delete rootProject.buildDir
}
```

다음은 앱 수준의 build.gradle 파일에 구글 서비스 플러그인(apply plugin: 'com.google.gms. google-services')을 추가합니다. 구글 서비스 플러그인은 구성파일의 내용을 읽어 빌드에 필요한 파일을 가져오게 됩니다. 여기서 build.gradle 파일에서 맨 밑에 추가될 수 있도록 주의하세요.

[코드 2-4] 앱 수준의 build.gradle 파일에 구글 서비스 플러그인 추가하기 　　　　　　　[앱 수준의 build.gradle]

```
apply plugin: 'com.android.application'

android {
    compileSdkVersion 28
    defaultConfig {
        applicationId "com.goodroadbook.firebasestart"
        minSdkVersion 15
        targetSdkVersion 28
        versionCode 1
        versionName "1.0"
        testInstrumentationRunner "android.support.test.runner.AndroidJUnitRunner"
    }
    buildTypes {
        release {
            minifyEnabled false
            proguardFiles getDefaultProguardFile('proguard-android.txt'),
            'proguard-rules.pro'
        }
    }
}

dependencies {
...
...
}

apply plugin: 'com.google.gms.google-services'
```

파이어베이스 앱 등록 및 프로젝트 구성 확인하기

파이어베이스 서비스를 사용하기 위해 필요한 프로젝트 구성은 이로써 끝났습니다. 파이어베이스 앱 등록과 프로젝트 구성이 잘 되어 있는지 확인해보는 과정이 남았는데요, 확인하는 방법은 [코드 2-5]와 같이 앱 레벨 build.gradle 파일에 파이어베이스 서비스 중 하나인 'Firebase Analytics'를 추가합니다.

앞에서 본 FirebaseAssistant 프로젝트와 마찬가지로 앱 수준의 build.gradle 파일에서 'com. google.firebase:firebase-core:17.0.1'의 버전으로 설정해야 합니다. 그리고 통합 라이브러리 AndroidX를 사용할 수 있도록 'com.android.support.*' 라이브러리들 'androidx.'로 모두 변경해야 합니다. 또한 FirebaseStart 프로젝트의 MainActivity.java 파일과 activity_main.xml 파일들도 AndroidX 라이브러리를 사용할 수 있도록 FirebaseAssistant 프로젝트와 같은 형태로 수정하면 됩니다.

[코드 2-5] 파이어베이스 앱 등록과 프로젝트 구성이 잘 되어 있는지 확인하기

[FirebaseStart 프로젝트의 gardle.properties]

```
# Project-wide Gradle settings.
# IDE (e.g. Android Studio) users:
# Gradle settings configured through the IDE *will override*
# any settings specified in this file.
# For more details on how to configure your build environment visit
# http://www.gradle.org/docs/current/userguide/build_environment.html
# Specifies the JVM arguments used for the daemon process.
# The setting is particularly useful for tweaking memory settings.
org.gradle.jvmargs=-Xmx1536m
# When configured, Gradle will run in incubating parallel mode.
# This option should only be used with decoupled projects. More details, visit
# http://www.gradle.org/docs/current/userguide/multi_project_builds.
 html#sec:decoupled_projects
# org.gradle.parallel=true
android.useAndroidX=true
android.enableJetifier=true
```

[앱 수준의 build.gradle]

```
apply plugin: 'com.android.application'

android {
    compileSdkVersion 28
    defaultConfig {
        applicationId "com.goodroadbook.firebasestart"
        minSdkVersion 23
        targetSdkVersion 28
        versionCode 1
        versionName "1.0"
        testInstrumentationRunner "androidx.test.runner.AndroidJUnitRunner"
    }
    buildTypes {
        release {
            minifyEnabled false
            proguardFiles getDefaultProguardFile('proguard-android-optimize.txt'),
'proguard-rules.pro'
        }
    }
}
```

```
dependencies {
    implementation fileTree(dir: 'libs', include: ['*.jar'])
    implementation 'androidx.appcompat:appcompat:1.0.2'
    implementation 'androidx.constraintlayout:constraintlayout:1.1.3'

    implementation 'com.google.firebase:firebase-core:17.0.1'

    testImplementation 'androidx.test:runner:1.2.0'
    androidTestImplementation 'androidx.test:runner:1.2.0'
    androidTestImplementation 'androidx.test.espresso:espresso-core:3.2.0'
}

apply plugin: 'com.google.gms.google-services'
```

build.gradle 파일 상단에 아래 [그림 2-45]와 같이 'Sync Now'가 보이는데요, 클릭해보세요. 'Sync Now'는 build.gradle 파일이 변경되면 빌드에 필요한 파일을 동기화하는 과정을 진행합니다.

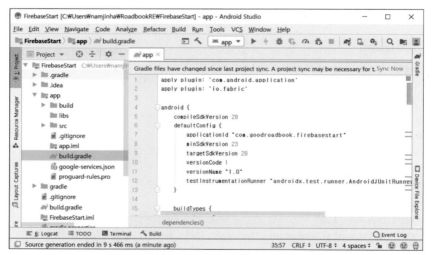

[그림 2-45] 빌드에 필요한 파일을 동기화하는 과정

build.gradle에서 'com.android.support.*' 라이브러리들 'androidx.'로 변경됨에 따라 FirebaseAssistant 프로젝트의 MainActivity.java와 activity_main.xml 파일이 아래와 같이 수정되어야 합니다.

[코드 2-6] 통합 라이브러리 AndroidX 적용하기

[activity_main.xml] [예제 파일 : res/layout/activity_main.xml]

```xml
<?xml version="1.0" encoding="utf-8"?>
<androidx.constraintlayout.widget.ConstraintLayout
    xmlns:android="http://schemas.android.com/apk/res/android"
    xmlns:app="http://schemas.android.com/apk/res-auto"
    xmlns:tools="http://schemas.android.com/tools"
    android:layout_width="match_parent"
    android:layout_height="match_parent"
    tools:context=".MainActivity">

    <TextView
        android:layout_width="wrap_content"
        android:layout_height="wrap_content"
        android:text="Hello World!"
        app:layout_constraintBottom_toBottomOf="parent"
        app:layout_constraintLeft_toLeftOf="parent"
        app:layout_constraintRight_toRightOf="parent"
        app:layout_constraintTop_toTopOf="parent" />

</androidx.constraintlayout.widget.ConstraintLayout>
```

[MainActivity.java] [예제 파일 : java/com/goodroadbook/firebasestart/MainActivity.java]

```java
package com.goodroadbook.firebasestart;

import android.os.Bundle;

import androidx.appcompat.app.AppCompatActivity;

public class MainActivity extends AppCompatActivity
{
    @Override
    protected void onCreate(Bundle savedInstanceState)
    {
        super.onCreate(savedInstanceState);
        setContentView(R.layout.activity_main);
    }
}
```

build.gradle, MainActivity.java, activity_main.xml 파일을 수정한 후 컴파일 에러가 발생하지 않았다면, 단말이나 에뮬레이터에 FirebaseStart 앱을 설치해봅니다.

파이어베이스 콘솔에서 안드로이드 앱이 실행되면 '연동 완료' 메시지를 표시합니다. [그림 2-46] 과 같은 흐름으로 동작합니다. 앱이 실행하면 파이어베이스 연결을 시도하고 앱 정보가 파이어베이스에 전달되면 등록이 완료됩니다. 반드시 FirebaseStart 앱이 설치된 기기에서는 네트워크 연결이 되어 있어야 하고, 단말에 따라 시간이 걸릴 수 있습니다.

[그림 2-46] 사용자가 직접 파이어베이스 앱 등록하는 과정으로 앱 실행 시 파이어베이스 앱 연결 과정을 보여준다.

[그림 2-46]에서 콘솔로 이동하면 [그림 2-47]과 같이 FirebaseStart에 연동 앱 개수가 표시됩니다.

[그림 2-47] 연동된 앱 개수가 표시된 화면

지금까지 파이어베이스 콘솔을 통해 직접 파이어베이스 앱을 추가하는 방법에 대해서 알아보았는데요, 눈으로 과정을 따라왔다면 책을 참고하여 직접 해보길 바랍니다.

정리하며

이번 장에서는 파이어베이스 서비스가 동작 가능한 안드로이드 OS 버전, 구글 플레이 서비스 버전, Android Studio 버전에 대해서 알아보았습니다. 해당 버전 이상에서만 파이어베이스 서비스가 동작하기 때문에 이미 배포되어 서비스되는 앱들 같은 경우 파이어베이스 서비스를 연동하기 전에 확인을 해야 합니다.

이어서 안드로이드 프로젝트의 앱을 파이어베이스에 추가하는 두 가지 방법을 알아보았습니다. Android Studio에서 바로 연동하는 것이 파이어베이스 콘솔을 이용하는 것보다 연동하기 간편해 보였으리라 생각합니다. 여러분도 두 방법으로 안드로이드 앱을 파이어베이스에 추가해보기 바랍니다.

연습문제 | 퀴즈를 풀어보며 개념을 복습합니다.

문제에 대한 답은 백견불여일타 카페에서 확인할 수 있습니다. cafe.naver.com/codefirst

1 파이어베이스가 동작하기 위한 조건에는 어떠한 것들이 있는지 항목을 나열해보고 조건에 대해 상세히 적어보세요.

2 파이어베이스 콘솔에서 프로젝트 설정에는 통합 기능을 제공합니다. 통합 기능에는 외부 서비스를 연동할 수 있는데, 외부 서비스들의 종류와 각 서비스들을 연동할 경우 어떠한 이점이 있는지 설명해보세요.

3 안드로이드 앱에서 파이어베이스 서비스를 사용하기 위해서는 파이어베이스 프로젝트에 앱을 추가해야 합니다. 파이어베이스에 안드로이드 앱을 추가하는 방법에는 어떤 것이 있는지 설명해보세요.

4 파이어베이스에 안드로이드 앱을 추가하기 위해 Android Studio에서 Firebase Assistant를 사용합니다. 사용하는 방법과 절차에 대해서 적어보세요.

5 파이어베이스 프로젝트에 안드로이드 앱을 추가할 때 서명 인증서 SHA-1 값이 필요합니다. 서명 인증서 SHA-1 값을 구하는 방법과 왜 SHA-1 값이 왜 필요한지 적어보세요.

6 파이어베이스에서 프로젝트를 신규로 만들 수 있는 개수가 제한되어 있습니다. 최대 만들 수 있는 프로젝트는 몇 개인지 적어보세요.

실습문제 | 실습은 지식을 내것으로 만드는
최고의 방법입니다.

문제에 대한 답은 백견불여일타 카페에서 확인할 수 있습니다. cafe.naver.com/codefirst

Firebase Assistant로 Firebase 신규 프로젝트를 추가했고 이어서 Firebase 애널리틱스를 사용할
수 있도록 연동했습니다. 여러분도 Firebase Assistant를 이용하여 Firebase Remote Config 서비
스를 연동해보도록 합시다.

1. Android Studio에서 Firebase Assistant를 실행합니다.

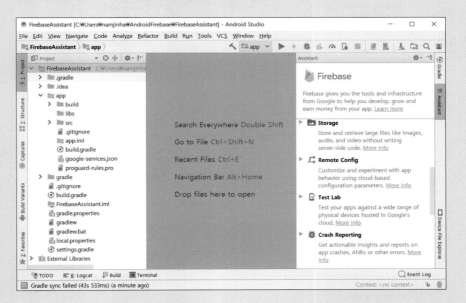

실습문제 | 실습은 지식을 내것으로 만드는
최고의 방법입니다.

2. Firebase Assistant에서 Remote Config 서비스를 클릭합니다.

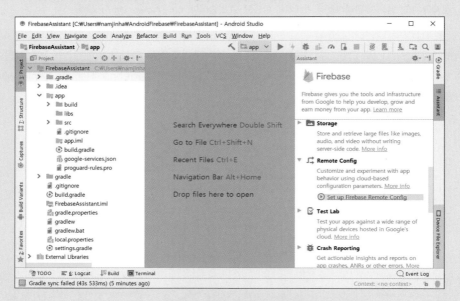

3. Remote Config 서비스를 연동할 수 있도록 버튼을 제공합니다. 해당 버튼을 클릭합니다.

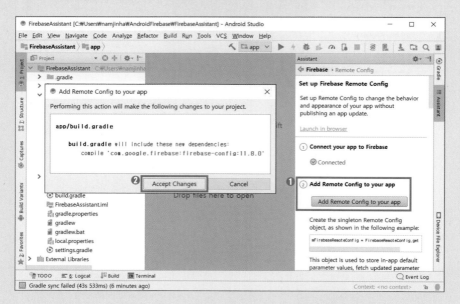

실습문제 | 실습은 지식을 내것으로 만드는
최고의 방법입니다.

4. Remote Config 서비스에 필요한 내용들이 자동으로 추가되고 연동이 완료됩니다.

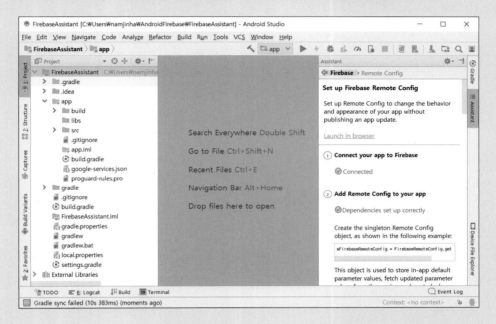

수백 번 붓을 쳐야 만들어지는 하나!
百見不如一打
백견불여일타

파이어베이스

3장
파이어베이스 인증

이 장을 시작하기 전에

❶ 파이어베이스는 개발자에게 다양한 서비스를 제공하는데요. 이번 장에서는 파이어베이스에서 제공하는 인증 서비스에 대해서 상세히 알아봅니다.

❷ 파이어베이스 인증에서 특히 FirebaseUI를 이용한 인증은 페이스북, 트위터, 구글 등과 같은 다양한 인증 서비스를 손쉽게 개발자가 적용할 수 있도록 UI(화면)까지 제공해줍니다.

❸ 페이스북과 트위터와 같은 인증 서비스를 사용하기 위해 필요한 절차와 실제 연동을 통해 개발에 적용하는 방법에 대해서 자세히 살펴보겠습니다.

3.1 파이어베이스 콘솔에서 인증 서비스 설정하기

우리가 접하는 대부분의 앱에서 인증을 사용하고 있습니다. 여기서 인증은 사용자 인증(로그인) 또는 기기 인증이 될 수도 있는데요, 우리는 '사용자 인증' 관점을 집중해서 살펴보려고 합니다.

사용자 인증이 필요한 이유는 무엇일까요? 그것은 사용자의 데이터를 클라우드, 또는 서버에 저장하고 사용자의 인증을 통해 접근을 제어함으로써 데이터를 안전하게 제공할 수 있기 때문입니다. 사용자의 인증이 없다면 사용자별로 데이터를 분리하기도 어려울 뿐만 아니라 데이터를 안전하게 관리하는 일도 보장할 수가 없습니다.

대부분 앱에서 사용자 인증을 위해 서버를 구입하고 서버와 클라이언트 간에 연동을 통해 사용자 인증을 제공하고 있습니다. 이와 같이 자체적으로 인증 기능을 만들려면 서버용 장비를 구입해야 하거나 장비 구입 없이 AWSAmazon Web Service 등과 같은 클라우드 서비스에 인증에 필요한 사항들을 직접 구현해야 합니다. 이러한 기능들을 개발하기 위해 서버 개발자가 필요하기 때문에 비용이 발생합니다. 따라서 인증 서비스를 자체적으로 구현하기 보다는 페이스북, 트위터, 깃헙Github 등에서 제공하는 인증 서비스를 사용하는 추세입니다.

구글은 한 발 더 나아가 페이스북, 트위터, 깃헙 서비스를 통합하여 인증 서비스를 제공하는데, 이 서비스가 파이어베이스 인증입니다. 또한 파이어베이스 인증Authentication은 다른 서비스의 인증을 제공하는 것 이외에도 사용자 로그인 UI를 제공함으로써 앱을 만들 때 쉽게 적용하여 사용할 수 있습니다. 다음 [표 3-1]에 파이어베이스 인증에서 제공하는 주요 기능을 정리해보았습니다. 파이어베이스 인증에 관해 배우기 전에 주요 기능을 표로 가볍게 확인하고 넘어가겠습니다.

[표 3-1] 파이어베이스 인증 주요 기능

파이어베이스 UI 인증	
파이어베이스 UI (삽입형 인증 솔루션)	• FirebaseUI(삽입형 인증 솔루션)은 인증 과정에 필요한 UI를 제공한다. 따라서 사용자 인증에 필요한 UI를 제작할 필요가 없기 때문에 빠르게 적용할 수 있는 장점이 있고, 모바일 기기 및 웹 사이트를 통한 모범 사례를 고려하여 만들어졌기 때문에 사용자들 또한 쉽게 사용할 수 있다. • FirebaseUI에서는 검증된 솔루션 및 보안에 취약한 부분을 고려하여 제공하지만 직접 만든 경우 검증 과정과 보안에 취약한 부분을 직접 검토해야 하기 때문에 안정성에 문제가 될 수 있다.

파이어베이스 SDK 인증	
이메일 및 비밀번호 기반 인증	이메일 및 비밀번호 기반 인증은 파이어베이스 인증 SDK를 이용하여 사용자의 이메일 주소와 비밀번호를 사용해 로그인을 처리할 수 있도록 사용자 계정을 생성하고 관리할 수 있도록 제공된다. 또한 이메일을 통해 비밀번호 변경도 가능하도록 지원된다.
제휴 ID 공급업체 통합	파이어베이스 인증 SDK는 사용자들이 구글, 페이스북, 트위터, 깃헙 계정으로 로그인할 수 있는 수단을 제공한다.
맞춤 인증 시스템 통합	앱의 기존 로그인 시스템을 파이어베이스 인증 SDK에 연결하면 파이어베이스 실시간 데이터베이스와 기타 파이어베이스 서비스를 이용 가능하다.
익명 인증	임시 익명 계정을 생성하여 사용자들이 로그인하지 않고도 인증할 수 있게 해주며, 사용자가 나중에 가입을 결심하게 되면 익명 계정을 일반 계정으로 업그레이드하여 사용자의 이용 내역을 그대로 가져올 수 있도록 지원한다.

파이어베이스 인증의 주요 기능에 대해서 알아보았습니다. 다양한 케이스로 제공되고 있기 때문에 상황에 맞게 사용하면 쉽게 사용자 인증을 앱에서 적용할 수 있습니다. 주요 기능들 중에 우리는 파이어베이스 UI를 이용한 인증을 중점적으로 익혀보겠습니다. 이제 예제로 앱을 만들어 볼 텐데요, 여러분의 뇌가 자극이 되셨나요~? 출발합니다!

3.1.1 파이어베이스 콘솔에서 인증 서비스 설정하기

파이어베이스 인증을 사용하려면 사전에 파이어베이스 콘솔에서 인증 서비스를 설정해야 합니다. 파이어베이스 콘솔에 등록된 앱에서 어떤 인증을 제공할지 결정하고 해당 인증에 대해 사용 설정을 진행해야 앱에서 파이어베이스 인증을 사용할 수 있습니다.

파이어베이스 콘솔에서 사용할 인증을 설정하는 방법을 알아봅니다. 구글 계정을 통해 인증을 진행하려면, 파이어베이스 콘솔에서 구글 계정을 사용하도록 설정을 해야 합니다.

먼저 다음의 경로를 이용하여 파이어베이스 콘솔에 접속합니다.

[파이어베이스 콘솔] https://console.firebase.google.com/

앞서 2장에서 우리는 파이어베이스 콘솔에서 프로젝트를 추가하여 안드로이드 앱 등록('FirebaseStart')을 진행했기 때문에 [그림 3-1]과 같이 표시가 됩니다. 파이어베이스 인증 또한 FirebaseStart를 통해 진행하기 때문에 [FirebaseStart]를 클릭합니다.

[그림 3-1] 파이어베이스 콘솔에 접속한 화면

[그림 3-2]와 같이 FirebaseStart 프로젝트에서 사용할 수 있는 서비스들을 확인할 수 있습니다.
왼쪽 메뉴에서 [Authentication]을 선택합니다.

[그림 3-2] FirebaseStart 프로젝트에서 사용할 수 있는 서비스

[그림 3-3]에 Authentication 관련 [사용자], [로그인 방법], [템플릿] 탭이 화면에 보입니다. [로그인 방법]을 클릭하여 사용할 인증 방법을 선택하고, [중지됨]으로 설정되어 있는 '이메일/비밀번호' 항목을 [사용 설정]으로 바꿉니다. 그림처럼 되었으면 〈저장〉 버튼을 누릅니다.

[그림 3-3] 파이어베이스 인증의 로그인 방법에서 인증으로 사용할 항목에 대해서 활성화하는 방법

파이어베이스 콘솔에서 사용할 인증 서비스 중에 페이스북, 트위터, 깃헙GitHub 인증 서비스를 사용할 경우 구글 계정과 달리 추가로 설정할 것들이 있습니다. 각 인증 서비스별로 설정해보겠습니다.

108

3.2 파이어베이스 콘솔에서 페이스북 인증 설정하기

앱 ID와 앱 비밀번호 확인하기

페이스북Facebook 인증과 같은 경우 다음 [그림 3-4]와 같이 앱ID, 앱 비밀번호를 요구하는데, Facebook Developer 사이트에서 앱 ID와 앱 비밀번호를 확인할 수 있습니다.

[그림 3-4] Facebook Developer 사이트에서 앱 ID와 앱 비밀번호를 확인한다.

Facebook Developer 사이트에서 앱 ID와 앱 비밀번호를 가져오는 방법을 설명하겠습니다. 먼저 Facebook Developer 사이트에서 앱 ID를 만드는 페이지에 접속합니다. Facebook Developer 사이트에 접속하려면 사용 가능한 페이스북 계정이 있어야 합니다.

[페이스북 앱 ID 만들기] https://developers.facebook.com/

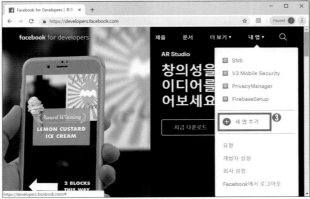

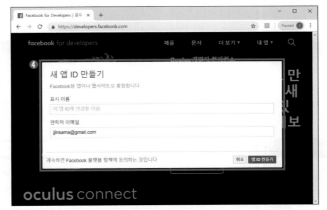

[그림 3-5] Facebook Developer 사이트에서 앱 ID와 앱 비밀번호를 가져온다

앱 ID 만들기

Facebook Developer 사이트에서 앱 ID를 만들 수 있도록 단계적 절차를 제공합니다. 다음 [그림 3-6]부터 [그림 3-9]까지의 순서로 진행합니다.

[그림 3-6] 페이스북 로그인

[그림 3-7] 개발자 계정

[그림 3-8] 앱 ID를 만든다.

[그림 3-9] 앱 ID / 앱 시크릿 코드 발급 확인한다.

파이어베이스 콘솔에서 페이스북 인증 사용하도록 설정하기

Facebook Developer 사이트에서 앱 ID와 앱 비밀번호를 발급 받았으면 파이어베이스 콘솔에서 페이스북 인증 서비스를 사용 가능하도록 설정해봅니다.

[그림 3-10]과 같이 Facebook Developer에서 발급 받은 앱 ID와 앱 비밀번호를 입력하고 〈저장〉 버튼을 누릅니다.

[그림 3-10] 발급 받은 앱 ID와 앱 비밀번호를 입력한다.

왼쪽 메뉴의 [Facebook 로그인] 설정에서 [클라이언트 OAuth 설정]의 [유효한 OAuth 리다이렉션 URI]에 파이어베이스에서 제공되는 URI를 [그림 3-11]과 같이 추가해줍니다. 〈변경 내용 저장〉 버튼을 누릅니다.

[그림 3-11] 파이어베이스에서 제공되는 URI를 추가한다.

파이어베이스 콘솔에서 페이스북 사용 설정이 완료되면 다음과 같이 페이스북 란이 [사용 설정됨]
으로 표시됩니다.

[그림 3-12] 파이어베이스에서 인증 설정된 페이스북

지금까지 파이어베이스 인증에서 페이스북을 사용할 수 있도록 설정하는 방법을 배웠습니다. 페이
스북 정책에 따라 개발자 앱 등록 과정이 변경되기도 하여 앞서 개발자 등록 과정에서 상이한 부분
이 발생할 수 있습니다.

3.3 파이어베이스 콘솔에서 트위터 인증 설정하기

페이스북에 이어 트위터Twitter 인증 서비스를 '사용 설정'으로 바꾸려면 어떤 것들이 필요한지 알아
보고 트위터 인증 서비스도 사용할 수 있도록 설정해보겠습니다.

API 키와 API 비밀번호 확인하기

파이어베이스 콘솔에서 트위터 인증을 선택하면 다음과 같이 API 키와 API 비밀번호를 입력해야
사용할 수 있습니다.

[그림 3-13] 파이어베이스 콘솔에서 트위터 인증을 선택하면 나오는 화면

트위터 인증을 사용하기 위해 API 키와 API 비밀번호는 Twitter Developer 사이트에서 앱 등록을
진행하면 발급 받을 수 있습니다. 다음의 URL을 이용하여 접속합니다.

[Twitter Developer 사이트] https://dev.twitter.com/

Twitter Developer 사이트에 접속하면 [그림 3-14]처럼 화면 상단 오른쪽에 [Apply] 메뉴를 클릭
합니다. 이후 나오는 화면에서 〈Apply for a developer account〉 버튼을 누릅니다. 계정이 없다면
트위터로 개발자 계정을 만들고 이미 계정이 있는 경우에는 로그인합니다.

트위터의 개발자 계정은 User Profile, Account Details, Use case details, Terms of service,
Email verification 항목을 진행해야 합니다. 그런데 User Profile에서 [그림 3-14]의 마지막 그림
과 같은 오류가 발생하면 〈Add a valid email address〉 버튼을 누릅니다.

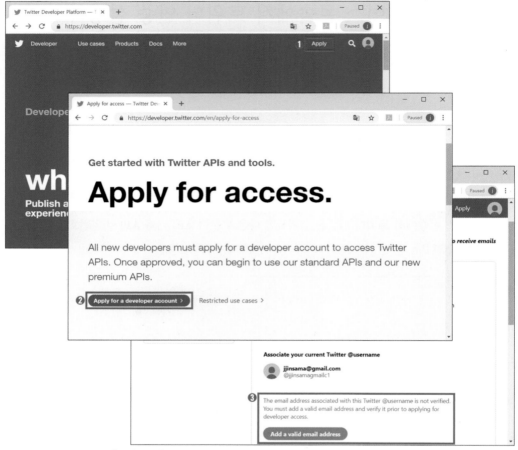

[그림 3-14] Twitter Developer 사이트에 접속하여 개발자 계정 만들기

트위터 페이지에서 이메일을 추가하고, 추가된 이메일 계정을 통해 사용 가능한 이메일임을 확인합니다.

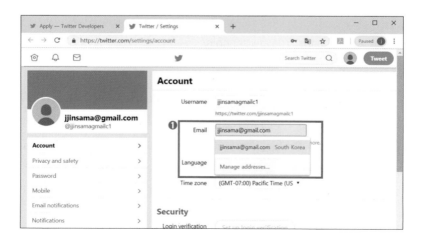

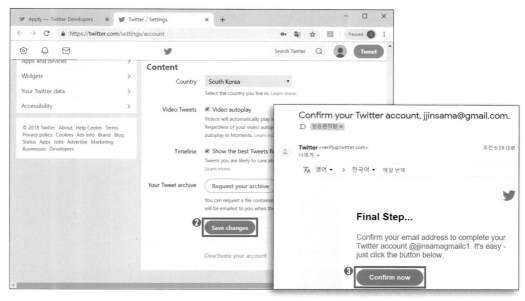

[그림 3-15] 트위터 페이지에서 이메일 계정을 추가한 후 사용 가능한지 확인하는 과정

Twitter Developer 사이트에서 다음 그림처럼 User profile이 다음으로 진행할 수 있도록 바꿉니다. Account details, Use case details, Terms of service, Email verification까지 순서대로 진행하면 됩니다. [그림 3-16]에 진행 순서를 그림으로 담았습니다.

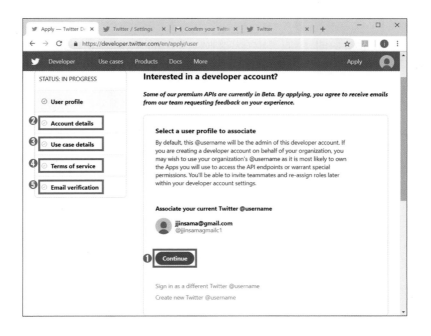

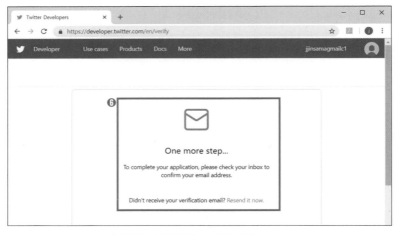

[그림 3-16] 트위터 페이지에서 절차에 따라 개발자 계정을 만드는 과정

생성된 트위터 개발자 계정을 승인 받기

[그림 3-16] 과정이 끝나면 트위터에서 생성된 개발자 계정에 대해 검토 후 승인되면 앱을 추가할 수 있습니다. 그런데 [Use case details]에서 Twitter 앱이 필요한 이유와 트위터에서 제공하는 기능에 대한 사용 범위를 규칙에 맞게 적지 않으면 [그림 3-17]과 같은 표시가 뜨면서 승인이 거부되어 더는 앱 생성을 하지 못하니 주의해야 합니다.

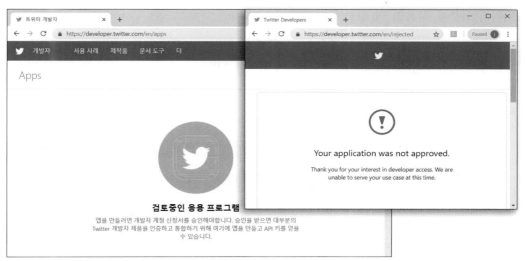

[그림 3-17] 트위터 페이지에서 개발자 계정 생성 시 입력된 정보를 트위터에서 검토 후
승인이 거부되었을 때 사용자에게 안내되는 내용

정상적으로 트위터 계정이 승인되면 [그림 3-18]의 〈Create an app〉 버튼을 눌러 트위터 앱을 만들도록 합니다.

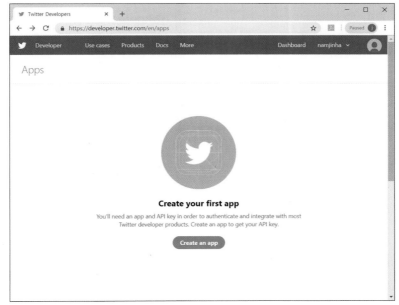

[그림 3-18] 트위터 계정이 승인되어 트위터 앱을 만들 수 있다.

트위터 인증을 사용할 앱 정보 등록하기

〈Create an app〉 버튼을 누르면 [그림 3–19]와 같이 트위터 API(인증)를 사용할 앱의 정보를 등록할 수 있도록 제공됩니다. 아래의 각 항목에 트위터 API(인증)을 사용할 앱의 정보를 입력합니다. 특히, Callback URL 항목은 파이어베이스 콘솔의 트위터 인증 설정 페이지의 URL을 복사하여 넣어주면 됩니다.

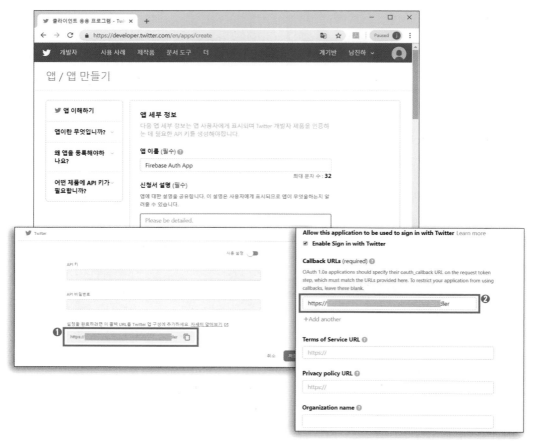

[그림 3–19] 트위터에 등록된 앱이 트위터 인증을 사용하기 위해 필요한 Callback URL을 파이어베이스에서 제공하는 URL에 입력해준다.

트위터 앱이 만들어지면 [그림 3–20]과 같은 화면이 표시됩니다. [Keys and tokens] 탭으로 이동하면 파이어베이스 인증에서 트위터 로그인을 사용하기 위해 필요한 API 키와 API 비밀번호를 알 수 있습니다

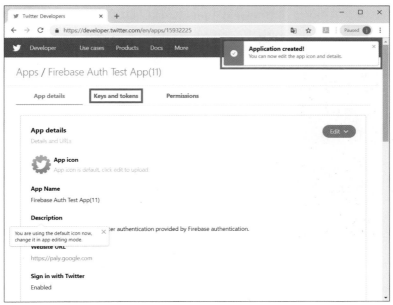

[그림 3-20] 트위터 개발자 사이트에 앱 등록이 완료되면 트위터 API를 사용할 수 있는
API 키와 API 비밀키를 확인할 수 있다.

발급된 API 키와 API 비밀번호를 파이어베이스 콘솔에 입력하여 트위터 인증을 사용할 수 있도록
설정해보겠습니다. [그림 3-21]과 같이 파이어베이스 콘솔에서 트위터를 사용 설정으로 변경한
후 API 키와 API 비밀번호를 입력하고 〈저장〉 버튼을 누르면 트위터 인증을 사용할 수 있습니다.

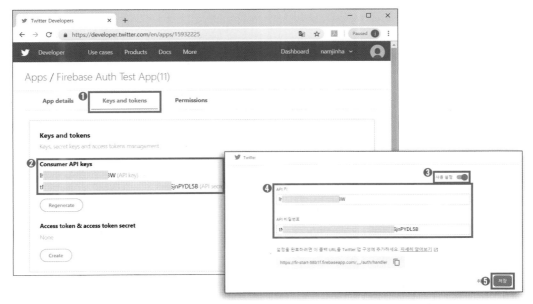

[그림 3-21] 트위터 개발자 페이지에서 API 키와 API 비밀키를 발급받아
파이어베이스 인증에서 트위터 인증을 사용할 수 있도록 입력한다.

파이어베이스 인증에서 트위터 항목이 [그림 3−22]와 같이 사용 설정됨을 알 수 있습니다.

[그림 3−22] 파이어베이스에서 인증이 사용 설정된 페이스북과 트위터

지금까지 파이어베이스 인증에서 트위터를 사용 설정하는 방법에 대해서 알아보았는데요, 페이스북과 마찬가지로 트위터도 개발자 앱 등록 과정이 상이할 수 있으니 트위터 개발자 사이트를 참고하여 등록을 진행하기를 권합니다.

3.4 파이어베이스 콘솔에서 깃헙 인증 설정하기

깃헙GitHub도 페이스북, 트위터와 같은 방법으로 인증 설정을 진행하면 됩니다. 깃헙 앱 등록 페이지에 접속하여 깃헙 인증을 사용할 수 있도록 앱(FirebaseStart)을 등록해보겠습니다. 단, 깃헙에 계정이 있어야 앱을 등록할 수 있으므로 그 전에 계정을 만들어야 합니다.

[깃헙 앱 등록 페이지] https://github.com/settings/apps

[그림 3-23] 깃헙 앱 등록 페이지에서 화면 오른쪽에 있는 ⟨New GitHub App⟩ 버튼을 누르면 깃헙 신규 앱 등록에 필요한 정보를 입력할 수 있는 페이지가 열립니다.

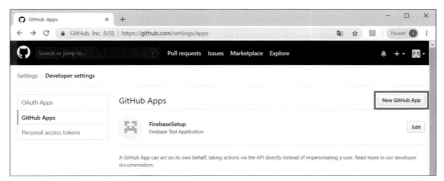

[그림 3-23] 깃헙 앱 등록 페이지 접속하기

[그림 3-24]와 같이 각 항목별로 해당 내용을 입력하면 됩니다.

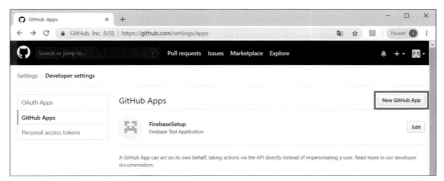

[그림 3-24] 앱 등록 화면

각 항목을 입력한 후 등록 페이지 아래쪽의 〈Create GitHub App〉 버튼을 누르면 [그림 3-25]와 같이 등록 완료 페이지가 표시됩니다.

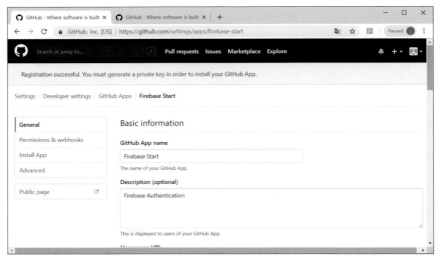

[그림 3-25] 앱 등록 완료 화면

[그림 3-26]과 같이 페이지 하단에 '클라이언트 ID'와 '클라이언트 보안 파일' 값을 파이어베이스 콘솔에 입력하도록 합니다.

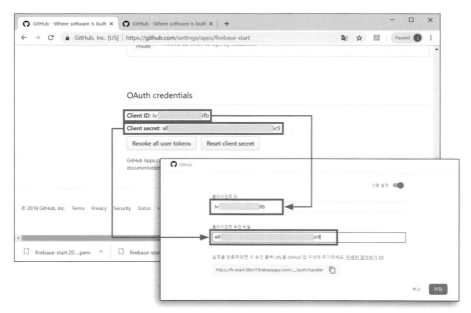

[그림 3-26] 클라이언트 ID와 클라이언트 보안 파일

깃헙 인증까지 사용할 수 있도록 파이어베이스 콘솔에서 설정을 완료했습니다. 파이어베이스 인증에서 사용 설정 상태를 [그림 3-27]과 같이 확인할 수 있습니다.

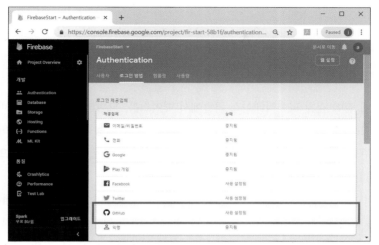

[그림 3-27] 파이어베이스 인증에서 사용 설정 상태 확인

지금까지 파이어베이스 인증에서 깃헙을 사용할 수 있도록 설정하는 방법을 보았습니다. 페이스북, 트위터와 마찬가지로 깃헙도 개발자 앱 등록 과정이 다를 수 있으니 깃헙 개발자 사이트를 참고하여 등록을 진행하도록 합니다.

3.5 삽입형 인증 솔루션 FirebaseUI로 인증 서비스 구현하기

3.2절부터 세 개 절에 걸쳐 파이어베이스 콘솔에서 페이스북, 트위터, 깃헙 인증 서비스를 설정하는 방법을 알아보았습니다. 이어서 파이어베이스 인증의 주요 기능을 예제를 통해 하나씩 익히겠습니다. 특히 주요 기능 중에 삽입형 인증 솔루션을 예제 앱에서 실제 구현을 해봄으로써 동작에 대한 이해를 높일 수 있습니다.

예제 앱은 앞서 파이어베이스에 등록된 'FirebaseStart'로 진행해야 합니다. 또한 페이스북, 트위터, 깃헙에서 등록한 후 발급받은 정보들 또한 FirebaseStart의 인증에 모두 등록했기 때문에 해당 앱이 아닌 경우 인증 서비스를 사용할 수 없습니다. 만약 여러분이 'FirebaseStart' 앱을 사용하지 않는다면 그 앱을 앞에서 소개한 순서에 따라 진행하면 되겠습니다.

3.5.1 FirebaseUI 이해하기

FirebaseUI(삽입형 인증 솔루션)는 파이어베이스 인증 SDK를 바탕으로 구축된 라이브러리이며, 앱에서 사용할 수 있는 삽입형 UI의 흐름을 제공합니다.

파이어베이스 인증에서 FirebaseUI는 인증 과정에 필요한 UI를 파이어베이스 인증에서 제공하기 때문에 인증에 필요한 UI를 앱에서 만들 필요가 없습니다. 'FirebaseUI'이라는 용어가 바로 이해하기 어렵기 때문에 [그림 3-28]을 통해 그 개념을 먼저 보도록 합니다.

[그림 3-28]에서 왼쪽 그림은 앱에서 제작한 부분이고, 오른쪽 지시상자의 화면은 파이어베이스에서 UI를 제공하는 것입니다.

[그림 3-28]의 첫 번째 그림(왼쪽 상단)의 파이어베이스 인증에서 제공하는 구글, 페이스북, 트위터, 이메일 중에 하나 이상을 선택하고 분홍색의 〈인증〉 버튼을 누릅니다. 그러면 FirebaseUI에서는 선택된 인증 방식에 맞는 인증 서비스를 제공하고, 필요하면 계정 등록 및 로그인을 위한 UI를 사용자에게 제공합니다. 개발자가 직접 구현하지 않아도 되고 이미 검증된 부분이 많아 안정성 또한 높습니다. 왜 '삽입형' 인증 솔루션인지 이해가 되셨나요?

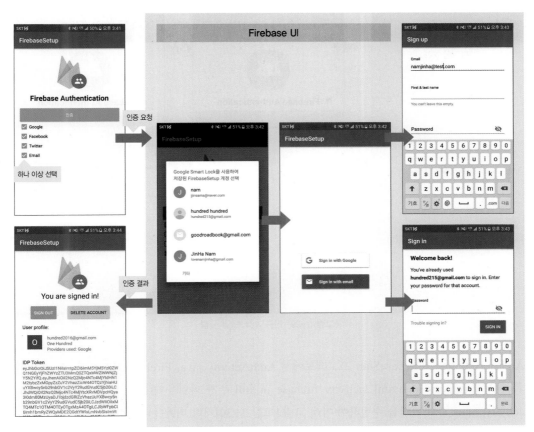

[그림 3-28] 파이어베이스 인증에서 Firebase UI를 사용하면
별도로 개발 없이 제공해주는 UI를 통해 로그인 화면을 사용자에게 제공한다.

3.5.2 FirebaseUI에서 인증 서비스 구현을 위한 선행 작업하기

살펴본 내용으로 예제를 만들어볼까요?

이러한 삽입형 인증 솔루션은 구글, 페이스북, 트위터, 깃헙, 이메일 등으로 인증이 가능하기 때문에 각각의 인증 서비스를 예제를 만들어 동작을 확인해보겠습니다.

FirebaseStart로 인증 서비스 UI 구성하기

각 항목들의 예제를 만들기 전에 앞서 만든 FirebaseStart 예제를 [그림 3-29]와 같이, 각 인증 서비스를 확인할 수 있도록 UI를 구성합니다.

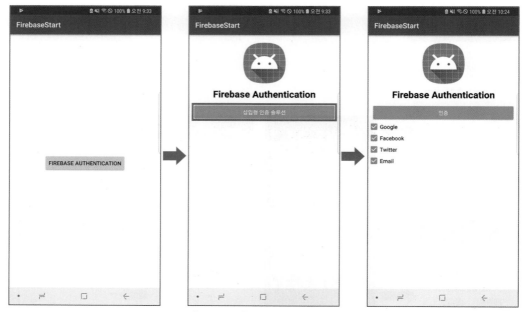

[그림 3-29] 인증 서비스 UI 구성

Android Studio의 FirebaseStart 프로젝트에서 AuthActivity.java, FirebaseUIActivity.java 파일
과 리소스 activity_auth.xml, activity_firebase_ui.xml 추가 파일을 만들고, MainActivity.java,
activity_main.xml 파일을 수정하여 아래 그림 [그림 3-30]처럼 버튼을 추가합니다.

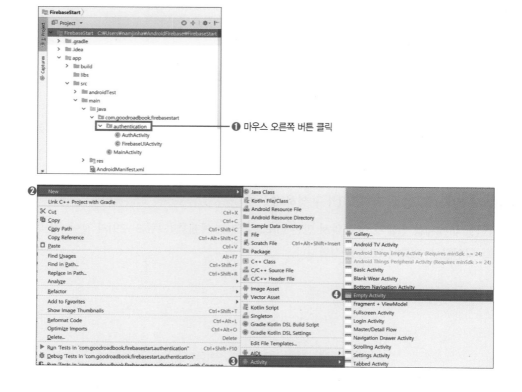

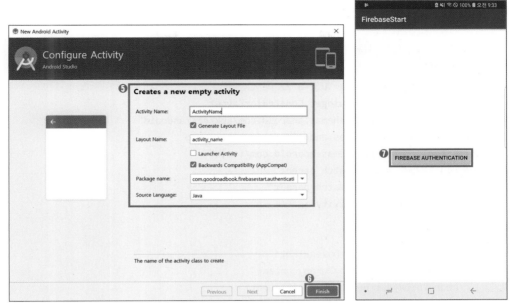

[그림 3-30] Android Studio의 FirebaseStart 프로젝트에서 추가가 필요한
AuthActivity.java, FirebaseUIActivity.java 파일과 리소스 activity_auth.xml, activity_firebase_ui 파일을 생성한다.

그리고 MainActivity 클래스에서 〈FIREBASE AUTHENTICATION〉 버튼을 누르고,
AuthActivity 클래스에서 〈삽입형 인증 솔루션〉 버튼을 클릭하면 FirebaseUIActivity 클래스가
실행될 수 있도록 구현해봅니다.

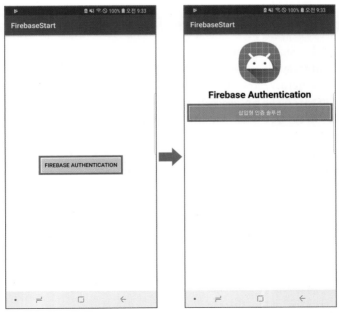

[그림 3-31] 〈FIREBASE AUTHENTICATION〉 버튼을 누르면 firebaseUIActivity 클래스가 실행된다.

128

먼저 각 액티비티(Activity)의 리소스 파일을 [코드 3-1]과 같이 만들고 해당 내용을 추가합니다.

[코드 3-1] 각 액티비티의 리소스 파일 만들기

[activity_main.xml]　　　　　　　　　　　　　　[예제 파일 : res/layout/activity_main.xml]

```xml
<?xml version="1.0" encoding="utf-8"?>
<androidx.constraintlayout.widget.ConstraintLayout
    xmlns:android="http://schemas.android.com/apk/res/android"
    xmlns:app="http://schemas.android.com/apk/res-auto"
    xmlns:tools="http://schemas.android.com/tools"
    android:layout_width="match_parent"
    android:layout_height="match_parent"
    tools:context=".MainActivity">

    <Button
        android:id="@+id/firebaseauthbtn"
        android:layout_width="wrap_content"
        android:layout_height="wrap_content"
        android:layout_marginTop="10dp"
        android:text="Firebase Authentication"
        app:layout_constraintTop_toTopOf="parent"
        app:layout_constraintBottom_toBottomOf="parent"
        app:layout_constraintLeft_toLeftOf="parent"
        app:layout_constraintRight_toRightOf="parent"/>

</androidx.constraintlayout.widget.ConstraintLayout>
```

[activity_auth.xml]　　　　　　　　　　　　　　[예제 파일 : res/layout/activity_auth.xml]

```xml
<?xml version="1.0" encoding="utf-8"?>
<androidx.constraintlayout.widget.ConstraintLayout
    xmlns:android="http://schemas.android.com/apk/res/android"
    xmlns:app="http://schemas.android.com/apk/res-auto"
    xmlns:tools="http://schemas.android.com/tools"
    android:layout_width="match_parent"
    android:layout_height="match_parent"
    tools:context=".authentication.AuthActivity">

<ImageView
    android:id="@+id/topimg"
    android:layout_width="120dp"
    android:layout_height="120dp"
    android:layout_marginTop="20dp"
    android:src="@mipmap/ic_launcher"
    app:layout_constraintTop_toTopOf="parent"
```

```
        app:layout_constraintLeft_toLeftOf="parent"
        app:layout_constraintRight_toRightOf="parent"/>

    <TextView
        android:id="@+id/titletxt"
        android:layout_width="wrap_content"
        android:layout_height="wrap_content"
        android:layout_marginTop="10dp"
        android:textStyle="bold"
        android:layout_gravity="center_horizontal"
        android:text="Firebase Authentication"
        app:layout_constraintTop_toBottomOf="@id/topimg"
        app:layout_constraintLeft_toLeftOf="parent"
        app:layout_constraintRight_toRightOf="parent"/>

    <Button
        android:id="@+id/firebaseui"
        android:layout_width="match_parent"
        android:layout_height="wrap_content"
        android:layout_margin="10dp"
        android:text="삽입형 인증 솔루션"
        app:layout_constraintTop_toBottomOf="@id/titletxt"
        app:layout_constraintLeft_toLeftOf="parent"
        app:layout_constraintRight_toRightOf="parent"/>

</androidx.constraintlayout.widget.ConstraintLayout>
```

[activity_firebase_ui.xml]	[예제 파일 : res/layout/activity_firebase_ui.xml]

```
<?xml version="1.0" encoding="utf-8"?>
<androidx.constraintlayout.widget.ConstraintLayout
    xmlns:android="http://schemas.android.com/apk/res/android"
    xmlns:app="http://schemas.android.com/apk/res-auto"
    xmlns:tools="http://schemas.android.com/tools"
    android:layout_width="match_parent"
    android:layout_height="match_parent"
    tools:context=".authentication.FirebaseUIActivity">

    <ImageView
        android:id="@+id/topimg"
        android:layout_width="120dp"
        android:layout_height="120dp"
        android:layout_marginTop="20dp"
        android:src="@mipmap/ic_launcher"
        app:layout_constraintTop_toTopOf="parent"
```

```xml
            app:layout_constraintLeft_toLeftOf="parent"
            app:layout_constraintRight_toRightOf="parent"/>

    <TextView
        android:id="@+id/titletxt"
        android:layout_width="wrap_content"
        android:layout_height="wrap_content"
        android:layout_marginTop="10dp"
        android:textStyle="bold"
        android:layout_gravity="center_horizontal"
        android:text="Firebase Authentication"
        app:layout_constraintTop_toBottomOf="@id/topimg"
        app:layout_constraintLeft_toLeftOf="parent"
        app:layout_constraintRight_toRightOf="parent"/>

    <Button
        android:id="@+id/firebaseuiauthbtn"
        android:layout_width="match_parent"
        android:layout_height="wrap_content"
        android:layout_margin="10dp"
        android:text="인증"
        app:layout_constraintTop_toBottomOf="@id/titletxt"
        app:layout_constraintLeft_toLeftOf="parent"
        app:layout_constraintRight_toRightOf="parent"/>

    <androidx.constraintlayout.widget.ConstraintLayout
        android:id="@+id/firebaseuilayout"
        android:layout_width="match_parent"
        android:layout_height="wrap_content"
        app:layout_constraintTop_toBottomOf="@id/firebaseuiauthbtn"
        app:layout_constraintLeft_toLeftOf="parent"
        app:layout_constraintRight_toRightOf="parent">

        <CheckBox
            android:id="@+id/google_provider"
            android:layout_width="wrap_content"
            android:layout_height="wrap_content"
            android:checked="true"
            android:text="Google"
            app:layout_constraintLeft_toLeftOf="parent"
            app:layout_constraintTop_toTopOf="parent" />

        <CheckBox
            android:id="@+id/facebook_provider"
            android:layout_width="wrap_content"
            android:layout_height="wrap_content"
            android:checked="true"
```

```
                android:text="Facebook"
                app:layout_constraintLeft_toLeftOf="parent"
                app:layout_constraintTop_toBottomOf="@id/google_provider"/>

            <CheckBox
                android:id="@+id/twitter_provider"
                android:layout_width="wrap_content"
                android:layout_height="wrap_content"
                android:checked="true"
                android:text="Twitter"
                app:layout_constraintLeft_toLeftOf="parent"
                app:layout_constraintTop_toBottomOf="@id/facebook_provider"/>

            <CheckBox
                android:id="@+id/email_provider"
                android:layout_width="wrap_content"
                android:layout_height="wrap_content"
                android:checked="true"
                android:text="Email"
                app:layout_constraintLeft_toLeftOf="parent"
                app:layout_constraintTop_toBottomOf="@id/twitter_provider"/>
        androidx.constraintlayout.widget.ConstraintLayout/>

</androidx.constraintlayout.widget.ConstraintLayout>
```

그리고 MainActivity.java, AuthActivity.java, FirebaseUIActivity.java 파일을 [코드 3-2]와 같이 추가합니다. 작성하실 때 작성할 파일 위치를 확인해주세요.

MainActivity.java 파일은 com.goodroadbook.firebasestart 패키지에 있고, AuthActivity.java 파일과 FirebaseUIActivity.java 파일은 com.goodroadbook.firebasestart.authentication 패키지에 만들도록 합니다. 패키지를 달리 구성하는 것은 FirebaseStart 프로젝트에 다른 서비스 예제들도 포함되기 때문에 구분하기 위함입니다.

[코드 3-2] 파이어베이스 인증을 위한 액티비티 만들기

[MainActivity.java]　　　　　　　　　　[예제 파일: java/com/goodroadbook/firebasestart/MainActivity.java]

```java
package com.goodroadbook.firebasestart;

import android.content.Intent;
import android.os.Bundle;
import android.view.View;
import android.widget.Button;

import androidx.appcompat.app.AppCompatActivity;
```

```java
import com.goodroadbook.firebasestart.authentication.AuthActivity;

public class MainActivity extends AppCompatActivity implements View.OnClickListener
{
    @Override
    protected void onCreate(Bundle savedInstanceState)
    {
        super.onCreate(savedInstanceState);
        setContentView(R.layout.activity_main);

        Button firebaseauthbtn = (Button)findViewById(R.id.firebaseauthbtn);
        firebaseauthbtn.setOnClickListener(this);
    }

    @Override
    public void onClick(View view)
    {
        switch (view.getId())
        {
            case R.id.firebaseauthbtn:
                Intent i = new Intent(this, AuthActivity.class);
                startActivity(i);
                break;
            default:
                break;
        }
    }
}
```

[AuthActivity.java]   [예제 파일 : java/com/goodroadbook/firebasestart/authentication/AuthActivity.java]

```java
package com.goodroadbook.firebasestart.authentication;

import android.content.Intent;
import android.os.Bundle;
import android.view.View;
import android.widget.Button;

import androidx.appcompat.app.AppCompatActivity;

import com.goodroadbook.firebasestart.R;

public class AuthActivity extends AppCompatActivity implements View.OnClickListener
{
```

```java
@Override
protected void onCreate(Bundle savedInstanceState)
{
    super.onCreate(savedInstanceState);
    setContentView(R.layout.activity_auth);

    Button firebaseuibtn = (Button)findViewById(R.id.firebaseui);
    firebaseuibtn.setOnClickListener(this);
}

@Override
public void onClick(View view)
{
    switch (view.getId())
    {
        case R.id.firebaseui:
            Intent i = new Intent(this, FirebaseUIActivity.class);
            startActivity(i);
            break;
        default:
            break;
    }
}
}
```

[FirebaseUIActivity.java]

[예제 파일 : java/com/goodroadbook/firebasestart/authentication/FirebaseUIActivity.java]

```java
package com.goodroadbook.firebasestart.authentication;

import android.os.Bundle;

import androidx.appcompat.app.AppCompatActivity;

import com.goodroadbook.firebasestart.R;

public class FirebaseUIActivity extends AppCompatActivity
{
    @Override
    protected void onCreate(Bundle savedInstanceState)
    {
        super.onCreate(savedInstanceState);
        setContentView(R.layout.activity_firbase_ui);
    }
}
```

위와 같이 작업이 완료되면 Android Studio의 프로젝트는 [그림 3-32]와 같아집니다.

[그림 3-32] 파이어베이스 인증 예제를 위한 프로젝트 구성

그리고 AndroidManifest.xml 파일에 추가된 액티비티(Activity)를 선언합니다.

[코드 3-3] AndroidManifest.xml 파일에 추가된 액티비티 선언하기

[AndroidManifest.xml]   [예제 파일 : AndroidManifest.xml]

```xml
<?xml version="1.0" encoding="utf-8"?>
<manifest xmlns:android="http://schemas.android.com/apk/res/android"
    package="com.goodroadbook.firebasestart">

    <application
        android:allowBackup="true"
        android:icon="@mipmap/ic_launcher"
        android:label="@string/app_name"
        android:roundIcon="@mipmap/ic_launcher_round"
        android:supportsRtl="true"
        android:theme="@style/AppTheme">
        <activity android:name=".MainActivity">
            <intent-filter>
                <action android:name="android.intent.action.MAIN" />

                <category android:name="android.intent.category.LAUNCHER" />
            </intent-filter>
        </activity>

        <activity android:name=".authentication.AuthActivity" />

        <activity android:name=".authentication.FirebaseUIActivity"></activity>
    </application>

</manifest>
```

파이어베이스 인증 예제를 만들 수 있도록 준비 작업이 끝났습니다. 가장 먼저 삽입형 인증 솔루션의 구글 인증을 예제로 만들어보려고 합니다. 구글 인증 계정이 있다면 바로 사용할 수 있습니다. Android Studio에서 다음에 나올 예제를 직접해보면 파이어베이스 인증을 보다 쉽게 이해할 수 있을 것입니다.

3.5.3 FirebaseUI 사용하기

FirebaseUI(삽입형 인증 솔루션)는 구글, 페이스북, 트위터, 이메일 등에 대한 UI를 제공해줍니다. 앱은 FirebaseUI에서 제공하는 여러 인증 서비스들 중에 사용할 인증 서비스를 선택할 수 있습니다. 즉, 내가 개발할 앱에서 페이스북, 트위터 인증만 서비스하거나 구글, 페이스북, 트위터 등 모든 서비스를 인증으로 제공하기도 합니다.

내 앱에 FirebaseUI를 사용할 수 있도록 기본 설정하기

우리는 FirebaseUI로 예제를 만들 때 '체크박스'를 통해 선택된 서비스들에 대해서만 인증 서비스 기능을 제공하도록 구현하려고 합니다. 이러한 인증 서비스들을 사용하기 위해서는 가장 먼저 FirebaseStart 프로젝트의 app 모듈의 build.gradle 파일에서 우리가 사용할 Firebase 인증, FirebaseUI에 대한 라이브러리를 사용할 수 있도록 [코드 3-4]와 같이 추가합니다.

[코드 3-4] 파이어베이스 인증 및 FirebaseUI에 대한 라이브러리 사용하도록 추가하기
[build.gradle]   [예제 파일 : 앱 수준의 build.gradle]

```gradle
apply plugin: 'com.android.application'

...
...

dependencies {
    implementation fileTree(dir: 'libs', include: ['*.jar'])
    implementation 'androidx.appcompat:appcompat:1.0.2'
    implementation 'androidx.constraintlayout:constraintlayout:1.1.3'
    implementation 'androidx.legacy:legacy-support-v4:1.0.0'

    //Firebase Analytics
    implementation 'com.google.firebase:firebase-core:17.0.1'

    //Firebase Authentication
    implementation 'com.google.firebase:firebase-auth:18.1.0'
```

```
    // Firebase UI
    implementation 'com.firebaseui:firebase-ui-auth:4.3.2'

...
...
}

apply plugin: 'com.google.gms.google-services'
```

그리고 앞에서 추가한 FirebaseUIActivity 클래스에서 페이스북, 트위터, 구글, 이메일 인증을 체크박스 상태에 따라 FirebaseUI에 표시될 수 있도록 다음 내용을 추가합니다.

[코드 3-5] FirebaseUIActivity 클래스에서 페이스북, 트위터, 구글, 이메일 인증을 체크박스 상태에 따라 FirebaseUI에 표시하기
[FirebaseUIActivity.java]

[예제 파일 : java/com/goodroadbook/firebasestart/authentication/FirebaseUIActivity.java]

```java
package com.goodroadbook.firebasestart.authentication;

import android.content.Intent;
import android.os.Bundle;
import android.view.View;
import android.widget.Button;
import android.widget.CheckBox;

import androidx.appcompat.app.AppCompatActivity;

import com.firebase.ui.auth.AuthUI;
import com.firebase.ui.auth.IdpResponse;
import com.goodroadbook.firebasestart.R;
import com.google.firebase.auth.FirebaseAuth;
import com.google.firebase.auth.FirebaseUser;

import java.util.ArrayList;
import java.util.List;

public class FirebaseUIActivity extends AppCompatActivity implements View.OnClickListener
{
    private static final int RC_SIGN_IN              = 1000;

    @Override
    protected void onCreate(Bundle savedInstanceState)
    {
        super.onCreate(savedInstanceState);
        setContentView(R.layout.activity_firebase_ui);
```

```java
        Button firebaseuiauthbtn = (Button)findViewById(R.id.firebaseuiauthbtn);
        firebaseuiauthbtn.setOnClickListener(this);
}

@Override
protected void onActivityResult(int requestCode, int resultCode, Intent data)
{
    super.onActivityResult(requestCode, resultCode, data);
    if (requestCode == RC_SIGN_IN)
    {
        IdpResponse response = IdpResponse.fromResultIntent(data);

        if (resultCode == RESULT_OK)
        {
            // Successfully signed in
            FirebaseUser user = FirebaseAuth.getInstance().getCurrentUser();
        }
        else
        {
            // Sign in failed. If response is null the user canceled the
            // sign-in flow using the back button. Otherwise check
            // response.getError().getErrorCode() and handle the error.
            // ...
        }
    }
}

@Override
public void onClick(View v)
{
    switch (v.getId())
    {
        case R.id.firebaseuiauthbtn:
            signin();
            break;
        default:
            break;
    }
}

/**
 * 인증 요청
 */
```

```java
    private void signin()
    {
        startActivityForResult(
            AuthUI.getInstance().createSignInIntentBuilder()
            .setTheme(getSelectedTheme())              // Theme 설정
            .setLogo(getSelectedLogo())                // 로고 설정
            .setAvailableProviders(getSelectedProviders())// Providers 설정
            .setTosAndPrivacyPolicyUrls("https://naver.com", "https://google.com")
.setIsSmartLockEnabled(true)                // SmartLock 설정
.build(),
            RC_SIGN_IN);
    }

    /**
     * FirebaseUI에 표시할 테마 정보
     * @return 테마 정보
     */
    private int getSelectedTheme()
    {
        return AuthUI.getDefaultTheme();
    }

    /**
     * Firebase UI에 표시할 로고 이미지
     * @return 로고 이미지
     */
    private int getSelectedLogo()
    {
        return AuthUI.NO_LOGO;
    }

    /**
     * FirebaseUI를 통해 제공 받을 인증 서비스 설정
     * @return 인증 서비스
     */
    private List<AuthUI.IdpConfig> getSelectedProviders()
    {
        List<AuthUI.IdpConfig> selectedProviders = new ArrayList<>();
        CheckBox googlechk = (CheckBox)findViewById(R.id.google_provider);
        CheckBox facebookchk = (CheckBox)findViewById(R.id.facebook_provider);
        CheckBox twitterchk = (CheckBox)findViewById(R.id.twitter_provider);
        CheckBox emailchk = (CheckBox)findViewById(R.id.email_provider);
```

```java
        if(googlechk.isChecked())
        {
            selectedProviders.add(new AuthUI.IdpConfig.GoogleBuilder().build());
        }

        if(facebookchk.isChecked())
        {
            selectedProviders.add(new AuthUI.IdpConfig.FacebookBuilder().build());
        }

        if(twitterchk.isChecked())
        {
            selectedProviders.add(new AuthUI.IdpConfig.TwitterBuilder().build());
        }

        if(emailchk.isChecked())
        {
            selectedProviders.add(new AuthUI.IdpConfig.EmailBuilder().build());
        }

        return selectedProviders;
    }
}
```

그러면 작성한 소스코드 내용을 잠깐 살펴보겠습니다.

사용자가 〈인증〉 버튼을 누르면 FirebaseUIActivity 클래스의 onClick() 함수가 호출됩니다.
onClick() 함수에서는 signin() 함수를 호출하여 파이어베이스 인증을 사용할 수 있도록 합니다.
signin() 함수의 내용을 보면 AuthUI를 통해 인증을 요청함을 알 수 있습니다.

AuthUI를 통해 인증을 요청할 때에는 Theme, 로고, Providers, Smart Lock 사용에 대해 설정할
수 있습니다. 각 항목별로 FirebaseUI에 어떻게 설정할 수 있는지 알아볼까요?

[Sign in : AuthUI]

```java
AuthUI.getInstance().createSignInIntentBuilder()
        .setTheme(getSelectedTheme())                      // Theme 설정 ──❶
        .setLogo(getSelectedLogo())                        // 로고 설정
        .setAvailableProviders(getSelectedProviders())     // Providers 설정
        .setTosAndPrivacyPolicyUrls("https://naver.com", "https://google.com")
        .setIsSmartLockEnabled(true)                       //SmartLock 설정
        .build(),
```

색과 스타일을 결정하는 테마 설정하기

앞의 [Sign in : AuthUI] 코드의 ❶Theme 설정에서는 FirebaseUI는 설정된 테마(Theme)에 따라 동작합니다. 즉, [그림 3-33]과 같이 파이어베이스의 UI가 테마 설정에 따라 화면이 바뀝니다.

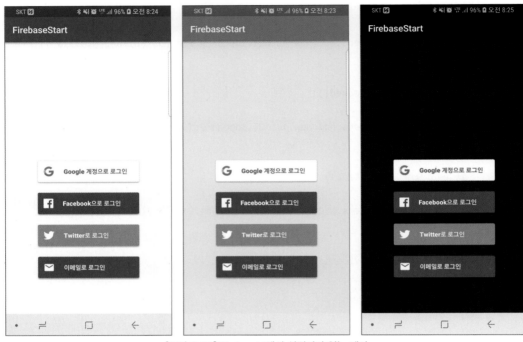

[그림 3-33] FirebaseUI에서 설정되어 있는 테마

참고로 GreenTheme, PurpleTheme, DarkTheme를 사용하려면 res/value/colors.xml 파일과 res/value/styles.xml 파일에 아래 내용을 추가해주면 됩니다. 설정해볼까요?

[코드 3-6] 기본 테마 외에 제공하는 테마를 사용하기 위해 리소스에 색과 스타일 설정 추가하기

[colors.xml]   [예제 파일 : res/values/colors.xml]

```xml
<?xml version="1.0" encoding="utf-8"?>
<resources>
    <color name="colorPrimary">#3F51B5</color>
    <color name="colorPrimaryDark">#303F9F</color>
    <color name="colorAccent">#FF4081</color>

    <!-- Text -->
    <color name="text_default_material_dark_primary">#ffffff</color>
    <color name="text_default_material_light_primary">#de000000</color>
    <color name="text_default_material_dark_secondary">#b3ffffff</color>
    <color name="text_default_material_light_secondary">#8a000000</color>
    <color name="material_deep_purple_50">#EDE7F6</color>
    <color name="material_deep_purple_500">#673AB7</color>
    <color name="material_deep_purple_700">#512DA8</color>
```

```xml
    <color name="material_deep_purple_a200">#E040FB</color>
    <color name="material_green_50">#E8F5E9</color>
    <color name="material_green_500">#4CAF50</color>
    <color name="material_green_700">#388E3C</color>
    <color name="material_green_300">#AED581</color>
    <color name="material_green_a200">#69F0AE</color>
    <color name="material_gray_300">#E0E0E0</color>
    <color name="material_gray_850">#ff303030</color>
    <color name="material_gray_900">#ff212121</color>
    <color name="material_lime_a700">#AEEA00</color>
    <color name="material_purple_50">#F3E5F5</color>
    <color name="material_purple_a700">#AA00FF</color>
    <color name="material_red_a200">#FF5252</color>
    <color name="material_deep_teal_a200">#ff80cbc4</color>
</resources>
```

[styles.xml]   [예제 파일 : res/values/styles.xml]

```xml
<resources>
...
...
    <style name="PurpleTheme" parent="FirebaseUI">
        <item name="colorPrimary">@color/material_deep_purple_500</item>
        <item name="colorPrimaryDark">@color/material_deep_purple_700</item>
        <item name="colorAccent">@color/material_lime_a700</item>
        <item name="colorControlNormal">@color/material_deep_purple_500</item>
        <item name="colorControlActivated">@color/material_deep_purple_a200</item>
        <item name="colorControlHighlight">@color/material_lime_a700</item>
        <item name="android:windowBackground">@color/material_deep_purple_50</item>
        <item name="android:textColor">@color/material_gray_900</item>
        <item name="android:textColorPrimary">@color/material_deep_purple_50</item>
        <item name="colorButtonNormal">@color/material_deep_purple_500</item>
    </style>

    <style name="GreenTheme" parent="FirebaseUI">
        <item name="colorPrimary">@color/material_green_500</item>
        <item name="colorPrimaryDark">@color/material_green_700</item>
        <item name="colorAccent">@color/material_purple_a700</item>
        <item name="colorControlNormal">@color/material_green_500</item>
        <item name="colorControlActivated">@color/material_lime_a700</item>
        <item name="colorControlHighlight">@color/material_green_a200</item>
        <item name="android:windowBackground">@color/material_green_50</item>
        <item name="android:textColor">@color/material_gray_900</item>
        <item name="android:textColorPrimary">@color/material_deep_purple_50</item>
        <item name="colorButtonNormal">@color/material_green_500</item>
    </style>
```

```xml
    <style name="DarkTheme" parent="FirebaseUI">
        <item name="colorPrimary">@color/material_gray_900</item>
        <item name="colorPrimaryDark">@android:color/black</item>
        <item name="colorAccent">@android:color/black</item>
        <item name="android:colorBackground">@color/material_gray_850</item>
        <item name="android:colorForeground">@android:color/white</item>
        <item name="android:textColor">@color/text_default_material_dark_primary
        </item>
        <item name="android:textColorPrimary">
         @color/text_default_material_dark_primary</item>
        <item name="android:textColorPrimaryInverse">
         @color/text_default_material_light_primary</item>
        <item name="android:textColorSecondary">
         @color/text_default_material_dark_secondary</item>
        <item name="android:textColorSecondaryInverse">
         @color/text_default_material_light_secondary</item>
        <item name="android:windowBackground">@color/material_gray_850</item>
    </style>
</resources>
```

리소스 파일에 color와 style 설정을 추가하고 FirebaseUIActivity 클래스의 getSelectedTheme()
함수의 리턴 값을 아래와 같이 변경해주면 됩니다.

[코드 3-6] 리턴 값 설정하기

[FirebaseUIActivity 클래스의 getSelectedTheme() 함수]

```java
/**
 * FirebaseUI에 표시할 테마 정보
 * @return 테마 정보
 */
private int getSelectedTheme()
{
    //기본 테마
    //return AuthUI.getDefaultTheme();

    //그린 테마
    //return R.style.GreenTheme;

    //블랙 테마
    return R.style.DarkTheme;
}
```

내 앱의 로고 이미지 표시하기

로고는 FirebaseUI에 내가 만들 앱을 상징하는 로고 이미지를 설정하는 것입니다. 로고 이미지를 설정하게 되면 [그림 3-34]와 같이 FirebaseUI에 원하는 로고를 표시할 수 있습니다.

[그림 3-34] 내 앱을 상징하는 로고 이미지 표시하기

FirebaseUIActivity 클래스의 getSelectedLogo() 함수의 리턴 값을 [코드 3-7]과 같이 변경해주면 됩니다.

[코드 3-7] 로고 이미지 표시하기

[FirebaseUIActivity 클래스의 getSelectedLogo() 함수]

```
/**
 * FirebaseUI에 표시할 로고 이미지
 * @return 로고 이미지
 */
private int getSelectedLogo()
{
    //로고를 표시하지 않은 경우
    return AuthUI.NO_LOGO;

    //로고를 표시할 경우
    //return R.mipmap.ic_launcher;
}
```

사용할 인증 서비스를 체크박스 목록에서 선택하도록 설정하기

Providers 설정은 어떠한 인증 서비스를 제공할지에 대해 설정하는 것으로 구글, 이메일, 페이스북, 트위터, 깃헙 등이 그 목록이 될 수 있습니다.

FirebaseUIActivity 클래스의 getSelectedProviders() 함수의 내용을 보면 다음과 같습니다.

[FirebaseUIActivity 클래스의 getSelectedProviders() 함수]

```java
/**
 * FirebaseUI를 통해 제공 받을 인증 서비스 설정
 * @return 인증 서비스
 */
private List<AuthUI.IdpConfig> getSelectedProviders()
{
    List<AuthUI.IdpConfig> selectedProviders = new ArrayList<>();
    CheckBox googlechk = (CheckBox)findViewById(R.id.google_provider);
    CheckBox facebookchk = (CheckBox)findViewById(R.id.facebook_provider);
    CheckBox twitterchk = (CheckBox)findViewById(R.id.twitter_provider);
    CheckBox emailchk = (CheckBox)findViewById(R.id.email_provider);

    if(googlechk.isChecked())
    {
        selectedProviders.add(new AuthUI.IdpConfig.GoogleBuilder().build());
    }

    if(facebookchk.isChecked())
    {
        selectedProviders.add(new AuthUI.IdpConfig.FacebookBuilder().build());
    }

    if(twitterchk.isChecked())
    {
        selectedProviders.add(new AuthUI.IdpConfig.TwitterBuilder().build());
    }

    if(emailchk.isChecked())
    {
        selectedProviders.add(new AuthUI.IdpConfig.EmailBuilder().build());
    }

    return selectedProviders;
}
```

체크박스의 설정에 따라 지원되는 인증 서비스를 선택할 수 있습니다. [그림 3-35]를 보면 체크된 항목에 대해서만 FirebaseUI에서 항목을 표시하는 것을 알 수 있습니다.

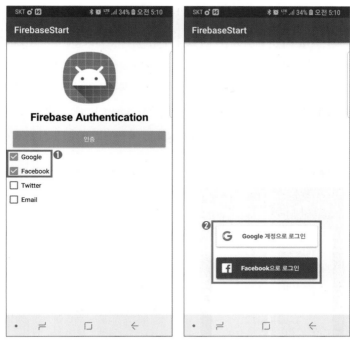

[그림 3-35] 체크된 서비스의 항목만 FirebaseUI에 표시된다.

사용자 약관 및 개인정보처리 방침 설정하기

Term Of Service(TOS: 서비스 약관) 설정 및 개인정보처리 방침을 원하는 내용을 표시할 수 있도록 제공합니다.
[그림 3-36]과 같이 사용자에게 사용자 약관 및 개인정보처리 방침이 표시됩니다.

[그림 3-36] 사용자 약관 및
개인정보처리방침이 표시된 화면

Google Smart Lock 설정하기

Google Smart Lock 설정 기능을 사용할 수 있습니다. 여기서 Google Smart Lock은 비밀번호를 내 구글 계정에 저장하므로 내가 크롬Chrome에서 사용하는 웹사이트와 휴대기기에서 사용하는 앱에서 비밀번호를 안전하고 편리하게 사용할 수 있도록 제공하는 것입니다. 가장 큰 특징은 비밀번호 입력 없이 사용할 수 있다는 점인데요, Firebase 인증에서 Smart Lock 설정을 'true'로 할 경우 한번 로그인이 성공한 계정에 대해서는 이후 Smart Lock을 통해 비밀번호 없이 사용이 가능합니다.

[그림 3-37] Google Smart Lock 설정에 따른 동작

FirebaseUI의 AuthUI 클래스에서 제공하는 설정에 따라 FirebaseUI가 어떠한 형태로 변경되는지 배워보았습니다. 다음 절부터는 구글, 페이스북, 트위터 각 서비스별로 인증 서비스를 상세하게 구현하는 방법을 알아보겠습니다.

3.6 FirebaseUI에서 구글 인증 사용하기

FirebaseUI에서 구글 인증을 사용하는 방법을 설명하겠습니다. 앞에서 이미 많은 부분에 대해 선행 작업을 하여 구글 인증 서비스를 확인하기 위해 필요한 작업은 그렇게 많지 않습니다. 구글 인증과 같은 경우 단말에 등록된 구글 계정 정보를 보여주거나 계정 추가를 통해 인증을 진행할 수 있습니다. 구글 인증은 다음과 같은 순으로 동작하게 됩니다.

파이어베이스 콘솔 인증에서 구글 서비스 여부 확인하기

가장 먼저 파이어베이스 콘솔의 인증에서 메뉴의 [로그인 방법]에 [그림 3-38]과 같이 구글 인증 서비스가 사용할 수 있도록 설정되었는지 확인합니다. 다음 과정으로 넘어가기 전에 '사용 설정'으로 되어 있어야 합니다.

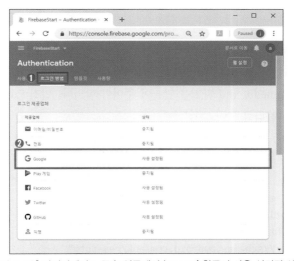

[그림 3-38] 파이어베이스 콘솔 인증에서 'Google' 항목이 사용 설정된 상태

파이어베이스 콘솔에서 구글 인증 서비스가 사용 설정됨이 확인되었다면 앱에서 구글 인증을 선택하고 〈Google 계정으로 로그인〉을 누릅니다.

[그림 3-39] 구글 인증 동작 및 인증 결과

[그림 3-39]의 세 번째 그림과 같이 인증 결과를 확인하려면 다음 과정이 필요합니다. FirebaseUIActivity 클래스에 아래의 내용을 추가하고 인증 결과를 보여주는 SignedInActivity. java 파일과 activity_signedin.xml 파일을 만들어 주어야 합니다. 먼저 FirebaseUIActivity 클래스에 [코드 3-8]을 추가합니다.

[코드 3-8] 파이어베이스 인증 결과 표시하기

[activity_signedin.xml]   [예제 파일 : res/layout/activity_signedin.xml]

```xml
<?xml version="1.0" encoding="utf-8"?>
<androidx.constraintlayout.widget.ConstraintLayout
    xmlns:android="http://schemas.android.com/apk/res/android"
    xmlns:app="http://schemas.android.com/apk/res-auto"
    xmlns:tools="http://schemas.android.com/tools"
    android:layout_width="match_parent"
    android:layout_height="match_parent"
    tools:context=".authentication.SignedInActivity">

    <ImageView
        android:id="@+id/topimg"
        android:layout_width="120dp"
        android:layout_height="120dp"
        android:layout_gravity="center_horizontal"
        android:src="@mipmap/ic_launcher"
```

```xml
            app:layout_constraintTop_toTopOf="parent"
            app:layout_constraintLeft_toLeftOf="parent"
            app:layout_constraintRight_toRightOf="parent"/>

    <TextView
        android:id="@+id/toptxt"
        android:layout_width="wrap_content"
        android:layout_height="wrap_content"
        android:layout_gravity="center_horizontal"
        android:text="You are signed in!"
        app:layout_constraintTop_toBottomOf="@+id/topimg"
        app:layout_constraintLeft_toLeftOf="parent"
        app:layout_constraintRight_toRightOf="parent"/>

    <Button
        android:id="@+id/sign_out"
        android:layout_width="wrap_content"
        android:layout_height="wrap_content"
        android:layout_gravity="center"
        android:layout_margin="16dp"
        android:text="Sign out"
        app:layout_constraintTop_toBottomOf="@+id/toptxt"
        app:layout_constraintLeft_toLeftOf="parent"/>

    <Button
        android:id="@+id/delete_account"
        android:layout_width="wrap_content"
        android:layout_height="wrap_content"
        android:layout_gravity="center"
        android:layout_margin="16dp"
        android:text="Delete account"
        app:layout_constraintTop_toBottomOf="@+id/toptxt"
        app:layout_constraintLeft_toRightOf="@+id/sign_out"
        app:layout_constraintRight_toRightOf="parent"/>

    <TextView
        android:id="@+id/userprofile"
        android:layout_width="wrap_content"
        android:layout_height="wrap_content"
        android:text="User profile:"
        app:layout_constraintLeft_toLeftOf="parent"
        app:layout_constraintTop_toBottomOf="@+id/sign_out"/>

    <androidx.constraintlayout.widget.ConstraintLayout
        android:id="@+id/profilelayout"
        android:layout_width="match_parent"
```

```xml
        android:layout_height="wrap_content"
        app:layout_constraintTop_toBottomOf="@+id/userprofile">

    <ImageView
        android:id="@+id/user_profile_picture"
        android:layout_width="48dp"
        android:layout_height="48dp"
        android:layout_gravity="center_horizontal"
        android:layout_margin="16dp"
        android:contentDescription="Profile picture"
        android:src="@mipmap/ic_launcher"
        app:layout_constraintTop_toTopOf="parent"
        app:layout_constraintLeft_toLeftOf="parent"/>
    <TextView
        android:id="@+id/user_email"
        android:layout_width="wrap_content"
        android:layout_height="wrap_content"
        android:textIsSelectable="true"
        android:text="N/A"
        app:layout_constraintTop_toTopOf="parent"
        app:layout_constraintLeft_toRightOf="@+id/user_profile_picture"/>
    <TextView
        android:id="@+id/user_display_name"
        android:layout_width="wrap_content"
        android:layout_height="wrap_content"
        android:textIsSelectable="true"
        android:text="N/A"
        app:layout_constraintLeft_toRightOf="@+id/user_profile_picture"
        app:layout_constraintTop_toBottomOf="@+id/user_email"/>
    <TextView
        android:id="@+id/user_enabled_providers"
        android:layout_width="wrap_content"
        android:layout_height="wrap_content"
        android:textIsSelectable="true"
        android:text="N/A"
        app:layout_constraintLeft_toRightOf="@+id/user_profile_picture"
        app:layout_constraintTop_toBottomOf="@+id/user_display_name"/>
</androidx.constraintlayout.widget.ConstraintLayout>

<androidx.constraintlayout.widget.ConstraintLayout
    android:id="@+id/idp_token_layout"
    android:layout_width="match_parent"
    android:layout_height="wrap_content"
    app:layout_constraintTop_toBottomOf="@+id/profilelayout">
    <TextView
```

```xml
            android:id="@+id/idtokentxt"
            android:layout_width="wrap_content"
            android:layout_height="wrap_content"
            android:text="IDP Token"
            app:layout_constraintTop_toTopOf="parent"
            app:layout_constraintLeft_toLeftOf="parent"/>
        <TextView
            android:id="@+id/idp_token"
            android:layout_width="wrap_content"
            android:layout_height="wrap_content"
            android:textIsSelectable="true"
            android:text="N/A"
            android:lines="3"
            app:layout_constraintLeft_toLeftOf="parent"
            app:layout_constraintTop_toBottomOf="@+id/idtokentxt"/>
    </androidx.constraintlayout.widget.ConstraintLayout>

</androidx.constraintlayout.widget.ConstraintLayout>
```

[SignedInActivity.java] [예제 파일 : java/com/goodroadbook/firebasestart/authentication/SignedInActivity.java]

```java
package com.goodroadbook.firebasestart.authentication;

import androidx.annotation.NonNull;
import androidx.appcompat.app.AlertDialog;
import androidx.appcompat.app.AppCompatActivity;

import android.content.DialogInterface;
import android.os.Bundle;
import android.text.TextUtils;
import android.view.View;
import android.widget.Button;
import android.widget.TextView;

import com.firebase.ui.auth.AuthUI;
import com.firebase.ui.auth.IdpResponse;
import com.goodroadbook.firebasestart.R;
import com.google.android.gms.tasks.OnCompleteListener;
import com.google.android.gms.tasks.Task;
import com.google.firebase.auth.EmailAuthProvider;
import com.google.firebase.auth.FacebookAuthProvider;
import com.google.firebase.auth.FirebaseAuth;
import com.google.firebase.auth.FirebaseUser;
import com.google.firebase.auth.GoogleAuthProvider;
import com.google.firebase.auth.TwitterAuthProvider;
import com.google.firebase.auth.UserInfo;
```

```java
public class SignedInActivity extends AppCompatActivity implements View.OnClickListener
{
    private IdpResponse mIdpResponse;

    @Override
    protected void onCreate(Bundle savedInstanceState)
    {
        super.onCreate(savedInstanceState);
        setContentView(R.layout.activity_signedin);

        FirebaseUser currentUser = FirebaseAuth.getInstance().getCurrentUser();
        if (currentUser == null)
        {
            finish();
            return;
        }

        mIdpResponse = IdpResponse.fromResultIntent(getIntent());

        setContentView(R.layout.activity_signedin);
        populateProfile();
        populateIdpToken();

        Button signoutbtn = (Button)findViewById(R.id.sign_out);
        signoutbtn.setOnClickListener(this);

        Button deleteuser = (Button)findViewById(R.id.delete_account);
        deleteuser.setOnClickListener(this);
    }


    @Override
    public void onClick(View v)
    {
        switch (v.getId())
        {
            case R.id.sign_out:
                signOut();
                break;
            case R.id.delete_account:
                deleteAccountClicked();
                break;
            default:
                break;
        }
    }
}
```

```java
    private void signOut()
    {
        AuthUI.getInstance()
                .signOut(this)
                .addOnCompleteListener(new OnCompleteListener<Void>()
                {
                    @Override
                    public void onComplete(@NonNull Task<Void> task)
                    {
                        if (task.isSuccessful())
                        {
                            finish();
                        }
                        else
                        {
                        }
                    }
                });
    }

    private void deleteAccountClicked()
    {
        AlertDialog dialog = new AlertDialog.Builder(this)
                .setMessage("Are you sure you want to delete this account?")
                .setPositiveButton("Yes, nuke it!",
new DialogInterface.OnClickListener()
                {
                    @Override
                    public void onClick(DialogInterface dialogInterface, int i)
                    {
                        deleteAccount();
                    }
                })
                .setNegativeButton("No", null)
                .create();

        dialog.show();
    }

    private void deleteAccount()
    {
        AuthUI.getInstance()
                .delete(this)
                .addOnCompleteListener(new OnCompleteListener<Void>()
                {
```

```java
                @Override
                public void onComplete(@NonNull Task<Void> task)
                {
                    if (task.isSuccessful())
                    {
                        finish();
                    }
                    else
                    {
                    }
                }
            });
    }

    private void populateProfile()
    {
        FirebaseUser user = FirebaseAuth.getInstance().getCurrentUser();

        TextView emailtxt = (TextView)findViewById(R.id.user_email);
        emailtxt.setText(
                TextUtils.isEmpty(user.getEmail()) ? "No email" : user.getEmail());

        TextView usernametxt = (TextView)findViewById(R.id.user_display_name);
        usernametxt.setText(
                TextUtils.isEmpty(user.getDisplayName()) ? "No display name" :
user.getDisplayName());

        StringBuilder providerList = new StringBuilder(100);

        providerList.append("Providers used: ");

        if (user.getProviderData() == null || user.getProviderData().isEmpty())
        {
            providerList.append("none");
        }
        else
        {
            for (UserInfo profile : user.getProviderData())
            {
                String providerId = profile.getProviderId();
                if (GoogleAuthProvider.PROVIDER_ID.equals(providerId))
                {
                    providerList.append("Google");
                }
```

```
            else if (FacebookAuthProvider.PROVIDER_ID.equals(providerId))
            {
                providerList.append("Facebook");
            }
            else if(TwitterAuthProvider.PROVIDER_ID.equals(providerId))
            {
                providerList.append("Twitter");
            }
            else if (EmailAuthProvider.PROVIDER_ID.equals(providerId))
            {
                providerList.append("Email");
            }
            else
            {
                providerList.append(providerId);
            }
        }
    }

    TextView userenabled = (TextView)findViewById(R.id.user_enabled_providers);
    userenabled.setText(providerList);
}

private void populateIdpToken()
{
    String token = null;

    if (mIdpResponse != null)
    {
        token = mIdpResponse.getIdpToken();
    }

    if (token == null)
    {
        findViewById(R.id.idp_token_layout).setVisibility(View.GONE);
    }
    else
    {
        ((TextView) findViewById(R.id.idp_token)).setText(token);
    }
}
}
```

SignedInActivity 클래스가 액티비티이기 때문에 AndroidManifest.xml 파일에 [코드 3-9]와 같이 등록해주어야 합니다.

[코드 3-9] 액티비티 사용 설정하기

[AndroidManfiest.xml]　　　　　　　　　　　　　　　　　　　　　[예제 파일 : AndroidManfiest.xml]

```xml
<?xml version="1.0" encoding="utf-8"?>
<manifest xmlns:android="http://schemas.android.com/apk/res/android"
    package="com.goodroadbook.firebasestart">

    <application
        android:allowBackup="true"
        android:icon="@mipmap/ic_launcher"
        android:label="@string/app_name"
        android:roundIcon="@mipmap/ic_launcher_round"
        android:supportsRtl="true"
        android:theme="@style/AppTheme">
        <activity android:name=".MainActivity">
            <intent-filter>
                <action android:name="android.intent.action.MAIN" />

                <category android:name="android.intent.category.LAUNCHER" />
            </intent-filter>
        </activity>
        <activity android:name=".authentication.AuthActivity" />
        <activity android:name=".authentication.FirebaseUIActivity" />
        <activity android:name=".authentication.SignedInActivity"/>
    </application>

</manifest>
```

SignedActivity 클래스와 activity_signedin.xml을 위와 같이 만들고 FirebaseUIActivity 클래스에서 [코드 3-10]처럼 추가합니다.

[코드 3-10] 파이어베이스 인증 성공 시 인증 결과 화면 실행하기

[FirebaseUIActivity.java]　[예제 파일 : java/com/goodroadbook/firebasestart/authentication/FirebaseUIActivity.java]

```java
package com.goodroadbook.firebasestart.authentication;
...
...


public class FirebaseUIActivity extends AppCompatActivity implements View.OnClickListener
{
...
...
```

```
@Override
protected void onActivityResult(int requestCode, int resultCode, Intent data)
{
    super.onActivityResult(requestCode, resultCode, data);
    if (requestCode == RC_SIGN_IN)
    {
        IdpResponse response = IdpResponse.fromResultIntent(data);

        if (resultCode == RESULT_OK)
        {
            // Successfully signed in
            Intent i = new Intent(this, SignedInActivity.class);
            i.putExtras(data);
            startActivity(i);
        }
        else
        {
            // Sign in failed. If response is null the user canceled the
            // sign-in flow using the back button. Otherwise check
            // response.getError().getErrorCode() and handle the error.
            // ...
        }
    }
}
...
...
}
```

FirebaseUIActivity 클래스의 signin() 함수에서 startActivityForResult() 함수로 구글 인증 요청을 하고 인증 결과는 onActivityResult() 함수를 통해 전달 받습니다. 요청된 Request Code 가 맞으면 Result Code와 Intent 정보를 확인하여 구글 인증 유무를 확인할 수 있습니다. Result Code가 ResultCodes.OK이면 인증에 성공한 것으로 인증 성공 결과값을 SignedInActivity 액티 비티에 Intent 정보와 함께 호출합니다.

SignedInActivity 클래스는 Firebase 인증 토큰 정보와 사용자 프로파일을 보여줄 수 있습니다. 프로파일에는 이메일 계정 정보, 이름, 사진 등의 정보를 표시할 수 있습니다. 또한, 로그아웃(Sign Out) 및 계정 삭제(Delete Account)도 지원합니다. Sign Out을 할 경우 앱에 진입할 때 다시 로그 인을 해야 하고 계정을 삭제할 때도 파이어베이스 콘솔의 사용자 리스트에서 해당 계정이 제거됩 니다.

다음 [그림 3-40]은 SignedInActivity 클래스에서 구글 계정을 통해 인증에 성공한 경우로 프로 파일, 토큰 정보를 보여주고 있습니다.

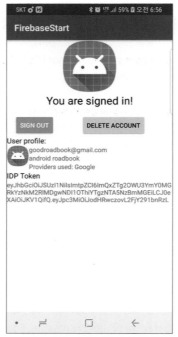

[그림 3-40] 구글 인증에 성공했을 때의 화면

파이어베이스 인증으로 인증에 성공한 결과 값을 받으면 파이어베이스 콘솔에서 다음과 같이 인증에 성공한 계정을 확인할 수 있습니다.

[그림 3-41] 인증에 성공한 계정이 표시되는 화면

지금까지 FirebaseUI에서 구글 인증 서비스를 사용하는 방법에 대해서 알아보았습니다. 다른 인증 서비스도 크게 다르지 않고 결과 및 계정 삭제, 로그아웃 모두 같은 방법으로 사용할 수 있습니다. 다음은 FirebaseUI에서 이메일 인증에 대해서 살펴봅니다.

3.7 FirebaseUI에서 이메일 인증하기

FirebaseUI에서 이메일 인증을 사용하는 방법을 알아봅니다. 이메일 인증은 파이어베이스 콘솔에 이메일 계정이 등록되어 있으면 로그인 즉, 인증을 할 수 있습니다.

파이어베이스 콘솔에 이메일 계정을 등록하는 방법은 두 가지입니다. 파이어베이스 콘솔에서 사용자를 추가하는 방법과 FirebaseUI에서 이메일 계정을 등록하는 방법인데요, 먼저 파이어베이스 콘솔을 이용하는 방법을 설명하겠습니다.

3.7.1 파이어베이스 콘솔에서 사용자를 추가하여 이메일 계정 등록하기

먼저 파이어베이스 콘솔에서 이메일 계정을 추가하여 이메일 계정을 등록하는 방법을 소개할 텐데요, [그림 3-42]와 같이 파이어베이스 인증의 [로그인 방법]에서 '이메일/비밀번호'를 '사용 설정'으로 변경합니다.

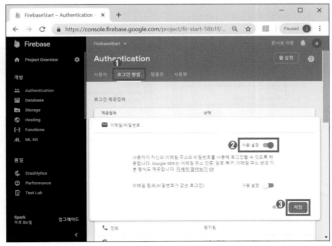

[그림 3-42] 파이어베이스 인증의 [로그인 방법]에서 '이메일/비밀번호'를 '사용 설정'으로 바꾼다.

'이메일/비밀번호'가 '사용 설정'됨으로 바뀌면 [그림 3-43]과 같이 [사용자] 탭에서 〈사용자 추가〉를 눌러 이메일과 비밀번호를 추가할 수 있습니다.

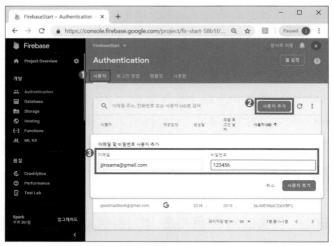

[그림 3-43] 이메일과 비밀번호를 추가한다.

파이어베이스 콘솔에서 지메일 계정으로 'jjinsama@gmail.com', 비밀번호는 '123456'로 등록했습니다. 비밀번호는 반드시 6자리 이상으로 등록해야 합니다. 이메일과 비밀번호로 이메일을 인증을 진행하면 [그림 3-44]와 같은 절차로 진행됩니다.

[그림 3-44] 파이어베이스 콘솔에서의 이메일 인증 진행 과정

3.7.2 FirebaseUI에서 제공되는 방법으로 이메일 계정 등록하기

이메일로 인증할 때 사용자가 많아질 경우 파이어베이스 콘솔에서 이메일 계정을 매번 등록하기는
쉽지가 않으므로 FirebaseUI에서 제공되는 방법으로 계정을 등록해봅니다.

[그림 3-45] FirebaseUI에서 이메일 계정 진행 과정

FirebaseUI에서 Sign in에서 먼저 jjinsama@gmail.com 이메일 계정이 등록되어 있지 않으면
Sign up(이메일 계정 등록) 화면으로 전환되어 이름과 비밀번호를 입력 받게 됩니다. 〈저장〉 버튼
을 클릭하면 파어베이스 콘솔에 jjinsama@gmail.com 이메일 계정이 등록되고 인증 성공 결과값
을 받습니다. 실제로 파이어베이스 콘솔에 jjinsama@gmail.com 이메일 계정이 등록되어 있는지
확인해보면 [그림 3-46]과 같습니다.

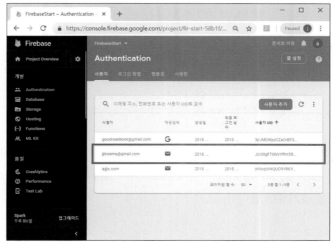

[그림 3-46] FirebaseUI로 이메일 계정 인증이 성공적으로 되면 나타나는 화면

3.8 FirebaseUI에서 페이스북 인증하기

FirebaseUI에서 페이스북 인증 사용법을 상세하게 알아봅니다.

앞서 본 구글 인증 및 이메일 인증과 마찬가지로 페이스북도 같은 방법으로 진행합니다. 한 가지 차이점이 있다면, 페이스북은 개발자 사이트에서 페이스북 인증을 사용하는 앱의 정보를 입력해주 어야 합니다.

> **참고**
> 파이어베이스 콘솔에서 페이스북으로 인증 설정하는 방법은 〈3.2 파이어베이스 콘솔에서 페이스북 인증하기〉 에서 설명했습니다. 다시 확인하고 싶다면 앞에서 보시고 오는 것도 좋습니다.

지금부터 [그림 3-47]을 통해 FirebaseUI를 통해 페이스북 인증이 어떤 형태로 동작하는지 확인 해보겠습니다.

[그림 3-47] FirebaseUI를 통해 페이스북 인증이 진행되는 절차

[그림 3-47]과 같이 FirebaseUI로 페이스북 인증 서비스를 사용하려면 앱 수준의 build.gradle 파일에 Facebook SDK를, string.xml 파일에 "facebook_application_id"와 "facebook_login_ protocol_scheme"를 추가해야 합니다.

Facebook Developer 사이트에서 추가로 앱의 패키지명, Launcher Activity, Key Hashes를 등록합니다. 우선 앱 수준의 build.gradle 파일과 string.xml 파일에 [코드 3-11] 내용을 추가합니다.

[코드 3-11] build.gradle 파일에 페이스북 라이브러리 추가하기　　　　　[예제 파일 : 앱 수준의 build.gradle]

```
apply plugin: 'com.android.application'

...
...

dependencies {
...
...
    // Facebook Android SDK
    implementation 'com.facebook.android:facebook-android-sdk:4.38.1'

...
}

apply plugin: 'com.google.gms.google-services'
```

그리고 /res/values/strings.xml 파일에 [코드 3-12]와 같이 Facebook의 "facebook_application_id"와 "facebook_login_protocol_scheme"를 추가합니다.

[코드 3-12] /res/values/Strings.xml 파일에 페이스북 추가하기　　　　　[예제 파일 : /res/values/Strings.xml]

```
<resources>
    <string name="app_name">FirebaseStart</string>

    <!-- Facebook application ID and custom URL scheme (app ID prefixed by 'fb'). -->
    <string name="facebook_application_id" translatable="false">
252481648944357</string>
    <string name="facebook_login_protocol_scheme" translatable="false">
fb252481648944357</string>

</resources>
```

Facebook Developer 사이트에서 추가로 앱의 패키지명, Launcher Activity, Key Hashes를 등록하지 않으면 [그림 3-48]과 같은 오류가 발생합니다.

[그림 3-48] 앱의 패키지명, Launcher Activity, Key Hashes 미등록 시 발생하는 오류

Facebook Developer에서 패키지명, Launcher Activity, Key Hashes를 등록해보겠습니다. 다음 페이스북 개발자 사이트(Facebook Developer 사이트에서)로 이동합니다.

[Facebook Developer 사이트] https://developers.facebook.com/

왼쪽 메뉴의 [빠른 시작]을 클릭하면 [그림 3-49]와 같이 앱이 구동되는 플랫폼을 선택할 수 있습니다. 우리는 안드로이드 앱을 페이스북 인증에 연동하기 때문에 'Android'를 선택합니다

[그림 3-49] 앱을 구동할 플랫폼으로 선택한 '안드로이드'

안드로이드를 선택하면 [그림 3-50]과 같이 단계별로 무엇을 해야 하는지 알려줍니다. FirebaseUI 에서 페이스북 인증 서비스를 사용하려면 여러 단계 중에 다음 **세 가지 항목**에 대해서는 필요한 정 보를 입력해야 합니다.

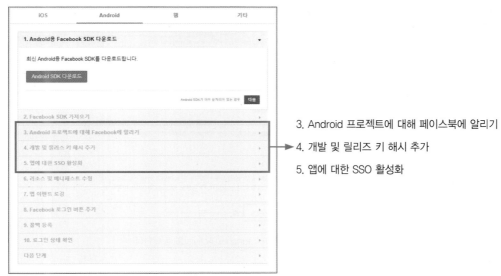

[그림 3-50] 입력해야 할 세 가지 항목

첫 번째 항목 - **3. Android 프로젝트에 대해 페이스북에 알리기**

앱의 패키지명과 Launcher Activity를 등록하는데 AndroidManifest.xml 파일을 참고하여 [그림 3-51] 화면에 입력해주면 되겠습니다.

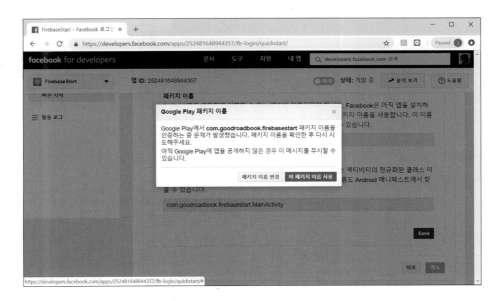

[그림 3-51] 앱 패키지 명과 Launcher Activity를 등록한다.

두 번째 항목 - 4. 개발 및 릴리즈 키 해시 추가하기

APK 서명에 사용되는 Key Store 파일이 필요합니다. 만약 여러분이 Android Studio에서 디버그 모드(비밀번호 없음)로 사용 중이라면 [그림 3-52]처럼 진행하면 됩니다. 먼저 OS에 따라 openssl 을 설치하도록 합니다. 설치되지 않았다면 그림처럼 openssl을 설치합니다.

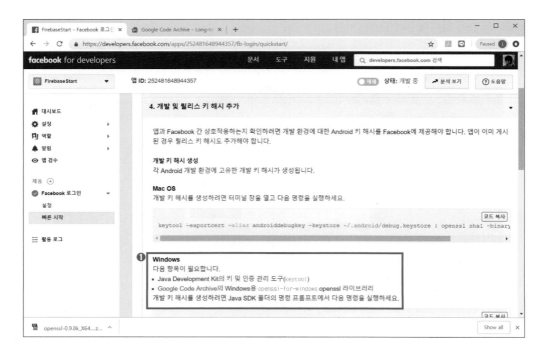

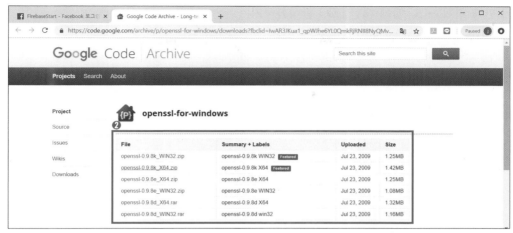

[그림 3-52] 운영체제에 맞는 openssl를 설치한다.

openssl 설치 후에 다음 [그림 3-53]과 같이 개발 키에 대한 해시 값을 추출해봅니다.

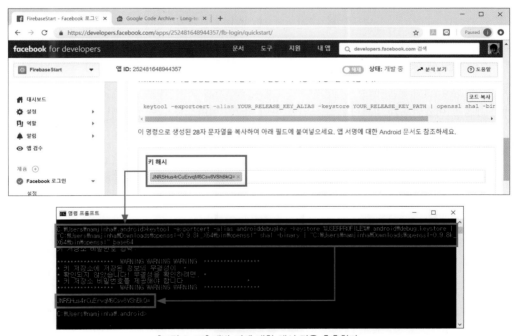

[그림 3-53] 개발 키에 대한 해시 값을 추출한다.

세 번째 항목 – 5. 앱에 대한 SSO 활성화하기

위 작업까지 끝났다면 마지막으로 '5. 앱에 대한 SSO 활성화' 항목에서 OFF –> ON으로 바꿉니다.

[그림 3-54] 앱에 대한 SSO를 활성화한다.

페이스북 개발자 사이트에서 앞에서 언급한 세 가지 항목에 대해서 필요한 정보를 모두 입력하면 페이스북 인증 서비스가 [그림 3-55]와 같이 정상 동작하는 것을 알 수 있을 것입니다. 아래 화면에서 계정과 비밀번호를 입력하고 로그인을 하면 파이어베이스 콘솔에서 페이스북 사용자가 추가되어 확인할 수 있는데요, 아래의 그림을 볼까요?

[그림 3-55] 정상 동작하는 페이스북 인증

지금까지 FirebaseUI(삽입형 인증 솔루션)에서 페이스북 인증 서비스를 사용하는 방법에 대해서 알아보았습니다. 실제 앱에 들어가는 코드보다는 페이스북 개발자 사이트(Facebook Developer 사이트)에서 앱 등록 및 관련 정보 등록, 파이어베이스 콘솔에서 설정 등이 더 중요한 부분입니다. 직접 페이스북 인증 서비스를 사용해봅니다.

3.9 FirebaseUI에서 트위터 인증하기

드디어 인증 서비스의 끝이 보입니다. FirebaseUI에서 트위터 인증 사용법에 대해서 살펴보죠.
앞서 본 페이스북 인증 서비스와 같이 트위터에서 제공하는 UI도 이용하게 됩니다. [그림 3−56]으
로 FirebaseUI로 트위터 인증 서비스를 동작하게 하는 그림을 볼까요?

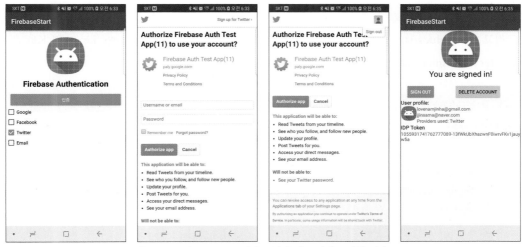

[그림 3−56] FirebaseUI에서 트위터 인증 서비스 진행 절차

[그림 3−56]과 같이 Twitter 인증 서비스를 사용하려면 build.gradle 파일에 Twitter 라이브러리를,
strings.xml 파일에 Twitter Developer 사이트의 Consumer Key와 Consumer Secret를 넣어주어
야 합니다. 먼저 build.gradle 파일에 아래와 같이 추가합니다.

[코드 3−13] build.gradle 파일에 트위터 라이브러리 추가하기   [예제 파일 : 앱 수준의 build.gradle]

```
apply plugin: 'com.android.application'

android {
    compileSdkVersion 28

...
...

    compileOptions {
        sourceCompatibility 1.8
        targetCompatibility 1.8
    }
```

```
}

dependencies {
    ...
    ...

    // Twitter Android SDK (only required for Twitter Login)
    implementation 'com.twitter.sdk.android:twitter-core:3.2.0'
    implementation 'com.twitter.sdk.android:twitter:3.2.0'
}

apply plugin: 'com.google.gms.google-services'
```

그리고 /res/values/strings.xml 파일에 [코드 3–14]와 같이 Twitter_consumer_key(API Key)와
Twitter_consumer_secret(API Secret)을 추가합니다.

[코드 3–14] /res/values/Strings.xml 파일에 API Key와 API Secret 추가하기   [예제 파일 : /res/values/Strings.xml]

```
<resources>
...
...
    <string name="twitter_consumer_key" translatable="false">XXXXXXX</string>
    <string name="twitter_consumer_secret" translatable="false">XXXXXXXXXXX</string>
</resources>
```

위와 같이 진행하고 FirebaseStart 프로젝트에서 app을 설치
후 실행합니다. 그리고 트위터 인증 서비스를 선택하여 인증을
시도하면 [그림 3–57]과 같이 Provider 오류가 발생합니다.
Provider 오류 발생 원인은 정확하게 알려지지 않았지만 로그
에서는 Callback URL에 접근에 대한 오류가 찍히고 있습니
다. 로그캣에 찍힌 로그를 보겠습니다.

[그림 3–57] 트위터 인증 시 발생하는
Provider 오류

[로그캣 로그]

```
2018-11-15 06:51:48.633 18842-18842/com.goodroadbook.firebasestart E/Twitter:
Invalid json:
<?xml version="1.0" encoding="UTF-8"?>
<errors>
<error code="415">
Callback URL not approved for this client application. Approved callback URLs can be
adjusted in your application settings
</error>
</errors>
    com.google.gson.JsonSyntaxException: java.lang.IllegalStateException:
Expected BEGIN_OBJECT but was STRING at line 1 column 1 path $
        at com.google.gson.internal.bind.ReflectiveTypeAdapterFactory$Adapter.read
(ReflectiveTypeAdapterFactory.java:224)
        at com.twitter.sdk.android.core.models.SafeListAdapter$1.
read(SafeListAdapter.java:45)
        at com.twitter.sdk.android.core.models.SafeMapAdapter$1.
read(SafeMapAdapter.java:45)
        at com.google.gson.Gson.fromJson(Gson.java:888)
        at com.google.gson.Gson.fromJson(Gson.java:853)
        at com.google.gson.Gson.fromJson(Gson.java:802)
        at com.google.gson.Gson.fromJson(Gson.java:774)
        at com.twitter.sdk.android.core.TwitterApiException.
parseApiError(TwitterApiException.java:110)
        at com.twitter.sdk.android.core.TwitterApiException.
readApiError(TwitterApiException.java:95)
        at com.twitter.sdk.android.core.TwitterApiException.
<init>(TwitterApiException.java:43)
```

필자도 이러한 이슈가 발생하는 원인은 정확하게 알 수 없었는데요, 여러 커뮤니티를 통해 다음과 같은 방법으로 Provider 이슈를 해결할 수 있었습니다. [그림 3-58]과 같이 트위터 개발자 페이지의 앱 상세 목록 Callback URLs에서 "twittersdk://"을 추가합니다.

[그림 3-58] 파이어베이스에서 트위터 인증 시 Provider 오류 발생를 해결하기 위한 방법

[그림 3-59]와 같이 FirebaseSetup 프로젝트에 추가하고 트위터 인증 서비스로 로그인에 성공하면 파이어베이스 콘솔에서 트위터로 인증이 성공했음을 알 수 있습니다.

[그림 3-59] 트위터 인증 서비스로 로그인에 성공한 화면

그런데 파이어베이스 콘솔에서 트위터 인증의 경우 이메일 주소가 표시되지 않는데, 이것은 트위터에서 별도로 설정을 해주어야만 이메일 주소를 가져올 수 있습니다. 만약 여러분이 이메일 주소가 필요하면 트위터 개발자 사이트에서 [그림 3-60]과 같이 설정해줍니다.

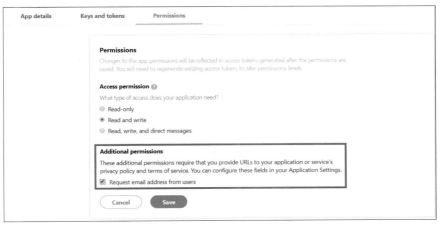

[그림 3-60] 트위터 개발자 사이트에서 추가 설정

트위터 개발자 페이지의 Permission에서 "Request email address from users"를 체크하고 저장하면 파이어베이스 콘솔에서 이메일 주소가 표시됩니다.

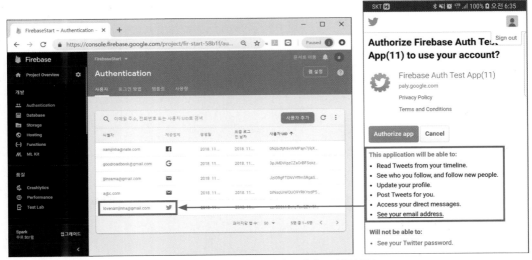

[그림 3-61] 파이어베이스에서 표시되는 이메일 주소

지금까지 파이어베이스 인증의 FirebaseUI(삽입형 인증 솔루션) 중에 트위터 인증 서비스를 사용하는 방법에 대해서 알아보았습니다. 삽입형 인증 솔루션 같은 경우 앱에서 별도의 UI(화면) 제작 없이 바로 적용할 수 있는 장점이 있어 빠른 시간에 인증 서비스를 사용할 수 있을 것입니다. 여러분도 여러 인증 서비스를 직접 사용해보고 앱에 적합한 인증 서비스를 선택 적용해보길 권합니다.

3.10 파이어베이스 인증 상태 확인하기

3.10.1 인증 상태 확인하기

페이스북과 트위터, 구글 인증을 로그인을 통해 인증 결과를 확인했습니다. 앱에서 로그인을 통해 인증을 하고 앱을 종료했을 때 다시 앱을 실행하면 이전 인증 상태를 유지하고 있어야 합니다. 매번 사용자에게 인증을 요구하지 않아도 되는 앱인 경우 현재의 인증 상태를 조회하여 인증을 다시 시도하지 않도록 처리할 수 있습니다. 파이어베이스 인증에서 제공하는 인증 상태를 조회할 수 있도록 다음과 같은 API를 제공하고 있습니다.

```
FirebaseUser user = FirebaseAuth.getInstance().getCurrentUser();
if (user != null)
{
    // 인증이 되어 있는 상태
}
else
{
    // 인증이 되어 있지 않은 상태
}
```

파이어베이스에서 인증 상태를 확인하는 위의 코드를 AuthActivity 클래스에 적용하여 로그인이 되어 있으면 〈삽입형 인증 솔루션〉 버튼을 누르지 않도록 처리해봅니다.
파이어베이스 인증이 되어 있다면 '버튼'을 disable 처리하도록 아래와 같이 AuthActivity 클래스에 내용을 추가하면 되겠습니다.

[코드 3-15] 파이어베이스 인증 상태에 따라 버튼 상태 변경하기
[AuthActivity.java]　　　[예제 파일 : java/com/goodroadbook/firebasestart/authentication/AuthActivity.java]

```
package com.goodroadbook.firebasestart.authentication;

...
...

import com.google.firebase.auth.FirebaseAuth;
import com.google.firebase.auth.FirebaseUser;

public class AuthActivity extends AppCompatActivity implements View.OnClickListener
{
```

```
@Override
protected void onCreate(Bundle savedInstanceState)
{
    super.onCreate(savedInstanceState);
    setContentView(R.layout.activity_auth);

    Button firebaseuibtn = (Button)findViewById(R.id.firebaseui);
    firebaseuibtn.setOnClickListener(this);

    FirebaseUser user = FirebaseAuth.getInstance().getCurrentUser();
    if (user != null)
    {
        // 인증이 되어 있는 상태
        firebaseuibtn.setEnabled(false);
    }
    else
    {
        // 인증이 되어 있지 않은 상태
        firebaseuibtn.setEnabled(true);
    }
}
...
...
}
```

위와 같이 AuthActivity 클래스에 추가하여 실행해보면 파이어베이스 인증 상태에 따라 다음과 같
이 동작함을 알 수 있습니다.

파이어베이스 인증이 되어 있는 상태   파이어베이스 인증이 되어 있지 않은 상태

[그림 3-62] 파이어베이스 인증 상태에 따른 버튼 동작

그리고 파이어베이스 인증이 되어 있다면 로그아웃을 추가할 수 있도록 AuthActivity 클래스를 같이 추가합니다.

[코드 3-16] 파이어베이스 인증 상태에서 로그아웃하기

[activity_auth.xml] [예제 파일 : res/layout/activity_auth.xml]

```xml
<?xml version="1.0" encoding="utf-8"?>
<androidx.constraintlayout.widget.ConstraintLayout
    xmlns:android="http://schemas.android.com/apk/res/android"
    xmlns:app="http://schemas.android.com/apk/res-auto"
    xmlns:tools="http://schemas.android.com/tools"
    android:layout_width="match_parent"
    android:layout_height="match_parent"
    tools:context=".authentication.AuthActivity">
...
...
    <Button
        android:id="@+id/firebasesignout"
        android:layout_width="match_parent"
        android:layout_height="wrap_content"
        android:layout_margin="10dp"
        android:text="로그아웃"
        app:layout_constraintTop_toBottomOf="@id/firebaseui"
        app:layout_constraintLeft_toLeftOf="parent"
        app:layout_constraintRight_toRightOf="parent"/>

</androidx.constraintlayout.widget.ConstraintLayout>
```

[AuthActivity.java] [예제 파일 : java/com/goodroadbook/firebasestart/authentication/AuthActivity.java]

```java
package com.goodroadbook.firebasestart.authentication;

...
...

import com.firebase.ui.auth.AuthUI;
import android.support.annotation.NonNull;
import com.google.android.gms.tasks.OnCompleteListener;
import com.google.android.gms.tasks.Task;

public class AuthActivity extends AppCompatActivity implements View.OnClickListener
{
    @Override
    protected void onCreate(Bundle savedInstanceState)
    {
```

```java
super.onCreate(savedInstanceState);
setContentView(R.layout.activity_auth);

Button firebaseuibtn = (Button)findViewById(R.id.firebaseui);
firebaseuibtn.setOnClickListener(this);

Button firebasesignout = (Button)findViewById(R.id.firebasesignout);
firebasesignout.setOnClickListener(this);

FirebaseUser user = FirebaseAuth.getInstance().getCurrentUser();
if (user != null)
{
    // 인증이 되어 있는 상태
    firebaseuibtn.setEnabled(false);
    firebasesignout.setEnabled(true);
}
else
{
    // 인증이 되어 있지 않은 상태
    firebaseuibtn.setEnabled(true);
    firebasesignout.setEnabled(false);
}
}

@Override
public void onClick(View view)
{
    switch (view.getId())
    {
...
...

        case R.id.firebasesignout:
            signOut();
            break;
        default:
            break;
    }
}

private void signOut()
{
    AuthUI.getInstance()
            .signOut(this)
            .addOnCompleteListener(new OnCompleteListener<Void>()
            {
```

```
        @Override
        public void onComplete(@NonNull Task<Void> task)
        {
            if (task.isSuccessful())
            {
                finish();
            }
            else
            {
            }
        }
    });
    }
}
```

AuthActivity 클래스에 위와 같이 내용을 추가하여 실행하면 [그림 3-63]과 같이 동작함을 알 수 있습니다. 즉, 파이어베이스 인증 상태에 따라 동작이 가능한 버튼들만 활성화되고 동작이 불가능한 버튼은 비활성화 처리가 됩니다. 이미 인증이 되어 있으면 다시 인증을 할 필요가 없고, 인증 상태에서는 로그아웃을 통해 인증이 되지 않은 상태로 변경할 수 있도록 제공됩니다.

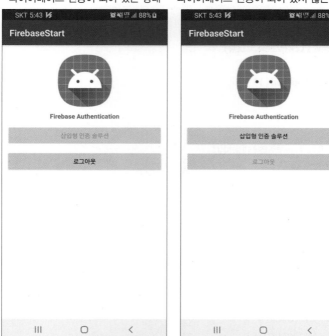

[그림 3-63] 파이어베이스 인증 상태에 따른 로그아웃 버튼 동작

지금까지 파이어베이스 인증 상태를 가져오는 방법에 대해서 알아보았습니다. 인증 상태인 경우와 그렇지 않을 때의 동작을 다르게 구성할 수 있습니다. 직접 예제를 통해 확인해보면 동작에 대한 이해를 보다 쉽게 습득할 수 있습니다.

정리하며

이번 장에서 파이어베이스 인증의 여러 기능들 중에 FirebaseUI를 통해 인증 서비스를 이용하는 방법을 실습으로 익혔습니다. FirebaseUI를 이용한 인증에는 페이스북, 트위터, 구글, 이메일 등과 같은 인증 서비스를 제공하는데, 제공 업체의 꼭 필요한 정보(API Key 등)를 제공하면 개발자는 손쉽게 인증 서비스를 연동할 수 있습니다. 여러분도 필요한 인증 서비스를 파이어베이스를 통해 적용해보면 좋겠습니다.

연습문제 | 퀴즈를 풀어보며 개념을 복습합니다.

문제에 대한 답은 백견불여일타 카페에서 확인할 수 있습니다. cafe.naver.com/codefirst

1   파이어베이스 인증 서비스의 주요 기능에 대해서 기술해보세요.

2   파이어베이스 인증 서비스의 주요 기능 중에 FirebaseUI를 이용한 방법의 장점에 대해서 적어보세요.

3   파이어베이스 인증에서 인증 제공 업체에는 무엇이 있나요?

4   파이어베이스 인증에서 페이스북 인증 서비스를 사용하기 위한 절차에 대해서 적어봅시다.

5   파이어베이스 인증에서 트위터 인증 서비스를 사용하기 위한 과정을 말해보세요.

6   파이어베이스 인증에서 인증 상태를 조회하는 방법에 대해서 설명해보세요.

![실습문제 실습은 지식을 내것으로 만드는 최고의 방법입니다.]

문제에 대한 답은 백견불여일타 카페에서 확인할 수 있습니다. cafe.naver.com/codefirst

파이어베이스 인증 서비스의 FirebaseUI로 구글, 이메일, 페이스북, 트위터를 예제를 통해 인증 서비스를 만들어보았습니다. 더 나아가 전화번호를 통한 인증 방법을 추가해보려고 합니다. 다음과 같은 과정으로 진행합니다.

1. 파이어베이스 콘솔에서 전화 인증을 "사용 설정됨"으로 설정합니다.

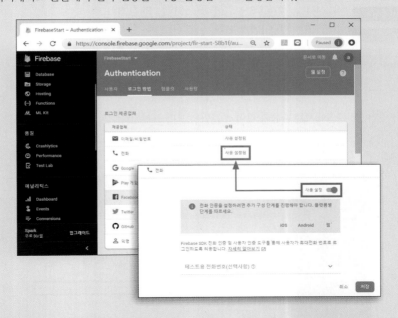

2. FirebaseStart 프로젝트의 app 코드에서 전화 인증이 가능하도록 Provider를 아래와 같이 추가합니다.

```
selectedProviders.add(new AuthUI.IdpConfig.PhoneBuilder().build());
```

실습문제 | 실습은 지식을 내것으로 만드는
최고의 방법입니다.

3. FirebaseUI를 통한 전화 인증은 다음과 같이 동작합니다.

4. 파이어베이스 콘솔에서는 다음과 같이 로그인 정보가 표시됩니다.

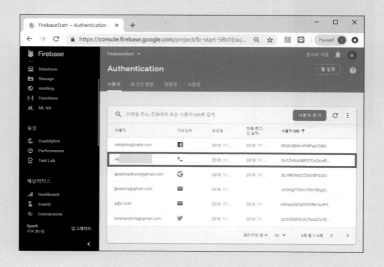

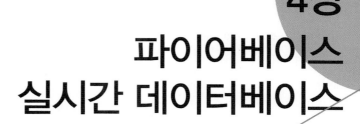

4장
파이어베이스
실시간 데이터베이스

이 장을 시작하기 전에

❶ 이 장에서 실제 앱과 실시간 데이터베이스를 연동해보면서 파이어베이스 실시간 데이터베이스의 기능을 쉽게 이해할 수 있도록 합니다.

❷ 파이어베이스 실시간 데이터베이스를 사용하면 기존에 비용이 많이 들었던 서버와 DB 구축 없이 바로 앱과 연동할 수 있어 비용 절감에 효과가 있음을 체감할 수 있습니다.

❸ 파이어베이스 인증과 파이어베이스 실시간 데이터베이스를 함께 사용하는 방법과 이점들에 대해서도 예제를 통해서 확인해봅니다.

4.1 파이어베이스 실시간 데이터베이스란?

파이어베이스 실시간 데이터베이스의 개념

파이어베이스 실시간 데이터베이스는 클라우드 호스팅 데이터베이스입니다. 데이터는 JSON으로 저장되며 연결된 모든 클라이언트에 실시간으로 동기화합니다.

데이터를 동기화할 때는 NoSQL 클라우드 데이터베이스에 JSON 형태로 데이터를 저장하고 동기화합니다. 특히 기기가 오프라인 상태일 때도 로컬에 데이터를 저장하며, 기기가 온라인 상태가 되면 오프라인일 때 발생한 로컬 데이터와 원격 데이터를 동기화하여 충돌이 발생되지 않고 안정적으로 데이터를 사용할 수 있도록 합니다.

파이어베이스 실시간 데이터베이스의 주요 기능

우리가 파이어베이스 실시간 데이터베이스를 사용하게 되었을 때 다음과 같은 이점이 있습니다. 앱에서 데이터베이스 사용을 위한 별도의 서버 구성이 필요하지 않으며, 서버 구성이 불필요하기 때문에 그와 관련된 **장비 구입 및 서버 개발자에 대한 비용을 절약**할 수 있습니다.

또한 **클라이언트 개발자만 있어도 충분히 데이터베이스를 구성하여 안정적인 서비스를 제공**할 수 있습니다.

마지막으로 가장 중요한 장점은 데이터가 변경된 사항을 간단히 파악하고 쉽게 동기화할 수 있습니다. 종래의 데이터베이스에서는 대부분은 요청/응답 모델로 쿼리를 작성한 다음 데이터베이스에 그 쿼리의 결과를 요청하는 방식이었는데요, 반면에 파이어베이스의 실시간 데이터베이스는 **변경 사항이 발생하면 바로 변경 사항을 알려주기 때문에 바뀐 사항을 간단히 모니터링하고 쉽게 동기화된 상태를 유지**할 수 있는 이점이 있습니다. [표 4-1]은 실시간 데이터베이스의 주요 기능입니다.

[표 4-1] 파이어베이스 실시간 데이터베이스의 주요 기능

기능	설명
실시간	 파이어베이스 실시간 데이터베이스는 HTTP 요청이 아닌 동기화를 사용하므로 데이터가 변경될 때마다 연결된 모든 기기가 수 밀리 초 안에 업데이트를 받는다. 따라서, 네트워크 관련 코드를 작성할 필요가 없다.
오프라인	 파이어베이스 실시간 데이터베이스는 데이터를 디스크에 유지하므로 파이어베이스 앱은 오프라인일 때 디스크에 저장한 데이터를 온라인일 때 서버와 데이터를 동기화하므로 안정적으로 데이터를 사용할 수 있도록 제공한다.
클라이언트 기기에서 접근 가능	 파이어베이스 실시간 데이터베이스는 휴대기기 또는 웹 브라우저에서 직접 액세스할 수 있으며, 데이터를 읽거나 쓸 때 보안 규칙을 통해 보안 및 데이터 검증이 제공된다.

4.2 파이어베이스 실시간 데이터베이스 연동 없이 메모 앱 만들기

파이어베이스 실시간 데이터베이스를 사용하기 전에 데이터베이스 연동 없이 앱을 만들어봅니다. 데이터베이스 연동이 필요한 이유를 느껴보는 예제가 될 텐데요, 간단한 예제이지만 그 필요성에 관해 체감해 볼 수 있는 좋은 예시라고 생각합니다.

우리가 만들 앱은 메모를 관리해주는 앱으로 타이틀과 콘텐츠를 입력 받아 사용자에게 보여주는 앱입니다. 어떤 앱을 만들지 머리에 그려볼 수 있도록 그림으로 내용을 떠올려볼까요?

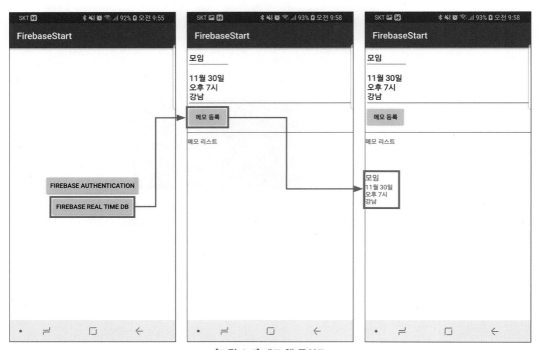

[그림 4-1] 메모 앱 구성도

실시간 데이터베이스 버튼 추가하기

[그림 4-1] MainActivity 클래스에서 〈실시간 데이터베이스〉 버튼을 추가하여 메모 화면으로 진입할 수 있도록 다음과 같이 코드를 추가합니다.

[코드 4-1] MainActivity 클래스에서 실시간 데이터베이스 버튼 추가하기

[activity_main.xml]   [예제 파일 : res/layout/activity_main.xml]

```xml
<?xml version="1.0" encoding="utf-8"?>
<androidx.constraintlayout.widget.ConstraintLayout
    xmlns:android="http://schemas.android.com/apk/res/android"
    xmlns:app="http://schemas.android.com/apk/res-auto"
    xmlns:tools="http://schemas.android.com/tools"
    android:layout_width="match_parent"
    android:layout_height="match_parent"
    tools:context=".MainActivity">

    <Button
        android:id="@+id/firebaseauthbtn"
        android:layout_width="wrap_content"
        android:layout_height="wrap_content"
        android:layout_marginTop="10dp"
        android:text="Firebase Authentication"
        app:layout_constraintTop_toTopOf="parent"
        app:layout_constraintBottom_toTopOf="@+id/firebaserealtimedbbtn"
        app:layout_constraintLeft_toLeftOf="parent"
        app:layout_constraintRight_toRightOf="parent"/>

    <Button
        android:id="@+id/firebaserealtimedbbtn"
        android:layout_width="wrap_content"
        android:layout_height="wrap_content"
        android:text="Firebase Real Time DB"
        app:layout_constraintTop_toBottomOf="@+id/firebaseauthbtn"
        app:layout_constraintBottom_toBottomOf="parent"
        app:layout_constraintLeft_toLeftOf="parent"
        app:layout_constraintRight_toRightOf="parent"/>

</androidx.constraintlayout.widget.ConstraintLayout>
```

[MainActivity.java] [예제 파일: java/com/goodroadbook/firebasestart/MainActivity.java]

```java
package com.goodroadbook.firebasestart;

...
...
import com.goodroadbook.firebasestart.realtimedb.MemoActivity;

public class MainActivity extends AppCompatActivity implements View.OnClickListener
{
    @Override
    protected void onCreate(Bundle savedInstanceState)
    {
...
...

        Button firebaserealdbbtn = (Button)findViewById(R.id.firebaserealtimedbbtn);
        firebaserealdbbtn.setOnClickListener(this);
    }


    @Override
    public void onClick(View view)
    {
        Intent i = null;
        switch (view.getId())
        {
...
...

            case R.id.firebaserealtimedbbtn:
                i = new Intent(this, MemoActivity.class);
                startActivity(i);
                break;
            default:
                break;
        }
    }
}
```

프로젝트 파일 구성하기

[그림 4-1]과 같은 메모 앱을 만들기 위해 프로젝트 구성을 com.goodroadbook.firebasestart 패키지 안에 realtimedb 패키지를 추가하고 MemoActivity.java, MemoAdapter.java, MemoItem.java, MemoViewListener.java 파일을 만들어야 합니다.

아래 [그림 4-2]와 같이 com.goodroadbook.firebasestart 패키지에서 realtimedb를 만들고 마우스 오른쪽 버튼을 눌러 필요한 액티비티와 리소스 파일들을 생성합니다.

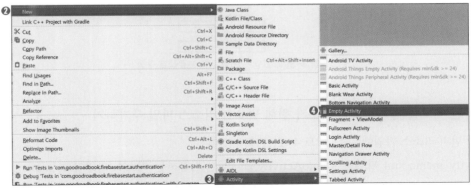

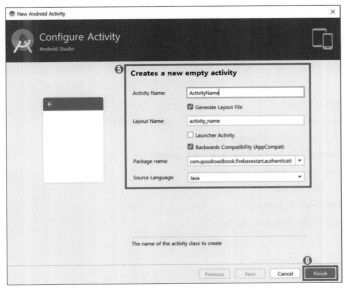

[그림 4-2] Activity와 리소스 파일을 Empty Activity로 자동 생성하기

그리고 필요한 액티비티와 리소스를 [그림 4-3] 같이 파일 구성이 완료되었으면 해당 파일에 어떠한 내용들이 들어가는지 찬찬히 보면서 코드를 추가해보겠습니다.

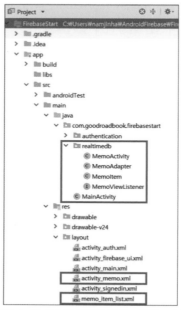

[그림 4-3] 메모 앱 구현을 위한 프로젝트 구성

작성된 메모를 목록으로 보여주기 위해 필요한 리소스 파일 추가하기

가장 먼저 리소스 파일에 다음 [코드 4-2]를 추가합니다.

activity_memo.xml 파일은 MemoActivity.java에서 사용하는 리소스 파일이고, memo_item_list.xml 파일은 MemoAdapter.java 파일에서 사용되고 작성된 메모를 리스트로 보여주기 위해 필요한 리소스 파일입니다.

[코드 4-2] 파일에서 사용되고 작성된 메모를 목록으로 보여주기 위해 필요한 리소스 파일 추가하기
[activity_memo.xml]   [예제 파일 : res/layout/activity_memo.xml]

```xml
<?xml version="1.0" encoding="utf-8"?>
<androidx.constraintlayout.widget.ConstraintLayout xmlns:android=
 "http://schemas.android.com/apk/res/android"
    xmlns:app="http://schemas.android.com/apk/res-auto"
    xmlns:tools="http://schemas.android.com/tools"
    android:layout_width="match_parent"
    android:layout_height="match_parent"
    tools:context=".realtimedb.MemoActivity">
```

```xml
<EditText
    android:id="@+id/memotitle"
    android:layout_width="wrap_content"
    android:layout_height="wrap_content"
    android:hint="메모 타이틀"
    app:layout_constraintTop_toTopOf="parent"
    app:layout_constraintLeft_toLeftOf="parent" />

<EditText
    android:id="@+id/memocontents"
    android:layout_width="match_parent"
    android:layout_height="wrap_content"
    android:hint="메모 내용"
    app:layout_constraintTop_toBottomOf="@+id/memotitle"
    app:layout_constraintLeft_toLeftOf="parent"
    app:layout_constraintRight_toRightOf="parent"/>

<Button
    android:id="@+id/memobtn"
    android:layout_width="wrap_content"
    android:layout_height="wrap_content"
    android:text="메모 등록"
    app:layout_constraintTop_toBottomOf="@+id/memocontents"
    app:layout_constraintLeft_toLeftOf="parent"
    app:layout_constraintRight_toRightOf="parent"/>

<View
    android:id="@+id/line"
    android:layout_width="match_parent"
    android:layout_height="1dp"
    android:layout_marginTop="10dp"
    android:background="@color/colorPrimary"
    app:layout_constraintTop_toBottomOf="@+id/memobtn"/>

<TextView
    android:id="@+id/memolisttitle"
    android:layout_width="wrap_content"
    android:layout_height="wrap_content"
    android:layout_marginTop="10dp"
    android:text="메모 리스트"
    app:layout_constraintTop_toBottomOf="@+id/line"
    app:layout_constraintLeft_toLeftOf="parent"
    app:layout_constraintRight_toRightOf="parent"/>
```

```xml
    <androidx.recyclerview.widget.RecyclerView
        android:id="@+id/memolist"
        android:layout_height="wrap_content"
        android:layout_width="match_parent"
        android:layout_marginTop="10dp"
        app:layout_constraintTop_toBottomOf="@+id/memolisttitle">
    </androidx.recyclerview.widget.RecyclerView>

</androidx.constraintlayout.widget.ConstraintLayout>
```

[memo_item_list.xml]   [예제 파일 : res/layout/memo_item_list.xml]

```xml
<?xml version="1.0" encoding="utf-8"?>
<androidx.constraintlayout.widget.ConstraintLayout
    xmlns:android="http://schemas.android.com/apk/res/android"
    xmlns:app="http://schemas.android.com/apk/res-auto"
    android:layout_width="wrap_content"
    android:layout_height="wrap_content">

    <TextView
        android:id="@+id/memotitle"
        android:layout_width="wrap_content"
        android:layout_height="wrap_content"
        android:textSize="17dp"
        app:layout_constraintTop_toTopOf="parent"
        app:layout_constraintBottom_toBottomOf="parent"
        app:layout_constraintLeft_toLeftOf="parent"
        app:layout_constraintRight_toRightOf="parent"/>

    <TextView
        android:id="@+id/memocontents"
        android:layout_width="wrap_content"
        android:layout_height="wrap_content"
        android:textSize="14dp"
        app:layout_constraintTop_toBottomOf="@+id/memotitle"
        app:layout_constraintLeft_toLeftOf="parent"
        app:layout_constraintRight_toRightOf="parent"/>
</androidx.constraintlayout.widget.ConstraintLayout>
```

이제 MemoViewListener.java , MemoItem.java, MemoAdapter.java , MemoActivity.java 파일을 다음과 같이 순서대로 만듭니다.

[MemoViewListener.java]

[예제 파일 : java/com/goodroadbook/firebasestart/realtimedb/MemoViewListener.java]

```java
package com.goodroadbook.firebasestart.realtimedb;

import android.view.View;

public interface MemoViewListener
{
    void onItemClick(int position, View view);
}
```

[MemoItem.java]   [예제 파일 : java/com/goodroadbook/firebasestart/realtimedb/MemoItem.java]

```java
package com.goodroadbook.firebasestart.realtimedb;

public class MemoItem
{
    private String user;
    private String memotitle;
    private String memocontents;

    public String getUser()
    {
        return user;
    }

    public void setUser(String user)
    {
        this.user = user;
    }

    public String getMemotitle()
    {
        return memotitle;
    }

    public void setMemotitle(String memotitle)
    {
        this.memotitle = memotitle;
    }

    public String getMemocontents()
    {
        return memocontents;
    }
```

```java
    public void setMemocontents(String memocontents)
    {
        this.memocontents = memocontents;
    }
}
```

[MemoAdapter.java]   [예제 파일 : java/com/goodroadbook/firebasestart/realtimedb/MemoAdapter.java]

```java
package com.goodroadbook.firebasestart.realtimedb;

import android.content.Context;
import android.view.LayoutInflater;
import android.view.View;
import android.view.ViewGroup;
import android.widget.TextView;

import androidx.annotation.NonNull;
import androidx.recyclerview.widget.RecyclerView;

import com.goodroadbook.firebasestart.R;

import java.util.ArrayList;

public class MemoAdapter extends RecyclerView.Adapter<MemoAdapter.ViewHolder>
{
    private Context context = null;
    private ArrayList<MemoItem> memoItems = null;
    private MemoViewListener memoViewListener = null;

    public MemoAdapter(ArrayList<MemoItem> items, Context context,
MemoViewListener listener)
    {
        this.memoItems = items;
        this.context = context;
        this.memoViewListener = listener;
    }

    @NonNull
    @Override
    public ViewHolder onCreateViewHolder(@NonNull ViewGroup viewGroup, int i)
    {
        View v = LayoutInflater.from(viewGroup.getContext()).
inflate(R.layout.memo_item_list, viewGroup, false);
        ViewHolder holder = new ViewHolder(v);
        return holder;
    }
```

```java
    @Override
    public void onBindViewHolder(@NonNull ViewHolder viewHolder, int i) {
        viewHolder.titleView.setText(memoItems.get(i).getMemotitle());
        viewHolder.contentsView.setText(memoItems.get(i).getMemocontents());
    }

    @Override
    public int getItemCount()
    {
        return memoItems.size();
    }

    public class ViewHolder extends RecyclerView.ViewHolder implements View.OnClickListener
    {
        public TextView titleView = null;
        public TextView contentsView = null;

        public ViewHolder(View view) {
            super(view);
            titleView = (TextView)view.findViewById(R.id.memotitle);
            contentsView = (TextView)view.findViewById(R.id.memocontents);
        }

        @Override
        public void onClick(View view)
        {
            memoViewListener.onItemClick(getAdapterPosition(), view);
        }
    }
}
```

[MemoActivity.java]　　　[예제 파일 : java/com/goodroadbook/firebasestart/realtimedb/MemoActivity.java]

```java
package com.goodroadbook.firebasestart.realtimedb;

import androidx.appcompat.app.AppCompatActivity;
import androidx.recyclerview.widget.LinearLayoutManager;
import androidx.recyclerview.widget.RecyclerView;

import android.os.Bundle;
import android.view.View;
import android.widget.Button;
import android.widget.EditText;
import android.widget.Toast;
```

```java
import com.goodroadbook.firebasestart.R;

import java.util.ArrayList;


public class MemoActivity extends AppCompatActivity implements View.OnClickListener,
MemoViewListener
{
    private ArrayList<MemoItem> memoItems = null;
    private MemoAdapter memoAdapter = null;

    @Override
    protected void onCreate(Bundle savedInstanceState)
    {
        super.onCreate(savedInstanceState);
        setContentView(R.layout.activity_memo);

        init();
        initView();
    }

    @Override
    public void onItemClick(int position, View view) {

    }

    @Override
    public void onClick(View view)
    {
        switch (view.getId())
        {
            case R.id.memobtn:
                regMemo();
                break;
        }
    }

    private void init()
    {
        memoItems = new ArrayList<>();
    }

    private void initView()
    {
        Button regbtn = (Button)findViewById(R.id.memobtn);
        regbtn.setOnClickListener(this);
```

```java
        RecyclerView.LayoutManager layoutManager = new LinearLayoutManager(this);
        RecyclerView recyclerView = (RecyclerView)findViewById(R.id.memolist);
        memoAdapter = new MemoAdapter(memoItems, this, this);
        recyclerView.setLayoutManager(layoutManager);
        recyclerView.setAdapter(memoAdapter);
    }

    private void regMemo()
    {
        EditText titleedit = (EditText) findViewById(R.id.memotitle);
        EditText contentsedit = (EditText) findViewById(R.id.memocontents);

        if(titleedit.getText().toString().length() == 0 ||
                contentsedit.getText().toString().length() == 0)
        {
            Toast.makeText(this,
                    "메모 제목 또는 메모 내용이 입력되지 않았습니다. 입력 후 다시 시작해주세요.",
                    Toast.LENGTH_LONG).show();
            return;
        }

        MemoItem item = new MemoItem();
        item.setMemotitle(titleedit.getText().toString());
        item.setMemocontents(contentsedit.getText().toString());

        memoItems.add(item);
        memoAdapter.notifyDataSetChanged();
    }
}
```

마지막으로 AndroidManifest.xml 파일에 MemoActivity 클래스를 등록해주면 됩니다.

[AndroidManifest.xml]   [예제 파일 : 프로젝트의 main 폴더]

```xml
<?xml version="1.0" encoding="utf-8"?>
<manifest xmlns:android="http://schemas.android.com/apk/res/android"
    package="com.goodroadbook.firebasestart">

    <uses-permission android:name="android.permission.INTERNET" />

    <application
        android:allowBackup="true"
        android:icon="@mipmap/ic_launcher"
        android:label="@string/app_name"
        android:roundIcon="@mipmap/ic_launcher_round"
```

```
        android:supportsRtl="true"
        android:theme="@style/AppTheme">
        <activity android:name=".MainActivity">
            <intent-filter>
                <action android:name="android.intent.action.MAIN" />

                <category android:name="android.intent.category.LAUNCHER" />
            </intent-filter>
        </activity>
        <activity android:name=".authentication.AuthActivity" />
        <activity android:name=".authentication.FirebaseUIActivity" />
        <activity android:name=".authentication.SignedInActivity" />
        <activity android:name=".realtimedb.MemoActivity"></activity>
    </application>

</manifest>
```

위와 같이 구현이 완료되고 실행해보면 타이틀, 콘텐츠를 입력했을 때 메모 목록에 작성한 메모가 추가되어 표시됩니다. 데이터베이스에 연동되지 않았기 때문에 메모를 작성하고 MemoActivity 클래스를 종료하면 기존에 작성된 메모들이 남아 있지 않고 모두 사라지게 됩니다. 메모를 저장하여 앱이 실행될 때마다 보여주기 위해서는 데이터베이스나 기타 저장할 수 있는 솔루션이 있어야 합니다. 안드로이드 기기에 저장할 때 앱이 삭제되거나 단말이 초기화되면 기존 메모를 유지할 수 없기 때문에 외부 백업 서비스 또는 외부 DB를 사용하면 됩니다. 우리는 이러한 문제점을 해결하기 위해 파이어베이스의 실시간 데이터베이스를 연동하여 사용하는 방법에 대해서 바로 다음 절에서 알아보겠습니다.

4.3 파이어베이스 실시간 데이터베이스에 메모 앱 연동시키기

앞에서 우리가 예제로 만든 메모 앱을 파이어베이스 실시간 데이터베이스에 연동시켜보겠습니다. 파이어베이스 실시간 데이터베이스를 사용하려면 가장 먼저 파이어베이스 콘솔의 실시간 데이터 베이스에서 데이터베이스를 만들고 접근 제어를 수정해야 합니다. 하나씩 진행해볼까요?

파이어베이스에서 실시간 데이터베이스 생성하기

먼저 파이어베이스 콘솔에서 [Database]를 눌러 〈데이터베이스 만들기〉 버튼을 누릅니다.

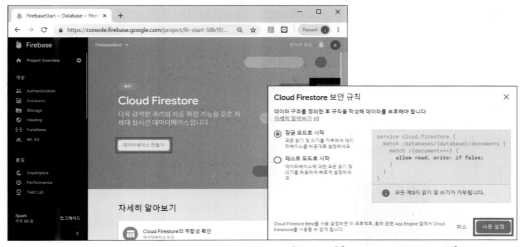

[그림 4-4] 파이어베이스 콘솔에서 데이터베이스 생성하기   [그림 4-5] [Cloud Firestore 보안 규칙] 화면

[Cloud Firestore 보안 규칙] 화면이 나옵니다. 다른 설정 없이 화면 아래쪽에 〈사용 설정〉 버튼을 누릅니다. 잠금 모드로 시작하는 경우 파이어베이스 인증에서 로그인 성공한 경우에만 실시간 데 이터베이스에 접근이 가능하며, 테스트 모드로 시작하는 경우에는 파이어베이스 인증 없이 바로 접근이 가능합니다. 우리는 개발의 편의를 위해 테스트 모드로 시작합니다. 보통, 개발 기간에는 테스트 모드로 진행하다가 앱을 구글 스토어를 통해 배포할 경우 잠금 모드와 같은 상태로 변경하 여 아무나 접근하지 않도록 설정하게 됩니다.

 참고 클라우드 파이어스토어는 **5장**에서 아주 상세하게 배우게 되는데요, 여기서는 이런 것이 있다는 정도만 알고 넘어가세요.

데이터베이스의 종류를 선택하는 화면이 나오는데, 이때 Cloud Firestore가 아닌 실시간 데이터베이스에 대한 부분으로 [그림 4-6]과 같이 설정을 바꾸도록 합니다.

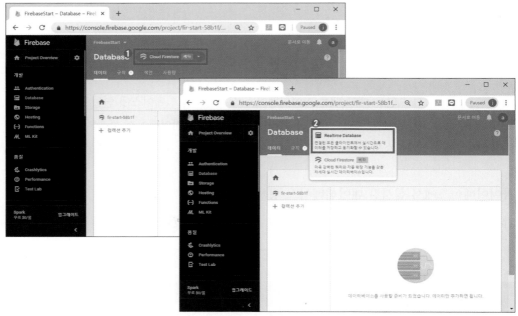

[그림 4-6] 데이터베이스 종류를 선택한다.

[RealTime Database]로 설정이 변경되면 다음과 같이 표시됩니다.

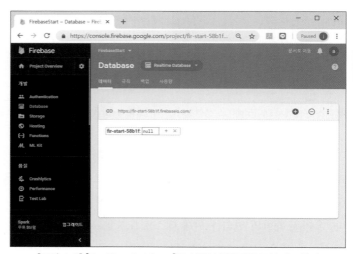

[그림 4-7] [RealTime Database]로 설정이 변경되면 표시되는 화면

접근 제어 수정하기

잠금 모드로 되어 있는 경우 파이어베이스 인증 없이 접근하려면 [그림 4-7]의 상단 메뉴에 있는 [규칙] 탭에서 Read, Write 룰을 false에서 true로 변경해주어야 합니다. 즉 Read, Write 룰을 true 로 변경하지 않는 경우 예제에서 바로 실시간 데이터베이스에 접근할 수 없고 반드시 파이어베이스 인증 후에 접근할 수 있습니다. 우리는 예제 앱으로 실시간 데이터베이스를 테스트하기 때문에 Read, Write 룰을 true로 설정합니다.

기존	수정

``
{
  "rules": {
    ".read": "auth != null",
    ".write": "auth != null"
  }
}
``
	``
	{
	  "rules": {
	    ".read": true,
	    ".write": true
	  }
	}
	``

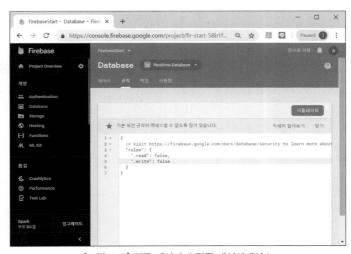

[그림 4-8] 접근 제어가 수정된 데이터베이스

파이어베이스 실시간 데이터베이스 사용하기

파이어베이스의 실시간 데이터베이스를 사용할 준비가 끝났습니다. 예제 앱에서 다음과 같은 순으로 코드를 추가합니다. 앱 수준의 build.gradle에서 파이어베이스 실시간 데이터베이스를 사용하기 위해 라이브러리를 추가합니다.

[코드 4-3] 실시간 데이터베이스 사용을 위해 앱 수준의 build.gradle에서 라이브러리 추가하기

[앱 수준의 build.gradle]　　　　　　　　　　　　　　　　　　　　　　　[예제 파일 : 앱 수준의 build.gradle]

```
apply plugin: 'com.android.application'

android {
    ...
        ...
}

dependencies {
...
...
    //Firebase Real Time Database
    implementation 'com.google.firebase:firebase-database:18.0.1'
}

apply plugin: 'com.google.gms.google-services'
```

그리고 MemoActivity 클래스에 다음 내용을 추가합니다.

[MemoActivity.java]　　　　[예제 파일 : java/com/goodroadbook/firebasestart/realtimedb/MemoActivity.java]

```
package com.goodroadbook.firebasestart.realtimedb;

...
...
import com.goodroadbook.firebasestart.R;
import com.google.firebase.database.ChildEventListener;
import com.google.firebase.database.DataSnapshot;
import com.google.firebase.database.DatabaseError;
import com.google.firebase.database.DatabaseReference;
import com.google.firebase.database.FirebaseDatabase;

import java.util.ArrayList;
import java.util.Random;

public class MemoActivity extends AppCompatActivity implements View.OnClickListener,
MemoViewListener
{
    private ArrayList<MemoItem> memoItems = null;
    private MemoAdapter memoAdapter = null;
    private String username = null;
```

```java
FirebaseDatabase firebaseDatabase = FirebaseDatabase.getInstance();
DatabaseReference databaseReference = firebaseDatabase.getReference();

@Override
protected void onCreate(Bundle savedInstanceState)
{
    super.onCreate(savedInstanceState);
    setContentView(R.layout.activity_memo);

    init();
    initView();
}

@Override
protected void onStart()
{
    super.onStart();

    addChildEvent();
}

@Override
public void onItemClick(int position, View view) {

}

@Override
public void onClick(View view)
{
    switch (view.getId())
    {
        case R.id.memobtn:
            regMemo();
            break;
    }
}

private void init()
{
    memoItems = new ArrayList<>();

    username = "user_" + new Random().nextInt(1000);
}
...
...
```

```java
    private void regMemo()
    {
...
...

        MemoItem item = new MemoItem();
        item.setUser(this.username);
        item.setMemotitle(titleedit.getText().toString());
        item.setMemocontents(contentsedit.getText().toString());

        databaseReference.child("memo").push().setValue(item);
    }

    private void addChildEvent()
    {
        databaseReference.child("memo").addChildEventListener(new ChildEventListener()
        {
            @Override
            public void onChildAdded(DataSnapshot dataSnapshot, String s)
            {
                Log.d("namjinha", "addChildEvent in");
                MemoItem item = dataSnapshot.getValue(MemoItem.class);

                memoItems.add(item);
                memoAdapter.notifyDataSetChanged();
            }

            @Override
            public void onChildChanged(DataSnapshot dataSnapshot, String s) { }

            @Override
            public void onChildRemoved(DataSnapshot dataSnapshot) { }

            @Override
            public void onChildMoved(DataSnapshot dataSnapshot, String s) { }

            @Override
            public void onCancelled(DatabaseError databaseError) { }
        });
    }
}
```

예제 앱을 실행시키면 기존 파이어베이스의 실시간 데이터베이스를 연동하지 않았을 때와 UI 상으로는 차이가 없습니다. 그러나 앱을 종료하고 실행하면 그 차이가 바로 나타나는데요, 연동하기 이전에는 메모 입력 화면을 종료하고 다시 실행하면 기존 메모가 보이지 않았지만 지금은 메모를 입력할 때 파이어베이스 실시간 데이터베이스에 기록했기 때문에 다시 실행했을 때 기존 기록한 메모를 다시 볼 수 있습니다.

MemoActivity 클래스에 추가된 내용을 보면, 파이어베이스의 실시간 데이터베이스를 사용하기 위해 DatabaseReference 클래스의 인스턴스를 얻어 메모를 등록할 때 실시간 데이터베이스에 "memo"를 만들고 push() 함수로 메모 타이틀, 메모 내용, 사용자를 업로드합니다.

메모가 추가되면 MemoActivity 클래스의 onStart() 함수에서 등록한 실시간 데이터베이스의 이벤트 리스너를 통해 추가된 결과를 전달받게 됩니다. 파이어베이스 실시간 데이터베이스에 추가된 데이터는 ChildEventListener/onChildAdded() 함수의 DataSnapshot으로 전달받습니다. 전달받은 메모 데이터를 리스트에 추가하는 예제로 이해하면 될 것 같습니다. [그림 4-9]는 우리가 만든 예제 앱에서 메모를 작성하면 실시간 데이터베이스에 업로드되어 파이어베이스 콘솔에서 확인하는 모습을 캡처한 것입니다.

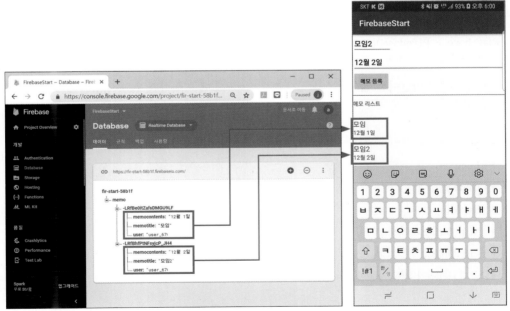

[그림 4-9] 우리가 만든 앱에서 메모를 작성하면 실시간 데이터베이스에 업로드되어
파이어베이스 콘솔에서 확인 가능하다.

지금까지 파이어베이스 실시간 데이터베이스를 사용하여 메모 기록 및 기록된 메모를 가져오는 방법에 대해서 알아보았습니다. 이어서 파이어베이스 실시간 데이터베이스에서 데이터 읽기 및 쓰기에 대한 부분에 대해서 좀더 자세히 보도록 합시다.

4.4 파이어베이스 실시간 데이터베이스에서 데이터 읽기 및 쓰기

앞에서 우리는 실시간 데이터베이스에 연동과 데이터를 추가하고 조회하는 방법에 대해서 알아보았습니다. 이번에는 실시간 데이터 베이스에서 데이터 읽기 및 쓰기에 대해서 좀더 자세히 알아보고 메모뿐만 아니라 사용자 정보도 추가해보겠습니다.

실시간으로 데이터베이스에서 데이터 기록하기

실시간 데이터베이스의 데이터를 읽거나 쓰려면 DatabaseReference의 인스턴스가 필요합니다. 앞서 예제를 만들 때 [코드 4-2]에서 본 것과 같이 아래와 같이 사용합니다.

```
private DatabaseReference mDatabase;
// ...
mDatabase = FirebaseDatabase.getInstance().getReference();
```

클라이언트에서 만들어진 데이터를 실시간 데이터베이스에 기록하기 위해 지정된 유형을 사용해야 합니다.

- String
- Long
- Double
- Boolean
- Map⟨String, Object⟩
- List⟨Object⟩
- 공개 Getter가 제공 가능한 자바 객체

위 지정된 유형들 중에 자바 객체는 다음과 같은 형태로 사용할 수 있습니다. 다음 [코드 4-4]는 메모에서 기록하기 전에 사용자 정보를 받는 자바 객체입니다. 자바 객체를 사용하면 코드가 단순해지고 관리가 편리하기 때문에 가능한 자바 객체를 사용하도록 합시다.

[코드 4-4] 실시간 데이터베이스에서 사용할 자바 객체 만들기
[UserInfo.java]　　　　　　　　[예제 파일 : java/com/goodroadbook/firebasestart/realtimedb/UserInfo.java]

```java
package com.goodroadbook.firebasestart.realtimedb;

public class UserInfo
{
    private String userpwd;
    private String username;
    private String emailaddr;

    public String getUserpwd()
    {
        return userpwd;
    }

    public void setUserpwd(String userpwd)
    {
        this.userpwd = userpwd;
    }

    public String getUsername()
    {
        return username;
    }

    public void setUsername(String username)
    {
        this.username = username;
    }

    public String getEmailaddr()
    {
        return emailaddr;
    }

    public void setEmailaddr(String emailaddr)
    {
        this.emailaddr = emailaddr;
    }
}
```

사용자 정보를 입력해보기 위해 activity_memo.xml 파일과 MemoActivity.java 파일에서 [코드 4-5]를 추가합니다.

[코드 4-5] 메모에서 사용자 정보가 실시간 데이터베이스에 등록되게 하기

[activity_memo.xml] [예제 파일 : res/layout/activity_memo.xml]

```xml
<?xml version="1.0" encoding="utf-8"?>
<androidx.constraintlayout.widget.ConstraintLayout xmlns:android=
 "http://schemas.android.com/apk/res/android"
    xmlns:app="http://schemas.android.com/apk/res-auto"
    xmlns:tools="http://schemas.android.com/tools"
    android:layout_width="match_parent"
    android:layout_height="match_parent"
    tools:context=".realtimedb.MemoActivity">
...
...
    <Button
        android:id="@+id/memobtn"
        android:layout_width="wrap_content"
        android:layout_height="wrap_content"
        android:text="메모 등록"
        app:layout_constraintTop_toBottomOf="@+id/memocontents"/>

    <Button
        android:id="@+id/reguser"
        android:layout_width="wrap_content"
        android:layout_height="wrap_content"
        android:text="사용자 등록"
        app:layout_constraintLeft_toRightOf="@+id/memobtn"
        app:layout_constraintTop_toBottomOf="@+id/memocontents"/>
...
...

</androidx.constraintlayout.widget.ConstraintLayout>
```

[MemoActivity.java] [예제 파일 : java/com/goodroadbook/firebasestart/realtimedb/MemoActivity.java]

```java
package com.goodroadbook.firebasestart.realtimedb;

...
...


public class MemoActivity extends AppCompatActivity implements View.OnClickListener,
MemoViewListener
{
...
...
```

```java
    @Override
    public void onClick(View view)
    {
        switch (view.getId())
        {
            case R.id.memobtn:
                regMemo();
                break;
            case R.id.reguser:
                writeNewUser();
                break;
        }
    }

...
...


private void initView()
{
...
...

        Button userbtn = (Button)findViewById(R.id.reguser);
        userbtn.setOnClickListener(this);

    ...
        ...
}


...
...

    private void writeNewUser()
    {
        UserInfo userInfo = new UserInfo();
        userInfo.setUserpwd("1234");
        userInfo.setUsername("홍길동");
        userInfo.setEmailaddr("jjinsama@gmail.com");

        databaseReference.child("users").child("namjinha").setValue(userInfo);
    }
...
...
}
```

[코드 4-5]를 추가하고 앱을 실행한 후 〈사용자 등록〉 버튼을 클릭하면 [그림 4-10]과 같이 사용자 정보가 실시간 데이터베이스에 추가됩니다.

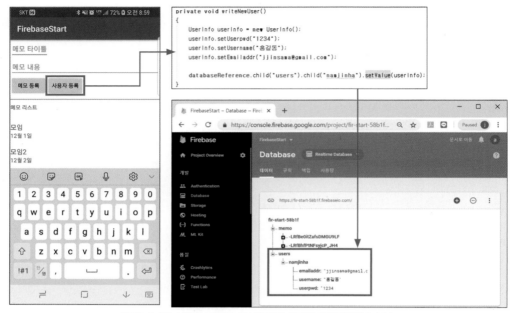

[그림 4-10] 사용자 정보가 실시간으로 추가된 데이터베이스 모습

실시간으로 데이터베이스에 데이터 업데이트하기

자바 객체를 이용하여 실시간 데이터베이스에 추가하는 방법에 대해서 알아보았는데요, 이제는 데이터를 업데이트하는 방법을 설명하려고 합니다.

실시간 데이터베이스로 업로드된 데이터를 수정하는 방법으로, 다음과 같이 작성하면 사용자 정보의 [users] - [namjinha] - [username]이 '홍길동'으로 되어 있던 것을 '남진하'로 데이터를 수정할 수 있습니다.

```
databaseReference.child("users").child("namjinha").child("username").setValue("남진하");
```

앱을 사용하는 사용자가 보통 여러 명일테니 실시간 데이터베이스의 데이터가 추가되거나 변경되었을 때 갱신되어야 하는 경우가 자주 생기기도 합니다. 이때 실시간 데이터베이스에서는 리스너를 통해 변경된 데이터 또는 추가된 데이터 정보를 받을 수 있습니다.

실시간 데이터베이스에서 특정 경로의 데이터를 읽거나 변경을 수신하기 위해서 addValueEventListener()나 addListenerForSingleValueEvent() 메소드로 ValueEventListener 리스너를 등록합니다. 등록된 리스너를 통해 실시간 데이터베이스에서 변경 사항을 수신하게 되면 onDataChange() 메소드가 호출되고 지정된 경로에 있는 내용의 정적 스냅샷으로 변경된 데이터 정보를 확인할 수 있습니다. 이 메소드는 리스너가 연결될 때 한 번 호출된 후 하위를 포함한 데 이터가 변경될 때마다 다시 호출되며, 하위 데이터를 포함하여 해당 위치의 모든 데이터를 포함하 는 스냅샷이 이벤트 콜백에 전달됩니다. 데이터가 없는 경우 반환되는 스냅샷은 null입니다. 참고 로 addListenerForSingleValueEvent() 메소드 같은 경우 리스너를 등록하고 한 번만 호출되기 때 문에 상황에 맞게 필요할 때 적절히 사용하면 되겠습니다.

메모 예제 앱에서 MemoActivity.java 파일에 다음 [코드 4-6]을 추가해보겠습니다.
우리가 예제를 통해 확인할 것은 실시간 데이터베이스가 변경되었을 때 ValueEventListener 리스 너의 onDataChange() 메소드로 어떠한 정보가 전달되는지입니다.

[코드 4-6] 실시간 데이터베이스가 변경되었을 때 어떠한 정보가 전달되는지 확인하기
[MemoActivity.java]   [예제 파일 : java/com/goodroadbook/firebasestart/realtimedb/MemoActivity.java]

```java
package com.goodroadbook.firebasestart.realtimedb;
...
...
import androidx.annotation.NonNull;
import com.google.firebase.database.ValueEventListener;

public class MemoActivity extends AppCompatActivity implements View.OnClickListener,
MemoViewListener
{
 ...
 ...
    @Override
    protected void onStart()
    {
        super.onStart();

        addChildEvent();
        addValueEventListener();
    }
...
...
    private void addValueEventListener()
    {
        databaseReference.addValueEventListener(new ValueEventListener()
        {
            @Override
            public void onDataChange(@NonNull DataSnapshot dataSnapshot)
            {
                Log.d("namjinha", "Value = " + dataSnapshot.getValue().toString());
            }
```

```
        @Override
        public void onCancelled(@NonNull DatabaseError databaseError)
        {

        }
    });
    }
}
```

위 코드를 작성하고 다음 [그림 4-11]과 같이 [users]-[namjinha]-[username]을 '홍길동'에서 '남진하'로 바꿔보겠습니다.

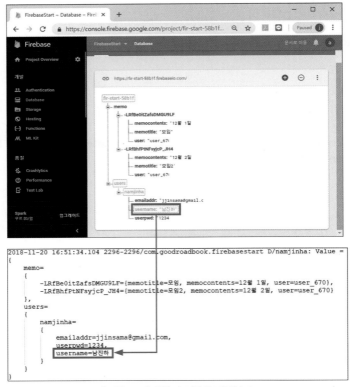

[그림 4-11] 사용자 이름을 바꿔본다.

username이 변경되면 MemoActivity 클래스의 addValueEventListener() 함수에서 로그캣으로 변경 정보를 확인할 수 있습니다. 로그캣으로 찍힌 내용을 보면 실시간 데이터베이스의 모든 내용이 전달되었음이 파악됩니다.

```
2018-11-20 16:51:34.104 2296-2296/com.goodroadbook.firebasestart D/namjinha: Value =
{
    memo=
    {
        -LRfBe0itZafsDMGU9LF={memotitle=모임, memocontents=12월 1일, user=user_670},
        -LRfBhfPtNFsyjcP_JH4={memotitle=모임2, memocontents=12월 2일, user=user_670}
    },
    users=
    {
        namjinha=
        {
            emailaddr=jjinsama@gmail.com,
            userpwd=1234,
            username=남진하
        }
    }
}
```

onDataChange() 메소드는 지정된 데이터베이스 참조 및 하위 위치에서 데이터가 변경될 때마다 호출됩니다. 때문에 스냅샷의 크기를 제한하려면 변경을 확인해야 하는 최상위 위치에만 연결하는 것이 좋습니다. 데이터베이스 루트에 리스너를 연결하는 것은 좋은 방법이 아니니 기억하세요..

4.5 파이어베이스 실시간 데이터베이스 규칙 이해하기

파이어베이스 실시간 데이터베이스의 규칙은 데이터의 읽기, 쓰기에 대한 권한과 데이터의 검증 및 색인 생성에 관여합니다. 모든 읽기/쓰기 권한은 규칙에 따라 허용 및 차단이 결정되며, 기본적으로 인증된 사용자에 한하여 실시간 데이터베이스에 접근하여 읽기/쓰기를 사용할 수 있습니다. 이러한 규칙은 실시간 데이터베이스의 데이터가 악용되지 않도록 보호하기 위한 조치입니다.

파이어베이스 실시간 데이터베이스의 규칙은 자바스크립트와 유사한 문법을 사용하며 다음과 같은 네 가지 유형이 있습니다.

[표 4-2] 파이어베이스 실시간 데이터베이스 규칙 유형

규칙 유형	
.read	사용자가 데이터를 읽을 수 있는 조건을 기술
.write	사용자가 데이터를 쓸 수 있는 조건을 기술
.validate	값의 올바른 형식, 하위 속성을 갖는지 여부 및 데이터 유형을 정의
.indexOn	정렬 및 쿼리를 위해 색인화할 하위 항목을 지정

앞서 파이어베이스 실시간 데이터베이스를 인증 없이 접근하여 테스트하기 위해 .read/.write 규칙을 true로 설정해보았는데요. 마찬가지로 특정 경로의 접근을 제한하거나 허용하기 위하여 다음과 같은 방법으로도 .read/.write 권한을 사용할 수 있습니다. [그림 4-12] 한번 살펴볼까요?

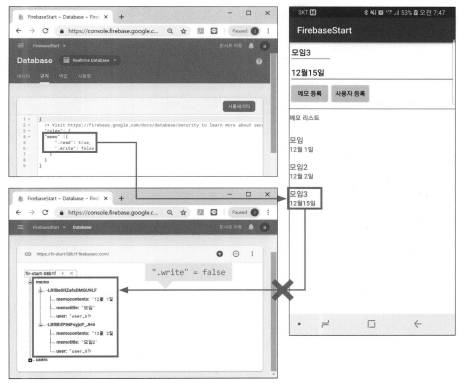

[그림 4-12] 실시간 데이터베이스의 규칙에서 read 권한만 있고 write 권한이 없는 경우 데이터베이스에 기록할 수 없다.

실시간 데이터베이스의 규칙을 "memo"로 한정하여 .read/.write 권한을 지정합니다. 클라이언트에서 실시간 데이터베이스의 메모를 가져오는 것은 가능하지만 메모를 작성하여 실시간 데이터베이스에 기록하는 것은 차단됩니다. 또한 "memo" 이외의 "users" 같은 경우 .read/.write 권한에 대한 정의가 없기 때문에 클라이언트에서 읽기/쓰기가 모두 차단됩니다. [그림 4-13]과 같은 형태로 구성을 해야 합니다.

[그림 4-13] 사용자 정보(users)에 read/write 권한이 가능하도록 true로 설정한다.

실시간 데이터베이스의 규칙에서 파이어베이스 인증과 연동하여 사용하는 방법

그리고 파이어베이스 인증을 통해 해당 사용자만 접근할 수 있도록 실시간 데이터베이스 규칙을 설정할 수 있습니다. 다음과 같이 규칙을 만들어볼까요?

[실시간 데이터베이스 규칙]

```
{
"rules": {
  "memo" : {
    ".read": true,
      ".write": false
    },
  "users": {
      "$uid": {
          ".write": "$uid === auth.uid",
       ".read": "$uid === auth.uid"
      }
    }
  }
}
```

위와 같이 규칙을 추가하고 파이어베이스 인증으로 얻은 UID는 실시간 데이터베이스 규칙에 맞도록 UID를 추가합니다. [그림 4-14]와 같은 절차로 진행하면 되겠습니다.

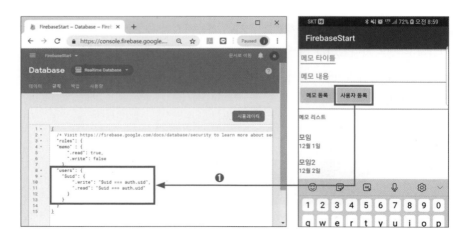

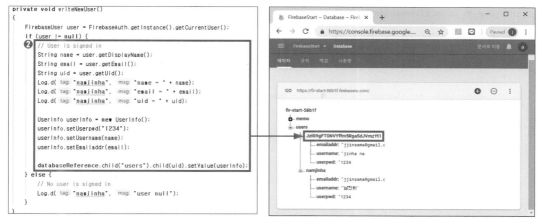

[그림 4-14] 사용자별로 메모 관리

MemoActivity 클래스의 writeNewUser() 함수에 파이어베이스 인증으로 사용자 정보를 가지고 옵니다. 사용자 정보를 이용하여 실시간 데이터베이스에 등록할 수 있으며, 이때 실시간 데이터베이스의 규칙에 맞도록 UID가 Key가 될 수 있도록 수정합니다. [코드 4-7]과 같이 코드를 수정해주면 되겠습니다.

[코드 4-7] 파이어베이스 인증 정보를 실시간 데이터베이스 사용자 정보(users)에 넣기
[MemoActivity.java]   [예제 파일 : java/com/goodroadbook/firebasestart/realtimedb/MemoActivity.java]

```java
package com.goodroadbook.firebasestart.realtimedb;

...
...

import com.google.firebase.auth.FirebaseAuth;
import com.google.firebase.auth.FirebaseUser;

...
...

public class MemoActivity extends AppCompatActivity implements View.OnClickListener,
MemoViewListener
{

...
...
```

```java
private void writeNewUser()
{
    FirebaseUser user = FirebaseAuth.getInstance().getCurrentUser();
    if (user != null)
    {
        // User is signed in
        String name = user.getDisplayName();
        String email = user.getEmail();
        String uid = user.getUid();
        Log.d("namjinha", "name = " + name);
        Log.d("namjinha", "email = " + email);
        Log.d("namjinha", "uid = " + uid);

        UserInfo userInfo = new UserInfo();
        userInfo.setUserpwd("1234");
        userInfo.setUsername(name);
        userInfo.setEmailaddr(email);

        databaseReference.child("users").child(uid).setValue(userInfo);
    }
    else
    {
        // No user is signed in
        Log.d("namjinha", "user null");
    }
}
...
...
...
}
```

실시간 데이터베이스의 규칙에서 파이어베이스 인증과 연동하여 사용하는 방법을 공부했습니다. 다음은 실시간 데이터베이스의 규칙에서 데이터 검증에 대해서 알아봅시다.

실시간 데이터베이스의 규칙에서 데이터 검증

데이터 검증은 문자열 길이 제한 등과 같이 조건이 충족해야 실시간 데이터베이스에 기록을 할 수 있습니다. 메모의 타이틀의 길이를 4자로 제한하는 규칙을 추가해 볼 텐데요, [그림 4-15]와 같이 동작을 확인할 수 있습니다.

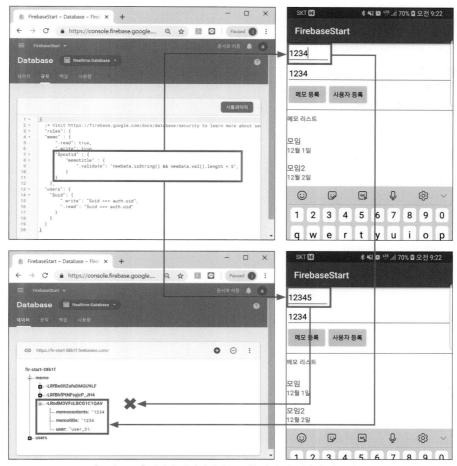

[그림 4-15] 실시간 데이터베이스 규칙 설정 및 데이터 검증 과정

실시간 데이터베이스의 규칙은 다음 코드와 같습니다. 메모 타이틀이 네 글자로 입력된 경우 실시간 데이터베이스에 기록이 가능하지만 메모 타이틀이 다섯 글자이면 조건을 만족하지 못하기 때문에 기록되지 않는 특징이 있습니다.

[실시간 데이터베이스 규칙]

```
{
"rules": {
  "memo" : {
    ".read": true,
      ".write": true,
    "$postid" : {
        "memotitle" : {
        ".validate": "newData.isString() && newData.val().length < 5",
        }
      }
    },
...
...
}
```

지금까지 파이어베이스 실시간 데이터베이스의 규칙에 대해서 알아보았습니다. 여러분도 예제 앱과 파이어베이스 콘솔에서 실시간 데이터베이스의 규칙 설정을 변경하면서 테스트해보면 이해하기 쉬울 것입니다.

정리하며

이번 장에서는 파이어베이스의 실시간 데이터베이스의 주요 기능과 실시간 데이터베이스를 클라이언트와 연동하여 사용하는 방법에 대해서 알아보았고, 또한 실시간 데이터베이스의 규칙을 통해 접근 제어 설정 및 데이터 검증에 대해서도 배웠습니다. 파이어베이스의 실시간 데이터베이스를 사용하여 앱을 만든다면 기존에 서버 및 DB 구축에 필요한 비용을 줄일 수 있는 효과와 1인 개발자로 멋진 앱을 만들어 서비스할 수 있는 기회도 얻을 수 있을 것입니다.

연습문제 | 퀴즈를 풀어보며 개념을 복습합니다.

문제에 대한 답은 백견불여일타 카페에서 확인할 수 있습니다. cafe.naver.com/codefirst

1 파이어베이스 실시간 데이터베이스에 대해 간단히 설명해보세요.

2 파이어베이스 실시간 데이터베이스의 주요 기능들이 있습니다. 각 기능들을 나열하고 설명해보세요.

3 파이어베이스 실시간 데이터베이스는 데이터를 기록하기 위해 데이터 유형을 클라이언트에 제공합니다. 데이터 유형에는 무엇이 있는지 나열해보세요.

4 파이어베이스 실시간 데이터베이스의 데이터 유형에서 자바 객체를 이용하는 방법에 대해서 기술해보세요.

5 파이어베이스 실시간 데이터베이스에서 데이터 변경이 발생했을 때 클라이언트에서는 리스너를 등록하여 변경 여부를 확인할 수 있습니다. 변경 여부를 확인하기 위해 사용하는 addValueEventListener()/addListenerForSingleValueEvent() 두 메소드의 차이점에 대해서 적어보세요.

6 파이어베이스 실시간 데이터베이스의 규칙은 읽기, 쓰기에 대한 권한과 데이터의 검증 및 색인 생성에 관여합니다. 실시간 데이터베이스의 규칙 유형을 나열하고 요점만 써보세요.

7 파이어베이스 실시간 데이터베이스와 파이어베이스 인증을 연동하여 함께 사용할 수 있습니다. 사용하는 방법에 대해서 적어보세요.

실습문제 | 실습은 지식을 내것으로 만드는
최고의 방법입니다.

문제에 대한 답은 백견불여일타 카페에서 확인할 수 있습니다. cafe.naver.com/codefirst

파이어베이스 실시간 데이터베이스에서 "memo" 접근을 파이어베이스 인증을 통해 작성한 사용자만 읽기/쓰기가 될 수 있도록 수정해봅니다.

1. 가장 먼저 파이어베이스 실시간 데이터베이스 규칙에서 "memo"의 읽기/쓰기 권한을 다음과 같이 수정합니다.

실습문제 실습은 지식을 내것으로 만드는 최고의 방법입니다.

2. 실시간 데이터베이스 규칙이 수정되었으면, MemoActivity.java 클래스 파일에서 메모 등록하는 부분을 다음과 같이 수정합니다.

[MemoActivity.java]   [예제 파일 : java/com/goodroadbook/firebasestart/realtimedb/MemoActivity.java]

```java
package com.goodroadbook.firebasestart.realtimedb;

...
...

public class MemoActivity extends AppCompatActivity implements View.
OnClickListener, MemoViewListener
{
...
...
    private String uid = null;
...
...
    private void init()
    {
        memoItems = new ArrayList<>();

        username = "user_" + new Random().nextInt(1000);

        FirebaseUser user = FirebaseAuth.getInstance().getCurrentUser();
        if (user != null)
        {
            this.uid = user.getUid();
        }
    }
...
...
    private void regMemo()
    {
        if (uid == null)
        {
            Toast.makeText(this,
                "메모를 추가하기 위해서는 Firebase 인증이 되어야합니다.
                Firebase 인증 후 다시 진행해주세요.",
```

실습문제 | 실습은 지식을 내것으로 만드는
최고의 방법입니다.

```java
                            Toast.LENGTH_LONG).show();
               return;
        }
...
...
        databaseReference.child("memo").child(uid).push().setValue(item);
    }
...
...
    private void addChildEvent()
    {
        databaseReference.child("memo").child(uid).addChildEventListener
(new ChildEventListener()
        {
            @Override
            public void onChildAdded(DataSnapshot dataSnapshot, String s)
            {
                MemoItem item = dataSnapshot.getValue(MemoItem.class);

                memoItems.add(item);
                memoAdapter.notifyDataSetChanged();
            }

            @Override
            public void onChildChanged(DataSnapshot dataSnapshot, String s) { }

            @Override
            public void onChildRemoved(DataSnapshot dataSnapshot) { }

            @Override
            public void onChildMoved(DataSnapshot dataSnapshot, String s) { }

            @Override
            public void onCancelled(DatabaseError databaseError) { }
        });
    }
...
...
}
```

실습문제 │ 실습은 지식을 내것으로 만드는
최고의 방법입니다.

3. 메모를 추가하면 파이어베이스 인증된 데이터만 실시간 데이터베이스로 등록되고, 해당 인증 정
보만 클라이언트에서 조회할 수 있습니다.

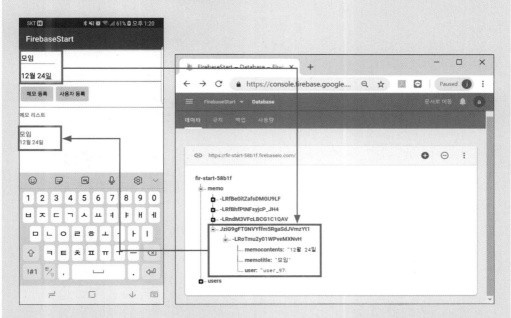

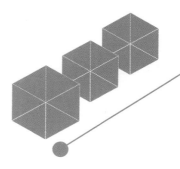

5장
파이어베이스
클라우드 파이어스토어

이 장을 시작하기 전에

❶ 여기서 배울 내용은 4장의 실시간 데이터베이스와 같은 데이터베이스이지만 클라우드 파이어스토어의 강력한 기능과 향후 어떠한 데이터베이스를 사용해야 할 것인가에 대한 선택을 할 수 있도록 두 데이터베이스의 비교하여 볼 수 있습니다.

❷ 클라우드 파이어스토어에서 제공해주는 기능과 예제를 통해 사용법에 대해서 설명하기 때문에 좀더 이해하기 쉬울 것입니다.

5.1 클라우드 파이어스토어의 특징과 주요 기능

파이어베이스가 지원하는 두 가지 데이터베이스

파이어베이스는 실시간 데이터 동기화를 지원하며 클라이언트에서 액세스할 수 있는 **두 가지 클라우드 기반 데이터베이스 솔루션**을 제공하고 있습니다.

한 가지는 4장에서 배운 **실시간 데이터베이스**입니다. 간단히 말하면 파이어베이스의 고유한 데이터베이스입니다. 여러 클라이언트에서 실시간으로 상태를 동기화해야 하는 모바일 앱을 위한 효율적이고 지연 시간이 짧은 솔루션이기도 합니다.

또 하나는 이번에 배울 **클라우드 파이어스토어**입니다. 모바일 앱을 개발하기 위한 파이어베이스의 새로운 주력 데이터베이스이기도 합니다. 실시간 데이터베이스의 성공을 바탕으로 더욱 직관적이고 새로운 데이터 모델을 보여주고 있습니다. 또한 실시간 데이터베이스보다 풍부하고 빠른 쿼리와 확장성이 원활하다는 장점이 있습니다.

5.1.1 클라우드 파이어스토어의 특징

파이어베이스 클라우드 파이어스토어 Firebase Cloud Firestore는 NoSQL 클라우드 데이터베이스를 사용해 클라이언트와 서버 데이터를 저장하고 동기화하며, 파이어베이스 및 구글 클라우드 플랫폼 Google Cloud Platform의 모바일, 웹, 서버 개발에 사용되는 확장 가능한 데이터베이스입니다.

> **참고**
> **NoSQL 데이터베이스를 왜 사용하나요?**
> NoSQL 데이터베이스는 스키마 없이 동작하고, 데이터 구조를 미리 정의할 필요가 없으며, 시간이 지나더라도 언제든지 변경할 수 있기 때문에 정해진 형식이 없는 데이터를 저장하는데 용이합니다. 즉, 확장성이 쉽습니다.

파이어베이스 실시간 데이터베이스와 마찬가지로 클라우드 파이어스토어는 실시간 리스너를 통해 클라이언트 애플리케이션 간에 데이터의 동기화를 유지할 수 있습니다. 또한 모바일 및 웹에 대한 오프라인 지원을 제공해 네트워크 지연 시간이나 인터넷 연결에 상관없이 원활하게 반응하는 앱을 개발할 수 있습니다. 실제 네트워크 지연이나 인터넷 연결을 고려하여 개발하게 되면 그만큼 개발 시간과 비용이 높아지기 마련인데요. 이러한 부분을 클라우드 파이어스토어가 직접 처리해주어 이 부분에 대해 고민할 필요 없이 개발할 수 있어 개발 시간과 비용이 줄어듭니다.

클라우드 파이어스토어Cloud Firestore는 iOS, 안드로이드, 웹 앱에서 기본 SDK를 통해 직접 액세스할 수 있고, REST 및 RPC API는 물론, 네이티브 Node.js, 자바, 파이썬, Go SDK로도 사용할 수 있습니다. 이번 장에서 우리는 여러 플랫폼 중에 Android SDK를 통해 직접 액세스하는 방법에 대해서만 알아보려고 합니다. 그 이외의 항목들은 파이어베이스 개발 사이트에서 제공하는 SDK를 참고하여 사용하시면 됩니다.

클라우드 파이어스토어의 주요 기능

어떤 특징이 있는지 알아보았는데요, 클라우드 파이어스토어의 주요 기능에 관해 표로 살피며 그 기능을 머리에 간략히 정리해볼까요?

[표 5-1] 클라우드 파이어스토어의 주요 기능

주요 기능	내용
유연성	• 클라우드 파이어스토어의 데이터 모델은 유연한 계층적 데이터 구조를 지원한다. • 컬렉션으로 정리되는 문서에 데이터를 저장할 수 있으며, 하위 컬렉션 외에도 복잡하게 중첩된 개체를 문서에 포함할 수 있다.
표현형 쿼리	• 클라우드 파이어스토어에서는 쿼리를 사용해 개별 특정 문서를 가져오거나 쿼리 매개변수와 일치하는 컬렉션의 모든 문서를 가져올 수 있다. • 쿼리에 서로 연결된 여러 필터를 포함할 수 있으며 필터링과 정렬의 결합도 가능하다. • 기본적으로 색인이 생성되어 쿼리 성능이 데이터 세트가 아닌 결과 세트의 크기에 비례한다.
실시간 업데이트	• 실시간 데이터베이스와 마찬가지로 클라우드 파이어스토어는 데이터 동기화를 사용해 연결된 모든 기기의 데이터를 업데이트한다. • 더불어 간단한 일회성 가져오기 쿼리도 효율적으로 수행할 수 있도록 설계되었다.
오프라인 지원	• 클라우드 파이어스토어는 앱에서 많이 사용되는 데이터를 캐시하기 때문에 기기가 오프라인 상태더라도 앱에서 데이터를 쓰고 읽고 수신 대기하고 쿼리할 수 있다. • 기기가 온라인 상태로 전환되면 클라우드 파이어스토어에서 모든 로컬 변경사항을 다시 클라우드 파이어스토어로 동기화한다.
확장형 설계	• 클라우드 파이어스토어에서는 자동 다중 지역 데이터 복제, 강력한 일관성 보장, 원자적 일괄 작업, 실제 트랜잭션 지원 등 구글 클라우드 플랫폼의 강력한 인프라를 최대한 활용한다. • 클라우드 파이어스토어는 세계 최대 규모의 앱에서 수많은 데이터베이스 워크로드를 처리하도록 설계되었다.

클라우드 파이어스토어의 개념과 특징과 주요 기능에 대해서 간단히 알아보았는데요, 다음은 클라우드 파이어스토어의 데이터가 어떠한 방식으로 관리되는지 소개하겠습니다.

5.2 클라우드 파이어스토어의 데이터 관리 방식

클라우드 파이어스토어는 다양한 플랫폼에서 동작할 수 있도록 클라이언트 라이브러리를 제공합니다. 또한 안전한 데이터 관리를 위하여 접근 제어 및 인증을 제공하는데, 특히 접근 제어에는 보안 규칙을 지정하여 세부 정책으로 제어할 수 있습니다. 보안 규칙에 대해서는 뒤에 자세히 보도록 하고 파이어스토어의 데이터 관리 방식에 대해서 알아봅니다.

데이터 관리 방식을 쉽게 이해하려면 파이어베이스 콘솔에서 파이어스토어에 데이터가 어떠한 형태로 저장되고 관리되는지를 확인하면 이해하기 쉽습니다. 파이어베이스 콘솔에서 파이어스토어를 사용 설정부터 해보겠습니다.

파이어베이스 콘솔에서 클라우드 파이어스토어 활성화하기

파이어베이스 콘솔에서 데이터베이스 항목으로 진입하여 파이어스토어를 선택합니다. [그림 5-1]과 같은 형태로 사용자에게 보여줍니다.

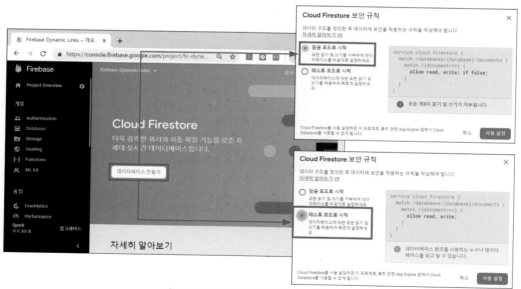

[그림 5-1] 파이어베이스 콘솔의 보안 규칙

파이어베이스 콘솔에서 [Database]를 클릭하면 '실시간 데이터베이스'와 'Cloud Firestore'를 각각 만들 수 있도록 제공됩니다. 〈데이터베이스 만들기〉 버튼을 누르면 보안 규칙을 선택할 수 있는 화면이 표시됩니다.

보안 규칙에는 [잠금 모드로 시작]하는 방법과 [테스트 모드로 시작]하는 방법이 나옵니다. [잠금 모드로 시작]하는 경우 파이어베이스 인증과 연동되어 등록된 사용자에 대해서만 로그인이 처리되어 데이터베이스를 사용할 수 있습니다.

[테스트 모드로 시작]은 모든 사용자가 별도의 인증 없이 클라우드 파이어스토어를 사용할 수 있으며, 보통 개발 시점에 많이 사용하는 방식입니다. 개발이 완료된 후에는 반드시 '잠금 모드'로 변경해야 합니다. 우리는 [테스트 모드로 시작]을 선택하여 사용하겠습니다.

 보안 규칙에 대해서는 **5.5 클라우드 파이어스토어에서의 보안 규칙**에서 자세히 다룹니다.

보안 규칙 설정이 완료되었으면 [그림 5-2]와 같이 클라우드 파이어스토어에서 데이터를 추가합니다.

[그림 5-2] 클라우드 파이어스토어에서 데이터를 추가한다.

[그림 5-3]은 파이어베이스 콘솔의 클라우드 파이어스토어에 저장된 데이터 내용입니다. 먼저 컬렉션이 있고 컬렉션 하위에 문서로 구성됩니다. 하위에는 여러 개의 필드를 추가할 수 있는 구성입니다. 한 가지 특이한 점은 문서 하위에 컬렉션을 추가할 수 있도록 되어 있습니다

[그림 5-3] 파이어베이스 콘솔의 클라우드 파이어스토어에 저장된 데이터 내용

[그림 5-4]처럼 컬렉션을 추가해보겠습니다.

[그림 5-4] 문서 하위에 컬렉션을 추가한다.

'message' 컬렉션 하위에 문서가 있고, 문서 하위에 필드가 추가된 것을 볼 수 있습니다.

✱ 여기서 잠깐

컬렉션? 문서? 무엇인지 알려주세요~

클라우드 파이어스토어는 '문서' 중심의 데이터베이스입니다. 관계형 데이터베이스와 달리 테이블이나 행이 없으며, **컬렉션**으로 정리되는 **문서**에 데이터를 저장합니다. 각 문서의 데이터는 '키-값' 쌍으로 구성되어 있고, 이 작은 문서들이 모여 컬렉션을 구성하는데요, 클라우드 파이어스토어는 이 컬렉션을 저장하는 데 매우 탁월합니다. 이들 문서는 컬렉션에만 저장할 수 있고 문서는 하위 컬렉션들을 포함할 수 있습니다.

▲ 클라우드 파이어스토어에서 데이터와 문서, 컬렉션과의 관계

클라우드 파이어스토어는 스키마를 사용하지 않기 때문에 각 문서에 어떤 필드를 넣을지와 각 필드에 어떤 유형의 데이터를 저장할지는 직접 결정하면 됩니다. 같은 컬렉션에 포함된 여러 문서가 서로 다른 필드를 포함할 수 있고, 이러한 필드에 서로 다른 유형의 데이터를 저장할 수도 있습니다. 파이어베이스에서는 문서를 보다 쉽게 쿼리할 수 있도록 여러 문서에서 동일한 필드와 데이터 유형을 사용하는 것이 좋다고 합니다.

지금까지 클라우드 파이어스토어의 주요 기능과 데이터 관리에 대해서 알아보았습니다. 실제 사용해보기 전에는 이해가 되지 않을 수 있습니다. 뒤에서 나오는 클라우드 파이어스토어에 대한 예제와 관련 기능들에 대해 자세히 알아보면 여러분들이 실제 앱에 적용하는데 어렵지 않게 사용할 수 있을 것입니다.

5.3 클라우드 파이어스토어와 실시간 데이터베이스 비교 분석

5.3.1 내 프로젝트에 맞는 데이터베이스 선택하기

이번 장을 시작할 때 파이어베이스에서 지원하는 두 가지의 데이터베이스를 언급했는데, 무엇인지 바로 떠오르시나요? 먼저는 4장에서 배운 **실시간 데이터베이스**이며, 다른 하나는 지금 배우고 있는 **클라우드 파이어스토어**입니다. 이 두 가지 DB 중 내게 적합한 것을 골라 사용해야 할 텐데요, 이 둘에 대해 비교해 보며 선택해야 할 DB를 머리에 떠올려보는 것이 좋습니다.

대표 특징 비교

파이어베이스 클라우드 파이어스토어는 모바일 앱 개발을 위한 파이어베이스의 새로운 데이터베이스로 직관적인 데이터 모델과 빠른 쿼리, 확장성을 제공합니다.
실시간 데이터베이스는 파이어베이스의 초기 데이터베이스로 실시간으로 상태를 동기화해야 하는 모바일 앱을 위한 성능 좋은 솔루션입니다.

5.3.2 항목별 비교 분석

클라우드 파이어스토어는 실시간 데이터베이스와 비슷하지만 비교해보면 차이점이 있습니다. 파이어베이스 측에서는 실시간 데이터베이스와 클라우드 파이어스토어에 대해서 비교된 내용을 보고 함께 사용할 것인지, 하나만 사용할 것인지 결정하라고 안내하고 있습니다. 파이어베이스에서는 클라우드 파이어스토어가 베타 버전이긴 하지만 파이어베이스 실시간 데이터베이스보다 더 강력함을 강조하는 것처럼 보이기는 합니다. 항목별로 특징을 비교해보겠습니다.

데이터 모델

실시간 데이터베이스와 클라우드 파이어스토어는 모두 NoSQL 데이터베이스입니다.

실시간 데이터베이스	클라우드 파이어스토어
• 데이터를 하나의 큰 JSON 트리로 구성하고, 단순한 데이터를 쉽게 저장한다. • 복잡한 계층적 데이터를 대규모로 정리하기 어렵다.	• 컬렉션으로 정리되는 문서에 데이터를 저장하고, 단순한 데이터를 JSON과 매우 비슷한 방식으로 문서에 쉽게 저장한다. • 문서 안의 하위 컬렉션을 사용하여 복잡한 계층적 데이터를 대규모로 쉽게 정리할 수 있다.

실시간 및 오프라인 지원

실시간 데이터베이스와 클라우드 파이어스토어는 오프라인 상태에서도 앱의 안정적인 지원을 위하여 로컬 데이터 저장소를 통해 지원합니다.

실시간 데이터베이스	클라우드 파이어스토어
iOS 및 Android의 모바일 클라이언트에서만 오프라인을 지원한다.	iOS, 안드로이드, 웹 클라이언트에서 오프라인을 지원한다.

쿼리

실시간 데이터베이스와 클라우드 파이어스토어은 데이터를 검색, 정렬, 필터링 기능을 사용할 수 있는 다양한 API를 제공합니다.

실시간 데이터베이스	클라우드 파이어스토어
• 정렬 및 필터링 기능을 제한적으로 지원한다. • 단일 쿼리에서 속성을 정렬 또는 필터링만 가능하고 속성 정렬과 필터링을 동시에 진행할 수 없다.	• 단일 쿼리에서 속성에 필터를 연속으로 사용하고 필터링과 정렬을 결합할 수 있다.

쓰기 및 트랜잭션

실시간 데이터베이스	클라우드 파이어스토어
데이터 쓰기를 개별 작업으로 처리하고, SDK의 트랜잭션에 완료 콜백이 필요하다.	작업을 일괄 처리하고, 트랜잭션이 완료될 때까지 자동으로 반복한다.

신뢰성 및 성능

실시간 데이터베이스	클라우드 파이어스토어
• 실시간 데이터베이스는 이미 많은 개발자가 사용한 제품으로 안정성이 검증되었다. • 지연 시간이 매우 짧으므로 상태 동기화가 자주 발생할 때 적합하다.	• 클라우드 파이어스토어는 내용 일부에는 현재 베타 단계라고 하지만, 베타 아이콘은 표시하지 않고 있다. 베타 제품의 안정성은 정식 출시 제품에 미치지 못할 수 있다. • 데이터가 서로 다른 지역의 여러 데이터 센터에 위치하므로 글로벌 확장성과 견고한 신뢰성이 보장되기 때문에 클라우드 파이어스토어가 출시되면 실시간 데이터베이스보다 신뢰성이 높아진다.

확장성

실시간 데이터베이스	클라우드 파이어스토어
확장하려면 분할을 사용해야 하고 단일 데이터베이스에서 동시 연결 약 100,000개, 초당 쓰기 약 1,000회까지 확장이 가능하다. 추가로 확장하려면 데이터를 여러 데이터베이스로 분할해야 한다.	규모가 자동으로 확장된다. 출시되면 완전히 자동으로 확장되기 때문에 데이터를 여러 인스턴스로 분할할 필요가 없다.

보안

실시간 데이터베이스	클라우드 파이어스토어
• 파이어베이스 데이터베이스 규칙이 유일한 보안이다. • 읽기 및 쓰기 규칙이 하위로 전파됩니다. • validate 규칙을 사용하여 별도로 데이터를 검증해야 한다.	• 모바일 및 웹 SDK는 클라우드 파이어스토어 보안 규칙을 사용한다. • 서버 SDK는 ID 및 액세스 관리(IAM)를 사용한다. • 와일드 카드를 사용하지 않는 한 규칙이 하위로 전파되지 않는다. • 데이터 검증이 자동으로 수행된다. • 규칙이 쿼리를 제한할 수 있고 쿼리 결과에 사용자가 액세스할 수 없는 데이터가 포함되어 있으면 전체 쿼리가 실패하게 된다.

가격

실시간 데이터베이스	클라우드 파이어스토어
대역폭과 저장 용량에 대해서만 청구되지만 요금이 비교적 높다.	• 주로 데이터베이스에서 수행되는 작업(읽기, 쓰기, 삭제)에 대해 청구되며 대역폭과 저장 용량에 대해서도 비교적 낮은 요금으로 청구된다. • 클라우드 파이어스토어는 Google App Engine 프로젝트의 일일 지출 한도를 지원하므로 비용의 상한선을 적절하게 설정할 수 있다.

파이어베이스에서 지원하는 두 가지의 데이터베이스의 주요 기능에 해당하는 항목별로 비교해보았습니다. 내용을 보면 클라우드 파이어스토어와 실시간 데이터베이스를 적절히 사용하라고 가이드하고 있지만, 실제로는 실시간 데이터베이스보다는 클라우드 파이어스토어를 쓰는 것이 향후 성능, 확장성, 보안 등에 있어 사용하기 유리함을 강조하는 듯 합니다. 필자 또한 파이어베이스 데이터베이스를 사용할 계획 중이어서 실시간 데이터베이스 보다는 클라우드 파이어스토어로 선택하는 것이 좋을 것 같다는 쪽입니다. 이어서 예제를 통해 파이어베이스 클라우드 파이어스토어에 대해 자세히 알아보겠습니다.

5.4 클라우드 파이어스토어에서 지원하는 데이터 유형 및 색인 유형

5.4.1 데이터 유형

클라우드 파이어베이스에서 지원하는 데이터 유형을 설명하겠습니다. 크게 다음과 같은 데이터 유형을 제공합니다.

- array
- boolean
- number
- map
- string
- timestamp
- geopoint
- reference

클라우드 파이어스토어에서 데이터 유형을 쉽게 이해하기 위해 파이어베이스 콘솔의 클라우드 파이어스토어 데이터 유형을 살펴보겠습니다. 어떠한 데이터 유형들이 제공되고 사용되는지를 직접 확인할 수 있습니다.

먼저 [그림 5-5]와 같이 필드를 추가할 때 위에 열거된 데이터 유형을 선택할 수 있습니다.

[그림 5-5] 필드를 추가할 때 데이터 유형을 선택 가능하다.

데이터 유형 : array

array로 데이터 유형을 선택하면 다음과 같은 형태로 구성할 수 있습니다. array 내부에는 데이터
유형 및 값을 추가할 수 있도록 구성 가능합니다.

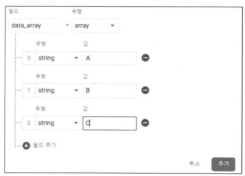

[그림 5-6] array로 데이터 유형 선택

데이터 유형 : boolean

boolean으로 데이터 유형을 선택하면 [그림 5-7]과 같이 true/false 형태로 값을 구성할 수 있습
니다.

[그림 5-7] boolean으로 데이터 유형 선택

데이터 유형 : number

number로 데이터 유형을 선택하면 다음과 같은 형태로 구성됩니다.

[그림 5-8] number로 데이터 유형 선택

데이터 유형 : map

map으로 데이터 유형을 선택하면 다음과 같은 형태로 구성됩니다. map 안에는 필드들을 추가할
수 있고, 데이터 유형들도 다르게 설정할 수 있습니다.

[그림 5-9] map으로 데이터 유형 선택

데이터 유형 : string

string으로 데이터 유형을 선택하면 다음과 같습니다.

[그림 5-10] string으로 데이터 유형 선택

데이터 유형 : timestamp

timestamp로 데이터 유형을 선택하면 다음과 같습니다. 날짜와 시간을 선택하여 추가할 수 있는
화면을 제공합니다.

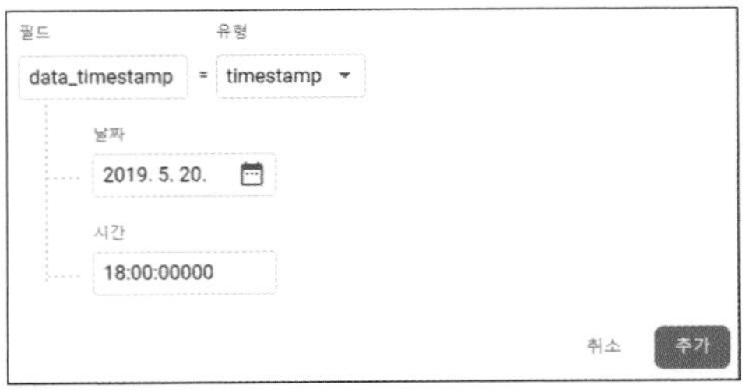

[그림 5-11] timestamp로 데이터 유형 선택

데이터 유형 : geopoint

geopoint로 데이터 유형을 선택하면 [그림 5-12]와 같습니다. 위도와 경도를 숫자로 입력하여 추가하면 됩니다.

[그림 5-12] geopoint로 데이터 유형 선택

데이터 유형 : reference

reference으로 데이터 유형을 선택하는 화면입니다. 문서 경로는 컬렉션/문서 순으로 경로를 지정하면 됩니다.

[그림 5-13] reference으로 데이터 유형을 선택

5.4.2 데이터 색인 유형

클라우드 파이어스토어에서 필드를 추가할 때 데이터 유형에 어떠한 값들이 들어가는지 알아보았는데요, 이제는 데이터 색인을 다뤄보겠습니다.

데이터 색인은 데이터베이스의 항목에 대한 위치를 맵핑한 정보로 데이터베이스에 쿼리를 요청하면, 색인을 사용하여 요청한 항목의 위치를 빠르게 찾을 수 있도록 도와주는 기능입니다. 색인은 데이터베이스의 성능에 있어 중요한 요소입니다. 가령, 쿼리에 대한 색인이 없다면 데이터베이스에서 항목별로 조회할 때 데이터베이스 조회 범위가 크기 때문에, 입력된 데이터가 많으면 처리 속도가 느려집니다. 따라서 데이터베이스에서 색인은 성능 관점에 필요한 부분이고, 클라우드 파이어스토어에서는 자동으로 색인이 생성되기 때문에 색인을 관리하는 데 필요한 시간을 줄일 수 있고, 앱 개발에 집중할 수 있도록 도와줍니다.

클라우드 파이어스토어에서 제공되는 색인의 유형은 두 가지로, **단일 색인**과 **복합 색인**으로 구분하여 제공하고 있습니다. 단일 색인과 복합 색인은 색인 모드로 설정될 수 있고, 색인 모드에는 오름차순(Ascending), 내림차순(Descending), 배열에 포함(Arrays) 항목으로 제공됩니다. 오름차순/내림차순은 필드에서 등호(〈, 〉, ==, 〉=, 〈=) 쿼리를 지원하고 필드 값을 기준으로 쿼리 결과에 대한 오름차순/내림차순 정렬을 지원하게 됩니다. 배열 같은 경우 필드에서 array_contains 쿼리 절을 지원합니다.

단일 색인

단일 색인은 컬렉션 안에 같은 필드가 있는 모든 문서에 대해 정렬하고 문서 ID와 문서 위치를 저장합니다. 또한 클라우드 파이어스토어에서 자동으로 각 필드의 색인을 생성하고 유지시켜 줍니다. 자동 색인 생성은 필드의 유형에 따라 규칙이 따릅니다.

❶ array와 map이 아닌 필드의 경우 오름차순/내림차순 모드로 색인 생성
❷ map 필드는 map에서 array과 map이 아닌 각 하위 필드에 오름차순/내림차순 모드로 색인 생성
❸ 문서의 array 필드의 경우 array에 포함된 색인을 만들고 유지

파이어베이스 콘솔의 클라우드 파이어스토어에서 [색인]-[단일 필드] 항목의 내용을 보면 다음 [그림 5-14]와 같습니다. 다음 그림처럼 단일 필드 같은 경우에는 자동 색인 설정 항목들에 대해 '사용 설정됨'을 확인할 수 있습니다.

[그림 5-14] 파이어베이스 콘솔의 파이어스토어 색인 중에 단일 필드 설정 내용을 확인 가능하다.

단일 필드의 자동 색인 설정에서 제외하고 싶은 경우 [그림 5-15]와 같이 [예외 추가]설정을 하면 됩니다.

[그림 5-15] 파이어스토어에서 자동 설정되어 있는 단일 색인을 예외 추가를 통해 제외 가능하다.

복합 색인

복합 색인은 컬렉션 안의 여러 개의 필드로 색인하여 정렬하는 방식을 말합니다. 복합 색인 같은 경우 자동 색인 설정이 되는 것은 아니기 때문에 필요할 때 설정을 추가하면 됩니다. 복합 색인을 추가하는 방법으로는, 파이어베이스 콘솔에서 직접 추가하거나 Firebase CLI를 통해 추가하는데요, [그림 5-16]과 같이 파이어베이스 콘솔에서 name과 address를 각각 오름차순과 내림차순으로 설정하고 쿼리 범위를 컬렉션으로 한정하여 복합 색인을 만듭니다.

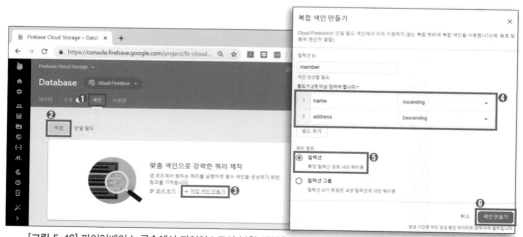

[그림 5-16] 파이어베이스 콘솔에서 파이어스토어 복합 색인을 만들기 위해 쿼리 범위와 필드를 선택할 수 있다.

이렇게 만들어진 복합 색인을 통해 복합 쿼리를 사용할 수 있습니다. 지금까지 클라우드 파이어스토어에서 데이터 유형과 색인 유형에 대해서 알아보았습니다. 이어서 앱에서 데이터 추가 및 관리하는 방법을 살펴봅니다. 데이터 추가 및 삭제에서는 안드로이드 앱을 통해 클라우드 파이어스토어를 사용하는 예제도 함께 보죠.

5.5 클라우드 파이어스토어에서 데이터 추가 및 삭제하기

클라우드 파이어스토어에서 안드로이드 앱을 통해서 데이터를 추가하거나 삭제해보겠습니다.

5.5.1 데이터 추가하기

안드로이드 프로젝트에서 클라우드 파이어스토어를 사용할 수 있도록 준비하기

앞에서 사용하던 Android Studio의 FirebaseStart 프로젝트에 firestore 패키지를 추가합니다. 그리고 FirestoreActivity.java 파일과 activity_firestore.xml 파일을 만들어 파이어스토어 예제를 구현해 나갈 겁니다. FirebaseStart 프로젝트에서 MainActivity.java와 activity_main.xml 파일에서는 파이어스토어의 FirestoreActivity 액티비티를 호출할 수 있도록 추가하는 과정만 들어가게 됩니다.

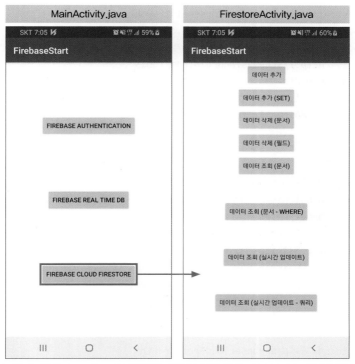

[그림 5-17] FirebaseStart 프로젝트의 파이어스토어 예제는 MainActivity 클래스에서 FirestoreActivity 클래스를 실행하도록 동작한다.

244

[그림 5-18] 안드로이드 스튜디오의 FirebaseStart 프로젝트에 파이어스토어가 추가된 프로젝트 구성

그리고 MainActivity.java와 activity_main.xml 파일에 다음 [코드 5-1]과 같이 내용을 추가하여
FirestoreActivity 클래스를 실행할 수 있도록 합니다.

[코드 5-1] MainActivity에서 Cloud Firestore 버튼 생성하기
[activity_main.xml]   [예제 파일 : res/layout/activity_main.xml]

```xml
<?xml version="1.0" encoding="utf-8"?>
<androidx.constraintlayout.widget.ConstraintLayout
    xmlns:android="http://schemas.android.com/apk/res/android"
    xmlns:app="http://schemas.android.com/apk/res-auto"
    xmlns:tools="http://schemas.android.com/tools"
    android:layout_width="match_parent"
    android:layout_height="match_parent"
    tools:context=".MainActivity">
...
...
    <Button
        android:id="@+id/firebaserealtimedbbtn"
        android:layout_width="wrap_content"
        android:layout_height="wrap_content"
        android:text="Firebase Real Time DB"
        app:layout_constraintTop_toBottomOf="@+id/firebaseauthbtn"
        app:layout_constraintBottom_toTopOf="@+id/firebasecloudfirestorebtn"
        app:layout_constraintLeft_toLeftOf="parent"
        app:layout_constraintRight_toRightOf="parent"/>

    <Button
        android:id="@+id/firebasecloudfirestorebtn"
        android:layout_width="wrap_content"
        android:layout_height="wrap_content"
        android:text="Firebase Cloud Firestore"
```

```
            app:layout_constraintTop_toBottomOf="@+id/firebaserealtimedbbtn"
            app:layout_constraintBottom_toBottomOf="parent"
            app:layout_constraintLeft_toLeftOf="parent"
            app:layout_constraintRight_toRightOf="parent"/>


</androidx.constraintlayout.widget.ConstraintLayout>
```

[MainActivity.java]   [예제 파일: java/com/goodroadbook/firebasestart/MainActivity.java]

```java
package com.goodroadbook.firebasestart;

...
mport com.goodroadbook.firebasestart.firestore.FirestoreActivity;

public class MainActivity extends AppCompatActivity implements View.OnClickListener
{
    @Override
    protected void onCreate(Bundle savedInstanceState)
    {
        super.onCreate(savedInstanceState);
        setContentView(R.layout.activity_main);


        ...
        ...

        Button firebasecloudfirestorebtn = (Button)findViewById(R.id.firebasecloudfirestorebtn);
        firebasecloudfirestorebtn.setOnClickListener(this);
    }


    @Override
    public void onClick(View view)
    {
        Intent i = null;
        switch (view.getId())
        {
...
...
            case R.id.firebasecloudfirestorebtn:
                i = new Intent(this, FirestoreActivity.class);
                startActivity(i);
                break;
            default:
                break;
        }
    }
}
```

앞처럼 구성이 완료되었으면 클라우드 파이어스토어에서 제공되는 안드로이드 SDK를 FirebastStart 프로젝트에서 사용할 수 있도록 앱 수준의 build.gradle 파일에 [코드 5-2]와 같이 추가합니다.

[코드 5-2] Firebase 파이어스토어 대한 라이브러리 사용하도록 추가하기
[앱 수준의 build.gradle]   [예제 파일 : 앱 수준의 build.gradle]

```
apply plugin: 'com.android.application'

android {
...
...
}

dependencies {
...
...
    //Firebase Cloud Firestore
    implementation 'com.google.firebase:firebase-firestore:20.0.0'
}

apply plugin: 'com.google.gms.google-services'
```

이제 안드로이드 프로젝트에서 클라우드 파이어스토어를 사용할 수 있도록 준비되었습니다.

문서 ID가 자동으로 할당되어 데이터 추가하기

클라우드 파이어스토어에 데이터를 추가하는 방법은 다음과 같은 과정으로 진행합니다.

❶ 클라우드 파이어스토어 초기화
❷ 데이터 추가

[그림 5-19]에 이 과정을 담았습니다.
클라우드 파이어스토어 초기화 과정을 거친 후에 데이터를 추가하게 되는데요, 시작해볼까요?
FirebaseStart 프로젝트의 activity_firestore.xml, FirestoreActivity.java 파일에 [코드 5-3]과 같이 추가합니다.

❶ 마우스 오른쪽 버튼 클릭

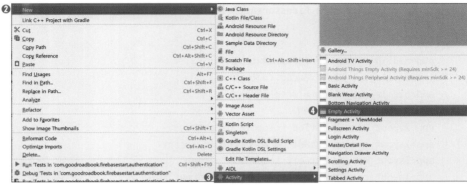

[그림 5-19] Android Studio의 FirebaseStart 프로젝트로 firestore 패키지에
FirestoreActivity 클래스와 activity_firestore.xml 파일을 추가해준다.

[코드 5-3] 파이어스토어에 데이터 추가하기

[activity_firestore.xml]   [예제 파일 : res/layout/activity_firestore.xml]

```xml
<?xml version="1.0" encoding="utf-8"?>
<androidx.constraintlayout.widget.ConstraintLayout xmlns:android=
 "http://schemas.android.com/apk/res/android"
    xmlns:app="http://schemas.android.com/apk/res-auto"
    xmlns:tools="http://schemas.android.com/tools"
    android:layout_width="match_parent"
    android:layout_height="match_parent"
    tools:context=".firestore.FirestoreActivity">

    <Button
        android:id="@+id/firestoreadddatabtn"
        android:layout_width="wrap_content"
        android:layout_height="wrap_content"
        android:text="데이터 추가"
        app:layout_constraintTop_toTopOf="parent"
        app:layout_constraintBottom_toBottomOf="parent"
        app:layout_constraintLeft_toLeftOf="parent"
        app:layout_constraintRight_toRightOf="parent"/>

</androidx.constraintlayout.widget.ConstraintLayout>
```

[FirestoreActivity.java]   [예제 파일 : java/com/goodroadbook/firebasestart/firestore/FirestoreActivity.java]

```java
package com.goodroadbook.firebasestart.firestore;

...

import androidx.annotation.NonNull;
import android.util.Log;
import android.view.View;
import android.widget.Button;

import com.goodroadbook.firebasestart.R;
import com.google.android.gms.tasks.OnFailureListener;
import com.google.android.gms.tasks.OnSuccessListener;
import com.google.firebase.firestore.DocumentReference;
import com.google.firebase.firestore.FirebaseFirestore;

import java.util.HashMap;
import java.util.Map;
```

```java
public class FirestoreActivity extends AppCompatActivity implements View.OnClickListener
{
    @Override
    protected void onCreate(Bundle savedInstanceState)
    {
        super.onCreate(savedInstanceState);
        setContentView(R.layout.activity_firestore);

        Button adddatabtn = (Button)findViewById(R.id.firestoreadddatabtn);
        adddatabtn.setOnClickListener(this);
    }

    @Override
    public void onClick(View view)
    {
        switch (view.getId())
        {
            case R.id.firestoreadddatabtn:
                addData();
                break;
        }
    }

    private void addData()
    {
        FirebaseFirestore db = FirebaseFirestore.getInstance();

        Map<String, Object> member = new HashMap<>();
        member.put("name", "홍길동");
        member.put("address", "수원시");
        member.put("age", 25);
        member.put("id", "hong");
        member.put("pwd", "hello!");

        db.collection("users")
                .add(member)
                .addOnSuccessListener(new OnSuccessListener<DocumentReference>()
                {
                    @Override
                    public void onSuccess(DocumentReference documentReference)
                    {
                        Log.d("namjinha", "Document ID = " + documentReference.get());
                    }
                })
                .addOnFailureListener(new OnFailureListener()
                {
```

250

```
        @Override
        public void onFailure(@NonNull Exception e)
        {
            Log.d("namjinha", "Document Error!!");
        }
    });
  }
}
```

위와 같이 FirestoreActivity.java, activity_firestore.xml 파일을 구성하고 앱을 실행하면 [그림 5-20]과 같은 순으로 동작하게 됩니다. 그리고 파이어베이스 콘솔의 Firestore에 데이터가 추가되는 것을 확인할 수 있습니다.

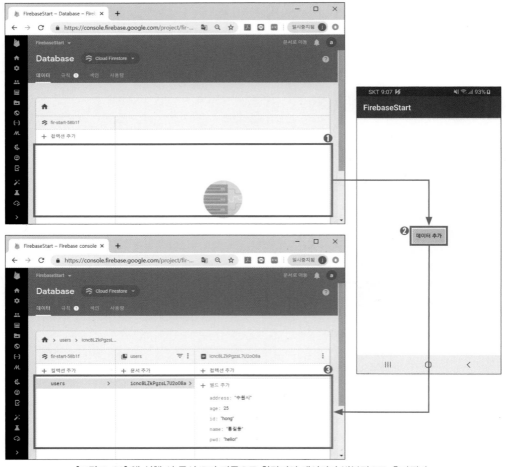

[그림 5-20] 앱 실행 시 문서 ID가 자동으로 할당되어 데이터가 반복적으로 추가된다.

〈데이터 추가〉 버튼을 반복하여 누르면 여러 개의 문서와 같은 데이터가 추가됩니다. 이것은 문서 ID가 데이터를 추가할 때마다 자동으로 할당되어 반복적으로 같은 데이터가 들어갑니다. 문서 ID를 지정하여 같은 데이터가 반복하여 추가되지 않게 처리해보겠습니다.

문서 ID를 지정하여 같은 데이터는 제외하고 추가하기

다음 [코드 5-4]를 activity_firestore.xml 파일과 FirestoreActivity.java 파일에 내용을 추가합니다.

[코드 5-4] 파이어스토어에 같은 데이터 제외하고 추가하기

[activity_firestore.xml] [예제 파일 : res/layout/activity_firestore.xml]

```xml
<?xml version="1.0" encoding="utf-8"?>
<androidx.constraintlayout.widget.ConstraintLayout xmlns:android=
 "http://schemas.android.com/apk/res/android"
    xmlns:app="http://schemas.android.com/apk/res-auto"
    xmlns:tools="http://schemas.android.com/tools"
    android:layout_width="match_parent"
    android:layout_height="match_parent"
    tools:context=".firestore.FirestoreActivity">

    <Button
        android:id="@+id/firestoreadddatabtn"
        android:layout_width="wrap_content"
        android:layout_height="wrap_content"
        android:text="데이터 추가"
        app:layout_constraintTop_toTopOf="parent"
        app:layout_constraintBottom_toTopOf="@+id/firestoresetdatabtn"
        app:layout_constraintLeft_toLeftOf="parent"
        app:layout_constraintRight_toRightOf="parent" />

    <Button
        android:id="@+id/firestoresetdatabtn"
        android:layout_width="wrap_content"
        android:layout_height="wrap_content"
        android:text="데이터 추가 (Set)"
        app:layout_constraintTop_toBottomOf="@+id/firestoreadddatabtn"
        app:layout_constraintBottom_toBottomOf="parent"
        app:layout_constraintLeft_toLeftOf="parent"
        app:layout_constraintRight_toRightOf="parent"/>

</androidx.constraintlayout.widget.ConstraintLayout>
```

[FirestoreActivity.java]   [예제 파일 : java/com/goodroadbook/firebasestart/firestore/FirestoreActivity.java]

```java
package com.goodroadbook.firebasestart.firestore;

...
...
public class FirestoreActivity extends AppCompatActivity implements View.OnClickListener
{
    @Override
    protected void onCreate(Bundle savedInstanceState)
    {
...
...

        Button setdatabtn = (Button)findViewById(R.id.firestoresetdatabtn);
        setdatabtn.setOnClickListener(this);
    }

    @Override
    public void onClick(View view)
    {
        switch (view.getId())
        {
...
...

            case R.id.firestoresetdatabtn:
                setData();
                break;
        }
    }
...
...

    private void setData()
    {
        FirebaseFirestore db = FirebaseFirestore.getInstance();

        Map<String, Object> member = new HashMap<>();
        member.put("name", "나야나");
        member.put("address", "경기도");
        member.put("age", 25);
        member.put("id", "my");
        member.put("pwd", "hello!");

        db.collection("users")
                .document("userinfo")
                .set(member)
                .addOnSuccessListener(new OnSuccessListener<Void>()
                {
```

```
        @Override
        public void onSuccess(Void aVoid)
        {
            Log.d("namjinha", "DocumentSnapshot successfully written!");
        }
    })
    .addOnFailureListener(new OnFailureListener()
    {
        @Override
        public void onFailure(@NonNull Exception e)
        {
            Log.d("namjinha", "Document Error!!");
        }
    });
    }
}
```

위와 같이 코드를 추가하여 실행해보면 [그림 5-21]과 같이 추가됩니다. 사용자가 setData() 함수를 사용하는 버튼을 계속 눌러도 해당 정보는 클라우드 파이어스토어에 하나만 생기고 추가되지 않습니다. 즉, 문서 ID가 지정되고 setData() 함수를 사용하게 되면 문서 안의 데이터는 클라이언트에서 지정한 데이터로 설정됩니다. 파이어베이스 콘솔에서 필드의 데이터를 수정한 후 앱에서 setData() 함수를 호출하면 앱에서 설정한 데이터로 변경됩니다.

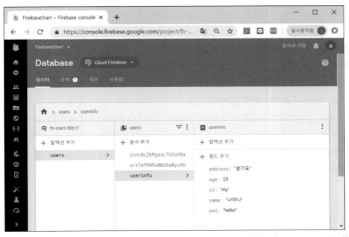

[그림 5-21] FirebaseStart 앱에서 데이터 추가 버튼을 여러 번 눌러도 userInfo 문서는 중복으로 추가되지 않음을 알 수 있다.

5.5.2 데이터 삭제하기

다음은 데이터 삭제에 대해서 알아봅니다. 데이터 삭제는 컬렉션, 문서, 필드 삭제로 나눌 수 있는데, 컬렉션에 대한 삭제는 클라이언트에서 추천하지 않습니다. 파이어베이스에서는 신뢰할 수 있는 지정된 서버에서만 삭제할 수 있도록 안내하고 있습니다.

우리는 문서와 필드에 대한 삭제만 안드로이드 환경에서 알아보겠습니다.

파이어스토어에서 문서 삭제하기

문서를 삭제할 때는 delete() 함수를 이용합니다. 다음 [코드 5–5]와 같이 activity_firestore.xml 파일과 FirestoreActivity.java 파일에 문서 삭제 코드를 추가합니다.

[코드 5–5] 파이어스토어에서 문서 삭제하기

[activity_firestore.xml]   [예제 파일 : res/layout/activity_firestore.xml]

```xml
<?xml version="1.0" encoding="utf-8"?>
<androidx.constraintlayout.widget.ConstraintLayout xmlns:android=
 "http://schemas.android.com/apk/res/android"
    xmlns:app="http://schemas.android.com/apk/res-auto"
    xmlns:tools="http://schemas.android.com/tools"
    android:layout_width="match_parent"
    android:layout_height="match_parent"
    tools:context=".firestore.FirestoreActivity">
...
...
    <Button
        android:id="@+id/firestoresetdatabtn"
        android:layout_width="wrap_content"
        android:layout_height="wrap_content"
        android:text="데이터 추가 (Set)"
        app:layout_constraintTop_toBottomOf="@+id/firestoreadddatabtn"
        app:layout_constraintBottom_toTopOf="@+id/firestoredeletedocbtn"
        app:layout_constraintLeft_toLeftOf="parent"
        app:layout_constraintRight_toRightOf="parent"/>

    <Button
        android:id="@+id/firestoredeletedocbtn"
        android:layout_width="wrap_content"
        android:layout_height="wrap_content"
        android:text="데이터 삭제 (문서)"
        app:layout_constraintTop_toBottomOf="@+id/firestoresetdatabtn"
        app:layout_constraintBottom_toBottomOf="parent"
```

```
        app:layout_constraintLeft_toLeftOf="parent"
        app:layout_constraintRight_toRightOf="parent"/>

</androidx.constraintlayout.widget.ConstraintLayout>
```

[FirestoreActivity.java]   [예제 파일 : java/com/goodroadbook/firebasestart/firestore/FirestoreActivity.java]

```java
package com.goodroadbook.firebasestart.firestore;

...
...

public class FirestoreActivity extends AppCompatActivity implements View.OnClickListener
{
    @Override
    protected void onCreate(Bundle savedInstanceState)
    {
...
...

        Button deletedocbtn = (Button)findViewById(R.id.firestoredeletedocbtn);
        deletedocbtn.setOnClickListener(this);
    }

    @Override
    public void onClick(View view)
    {
        switch (view.getId())
        {
...
...

            case R.id.firestoredeletedocbtn:
                deleteDoc();
                break;
        }
    }
...
...

    private void deleteDoc()
    {
        FirebaseFirestore db = FirebaseFirestore.getInstance();
        db.collection("users").document("userinfo")
                .delete()
                .addOnSuccessListener(new OnSuccessListener<Void>() {
```

```
            @Override
            public void onSuccess(Void aVoid) {
                Log.d("namjinha", "DocumentSnapshot successfully deleted!");
            }
        })
        .addOnFailureListener(new OnFailureListener() {
            @Override
            public void onFailure(@NonNull Exception e) {
                Log.w("namjinha", "Error deleting document", e);
            }
        });
    }
}
```

FirebaseStart 앱에서 〈데이터 삭제(문서)〉 버튼을 누를 때 파이어베이스 콘솔의 "users" 컬렉션 안의 "userinfo" 문서가 바로 삭제됨을 확인할 수 있습니다.

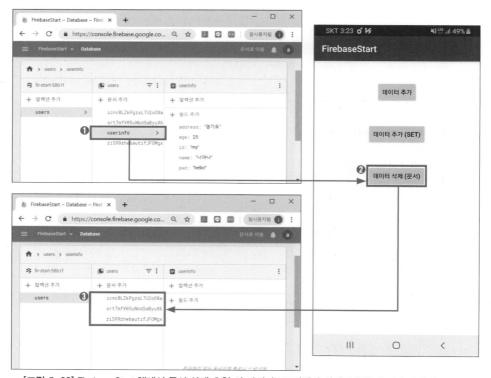

[그림 5-22] FirebaseStart 앱에서 문서 삭제 요청 시 파이어스토어에서 삭제 요청한 문서가 삭제되는 과정

문서 안에서 지정된 필드 삭제하기

다음은 문서 안에서 필드를 삭제하는 방법을 소개하겠습니다. FieldValue.delete() 함수를 사용하여 지정된 필드를 삭제합니다. 다음과 같이 activity_firestore.xml 파일과 FirestoreActivity.java 파일에 [코드 5-6]을 추가합니다.

[코드 5-6] 파이어스토어 문서 안의 필드 삭제하기

[activity_firestore.xml]   [예제 파일 : res/layout/activity_firestore.xml]

```xml
<?xml version="1.0" encoding="utf-8"?>
<androidx.constraintlayout.widget.ConstraintLayout xmlns:android=
 "http://schemas.android.com/apk/res/android"
    xmlns:app="http://schemas.android.com/apk/res-auto"
    xmlns:tools="http://schemas.android.com/tools"
    android:layout_width="match_parent"
    android:layout_height="match_parent"
    tools:context=".firestore.FirestoreActivity">

...
...

    <Button
        android:id="@+id/firestoredeletedocbtn"
        android:layout_width="wrap_content"
        android:layout_height="wrap_content"
        android:text="데이터 삭제 (문서)"
        app:layout_constraintTop_toBottomOf="@+id/firestoresetdatabtn"
        app:layout_constraintBottom_toTopOf="@+id/firestoredeletefieldbtn"
        app:layout_constraintLeft_toLeftOf="parent"
        app:layout_constraintRight_toRightOf="parent"/>

    <Button
        android:id="@+id/firestoredeletefieldbtn"
        android:layout_width="wrap_content"
        android:layout_height="wrap_content"
        android:text="데이터 삭제 (필드)"
        app:layout_constraintTop_toBottomOf="@+id/firestoredeletedocbtn"
        app:layout_constraintBottom_toBottomOf="parent"
        app:layout_constraintLeft_toLeftOf="parent"
        app:layout_constraintRight_toRightOf="parent"/>

</androidx.constraintlayout.widget.ConstraintLayout>
```

[FirestoreActivity.java]   [예제 파일 : java/com/goodroadbook/firebasestart/firestore/FirestoreActivity.java]

```java
package com.goodroadbook.firebasestart.firestore;

...
...
import com.google.firebase.firestore.FieldValue;


public class FirestoreActivity extends AppCompatActivity implements View.OnClickListener
{
    @Override
    protected void onCreate(Bundle savedInstanceState)
    {
...
...

        Button deletefieldbtn = (Button)findViewById(R.id.firestoredeletefieldbtn);
        deletefieldbtn.setOnClickListener(this);
    }


    @Override
    public void onClick(View view)
    {
        switch (view.getId())
        {
...
...

            case R.id.firestoredeletefieldbtn:
                deleteField();
                break;
        }
    }
...
...

    private void deleteField()
    {
        FirebaseFirestore db = FirebaseFirestore.getInstance();

        DocumentReference docRef = db.collection("users").document("userinfo");

        Map<String,Object> updates = new HashMap<>();
        updates.put("address", FieldValue.delete());

        docRef.update(updates).addOnCompleteListener(new OnCompleteListener<Void>() {
```

```
        @Override
        public void onComplete(@NonNull Task<Void> task) {
            Log.d("namjinha", "DocumentSnapshot successfully deleted!");
        }
    });
    }
}
```

FirebaseStart 앱에서 〈데이터 삭제(필드)〉 버튼을 누를 때 파이어베이스 콘솔의 "users" 컬렉션 안의 "userinfo" 문서 내의 필드가 바로 삭제됨을 확인할 수 있습니다.

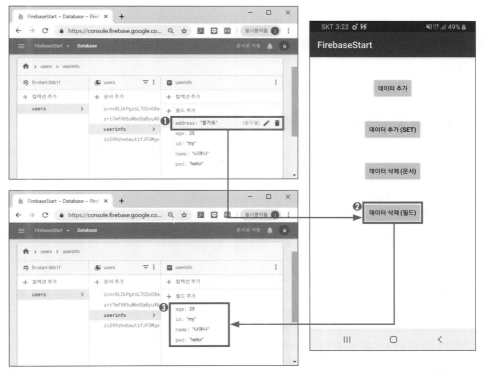

[그림 5-23] FirebaseStart 앱에서 문서 안의 필드 삭제 요청 시 파이어스토어에서 삭제 요청한 필드가 삭제되는 과정

지금까지 클라우드 파이어스토어에서 데이터를 추가하는 방법과 삭제하는 방법을 익혔습니다. 데이터 추가에 있어서는 문서 ID가 자동 할당되는 방법과 문서 ID를 지정하여 추가하는 방법, 데이터 삭제에서는 문서 삭제와 필드 삭제에 대해서 알아보았는데요, 다음은 클라우드 파이어스토어에서 데이터 조회하는 방법에 대해서 알아봅니다.

5.6 클라우드 파이어스토어에서 데이터 조회하기

클라우드 파이어스토어에서 데이터를 추가 및 삭제하는 방법을 배웠는데요, 이번에는 클라우드 파이어스토어에서 데이터를 가져와 보여주는 방법에 대하여 알아보겠습니다. 다양한 클라이언트를 지원하고 있지만 우리는 안드로이드 환경에서 예제를 통해 클라우드 파이어스토어의 데이터를 조회하는 방법에 대해서 살펴봅니다.

클라우드 파이어스토어에서 데이터를 조회하는 방법은 크게 두 가지 형태로 제공됩니다. 함수 호출을 통해 데이터를 가져오는 방식과 데이터의 변경 이벤트를 통해 스냅샷으로 확인하는 방식이 있습니다.

5.6.1 함수를 호출하여 지정된 문서의 정보를 조회하기

클라우드 파이어스토어에서 get() 함수로 데이터를 조회하는 방법을 보겠습니다. 먼저 Android Studio의 FirebaseStart 프로젝트에서 acivity_firestore.xml 파일과 FirestoreActivity.java 파일에 [코드 5-7]과 같이 내용을 추가합니다.

[코드 5-7] 파이어스토어에서 지정된 문서의 정보 조회하기

[activity_firestore.xml]   [예제 파일 : res/layout/activity_firestore.xml]

```xml
<?xml version="1.0" encoding="utf-8"?>
<androidx.constraintlayout.widget.ConstraintLayout xmlns:android=
  "http://schemas.android.com/apk/res/android"
    xmlns:app="http://schemas.android.com/apk/res-auto"
    xmlns:tools="http://schemas.android.com/tools"
    android:layout_width="match_parent"
    android:layout_height="match_parent"
    tools:context=".firestore.FirestoreActivity">
...
...
    <Button
        android:id="@+id/firestoredeletefieldbtn"
        android:layout_width="wrap_content"
        android:layout_height="wrap_content"
        android:text="데이터 삭제 (필드)"
        app:layout_constraintTop_toBottomOf="@+id/firestoredeletedocbtn"
```

```
        app:layout_constraintBottom_toTopOf="@+id/firestoreseldatabtn"
        app:layout_constraintLeft_toLeftOf="parent"
        app:layout_constraintRight_toRightOf="parent"/>

    <Button
        android:id="@+id/firestoreseldatabtn"
        android:layout_width="wrap_content"
        android:layout_height="wrap_content"
        android:text="데이터 조회 (문서)"
        app:layout_constraintTop_toBottomOf="@+id/firestoredeletefieldbtn"
        app:layout_constraintBottom_toBottomOf="parent"
        app:layout_constraintLeft_toLeftOf="parent"
        app:layout_constraintRight_toRightOf="parent"/>

</androidx.constraintlayout.widget.ConstraintLayout>
```

[FirestoreActivity.java]　　[예제 파일 : java/com/goodroadbook/firebasestart/firestore/FirestoreActivity.java]

```java
package com.goodroadbook.firebasestart.firestore;

...
...

import com.google.firebase.firestore.DocumentSnapshot;

public class FirestoreActivity extends AppCompatActivity implements View.OnClickListener
{
    @Override
    protected void onCreate(Bundle savedInstanceState)
    {
...
...

        Button selectdocbtn = (Button)findViewById(R.id.firestoreseldatabtn);
        selectdocbtn.setOnClickListener(this);
    }

    @Override
    public void onClick(View view)
    {
        switch (view.getId())
        {
...
...
```

```java
            case R.id.firestoreseldatabtn:
                selectDoc();
                break;
        }
    }

...

...

    private void selectDoc()
    {
        FirebaseFirestore db = FirebaseFirestore.getInstance();
        DocumentReference docRef = db.collection("users").document("userinfo");
        docRef.get().addOnCompleteListener(new OnCompleteListener<DocumentSnapshot>()
        {
            @Override
            public void onComplete(@NonNull Task<DocumentSnapshot> task)
            {
                if (task.isSuccessful())
                {
                    DocumentSnapshot document = task.getResult();
                    if (document.exists())
                    {
                        Log.d("namjinha", "DocumentSnapshot data: " +
document.getData());
                    }
                    else
                    {
                        Log.d("namjinha", "No such document");
                    }
                }
                else
                {
                    Log.d("namjinha", "get failed with ", task.getException());
                }
            }
        });
    }
}
```

위와 같이 추가한 다음 앱에서 〈데이터 조회 (문서)〉 버튼을 누르면 로그캣 정보에서 "users" 컬렉션에 "userinfo" 문서의 데이터 정보가 표시됩니다. [그림 5–24]와 같은 형태로 이해하면 되겠습니다.

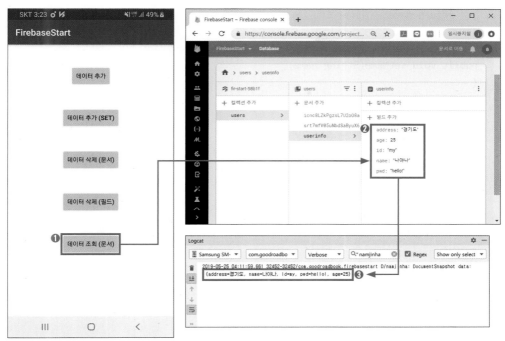

[그림 5-24] 파이어스토어에서 조회한 문서 내용을 FirebaseStart 앱의 디버깅(로그캣)을 통해 확인할 수 있다.

데이터 조회에 대한 값을 DocumentSnapshot 클래스를 통해 맵 형태로 가져왔지만 일부 상황에서는 객체를 바로 반환하는 것이 사용에 더 편할 때가 있습니다. 객체로 반환하는 형태로 가져오기 위해서는 "users" 컬렉션의 "userinfo" 문서의 데이터들을 사용자의 정보를 관리할 수 있는 UserInfo 클래스를 만들고 [코드 5-8]과 같이 추가합니다. UserInfo 클래스는 com.goodroadbook. firebasestart.firestore 클래스 안에 추가하면 되겠습니다.

[코드 5-8] 파이어스토어의 데이터 조회 시 객체로 반환하여 사용하기
[UserInfo.java]　　　　　　　　　　　[예제 파일 : java/com/goodroadbook/firebasestart/firestore/UserInfo.java]

```java
package com.goodroadbook.firebasestart.firestore;

public class UserInfo
{
    private String name;
    private String address;
    private String id;
    private String pwd;
    private int age;

    public String getName()
    {
```

```java
        return name;
    }

    public void setName(String name)
    {
        this.name = name;
    }

    public String getAddress() {
        return address;
    }

    public void setAddress(String address) {
        this.address = address;
    }

    public String getId()
    {
        return id;
    }

    public void setId(String id)
    {
        this.id = id;
    }

    public String getPwd()
    {
        return pwd;
    }

    public void setPwd(String pwd)
    {
        this.pwd = pwd;
    }

    public int getAge()
    {
        return age;
    }

    public void setAge(int age)
    {
        this.age = age;
    }
}
```

UserInfo 클래스가 앞과 같은 내용으로 추가되었으면, FirestoreActivity.java 파일에 아래와 같이 UserInfo 객체로 반환되는 값들을 로그캣을 통해 확인할 수 있도록 추가합니다.

[FirestoreActivity.java]　　　[예제 파일 : java/com/goodroadbook/firebasestart/firestore/FirestoreActivity.java]

```java
package com.goodroadbook.firebasestart.firestore;

...
...

public class FirestoreActivity extends AppCompatActivity implements View.OnClickListener
{
...
...

    private void selectDoc()
    {
        FirebaseFirestore db = FirebaseFirestore.getInstance();
        DocumentReference docRef = db.collection("users").document("userinfo");
        docRef.get().addOnCompleteListener(new OnCompleteListener<DocumentSnapshot>()
        {
            @Override
            public void onComplete(@NonNull Task<DocumentSnapshot> task)
            {
                if (task.isSuccessful())
                {
                    DocumentSnapshot document = task.getResult();
                    if (document.exists())
                    {
                        Log.d("namjinha", " DocumentSnapshot
data: " + document.getData());

                        UserInfo userInfo = document.toObject(UserInfo.class);
                        Log.d("namjinha", "name = " + userInfo.getName());
Log.d("namjinha", "address = " + userInfo.getAddress());
                        Log.d("namjinha", "id = " + userInfo.getId());
                        Log.d("namjinha", "pwd = " + userInfo.getPwd());
                        Log.d("namjinha", "age = " + userInfo.getAge());
                    }
                    else
                    {
                        Log.d("namjinha", "No such document");
                    }
                }
                else
                {
```

```
            Log.d("namjinha", "get failed with ", task.getException());
        }
      }
    });
  }
}
```

앱을 실행하여 〈데이터 조회(문서)〉 버튼을 클릭하면 로그캣에 UserInfo 클래스의 name, address, id, pwd, age 정보를 확인할 수 있습니다.

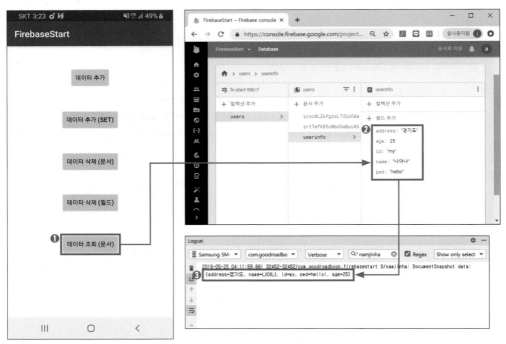

[그림 5-25] 파이어스토어에서 조회한 문서 내용을 FirebaseStart 앱에서 객체로 반환하여 디버깅(로그캣)을 통해 확인할 수 있다.

UserInfo 클래스 같은 경우 반드시 getter, setter 함수를 포함하고 있어야 DocumentSnapshot 클래스의 toObject() 함수를 통해 객체로 반환 받을 수 있습니다.

지금까지 지정된 문서의 정보의 가져오는 방법에 대해서 알아보았습니다. 다음은 쿼리를 통해 조건에 맞는 문서들만 가져오는 방법에 대해서 살펴보겠습니다.

5.6.2 쿼리로 조건에 맞는 문서의 정보를 조회하기

클라우드 파이어스토어에서 조건에 맞는 문서를 가져오기 위해 whereEqualTo() 함수를 사용하고 조회된 결과에서 get() 함수를 통해 데이터를 가져올 수 있습니다. 우선 예제를 확인하기 위해 activity_firestore.xml 파일과 FirestoreActivity.java 파일에 [코드 5-9]와 같이 내용을 추가합니다.

[코드 5-9] 파이어스토어에서 쿼리로 조건에 맞는 데이터 조회하기

[activity_firestore.xml]   [예제 파일 : res/layout/activity_firestore.xml]

```xml
<?xml version="1.0" encoding="utf-8"?>
<androidx.constraintlayout.widget.ConstraintLayout xmlns:android=
 "http://schemas.android.com/apk/res/android"
    xmlns:app="http://schemas.android.com/apk/res-auto"
    xmlns:tools="http://schemas.android.com/tools"
    android:layout_width="match_parent"
    android:layout_height="match_parent"
    tools:context=".firestore.FirestoreActivity">

...
...
    <Button
        android:id="@+id/firestoreseldatabtn"
        android:layout_width="wrap_content"
        android:layout_height="wrap_content"
        android:text="데이터 조회 (문서)"
        app:layout_constraintTop_toBottomOf="@+id/firestoredeletedocbtn"
        app:layout_constraintBottom_toTopOf="@+id/firestoreselwheredatabtn"
        app:layout_constraintLeft_toLeftOf="parent"
        app:layout_constraintRight_toRightOf="parent"/>

    <Button
        android:id="@+id/firestoreselwheredatabtn"
        android:layout_width="wrap_content"
        android:layout_height="wrap_content"
        android:text="데이터 조회 (문서 - where)"
        app:layout_constraintTop_toBottomOf="@+id/firestoreseldatabtn"
        app:layout_constraintBottom_toBottomOf="parent"
        app:layout_constraintLeft_toLeftOf="parent"
        app:layout_constraintRight_toRightOf="parent"/>

</androidx.constraintlayout.widget.ConstraintLayout>
```

[FirestoreActivity.java]   [예제 파일 : java/com/goodroadbook/firebasestart/firestore/FirestoreActivity.java]

```java
package com.goodroadbook.firebasestart.firestore;

...
...
import com.google.firebase.firestore.QueryDocumentSnapshot;
import com.google.firebase.firestore.QuerySnapshot;

public class FirestoreActivity extends AppCompatActivity implements View.OnClickListener
{
    @Override
    protected void onCreate(Bundle savedInstanceState)
    {
...
...
        Button selectwheredocbtn = (Button)findViewById(R.id.firestoreselwheredatabtn);
        selectwheredocbtn.setOnClickListener(this);
    }


    @Override
    public void onClick(View view)
    {
        switch (view.getId())
        {
...
...
            case R.id.firestoreselwheredatabtn:
                selectWhereDoc();
                break;
        }
    }
...
...
    private void selectWhereDoc()
    {
        FirebaseFirestore db = FirebaseFirestore.getInstance();
        db.collection("users")
        .whereEqualTo("age", 25)
        .get()
        .addOnCompleteListener(new OnCompleteListener<QuerySnapshot>()
        {
            @Override
            public void onComplete(@NonNull Task<QuerySnapshot> task)
            {
```

```
            if (task.isSuccessful())
            {
                for (QueryDocumentSnapshot document : task.getResult())
                {
                    Log.d("namjinha", document.getId() + " => " +
document.getData());

                    UserInfo userInfo = document.toObject(UserInfo.class);
                    Log.d("namjinha", "name = " + userInfo.getName());
                    Log.d("namjinha", "address = " + userInfo.getAddress());
                    Log.d("namjinha", "id = " + userInfo.getId());
                    Log.d("namjinha", "pwd = " + userInfo.getPwd());
                    Log.d("namjinha", "age = " + userInfo.getAge());
                }
            }
            else
            {
                Log.d("namjinha", "Error getting documents: ", task.getException());
            }
        }
    });
    }
}
```

문서의 데이터에서 age 필드가 25인 경우 데이터를 모두 조회할 수 있습니다. whereEqualTo() 함수를 통해 조건에 맞는 데이터를 조회할 수 있도록 구현된 코드에서 whereEqualTo() 함수를 제거하면 모든 문서의 데이터를 가져오는 코드가 되겠습니다. 위의 추가된 코드에서 whereEqualTo() 함수를 제거하고 실행시켜보면 "users" 컬렉션의 모든 데이터를 가져오는 것을 알 수 있습니다. 추가로 제공되는 비교 함수는 다음과 같습니다.

[표 5-2] 추가로 제공되는 비교 함수

비교 함수	설명
whereEqualTo()	값이 같은 경우
whereGreaterThan()	값이 큰 경우
whereLessThan()	값이 작은 경우
whereGreaterThanOrEqualTo()	값이 크거나 같은 경우
whereLessThanOrEqualTo()	값이 작거나 같은 경우

5.6.3 변경된 데이터를 실시간으로 확인하기

지금까지 데이터 가져오는 방법 중에 get() 함수 사용법에 대해서 알아보았습니다. 다음은 데이터 추가 및 삭제, 업데이트에 따라 실시간으로 변경된 데이터를 클라이언트에서 인지하고 바뀐 데이터를 확인하는 방법에 대해서 알아봅니다.

클라우드 파이어스토어에서 실시간 데이터 변경을 감지할 수 있도록 addSnapshotListener() 함수를 제공하고 있습니다. 실시간으로 데이터 변경을 감지할 수 있는 예제를 만들어봅니다. 먼저 activity_firestore.xml 파일과 FirestoreActivity.java 파일에 [코드 5-10]과 같이 내용을 추가합니다.

[코드 5-10] 파이어스토어 변경된 데이터를 클라이언트에서 실시간으로 확인하기

[activity_firestore.xml]   [예제 파일 : res/layout/activity_firestore.xml]

```xml
<?xml version="1.0" encoding="utf-8"?>
<androidx.constraintlayout.widget.ConstraintLayout xmlns:android=
  "http://schemas.android.com/apk/res/android"
    xmlns:app="http://schemas.android.com/apk/res-auto"
    xmlns:tools="http://schemas.android.com/tools"
    android:layout_width="match_parent"
    android:layout_height="match_parent"
    tools:context=".firestore.FirestoreActivity">

...
...

    <Button
        android:id="@+id/firestoreselwheredatabtn"
        android:layout_width="wrap_content"
        android:layout_height="wrap_content"
        android:text="데이터 조회 (문서 - where)"
        app:layout_constraintTop_toBottomOf="@+id/firestoreseldatabtn"
        app:layout_constraintBottom_toTopOf="@+id/firestorelistenerdatabtn"
        app:layout_constraintLeft_toLeftOf="parent"
        app:layout_constraintRight_toRightOf="parent"/>

    <Button
        android:id="@+id/firestorelistenerdatabtn"
        android:layout_width="wrap_content"
        android:layout_height="wrap_content"
        android:text="데이터 조회 (실시간 업데이트)"
        app:layout_constraintTop_toBottomOf="@+id/firestoreselwheredatabtn"
        app:layout_constraintBottom_toBottomOf="parent"
        app:layout_constraintLeft_toLeftOf="parent"
        app:layout_constraintRight_toRightOf="parent"/>

</androidx.constraintlayout.widget.ConstraintLayout>
```

[FirestoreActivity.java]　[예제 파일 : java/com/goodroadbook/firebasestart/firestore/FirestoreActivity.java]

```java
package com.goodroadbook.firebasestart.firestore;

...
...
import android.support.annotation.NonNull;
import com.google.firebase.firestore.EventListener;
import com.google.firebase.firestore.FirebaseFirestoreException;

public class FirestoreActivity extends AppCompatActivity implements View.OnClickListener
{
    @Override
    protected void onCreate(Bundle savedInstanceState)
    {
...
...
        Button listenerdocbtn = (Button)findViewById(R.id.firestorelistenerdatabtn);
        listenerdocbtn.setOnClickListener(this);
    }

    @Override
    public void onClick(View view)
    {
        switch (view.getId())
        {
...
...

            case R.id.firestorelistenerdatabtn:
                listenerDoc();
                break;
        }
    }
...
...

    private void listenerDoc()
    {
        FirebaseFirestore db = FirebaseFirestore.getInstance();
        final DocumentReference docRef = db.collection("users").document("userinfo");
        docRef.addSnapshotListener(new EventListener<DocumentSnapshot>()
        {
            @Override
            public void onEvent(@Nullable DocumentSnapshot snapshot,
                                @Nullable FirebaseFirestoreException e)
            {
                if (e != null)
                {
```

```
            Log.w("namjinha", "Listen failed.", e);
            return;
        }

        if (snapshot != null && snapshot.exists())
        {
            Log.d("namjinha", "Current data: " + snapshot.getData());
        }
        else
        {
            Log.d("namjinha", "Current data: null");
        }
    }
});
    }
}
```

위와 같이 추가하고 앱을 실행하여 〈데이터 조회 (실시간 업데이트)〉 버튼을 누릅니다. 그러면 addSnapshotListener() 함수를 통해 "users" 컬렉션의 "userinfo" 문서를 실시간으로 업데이트하는 것을 모니터링하게 됩니다. 그리고 버튼을 클릭하는 시점에 "userinfo" 문서의 데이터를 반환하게 됩니다. 파이어베이스 콘솔에서 "userinfo" 문서의 age 필드의 값을 25에서 23으로 변경하면 onEvent() 함수를 통해 변경된 정보를 바로 수신하게 됩니다. [그림 5-26]은 앱에서 실시간 업데이트 변경을 감지하도록 설정하고 파이어베이스 콘솔에서 데이터를 변경한 후, 로그캣으로 변경된 데이터를 표시하는 것을 보여주는 내용입니다.

[그림 5-26] 파이어스토어의 데이터 실시간 모니터링 동작

실시간 업데이트된 정보가 전달되는 것은 앞에서 보았는데요, 클라이언트에서는 변경된 정보만 확인할 수 있고 실제 추가로 변경되었는지 아니면 업데이트/삭제로 변경되었는지 파악할 수 없습니다. 따라서 이번에는 파이어스토어에서 실시간으로 어떠한 항목(업데이트, 삭제, 추가로 인하여 바뀐 데이터)이 변경되었는지 알 수 있는 방법에 대해서 알아보겠습니다.

파이어스토어에서 실시간으로 바뀐 데이터의 유형 확인하기

파이어스토어에서 이러한 정보를 파악하기 위하여 QuerySnapshot 클래스의 getDocumentChanges() 함수를 제공해주고 있습니다. activity_firestore.xml 파일과 FirestoreActivity.java 파일에 [코드 5-11]을 추가하여 문서의 데이터가 어떠한 형태로 변경되었는지 알 수 있는지 확인합니다.

[코드 5-11] 파이어스토어에서 실시간으로 변경된 데이터의 유형

[activity_firestore.xml]   [예제 파일 : res/layout/activity_firestore.xml]

```xml
<?xml version="1.0" encoding="utf-8"?>
<androidx.constraintlayout.widget.ConstraintLayout xmlns:android=
 "http://schemas.android.com/apk/res/android"
    xmlns:app="http://schemas.android.com/apk/res-auto"
    xmlns:tools="http://schemas.android.com/tools"
    android:layout_width="match_parent"
    android:layout_height="match_parent"
    tools:context=".firestore.FirestoreActivity">

...
...
    <Button
        android:id="@+id/firestorelistenerdatabtn"
        android:layout_width="wrap_content"
        android:layout_height="wrap_content"
        android:text="데이터 조회 (실시간 업데이트)"
        app:layout_constraintTop_toBottomOf="@+id/firestoreselwheredatabtn"
        app:layout_constraintBottom_toTopOf="@+id/firestorelistenerquerydatabtn"
        app:layout_constraintBottom_toBottomOf="parent"
        app:layout_constraintLeft_toLeftOf="parent"
        app:layout_constraintRight_toRightOf="parent"/>

    <Button
        android:id="@+id/firestorelistenerquerydatabtn"
        android:layout_width="wrap_content"
        android:layout_height="wrap_content"
        android:text="데이터 조회 (실시간 업데이트 - 쿼리)"
        app:layout_constraintTop_toBottomOf="@+id/firestorelistenerdatabtn"
```

```
            app:layout_constraintBottom_toBottomOf="parent"
            app:layout_constraintLeft_toLeftOf="parent"
            app:layout_constraintRight_toRightOf="parent"/>

</androidx.constraintlayout.widget.ConstraintLayout>
```

[FirestoreActivity.java]   [예제 파일 : java/com/goodroadbook/firebasestart/firestore/FirestoreActivity.java]

```
package com.goodroadbook.firebasestart.firestore;

...
...

public class FirestoreActivity extends AppCompatActivity implements View.OnClickListener
{
    @Override
    protected void onCreate(Bundle savedInstanceState)
    {
...
...

        Button listenerquerydocbtn =
(Button)findViewById(R.id.firestorelistenerquerydatabtn);
        listenerquerydocbtn.setOnClickListener(this);
    }


    @Override
    public void onClick(View view)
    {
        switch (view.getId())
        {
...
...

            case R.id.firestorelistenerquerydatabtn:
                listenerQueryDoc();
                break;
        }
    }
...
...

    private void listenerQueryDoc()
    {
        Log.d("namjinha", "listenerQueryDoc in");
        FirebaseFirestore db = FirebaseFirestore.getInstance();
        db.collection("users")
        .whereEqualTo("id", "hong")
        .addSnapshotListener(new EventListener<QuerySnapshot>()
```

```
            {
                @Override
                public void onEvent(@Nullable QuerySnapshot snapshots,
                                    @Nullable FirebaseFirestoreException e)
                {
                    Log.d("namjinha", "listenerQueryDoc in 1");

                    if (e != null) {
                        Log.w("namjinha", "listen:error", e);
                        return;
                    }

                    for (DocumentChange dc : snapshots.getDocumentChanges())
                    {
                        Log.d("namjinha", "listenerQueryDoc dc.getType() =
" + dc.getType());
                        switch (dc.getType())
                        {
                            case ADDED:
                                Log.d("namjinha", "New city: " +
dc.getDocument().getData());
                                break;
                            case MODIFIED:
                                Log.d("namjinha", "Modified city: " +
dc.getDocument().getData());
                                break;
                            case REMOVED:
                                Log.d("namjinha", "Removed city: " +
dc.getDocument().getData());
                                break;
                        }
                    }
                }
            });
        }
}
```

예제를 통해 클라우드 파이어스토어에서 데이터 조회하는 방법을 알아보았습니다. 전체 데이터를 가져오거나, 쿼리를 통해 조건에 맞는 데이터를 가져오는 방법에 대해서 알아보았고, 실시간으로 데이터가 업데이트 되었을 때 리스너를 통해 변경된 데이터를 확인할 수 있었는데요. 이어서 클라우드 파이어스토어에서 데이터 보안을 위해 보안 규칙을 설정하는 방법에 대해서 알아봅니다.

5.7 클라우드 파이어스토어에서의 보안 규칙

파이어베이스에서 보안 규칙에 관한 내용은 실시간 데이터베이스에서도 다룬 부분인데요, 파이어베이스에서 보안 규칙에 대한 많은 부분을 관여하고 기능으로 제공하고 있죠. 그래서 우리는 개발에 집중하고 보안 관련된 부분에 대해서는 많은 신경을 쓰지 않아도 됩니다. 실제로 보안 규칙을 직접 제어한다고 하면 필요한 기능을 개발하기보다 많은 시간과 인력이 투입이 될 것입니다.

테스트 모드에서 잠금 모드로 보안 규칙 변경하기

클라우드 파이어스토어를 시작할 때 잠금 모드와 테스트 모드에 대한 보안 규칙을 잠깐 언급했었습니다. 특별한 권한 획득 없이 Firestart 프로젝트로 클라우드 파이어스토어에 접근할 수 있었던 것은 테스트 모드로 시작했기 때문에 가능했는데요, 파이어베이스 콘솔에서 클라우드 파이어스토어의 보안 규칙은 [그림 5-27]과 같이 테스트 모드로 보안 규칙이 설정되어 있기 때문에 잠금 모드로 보안 규칙을 변경해봅니다.

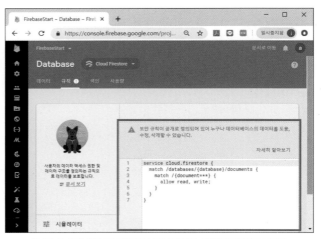

[그림 5-27] 테스트 모드로 보안 규칙이 설정된 파이어스토어

우선 규칙 작성에 있어 기본적인 표현식에 대해서 알아보면 다음과 같은데요, `match`와 `allow`로 구성되고, `allow` 항목에서 `if`를 통해 조건을 기입할 수 있습니다.

```
service cloud.firestore {
  match /databases/{database}/documents {
    match /<some_path>/ {
      allow read, write: if <some_condition>;
    }
  }
}
```

위의 기본적인 표현식을 기반으로 다음과 같이 접근 제한을 설정할 수 있습니다. 즉, 조건 설정에
따라 파이어베이스 인증할 때만 접근하거나, 모두 차단하거나 모두 허용할 수 있도록 구성할 수 있
습니다.

```
[Firebase 인증 필요 - 잠금 모드]
service cloud.firestore {
  match /databases/{database}/documents {
    match /{document=**} {
      allow read, write: if request.auth.uid != null;
    }
  }
}
```

```
[모두 차단]
service cloud.firestore {
  match /databases/{database}/documents {
    match /{document=**} {
      allow read, write: if false;
    }
  }
}
```

```
[모두 허용 - 테스트 모드]
service cloud.firestore {
  match /databases/{database}/documents {
    match /{document=**} {
      allow read, write: if true;
    }
  }
}
```

앞의 보안 규칙은 읽기와 쓰기를 하나로 구성했지만 분리하여 보안 정책을 적용할 수 있습니다. match는 "users" 컬렉션을 가리키는 것은 아니면 "users" 컬렉션 안의 모든 문서를 의미합니다. 즉, {}을 사용해 "users" 컬렉션 안의 모든 문서를 의미하며 와일드 카드 사용을 의미합니다.

```
service cloud.firestore {
  match /databases/{database}/documents {
match /users/{user} {
      allow read: if <condition>;
      allow write: if <condition>;
    }
  }
}
```

보안 정책에서 read와 write에 대해 상세 작업으로 구분할 수 있습니다. read는 get과 list로 write는 create, update, delete로 작업을 상세화할 수 있습니다. 아래와 같이 read와 write를 상세 작업으로 표현식을 구성해봅니다.

```
service cloud.firestore {
  match /databases/{database}/documents {
    match /users/{user} {
      allow get: if <condition>;
      allow list: if <condition>;
    }
    match /users/{user} {
      allow create: if <condition>;
      allow update: if <condition>;
      allow delete: if <condition>;
    }
  }
}
```

간략하게 보안 규칙에 대해서 알아보았습니다. 기존 테스트 모드로 되어 있던 FirebaseStart 프로젝트의 보안 규칙을 잠금 규칙으로 설정해보면 다음과 같이 바꿀 수 있습니다.

[그림 5-28] 파이어스토어 접근을 파이어베이스 인증 사용자만 접근할 수 있도록 설정

클라우드 파이어스토어에서 보안 규칙 설정에 대해서 알아보았습니다. 이는 악의적인 사용자로 하여금 데이터베이스의 데이터를 안전하게 보호하기 위한 것으로, 적절히 활용하여 안전한 데이터베이스 사용이 될 수 있도록 하면 되겠습니다.

주의할 것

파이어베이스에서는 안전한 데이터 관리를 위해 다음과 같은 부분은 권장하지 않고 있습니다.

- 오픈 액세스
- 인증된 사용자 액세스

오픈 액세스는 사용자 누구나 모든 데이터에 접근할 수 있는 상태로, 권장하지 않습니다. 모든 데이터에 접근이 가능하기 때문에 악의적인 사용자가 다른 사용자의 데이터를 가져가거나 수정 또는 삭제할 수 있기 때문에 반드시 모든 사용자에 대한 읽기/쓰기 액세스 권한을 설정해야 합니다.

인증된 사용자 액세스도 '파이어베이스 가이드'에서는 권장하지 않고 있습니다. 이 또한 오픈 액세스보다 한 단계 보안이 강화되긴 했지만, 로그인 이후에는 마찬가지로 다른 사용자의 데이터를 가져가거나 수정/삭제가 가능하기 때문에 권하지 않습니다. 사용자별로 데이터 접근을 분리하여 관리해야 할 것입니다.

지금까지 다룬 보안 규칙에 대한 내용을 실제 프로젝트에 반영하여 테스트를 해보면 보안 규칙에 대한 정책을 좀더 쉽게 이해할 수 있을 것입니다.

정리하며

파이어베이스에서 제공하는 데이터베이스 중에 이번 장에서는 클라우드 파이어스토어에 대해 알아보았습니다. 기존 실시간 데이터베이스 유사한 기능을 제공하고 있지만 직관적인 데이터 모델과 빠른 쿼리, 확장성을 제공하는 클라우드 파이어스토어를 추가로 지원하고 있습니다.

그리고 클라우드 파이어스토어를 사용하기 위한 방법에 대해서 알아보았습니다. 데이터 추가 및 삭제, 조회 기능을 예제를 통해 알아보았고, 데이터들에 대한 보안 규칙 설정으로 접근 제한하는 방법에 대해서도 다루었는데요, 여러분도 파이어베이스 클라우드를 앱과 직접 연동하여 파이어베이스 콘솔을 통해 확인해보기 바랍니다.

연습문제 | 퀴즈를 풀어보며 개념을 복습합니다.

문제에 대한 답은 백견불여일타 카페에서 확인할 수 있습니다. cafe.naver.com/codefirst

1 클라우드 파이어스토어에 대해서 설명해보세요.

2 클라우드 파이어스토어와 실시간 데이터베이스의 차이점에 대해서 간단히 적어보세요.

3 클라우드 파이어스토어에서 데이터의 구성에 대해서 표현해보세요.

4 클라우드 파이어스토어는 컬렉션, 문서, 필드로 구성되어 있는데 이들의 관계에 대해서 설명해보세요.

5 클라우드 파이어스토어에서 보안 규칙에 대해서 설명하고 기본적은 표현식을 기입하고 설명해보세요.

6 클라우드 파이어스토어 데이터 유형들에 대해서 설명해보세요.

7 클라우드 파이어스토어에서 데이터 색인에 대해서 설명하고 데이터 색인이 필요한 이유에 대해서 설명해보세요.

실습문제 | *실습은 지식을 내것으로 만드는*
최고의 방법입니다.

문제에 대한 답은 백견불여일타 카페에서 확인할 수 있습니다. cafe.naver.com/codefirst

클라우드 파이어스토어에서 보안 규칙을 아래와 같이 수정했습니다. 즉, 파이어베이스 인증을 통해 로그인이 되어 있는 사용자에 한하여 데이터에 대한 Read/Write 권한이 부여되어 접근할 수 있습니다. 우리가 만든 예제에서 파이어베이스 인증을 통해 접근하는 사용자에 대해서만 추가/삭제/수정이 가능하도록 수정해보도록 합니다.

1. 클라우드 파이어스토어의 보안 규칙이 파이어베이스 인증 시에만 접근할 수 있도록 되어 있는지 확인합니다.

실습문제 ｜ 실습은 지식을 내것으로 만드는
최고의 방법입니다.

2. 클라우드 파이어스토어의 예제 FirestoreActivity.java 파일에 **FirebaseAuth** 클래스를 통해 로
그인 유무를 확인할 수 있는 코드를 추가하고, 인증이 안 된 경우 사용자에게 파이어베이스 인증
이 안 되어 있음을 다이얼로그로 알려주는 코드를 추가합니다.

[FirestoreActivity.java]

[예제 파일 : java/com/goodroadbook/firebasestart/firestore/FirestoreActivity.java]

```java
package com.goodroadbook.firebasestart.firestore;
...
...

import android.content.DialogInterface;
import androidx.appcompat.app.AlertDialog;
import com.google.firebase.auth.FirebaseAuth;
import com.google.firebase.auth.FirebaseUser;

public class FirestoreActivity extends AppCompatActivity implements
View.OnClickListener {
    @Override
    protected void onCreate(Bundle savedInstanceState)
    {
...
...
    }

    @Override
    public void onClick(View view)
    {
        FirebaseUser user = FirebaseAuth.getInstance().getCurrentUser();
        if (user == null)
        {
            AlertDialog.Builder builder = new AlertDialog.Builder(this);
            builder.setTitle("경고");
            builder.setMessage("사용자 인증이 되지 않았습니다.
Firebase 인증에서 로그인 후 사용하세요.");
            builder.setPositiveButton("확인", new DialogInterface.OnClickListener()
            {
                public void onClick(DialogInterface dialog, int which)
                {
```

실습문제 실습은 지식을 내것으로 만드는
최고의 방법입니다.

```
            ;
        }
    });
    builder.show();
    return;
    }
...
...
    }
...
...

}
```

3. FirebastStart 앱을 실행하면 다음과 같은 형태로 동작하게 됩니다.

1) 파이어베이스 인증을 하지 않은 경우의 동작

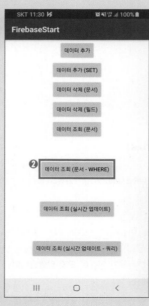

실습문제 │ 실습은 지식을 내것으로 만드는
최고의 방법입니다.

2) 파이어베이스 인증을 한 경우의 동작

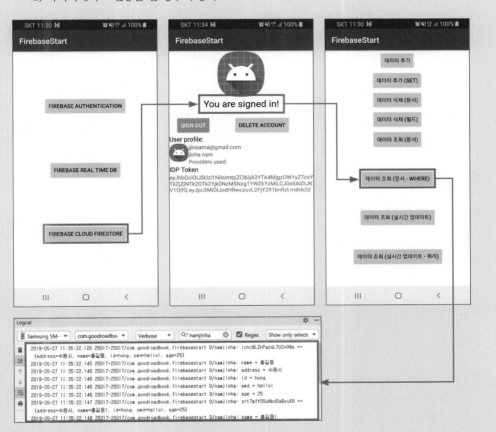

수백 번 본들 한번 만들어봄만 하리라
百見不如一打
백견불여일타
파이어베이스

6장
파이어베이스
클라우드 스토리지

이 장을 시작하기 전에

❶ 이 장에서는 사진과 동영상과 같은 파일을 관리해주는 클라우드 스토리지 서비스에 대해서 알아봅니다.

❷ 클라우드 스토리지 서비스에서 제공하는 파일 업로드 및 다운로드, 메타 데이터 사용, 파일 삭제 기능에 대해 파악하고 예제를 통해 사용법을 익혀봅시다.

6.1 파이어베이스 클라우드 스토리지 주요 기능

6.1.1 파이어베이스 클라우드 스토리지 소개

파이어베이스 클라우드 스토리지는 사진, 동영상 등의 사용자 제작 콘텐츠를 저장하고 제공해야 하는 앱 개발자를 위해 만들어진 데이터 스토리지 모델입니다. 사진과 동영상 등의 사용자 콘텐츠를 저장하고 제공하는 것을 직접 만들어 서비스하려면 서버 개발자와 장비가 필요합니다. 이때 클라이언트 개발자가 파이어베이스의 클라우드 스토리지 서비스를 이용하면 이 비용을 모두 줄일 수 있습니다. 즉, 서버 개발자와 서버 장비가 없어도 충분히 안정적인 서비스를 제공할 수 있습니다. 또한 클라이언트에서도 파이어베이스 SDK를 사용하면 아주 쉽게 사진, 동영상 등을 업로드 및 다운로드가 가능하기 때문에 개발 일정을 줄이면서 안정적인 제품을 만들 수 있게 됩니다.

간략하게 전체적인 파이어베이스 클라우드 스토리지 개념을 그림으로 표현하면 [그림 6-1]과 같습니다. 클라우드 스토리지에 사진, 동영상 등의 파일들을 올리기도 쉽지만 업로드된 파일들을 다른 사용자에게 공유 또한 쉬워집니다.

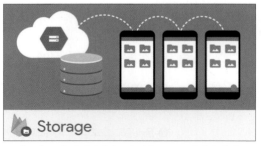

[그림 6-1] 파이어베이스 클라우드 스토리지의 개념

파이어베이스 클라우드 스토리지의 주요 기능에 대해서 소개하겠습니다.

견고한 작업

클라우드 스토리지용 파이어베이스 SDK는 네트워크 품질에 관계없이 업로드 및 다운로드를 수행하며, 업로드 및 다운로드가 중지된 위치부터 다시 시작되므로 사용자의 시간과 데이터를 절약할 수 있습니다.

강력한 보안

클라우드 스토리지용 파이어베이스 SDK는 파이어베이스 인증과 통합되어 개발자에게 간단하고 직관적인 인증을 제공하며, 파일 이름, 크기, 콘텐츠 유형 및 기타 메타 데이터를 기준으로 액세스를 허용할 수 있습니다.

높은 확장성

파이어베이스용 클라우드 스토리지는 앱 사용자가 급증할 때 엑사바이트급 규모로 확장이 가능하며, Spotify 및 Google 포토와 동일한 인프라로 프로토타입에서 프로덕션까지 원활하게 활용할 수 있습니다.

파이어베이스 클라우드 스토리지의 강력한 기능이 제공됨을 알 수 있습니다. 그런데 앱별로 파이어베이스 클라우드 스토리지를 원하는 만큼 마음대로 사용할 수 있는 건지에 대해 의문이 생기기도 합니다. 답은, '앱에서 원하는 만큼 마음대로 사용할 수 없다.'인데요, 파이어베이스의 주요 서비스들 중에는 무료로 사용할 수 있는 것들도 있지만 파이어베이스 클라우드 스토리지 같은 경우 [그림 6-2]처럼 사용량, 업로드/다운로드 속도에 따라 요금을 지불해야만 합니다. 요금제를 참고하여 앱에서 파이어베이스 클라우드 스토리지를 사용할 때 참고하세요.

product	Spark plan Ample limit for amateur developers free	Flame Plan Predictable pricing for growing apps $ 25 per month	Blaze Plan Calculate app price by scale Weighted system
Storage ❓			
Saved size (GB)	5GB	50GB	$ 0.026 / GB
Downloaded size (GB)	1GB per day	50GB per day	$ 0.12 / GB
Upload operation	20K per day	100K/day	$ 0.05 / 10k
Download Tasks	50K per day	250K per day	$ 0.004 / 10k

[그림 6-2] 파이어베이스 가격 정책 : https://firebase.google.com/pricing/

파이어베이스 스토리지에서 일일 다운로드는 1GB, 50,000건이 무료이고, 업로드는 5GB 한도 내에서 일일 20,000건을 무료로 사용할 수 있습니다.

파이어베이스 콘솔에서 파이어베이스 클라우드 스토리지에 처음 진입하면 [그림 6-3]과 같은 화면이 표시됩니다. 〈시작하기〉 버튼을 누르면 보안 규칙에 대해 알려주고 파이어베이스 클라우드 스토리지로 진입하게 됩니다.

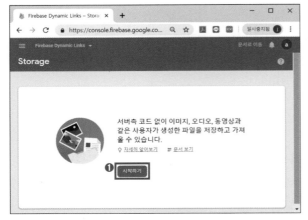

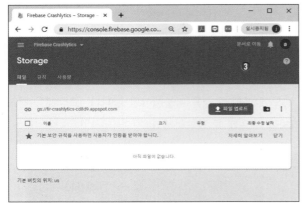

[그림 6-3] 파이어베이스 클라우드 스토리지로 진입하는 화면

기본 보안 규칙이 파이어베이스 인증을 받은 사용자만 접근할 수 있도록 설정되어 있기 때문에 개발 기간 동안에는 모든 사용자가 접근할 수 있는 형태로 수정하도록 합니다.

> **참고** 보안 규칙에 대해서는 **6.6 클라우드 스토리지의 보안 규칙**에서 자세히 배워보겠습니다.

[그림 6-4]와 같이 기본 보안 규칙인 파이어베이스 인증 시에 접근할 수 있던 것을 파이어베이스 인증 없이 접근할 수 있도록 수정합니다. 즉, read/write가 if true로 설정되어 조건에 상관없이 항상 허용될 수 있도록 했습니다.

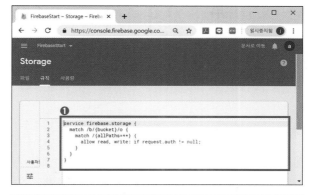

[그림 6-4] 클라우드 스토리지 보안 규칙을 모두 허용으로 설정한다.

6.2 클라우드 스토리지 시작하기 : 참조 만들기

클라우드 스토리지에서 참조를 통해 할 수 있는 기능

파이어베이스에서 콘솔을 통해 프로젝트를 생성하고 Android Studio에서 프로젝트 연동이 완료되면 파일을 클라우드 스토리지에 업로드할 수 있습니다. 업로드된 파일은 클라우드 스토리지 버킷에 저장됩니다. 여기서 버킷은 윈도우의 폴더 구조와 같은 개념으로 이해하면 되겠습니다.

> **버킷**
>
> 버킷은 데이터를 담는 기본 컨테이너입니다. 클라우드 스토리지에서 저장하는 모든 내용은 버킷에 포함되어야 합니다. 버킷을 사용하여 데이터를 구성하고 데이터 액세스를 제어할 수 있지만, 디렉토리 및 폴더와 달리 버킷을 중첩할 수는 없습니다. 버킷 생성과 삭제에는 제한 사항이 있으므로, 강도 높은 객체 작업과 상대적으로 적은 버킷 작업에 적합하게 저장소 애플리케이션을 설계해야 합니다.

이러한 버킷에 저장된 파일을 접근하려면 파일을 가리키는 참조를 만들어야 합니다. 참조를 만들게 되면 업로드, 다운로드, 메터데이터 가져오기 또는 업데이트, 파일 삭제와 같은 작업을 할 수 있습니다.

우리는 이러한 참조를 생성하여 클라우드 스토리지를 통해서 다음과 같은 기능을 할 수 있습니다.

- 파일 업로드
- 파일 다운로드
- 파일 메타 데이터 가져오기
- 파일 삭제

이 절에서는 파이어베이스에서 이 기능들을 사용하기 위해 파일을 가리키는 참조를 만드는 방법에 대해서 알아보겠습니다.

6.2.1 참조 만들기

```
[참조 생성]
// FirebaseStorage 싱글톤
FirebaseStorage storage = FirebaseStorage.getInstance();

// Storage 참조 만들기
StorageReference storageRef = storage.getReference();

// 참조를 통해 child의 image 버킷 참조 만들기
StorageReference imagesRef = storageRef.child("images");

// "images" 버킷의 20180306_190721.jpg 파일 참조 만들기
StorageReference spaceRef = storageRef.child("images/20180306_190721.jpg");
```

위는 FirebaseStorage 싱글톤 인스턴스를 통해 getReference()로 StorageReference 인스턴스를
가져와 "images" 버킷의 참조를 만드는 코드입니다. 그리고 "images" 버킷의 참조를 통해 child()
함수로 하위 위치 파일의 참조를 만드는데요, 실제 파이어베이스 콘솔의 클라우드 스토리지는 다
음 [그림 6-5]와 같이 구성되어 있습니다.

[그림 6-5] 파이어베이스 콘솔에서 "images" 버킷 생성과 참조 생성

6.2.2 상위 계층 및 루트 참조 탐색하기

앞에서 버킷 안의 파일을 가리키는 참조를 만드는 방법에 대해서 알아보았는데요, 이번에는 버킷들의 상위 계층 또는 루트를 탐색하는 방법을 익혀봅니다.

상위 계층은 getParent() 함수가, 루트 탐색은 getRoot()가 사용됩니다.

```
[상위/루트 참조 탐색]
// FirebaseStorage 싱글톤
FirebaseStorage storage = FirebaseStorage.getInstance();

// Storage 참조 만들기
StorageReference storageRef = storage.getReference();

// "images" 버킷의 20180306_190721.jpg 파일 참조 만들기
StorageReference spaceRef = storageRef.child("images/20180306_190721.jpg");

// "images" 버킷의 parent 참조 만들기
StorageReference imagesRef = spaceRef.getParent();

// Storage의 root 참조 만들기
StorageReference rootRef = spaceRef.getRoot();
```

참조 탐색을 통해서 상위(getParent()), 하위(child()), 루트(getRoot())를 탐색할 수 있습니다. 루트를 탐색할 때 getRoot() 후에 getParent()를 호출하면 null이 반환됩니다. 그리고 참조를 통해 다음과 같은 값을 가져올 수 있습니다.

- getPath()
- getName()
- getBucket()

각 함수의 역할에 대해 간략히 소개하면,

getPath() 함수는 참조를 만든 파일이나 버킷의 경로를 String으로 반환합니다.

getName() 함수는 현재 참조의 파일명이나 버킷명을 String으로 반환합니다.

getButket() 함수는 참조의 버킷명을 String을 반환합니다. 다음 코드를 사용하여 참조를 만든 파일의 정보를 획득할 수 있습니다.

```
[참조 파일 정보]
// FirebaseStorage 싱글톤
FirebaseStorage storage = FirebaseStorage.getInstance();

// Storeage 참조 만들기
StorageReference storageRef = storage.getReference();

// "images" 버킷의 20180306_190721.jpg 파일 참조 만들기
StorageReference spaceRef = storageRef.child("images/20180306_190721.jpg");

// "images/20180306_190721.jpg"의 참조를 통해 path 정보를 String으로 반환합니다.
String path = spaceRef.getPath();

// 참조의 "20180306_190721.jpg" 파일명을 String으로 반환합니다.
String name = spaceRef.getName();

// 참조의 버킷명을 String으로 반환합니다.
String bucket = spaceRef.getBucket();
```

6.2.3 참조 만들 때 주의사항

참조를 만들 때 기억해야 할 주의사항이 있습니다. 참조 경로 및 이름에는 임의의 유효한 유니코드 Unicode 문자 시퀀스가 포함될 수 있지만 다음을 비롯하여 몇 가지 제한사항이 있습니다.

- reference.fullPath의 전체 길이는 UTF-8 인코딩할 때 1~1024바이트로 제한한다.
- 캐리지 리턴 또는 라인 피드 문자는 사용할 수 없다.
- #, [,], * 또는 ?는 파이어베이스 실시간 데이터베이스 또는 gsutil 등의 다른 도구와 잘 호환되지 않으므로 사용하지 않을 것을 추천한다.

6.3 클라우드 스토리지에 파일 업로드하기

6.3.1 파일 업로드를 돕는 기능별 함수 소개

클라우드 스토리지에 파일을 업로드하는 방법을 소개하겠습니다. 클라우드 스토리지 버킷에 파일을 업로드하기 위해 클라우드 스토리지 SDK에서 제공하는 함수는 다음과 같습니다.

- putBytes()
- putStream()
- putFile()

이 함수들의 각각의 기능에 대해 간략히 알아볼까요?

putBytes()를 사용하여 클라우드 스토리지 버킷에 파일을 업로드하기 위해서는 앱에서 메모리에 전체 파일을 모두 로드해야 하기 때문에 파일이 큰 경우 메모리 이슈가 발생할 수 있습니다. 따라서 메모리를 절약하려면 putStream() 또는 putFile()를 사용하는 것이 좋습니다.

putStream()로는 파일을 업로드하는 방법을 가장 많이 사용합니다. 업로드되는 파일을 InputStream으로 putStream()을 통해 업로드되고 UploadTask로 파일 업로드 상태를 모니터링하고, 성공/실패를 확인할 수 있습니다.

putFile()는 기기의 사진 및 동영상 등과 같은 파일을 업로드할 때 사용합니다. putSteream()와 마찬가지로 UploadTask를 통해 파일 업로드 상태를 모니터링하고, 성공/실패를 확인할 수 있습니다.

6.3.2 업로드하려는 파일을 위한 참조 만들기

클라우드 스토리지에서 업로드 함수를 사용하여 파일을 업로드하려면, 가장 먼저 파일 이름을 포함한 파일 전체 경로에 대한 참조를 만들어야 합니다.

```
[업로드 파일 참조 만들기]
// FirebaseStorage 싱글톤
FirebaseStorage storage = FirebaseStorage.getInstance();

// Storeage 참조 만들기
StorageReference storageRef = storage.getReference();

// "images" 버킷의 uploadimage.jpg 파일 참조 만들기
StorageReference imageRef = storageRef.child("images/uploadimage.jpg");
```

6.3.3. 기능별 함수로 클라우드 스토리지에 파일 업로드하기

putBytes( )로 파일 업로드하기

클라우드 스토리지 버킷에 참조를 만들었으면 putBytes(), putStream(), putFile() 함수별로 사용하는 방법을 보도록 합니다. 먼저 putBytes()를 사용하여 byte로 업로드하는 방법을 알아봅니다. Firebase Cloud Storaged의 images 버킷에 uploadimage.jpg 파일이 생성됩니다.

```java
[putBytes( ) 함수]
// FirebaseStorage 싱글톤
FirebaseStorage storage = FirebaseStorage.getInstance();

// Storeage 참조 만들기
StorageReference storageRef = storage.getReference();

// "images" 버킷의 uploadimage.jpg 파일 참조 만들기
StorageReference imageRef = storageRef.child("images/uploadimage.jpg");

// 이미지뷰의 데이터를 bitmap으로 가져와 Byte로 변환
img.setDrawingCacheEnabled(true);
img.buildDrawingCache();
Bitmap bitmap = ((BitmapDrawable) img.getDrawable()).getBitmap();
ByteArrayOutputStream baos = new ByteArrayOutputStream();
bitmap.compress(Bitmap.CompressFormat.JPEG, 100, baos);
byte[] imgdata = baos.toByteArray();

UploadTask uploadTask = imageRef.putBytes(imgdata);
uploadTask.addOnFailureListener(new OnFailureListener()
{
    @Override
    public void onFailure(@NonNull Exception exception)
    {
        // Handle unsuccessful uploads
    }
}).addOnSuccessListener(new OnSuccessListener<UploadTask.TaskSnapshot>()
{
    @Override
    public void onSuccess(UploadTask.TaskSnapshot taskSnapshot)
    {
        // taskSnapshot.getMetadata() contains file metadata such as size, content-
type, etc.
        // ...
    }
});
```

putStream( )로 파일 업로드하기

다음은 putStream() 함수를 사용하여 업로드하는 방법입니다. 단말 안의 uploadimage.jpg 파일을 putStream() 함수를 이용하여 클라우드 스토리지의 images 버킷에 uploadimage.jpg 파일이 생성 됩니다.

```
[putStream( ) 함수]
Uri file = Uri.fromFile(new File("uploadimage.jpg"));

// FirebaseStorage 싱글톤
FirebaseStorage storage = FirebaseStorage.getInstance();

// Storeage 참조 만들기
StorageReference storageRef = storage.getReference();

// "images" 버킷의 uploadimage.jpg 파일 참조 만들기
StorageReference imageRef = storageRef.child("images/uploadimage.jpg");

InputStream stream = new FileInputStream(new File("uploadimage.jpg"));

UploadTask uploadTask = imageRef.putStream(stream);
uploadTask.addOnFailureListener(new OnFailureListener()
{
    @Override
    public void onFailure(@NonNull Exception exception)
    {
        // Handle unsuccessful uploads
    }
}).addOnSuccessListener(new OnSuccessListener<UploadTask.TaskSnapshot>()
{
    @Override
    public void onSuccess(UploadTask.TaskSnapshot taskSnapshot)
    {
        // taskSnapshot.getMetadata() contains file metadata such as size, content-
type, etc.
        // ...
    }
});
```

putFile( )로 파일 업로드하기

마지막으로 putFile() 함수를 이용하여 클라우드 스토리지에 파일을 업로드하는 방법입니다.

```
[putFile( ) 함수]
// FirebaseStorage 싱글톤
FirebaseStorage storage = FirebaseStorage.getInstance();

// Storeage 참조 만들기
StorageReference storageRef = storage.getReference();

// "images" 버킷의 uploadimage.jpg 파일 참조 만들기
StorageReference imageRef = storageRef.child("images/uploadimage.jpg");

Uri file = Uri.fromFile(new File("uploadimage.jpg"));

UploadTask uploadTask = imageRef.putFile(file);

uploadTask.addOnFailureListener(new OnFailureListener()
{
    @Override
    public void onFailure(@NonNull Exception exception)
    {
        // Handle unsuccessful uploads
    }
}).addOnSuccessListener(new OnSuccessListener<UploadTask.TaskSnapshot>()
{
    @Override
    public void onSuccess(UploadTask.TaskSnapshot taskSnapshot)
    {
        // taskSnapshot.getMetadata() contains file metadata such as size,
content-type, etc.
        // ...
    }
});
```

6.3.4 업로드된 파일에 대한 다운로드 URL 가져오기

클라우드 스토리지 버킷에 파일을 업로드할 수 있도록 제공되는 함수별 업로드하는 방법을 살펴보았습니다. 그리고 클라우드 스토리지에 업로드되는 파일들에 대한 다운로드 URL을 가져올 수 있습니다. 업로드되는 파일들에 대한 다운로드 URL 정보를 가져오는 방법에 대해서 소개하려고 합니다.

putFile()로 업로드를 요청하면 UploadTask의 continueWithTask()에서 다운로드 URL 정보를 획득했을 때 then()에서 StorageReference의 getDownloadUrl()를 통해 얻을 수 있습니다. 아래의 예제를 참고하세요.

```
[다운로드 URL 가져오기]
Uri file = Uri.fromFile(new File("uploadimage.jpg"));

// FirebaseStorage 싱글톤
FirebaseStorage storage = FirebaseStorage.getInstance();

// Storeage 참조 만들기
StorageReference storageRef = storage.getReference();

// "images" 버킷의 uploadimage.jpg 파일 참조 만들기
final StorageReference imageRef = storageRef.child("images/uploadimage.jpg");
UploadTask uploadTask = imageRef.putFile(file);

Task<Uri> urlTask = uploadTask.continueWithTask(new Continuation<UploadTask.
TaskSnapshot, Task<Uri>>()
{
    @Override
    public Task<Uri> then(@NonNull Task<UploadTask.TaskSnapshot> task) throws Exception
    {
        if (!task.isSuccessful())
        {
            throw task.getException();
        }
        // Continue with the task to get the download URL
        return imageRef.getDownloadUrl();
    }
}).addOnCompleteListener(new OnCompleteListener<Uri>()
{
    @Override
    public void onComplete(@NonNull Task<Uri> task)
    {
        if (task.isSuccessful())
        {
            Uri downloadUri = task.getResult();
        }
        else
        {
            // Handle failures
            // ...
        }
    }
});
```

6.3.5 리스너로 업로드 진행 모니터링하기

우리가 만드는 앱에서 클라우드 스토리지 버킷으로 업로드가 한번에 끝나는 상황이 나오지 않기도
합니다. 가령, 업로드 되는 파일이 너무 커서 시간이 오래 걸리면 사용자가 취소할 수도 있고, 취소
한 후 다시 업로드를 진행할 수도 있습니다. 이러한 다양한 상황에 따른 상태를 모니터링할 수 있
어야 하는데 클라우드 스토리지에서는 업로드 관리할 수 있는 함수 pause(), resume(), cancel()
를 제공합니다.

또한 업로드 진행률을 모니터링할 수 있는 리스너를 제공합니다. 먼저 업로드 관리에 제공하는
pause(), resume(), cancel()를 아래와 같이 사용할 수 있습니다.

```
[업로드 관리 함수 사용]
uploadTask = storageRef.child("images/uploadimage.jpg").putFile(file);

// Pause the upload
uploadTask.pause();

// Resume the upload
uploadTask.resume();

// Cancel the upload
uploadTask.cancel();
```

다음은 업로드 진행률을 모니터링할 수 있는 리스너 유형과 용도를 [표 6-1]에 담았습니다.

[표 6-1] 업로드 모니터링 리스너 유형 및 용도

리스너 유형	용도
OnProgressListener	데이터 전송 중에 주기적으로 호출되며 업로드/다운로드 진행률을 표시하는데 사용할 수 있다.
OnPausedListener	작업이 일시 중지될 때 호출된다.
OnSuccessListener	작업이 정상적으로 완료되었을 때 호출된다.
OnFailureListener	업로드가 실패했을 때 호출된다. 네트워크 시간 초과, 승인 실패, 작업 취소 등의 이유로 실패할 수 있다.

다음은 UploadTask 이벤트 리스너로 업로드 이벤트를 간편하고 유용하게 모니터링하는 예제 코드
입니다.

```
[업로드 이벤트 리스너]
Uri file = Uri.fromFile(new File("uploadimage.jpg"));

// FirebaseStorage 싱글톤
FirebaseStorage storage = FirebaseStorage.getInstance();

// Storeage 참조 만들기
StorageReference storageRef = storage.getReference();

// "images" 버킷의 uploadimage.jpg 파일 참조 만들기
StorageReference imageRef = storageRef.child("images/uploadimage.jpg");

UploadTask uploadTask = imageRef.putFile(file);

uploadTask.addOnProgressListener(new OnProgressListener<UploadTask.TaskSnapshot>()
{
    @Override
    public void onProgress(UploadTask.TaskSnapshot taskSnapshot)
    {
        double progress = (100.0 * taskSnapshot.getBytesTransferred()) /
taskSnapshot.getTotalByteCount();
        Log.d("namjinha", "Upload is " + progress + "% done");
    }
}).addOnPausedListener(new OnPausedListener<UploadTask.TaskSnapshot>()
{
    @Override
    public void onPaused(UploadTask.TaskSnapshot taskSnapshot)
    {
        Log.d("namjinha", "Upload is paused");
    }
});
```

위 업로드 이벤트 리스너 코드를 보면 UploadTask.TaskSnapshot 객체를 볼 수 있습니다.
UploadTask.TaskSnapshot 같은 경우 작업에 정보를 가지고 있는 객체로 보면 되겠습니다.
UploadTask.TaskSnapshot에서는 다음과 같은 정보를 얻을 수 있습니다.

[표 6-2] UploadTask.TaskSnapshot

항목	유형	설명
getDownloadUrl	String	개체를 다운로드하는 데 사용할 수 있는 URL
getError	Exception	작업이 실패한 경우 그 원인이 Exception 형식으로 포함
getBytesTransferred	long	이 스냅샷을 생성한 시점까지 전송된 총 바이트 수다.
getTotalByteCount	long	업로드 될 총 바이트 수
getUploadSessionUri	String	putFile을 다시 호출하여 이 작업을 계속하는 데 사용할 수 있는 URI
getMetadata	StorageMetadata	업로드가 완료되기 전에는 서버로 전송되는 메타 데이터고, 업로드가 완료된 후에는 서버가 반환한 메타 데이터
getTask	UploadTask	호출 시 스냅샷을 생성 업로드를 취소, 일시중지 또는 재개 가능
getStorage	StorageReference	UploadTask를 만드는 데 사용된 StorageReference

지금까지 클라우드 스토리지 버킷에 파일을 업로드하는 방법에 대해서 알아봤는데요, 이제 업로드와 관련 코드들은 어떻게 동작하는지 실전 예제를 통해 배운 내용을 자세히 살펴보겠습니다.

6.3.6 실전 예제: 클라우드 스토리지에 파일 업로드하기

이제 배운 내용을 기반 삼아, 실제로 앱에서 단말의 사진을 파이어베이스 클라우드 스토리지에 업로드하는 예제를 만들어보려고 합니다.

 이후 배울 내용들 즉 파일 다운로드, 삭제 등도 이 예제에 이어서 진행할 예정이니 참고하세요.

시작하기 전에 어떻게 동작하는지 이해하고 코딩하면 한결 수월할 텐데요, [그림 6-6]은 파이어베이스 클라우드 스토리지에 업로드하는 과정입니다. 한번 살펴보고 코딩으로 들어가겠습니다.

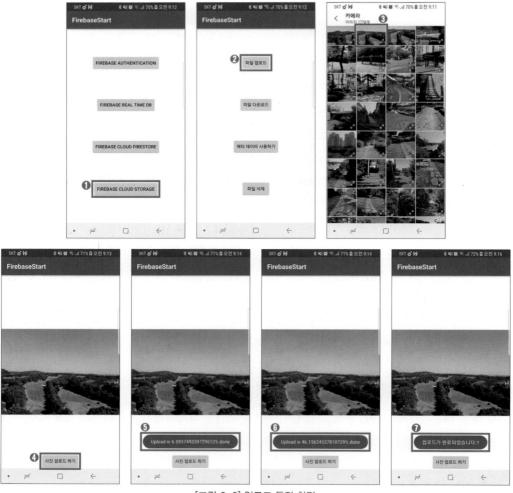

[그림 6-6] 업로드 동작 화면

업로드된 사진은 실제 파이어베이스 콘솔에서 확인할 수 있습니다. [그림 6-7]은 파이어베이스 콘솔의 클라우드 스토리지에 업로드된 사진입니다.

[그림 6-7] 파이어베이스 콘솔의 클라우드 스토리지에 업로드된 사진

이제부터 파이어베이스 클라우드 스토리지에서 파일 업로드 및 다운로드를 실제 모바일 기기에서
동작할 수 있도록 만들어 보려고 합니다.

클라우드 스토리지 사용을 위한 프로젝트 구성하기

가장 먼저 Android Studio의 FirebaseStart 프로젝트에서 파이어베이스 클라우드 스토리지 서비
스를 사용하기 위해 앱 수준의 build.gradle 파일을 [코드 6-1]과 같이 추가합니다.

[코드 6-1] 클라우드 스토리지 사용을 위해 프로젝트 구성하기

[FirebaseStart의 앱 수준의 build.gradle]　　　　　　　　　　　　　　[예제 파일 : 앱 수준의 build.gradle]

```
apply plugin: 'com.android.application'
...
...
dependencies {
    ...
    ...

    //Firebase Cloud Storage
    implementation 'com.google.firebase:firebase-storage:18.1.1'

    // FirebaseUI Storage only
    implementation 'com.firebaseui:firebase-ui-storage:1.2.0'
}

apply plugin: 'com.google.gms.google-services'
```

다음은 Android Studio의 FirebaseStart 프로젝트를 [그림 6-8]과 같이 구성합니다.

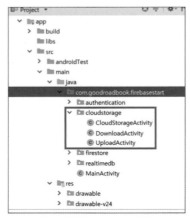

[그림 6-8] 클라우드 스토리지 사용을 위한 프로젝트 구성

클라우드 스토리지로 파일 업로드/다운로드하기

[그림 6-8]처럼 com.goodroadbook.firebasestart 패키지 하위에 cloudstorage 패키지를 추가하고 클라우드 스토리지 메인에 해당하는 CloudStorageActivity.java 파일과 파일의 업로드/다운로드 예제를 확인하기 위해 UploadActivity.java, DownloadActivity.java 파일을 각각 만듭니다.

> 참고
> 다운로드 예제는 다음 절에서 다루므로 함께 만들어주세요.

전부 Activity이기 때문에 안드로이드 스튜디오에서 아래 그림과 같이 Activity 생성 후 AndroidMainfest.xml 파일에 다음 [코드 6-2]와 같이 추가되어 있는지 확인합니다.

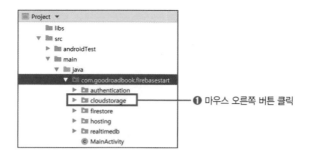

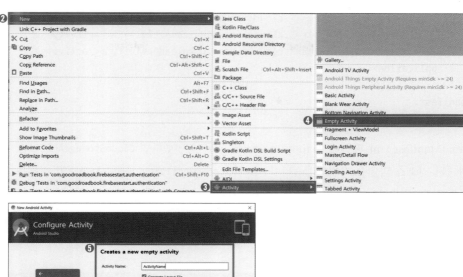

[**그림 6-9**] 안드로이드 스튜디오에서 액티비티를 생성한다.

[**코드 6-2**] 클라우드 스토리지로 파일 업로드/다운로드 구성하기

[AndroidManifest.xml]	[예제 파일 : 프로젝트의 main 폴더]

```xml
<?xml version="1.0" encoding="utf-8"?>
<manifest xmlns:android="http://schemas.android.com/apk/res/android"
    package="com.goodroadbook.firebasestart">

    <uses-permission android:name="android.permission.INTERNET" />

    <application
        android:allowBackup="true"
        android:icon="@mipmap/ic_launcher"
        android:label="@string/app_name"
        android:roundIcon="@mipmap/ic_launcher_round"
        android:supportsRtl="true"
        android:theme="@style/AppTheme">
        ...
        ...
```

```
    <activity android:name=".cloudstorage.CloudStorageActivity"></activity>
    <activity android:name=".cloudstorage.UploadActivity"></activity>
    <activity android:name=".cloudstorage.DownloadActivity"></activity>
  </application>

</manifest>
```

AndroidManifest.xml 파일에 Activity가 추가된 것을 확인했다면 CloudStorageActivity 클래스와 관련된 리소스 파일을 추가하겠습니다. CloudStorageActivity 클래스는 4개의 버튼을 제공하고 각 버튼은 클라우드 스토리지 기능을 확인하기 위한 화면으로 이동할 수 있도록 구성되어 있습니다. 먼저 CloudStorageActivity에서 사용하는 리소스 파일(activity_cloudstorage.xml) 구성을 [코드 6-3]과 같이 만들어 봅니다.

[코드 6-3] 클라우드 스토리지로 파일 업로드/다운로드 버튼 만들고 연결하기

[activity_cloudstorage.xml]   [예제 파일 : res/layout/ activity_cloudstorage.xml]

```xml
<?xml version="1.0" encoding="utf-8"?>
<androidx.constraintlayout.widget.ConstraintLayout xmlns:android=
  "http://schemas.android.com/apk/res/android"
    xmlns:app="http://schemas.android.com/apk/res-auto"
    xmlns:tools="http://schemas.android.com/tools"
    android:layout_width="match_parent"
    android:layout_height="match_parent"
    tools:context=".cloudstorage.CloudStorageActivity">

    <Button
        android:id="@+id/uploadbtn"
        android:layout_width="wrap_content"
        android:layout_height="wrap_content"
        android:text="파일 업로드"
        app:layout_constraintTop_toTopOf="parent"
        app:layout_constraintBottom_toTopOf="@+id/downloadbtn"
        app:layout_constraintLeft_toLeftOf="parent"
        app:layout_constraintRight_toRightOf="parent" />

    <Button
        android:id="@+id/downloadbtn"
        android:layout_width="wrap_content"
        android:layout_height="wrap_content"
        android:text="파일 다운로드"
        app:layout_constraintTop_toBottomOf="@+id/uploadbtn"
        app:layout_constraintBottom_toTopOf="@+id/metainfobtn"
        app:layout_constraintLeft_toLeftOf="parent"
        app:layout_constraintRight_toRightOf="parent" />
```

```xml
    <Button
        android:id="@+id/metainfobtn"
        android:layout_width="wrap_content"
        android:layout_height="wrap_content"
        android:text="메타 데이터 사용하기"
        app:layout_constraintTop_toBottomOf="@+id/downloadbtn"
        app:layout_constraintBottom_toTopOf="@+id/deletebtn"
        app:layout_constraintLeft_toLeftOf="parent"
        app:layout_constraintRight_toRightOf="parent"/>

    <Button
        android:id="@+id/deletebtn"
        android:layout_width="wrap_content"
        android:layout_height="wrap_content"
        android:text="파일 삭제"
        app:layout_constraintTop_toBottomOf="@+id/metainfobtn"
        app:layout_constraintBottom_toBottomOf="parent"
        app:layout_constraintLeft_toLeftOf="parent"
        app:layout_constraintRight_toRightOf="parent" />

</androidx.constraintlayout.widget.ConstraintLayout>
```

그리고 CloudStorageActivity.java 파일을 다음과 같이 구성하면 되겠습니다.

[CloudStorageActivity.java]
[예제 파일 : java/com/goodroadbook/firebasestart/cloudstorage/CloudStorageActivity.java]

```java
package com.goodroadbook.firebasestart.cloudstorage;

...

import android.content.Intent;
import android.content.pm.PackageManager;
import android.os.Build;
import android.view.View;
import android.widget.Button;
import android.widget.Toast;

import com.goodroadbook.firebasestart.R;

public class CloudStorageActivity extends AppCompatActivity implements
View.OnClickListener
{
```

```java
    private final int REQUEST_CODE = 100;

    private Button uploadbtn;
    private Button downloadbtn;
    private Button metainfobtn;
    private Button deletebtn;

    @Override
    protected void onCreate(Bundle savedInstanceState)
    {
        super.onCreate(savedInstanceState);
        setContentView(R.layout.activity_cloudstorage);

        uploadbtn = (Button)findViewById(R.id.uploadbtn);
        uploadbtn.setOnClickListener(this);

        downloadbtn = (Button)findViewById(R.id.downloadbtn);
        downloadbtn.setOnClickListener(this);

        metainfobtn = (Button)findViewById(R.id.metainfobtn);
        metainfobtn.setOnClickListener(this);

        deletebtn = (Button)findViewById(R.id.deletebtn);
        deletebtn.setOnClickListener(this);

        if (Build.VERSION.SDK_INT >= Build.VERSION_CODES.M)
        {
            if (checkSelfPermission(android.Manifest.permission.
READ_EXTERNAL_STORAGE) != PackageManager.PERMISSION_GRANTED)
            {
                requestPermissions(new String[]{android.Manifest.permission.
READ_EXTERNAL_STORAGE}, REQUEST_CODE);
                Toast.makeText(this, "안드로이드 6.0부터 마시멜로부터 일부 권한에 대해
사용자에게 동의 필요!", Toast.LENGTH_LONG).show();
                uploadbtn.setEnabled(false);
                downloadbtn.setEnabled(false);
                metainfobtn.setEnabled(false);
                deletebtn.setEnabled(false);
            }
        }
    }

    @Override
    public void onClick(View v)
    {
```

```java
        Intent i = null;

        switch (v.getId())
        {
            case R.id.uploadbtn:
                i = new Intent(this, UploadActivity.class);
                break;
            case R.id.downloadbtn:
                i = new Intent(this, DownloadActivity.class);
                break;
            default:
                break;
        }

        if(i != null)
        {
            startActivity(i);
        }
    }

    @Override
    public void onRequestPermissionsResult(int requestCode, String[] permissions,
int[] grantResults)
    {
        super.onRequestPermissionsResult(requestCode, permissions, grantResults);

        switch(requestCode)
        {
            case REQUEST_CODE:
                if(grantResults.length > 0 && grantResults[0] ==
PackageManager.PERMISSION_GRANTED)
                {
                    uploadbtn.setEnabled(true);
                    downloadbtn.setEnabled(true);
                    metainfobtn.setEnabled(true);
                    deletebtn.setEnabled(true);
                }
                break;
            default:
                break;
        }
    }
}
```

CloudStorageActivity 클래스에서는 이미지에 접근하기 위해서 저장소 권한을 획득할 수 있도록 onCreate()에서 권한 체크하는 부분이 들어가 있습니다. 그리고 저장소 권한이 있을 때만 파일 업로드가 가능하기 때문에 저장소 권한을 획득하지 못하는 경우 〈파일 업로드〉 버튼은 비활성화 처리가 됩니다. 즉, 저장소 권한이 없는 경우 갤러리의 사진을 가져오지 못하기 때문에 파일 업로드 기능을 사용할 수 없습니다. 그리고 AndroidManifest.xml 파일에 저장소 권한을 추가해야 합니다. [코드 6-4]와 같이 추가합니다.

[코드 6-4] 기기 스토리지의 파일 접근을 위한 권한 추가하기

[AndroidManifest.xml]　　　　　　　　　　　　　　　　　　[예제 파일 : 프로젝트의 main 폴더]

```xml
<?xml version="1.0" encoding="utf-8"?>
<manifest xmlns:android="http://schemas.android.com/apk/res/android"
    package="com.goodroadbook.firebasestart">

    <uses-permission android:name="android.permission.INTERNET" />
    <uses-permission android:name="android.permission.READ_EXTERNAL_STORAGE"/>
...
...
</manifest>
```

CloudStorageActivity 클래스에서 저장소 권한 획득과 각 기능 화면으로 이동하는 것이 주요 기능입니다. 파일 업로드 기능 구현은 다음 [코드 6-5]처럼 추가해 주면 되겠습니다. 먼저 파일 업로드 기능은 UploadActivity 클래스와 activity_upload.xml 리소스 파일로 구성됩니다.

[코드 6-5] 클라우드 스토리지로 파일 업로드 구성하기

[activity_upload.xml]　　　　　　　　　　　　　　[예제 파일 : res/layout/activity_upload.xml]

```xml
<?xml version="1.0" encoding="utf-8"?>
<androidx.constraintlayout.widget.ConstraintLayout xmlns:android=
 "http://schemas.android.com/apk/res/android"
    xmlns:app="http://schemas.android.com/apk/res-auto"
    xmlns:tools="http://schemas.android.com/tools"
    android:layout_width="match_parent"
    android:layout_height="match_parent"
    tools:context=".cloudstorage.UploadActivity">

    <ImageView
        android:id="@+id/showimg"
        android:layout_width="wrap_content"
        android:layout_height="wrap_content"
        app:layout_constraintLeft_toLeftOf="parent"
        app:layout_constraintRight_toRightOf="parent"
        app:layout_constraintTop_toTopOf="parent" />
```

```xml
    <Button
        android:id="@+id/imguploadbtn"
        android:layout_width="wrap_content"
        android:layout_height="wrap_content"
        android:text="사진 업로드 하기"
        app:layout_constraintBottom_toBottomOf="parent"
        app:layout_constraintLeft_toLeftOf="parent"
        app:layout_constraintRight_toRightOf="parent" />

</androidx.constraintlayout.widget.ConstraintLayout>
```

[UploadActivity.java]   [예제 파일 : java/com/goodroadbook/firebasestart/cloudstorage/UploadActivity.java]

```java
package com.goodroadbook.firebasestart.cloudstorage;

...
...
import androidx.annotation.NonNull;
import android.app.Activity;
import android.content.Intent;
import android.database.Cursor;
import android.graphics.Bitmap;
import android.net.Uri;
import android.os.Build;
import android.provider.MediaStore;
import android.util.Log;
import android.view.View;
import android.widget.Button;
import android.widget.ImageView;
import android.widget.Toast;

import com.goodroadbook.firebasestart.R;
import com.google.android.gms.tasks.OnFailureListener;
import com.google.android.gms.tasks.OnSuccessListener;
import com.google.firebase.storage.FirebaseStorage;
import com.google.firebase.storage.OnPausedListener;
import com.google.firebase.storage.OnProgressListener;
import com.google.firebase.storage.StorageMetadata;
import com.google.firebase.storage.StorageReference;
import com.google.firebase.storage.UploadTask;

import java.io.File;


public class UploadActivity extends AppCompatActivity implements View.OnClickListener
{
```

```java
private final int REQ_CODE_SELECT_IMAGE = 1000;

private String mImgPath = null;
private String mImgTitle = null;
private String mImgOrient = null;

@Override
protected void onCreate(Bundle savedInstanceState)
{
    super.onCreate(savedInstanceState);
    setContentView(R.layout.activity_upload);

    Button uploadbtn = (Button)findViewById(R.id.imguploadbtn);
    uploadbtn.setOnClickListener(this);

    getGallery();
}


@Override
protected void onActivityResult(int requestCode, int resultCode, Intent data)
{
    // 선택된 사진을 받아 서버에 업로드합니다.
    if (requestCode == REQ_CODE_SELECT_IMAGE)
    {
        if (resultCode == Activity.RESULT_OK)
        {
            Uri uri = data.getData();
            getImageNameToUri(uri);

            try
            {
                Bitmap bm = MediaStore.Images.Media.
getBitmap(getContentResolver(), uri);
                ImageView img = (ImageView) findViewById(R.id.showimg);
                img.setImageBitmap(bm);

            }
            catch (Exception e)
            {
                e.printStackTrace();
            }
        }
    }
}
```

```java
    @Override
    public void onClick(View v)
    {
        switch (v.getId())
        {
            case R.id.imguploadbtn:
                uploadFile(mImgPath);
                break;
            default:
                break;
        }
    }


    /**
     * 사진 선택을 위해 갤러리를 호출합니다.
     */
    private void getGallery()
    {
        Intent intent = null;

        // 안드로이드 KitKat(level 19)부터는 ACTION_PICK 이용
        if(Build.VERSION.SDK_INT >= 19)
        {
            intent = new Intent(Intent.ACTION_PICK, MediaStore.Images.Media.
EXTERNAL_CONTENT_URI);
        }
        else
        {
            intent = new Intent(Intent.ACTION_GET_CONTENT);
        }

        intent.setType("image/*");
        startActivityForResult(intent, REQ_CODE_SELECT_IMAGE);
    }


    /**
     * URI 정보를 이용하여 사진 정보 가져옴
     */
    private void getImageNameToUri(Uri data)
    {
        String[] proj =
        {
                MediaStore.Images.Media.DATA,
                MediaStore.Images.Media.TITLE,
                MediaStore.Images.Media.ORIENTATION
```

```java
        };

        Cursor cursor = this.getContentResolver().query(data, proj, null, null, null);
        cursor.moveToFirst();

        int column_data = cursor.getColumnIndexOrThrow(MediaStore.Images.Media.DATA);
        int column_title = cursor.getColumnIndexOrThrow(
MediaStore.Images.Media.TITLE);
        int column_orientation = cursor.getColumnIndexOrThrow
(MediaStore.Images.Media.ORIENTATION);

        mImgPath = cursor.getString(column_data);
        mImgTitle = cursor.getString(column_title);
        mImgOrient = cursor.getString(column_orientation);

        Log.d("namjinha", "mImgPath = " + mImgPath);
        Log.d("namjinha", "mImgTitle = " + mImgTitle);
        Log.d("namjinha", "mImgOrient = " + mImgOrient);
    }

    /**
     *
     * Firebase Cloud Storage 파일 업로드
     *
     */
    private void uploadFile(String aFilePath)
    {
        Uri file = Uri.fromFile(new File(aFilePath));
        StorageMetadata metadata = new StorageMetadata.Builder()
                .setContentType("image/jpeg")
                .build();

        // 참조 만들기 및 파일 업로드
        FirebaseStorage storage = FirebaseStorage.getInstance();
        StorageReference storageRef = storage.getReference();
        UploadTask  uploadTask = storageRef.child("storage/"+
file.getLastPathSegment()).putFile(file, metadata);

        // 업로드 상태 받기
        uploadTask.addOnProgressListener(new OnProgressListener
<UploadTask.TaskSnapshot>()
        {
```

```
            @Override
            public void onProgress(UploadTask.TaskSnapshot taskSnapshot)
            {
                double progress = (100.0 * taskSnapshot.getBytesTransferred()) /
taskSnapshot.getTotalByteCount();
                Toast.makeText(UploadActivity.this, "Upload is " + progress +
"% done", Toast.LENGTH_SHORT).show();
            }
        }).addOnPausedListener(new OnPausedListener<UploadTask.TaskSnapshot>()
        {
            @Override
            public void onPaused(UploadTask.TaskSnapshot taskSnapshot)
            {
                Log.d("namjinha", "Upload is paused");
            }
        }).addOnFailureListener(new OnFailureListener()
        {
            @Override
            public void onFailure(@NonNull Exception exception)
            {
                // Handle unsuccessful uploads
                Log.d("namjinha", "Upload Exception!!");
            }
        }).addOnSuccessListener(new OnSuccessListener<UploadTask.TaskSnapshot>()
        {
            @Override
            public void onSuccess(UploadTask.TaskSnapshot taskSnapshot)
            {
                // Handle successful uploads on complete
                Toast.makeText(UploadActivity.this, "업로드가 완료되었습니다.!!",
Toast.LENGTH_SHORT).show();
            }
        });
    }
}
```

UploadActivity 클래스에서 기기 갤러리 앱을 통해 사진을 가져옵니다. getGallery()에서 Intent로 갤러리 앱을 실행하고 사용자가 선택하여 가져온 사진을 onActivityResult()를 통해 사진경로를 추출할 수 있습니다. 그리고 uploadFile()에서 클라우드 스토리지에 업로드할 수 있도록 참조를 만들고 StorageReference 클래스의 putFile()를 통해 업로드를 진행합니다. 그리고 UploadTask를 통해 업로드되는 파일의 상태는 onProgress()로부터 전달 받아 토스트로 표시하고 완료되면 onSuccess()가 호출됩니다. onSuccess()가 호출되면 클라우드 스토리지에 업로드가 완료된 상태로 파이어베이스 콘솔에서 확인할 수 있습니다

[코드 6-6] 클라우드 스토리지로 파일 업로드 구성하기

[activity_upload.xml] [예제 파일 : res/layout/activity_upload.xml]

```xml
<?xml version="1.0" encoding="utf-8"?>
<androidx.constraintlayout.widget.ConstraintLayout xmlns:android=
 "http://schemas.android.com/apk/res/android"
    xmlns:app="http://schemas.android.com/apk/res-auto"
    xmlns:tools="http://schemas.android.com/tools"
    android:layout_width="match_parent"
    android:layout_height="match_parent"
    tools:context=".cloudstorage.UploadActivity">

    <ImageView
        android:id="@+id/showimg"
        android:layout_width="wrap_content"
        android:layout_height="wrap_content"
        app:layout_constraintLeft_toLeftOf="parent"
        app:layout_constraintRight_toRightOf="parent"
        app:layout_constraintTop_toTopOf="parent" />

    <Button
        android:id="@+id/imguploadbtn"
        android:layout_width="wrap_content"
        android:layout_height="wrap_content"
        android:text="사진 업로드 하기"
        app:layout_constraintBottom_toBottomOf="parent"
        app:layout_constraintLeft_toLeftOf="parent"
        app:layout_constraintRight_toRightOf="parent" />

</androidx.constraintlayout.widget.ConstraintLayout>
```

[UploadActivity.java] [예제 파일 : java/com/goodroadbook/firebasestart/cloudstorage/UploadActivity.java]

```java
package com.goodroadbook.firebasestart.cloudstorage;

...
...
import androidx.annotation.NonNull;
import android.app.Activity;
import android.content.Intent;
import android.database.Cursor;
import android.graphics.Bitmap;
import android.net.Uri;
import android.os.Build;
import android.provider.MediaStore;
import android.util.Log;
import android.view.View;
import android.widget.Button;
```

```java
import android.widget.ImageView;
import android.widget.Toast;

import com.goodroadbook.firebasestart.R;
import com.google.android.gms.tasks.OnFailureListener;
import com.google.android.gms.tasks.OnSuccessListener;
import com.google.firebase.storage.FirebaseStorage;
import com.google.firebase.storage.OnPausedListener;
import com.google.firebase.storage.OnProgressListener;
import com.google.firebase.storage.StorageMetadata;
import com.google.firebase.storage.StorageReference;
import com.google.firebase.storage.UploadTask;

import java.io.File;


public class UploadActivity extends AppCompatActivity implements View.OnClickListener
{
    private final int REQ_CODE_SELECT_IMAGE = 1000;

    private String mImgPath = null;
    private String mImgTitle = null;
    private String mImgOrient = null;

    @Override
    protected void onCreate(Bundle savedInstanceState)
    {
        super.onCreate(savedInstanceState);
        setContentView(R.layout.activity_upload);

        Button uploadbtn = (Button)findViewById(R.id.imguploadbtn);
        uploadbtn.setOnClickListener(this);

        getGallery();
    }

    @Override
    protected void onActivityResult(int requestCode, int resultCode, Intent data)
    {
        // 선택된 사진을 받아 서버에 업로드합니다.
        if (requestCode == REQ_CODE_SELECT_IMAGE)
        {
            if (resultCode == Activity.RESULT_OK)
            {
                Uri uri = data.getData();
                getImageNameToUri(uri);
```

```java
            try
            {
                Bitmap bm = MediaStore.Images.Media.
getBitmap(getContentResolver(), uri);
                ImageView img = (ImageView) findViewById(R.id.showimg);
                img.setImageBitmap(bm);

            }
            catch (Exception e)
            {
                e.printStackTrace();
            }
        }
    }
}

    @Override
    public void onClick(View v)
    {
        switch (v.getId())
        {
            case R.id.imguploadbtn:
                uploadFile(mImgPath);
                break;
            default:
                break;
        }
    }

    /**
     * 사진 선택을 위해 갤러리를 호출합니다.
     */
    private void getGallery()
    {
        Intent intent = null;

        // 안드로이드 KitKat(level 19)부터는 ACTION_PICK 이용
        if(Build.VERSION.SDK_INT >= 19)
        {
            intent = new Intent(Intent.ACTION_PICK, MediaStore.Images.Media.
EXTERNAL_CONTENT_URI);
        }
        else
        {
            intent = new Intent(Intent.ACTION_GET_CONTENT);
        }
```

```java
        intent.setType("image/*");
        startActivityForResult(intent, REQ_CODE_SELECT_IMAGE);
    }



    /**
     * URI 정보를 이용하여 사진 정보 가져옴
     */
    private void getImageNameToUri(Uri data)
    {
        String[] proj =
        {
                MediaStore.Images.Media.DATA,
                MediaStore.Images.Media.TITLE,
                MediaStore.Images.Media.ORIENTATION
        };

        Cursor cursor = this.getContentResolver().query(data, proj, null, null, null);
        cursor.moveToFirst();

        int column_data = cursor.getColumnIndexOrThrow(MediaStore.Images.Media.DATA);
        int column_title = cursor.getColumnIndexOrThrow
(MediaStore.Images.Media.TITLE);
        int column_orientation = cursor.getColumnIndexOrThrow
(MediaStore.Images.Media.ORIENTATION);

        mImgPath = cursor.getString(column_data);
        mImgTitle = cursor.getString(column_title);
        mImgOrient = cursor.getString(column_orientation);

        Log.d("namjinha", "mImgPath = " + mImgPath);
        Log.d("namjinha", "mImgTitle = " + mImgTitle);
        Log.d("namjinha", "mImgOrient = " + mImgOrient);
    }

    /**
     *
     * Firebase Cloud Storage 파일 업로드
     *
     */
    private void uploadFile(String aFilePath)
    {
        Uri file = Uri.fromFile(new File(aFilePath));
        StorageMetadata metadata = new StorageMetadata.Builder()
                .setContentType("image/jpeg")
                .build();
```

```java
        // 참조 만들기 및 파일 업로드
        FirebaseStorage storage = FirebaseStorage.getInstance();
        StorageReference storageRef = storage.getReference();
        UploadTask  uploadTask = storageRef.child("storage/"+
file.getLastPathSegment()).putFile(file, metadata);


        // 업로드 상태 받기
        uploadTask.addOnProgressListener(new OnProgressListener
<UploadTask.TaskSnapshot>()
        {
            @Override
            public void onProgress(UploadTask.TaskSnapshot taskSnapshot)
            {
                double progress = (100.0 * taskSnapshot.getBytesTransferred()) /
taskSnapshot.getTotalByteCount();
                Toast.makeText(UploadActivity.this, "Upload is " + progress +
"% done",
Toast.LENGTH_SHORT).show();
            }
        }).addOnPausedListener(new OnPausedListener<UploadTask.TaskSnapshot>()
        {
            @Override
            public void onPaused(UploadTask.TaskSnapshot taskSnapshot)
            {
                Log.d("namjinha", "Upload is paused");
            }
        }).addOnFailureListener(new OnFailureListener()
        {
            @Override
            public void onFailure(@NonNull Exception exception)
            {
                // Handle unsuccessful uploads
                Log.d("namjinha", "Upload Exception!!");
            }
        }).addOnSuccessListener(new OnSuccessListener<UploadTask.TaskSnapshot>()
        {
            @Override
            public void onSuccess(UploadTask.TaskSnapshot taskSnapshot)
            {
                // Handle successful uploads on complete
                Toast.makeText(UploadActivity.this, "업로드가 완료되었습니다.!!",
Toast.LENGTH_SHORT).show();
            }
        });
    }
}
```

6.4 클라우드 스토리지에서 파일 다운로드하기

6.4.1 다운로드하려는 파일을 위한 참조 만들기

클라우드 스토리지를 사용하면 버킷의 파일을 파이어베이스를 사용하여 빠르고 쉽게 다운로드하여 앱에서 사용할 수 있습니다. 파일 업로드 때와 마찬가지로 다운로드하려면 파일을 가리키는 참조를 만들어야 합니다.

파일을 다운로드하기 위해 클라우드 스토리지 루트에서 하위 경로를 찾아 참조를 만들거나 URL로 참조를 만들 수 있습니다. URL 같은 경우 외부에 공유하기에 편리하며 URL로 다운로드하는 코드가 준비되어 있을 때 편리합니다. 다음은 파일을 다운로드하기 위해 파일을 가리키는 참조를 만드는 코드입니다.

```java
// FirebaseStorage 싱글톤
FirebaseStorage storage = FirebaseStorage.getInstance();

// Storeage 참조 만들기
StorageReference storageRef = storage.getReference();

// "images" 버킷의 uploadimage.jpg 파일 참조 만들기
StorageReference imageRef = storageRef.child("images/uploadimage.jpg");
```

파일 다운로드를 돕는 기능별 함수

파일을 다운로드하기 위해 참조를 만들었습니다. 클라우드 스토리지에서 파일을 다운로드하기 위해 getBytes()와 getStream(), getFile()를 제공하고 있고 다른 라이브러리를 사용할 때는 URL을 통해 다운로드할 수 있습니다. URL은 getDownloadUrl() 함수를 통해 해당 파일의 URL을 얻을 수 있습니다.

- getBytes()
- getStream()
- getFile()
- URL을 이용한 파일 다운로드
- FirebaseUI로 이미지 다운로드

6.4.2 getBytes( )로 파일 다운로드하기

클라우드 스토리지에서 파일을 다운로드에서 **getBytes()**를 사용하면 Byte[ ]에 다운로드하기 때문에 내려 받은 파일을 메모리 전체에 로드하게 됩니다. 가장 쉬운 방법이긴 하지만 용량이 큰 파일을 요청하면 가용 메모리가 부족하여 메모리 문제가 발생하기도 합니다.

getBytes()를 사용할 때는 큰 파일보다는 작은 파일에 사용하는 편이 좋습니다.

다음은 getBytes() 함수를 사용하는 예제 코드입니다.

```java
// FirebaseStorage 싱글톤
FirebaseStorage storage = FirebaseStorage.getInstance();

// Storeage 참조 만들기
StorageReference storageRef = storage.getReference();

// "images" 버킷의 uploadimage.jpg 파일 참조 만들기
StorageReference imageRef = storageRef.child("images/uploadimg.jpg");

final long ONE_MEGABYTE = 1024 * 1024;
imageRef.getBytes(ONE_MEGABYTE).addOnSuccessListener(new OnSuccessListener<byte[]>()
{
    @Override
    public void onSuccess(byte[] bytes)
    {
    // Data for "images/island.jpg" is returns, use this as needed
    }
}).addOnFailureListener(new OnFailureListener()
{
    @Override
    public void onFailure(@NonNull Exception exception)
    {
    // Handle any errors
    }
});
```

6.4.3 getFile( )로 파일 다운로드하기

클라우드 스토리지에서 getBytes() 이외도 getStream()도 사용할 수 있습니다. 또한, 기기에 파일을 바로 다운로드할 수 있도록 getFile()도 제공됩니다.

아래는 getFile()를 통해 기기에 바로 다운로드되는 예제 코드입니다.

```java
// FirebaseStorage 싱글톤
FirebaseStorage storage = FirebaseStorage.getInstance();

// Storeage 참조 만들기
StorageReference storageRef = storage.getReference();

// "images" 버킷의 uploadimage.jpg 파일 참조 만들기
StorageReference imageRef = storageRef.child("images/uploadimg.jpg");

File localFile = File.createTempFile("images", "jpg");

imageRef.getFile(localFile).addOnSuccessListener(new OnSuccessListener<FileDownlo
adTask.TaskSnapshot>()
{
    @Override
    public void onSuccess(FileDownloadTask.TaskSnapshot taskSnapshot)
    {
    // Local temp file has been created
    }
}).addOnFailureListener(new OnFailureListener()
    {
    @Override
    public void onFailure(@NonNull Exception exception)
    {
    // Handle any errors
    }
});
```

클라우드 스토리지에서 getFile()를 사용할 때 다운로드 관리할 수 있도록 FileDownloadTask를 반환합니다. 실제 기기에 파일을 다운로드한 후에 받은 파일의 정보를 FileDownloadTaks로 확인할 수 있습니다.

6.4.4 URL을 이용하여 파일 다운로드하기

마지막으로 URL을 이용한 파일 다운로드는 URL을 공유하기 위해 getDownloadUrl() 함수를 호출하여 파일의 다운로드 URL을 가져올 수 있습니다. 그러면 다음 코드를 참고하세요.

```java
// FirebaseStorage 싱글톤
FirebaseStorage storage = FirebaseStorage.getInstance();

// Storeage 참조 만들기
StorageReference storageRef = storage.getReference();

// "images" 버킷의 uploadimage.jpg 파일 참조 만들기
StorageReference imageRef = storageRef.child("images/uploadimg.jpg");

imageRef.getDownloadUrl().addOnSuccessListener(new OnSuccessListener<Uri>()
{
    @Override
    public void onSuccess(Uri uri)
    {
    // Got the download URL for 'images/uploadimg.jpg'
    }
}).addOnFailureListener(new OnFailureListener()
    {
    @Override
    public void onFailure(@NonNull Exception exception)
    {
    // Handle any errors
    }
});
```

6.4.5 FirebaseUI를 통해 파일 다운로드하기

클라우드 스토리지에서 이미지 파일을 다운로드해서 앱에서 바로 로딩하여 보여주려면, getBytes(), getStream(), getFile() 함수로 내려 받은 후에 ImageView를 통하면 가능합니다. 그러나 이보다 쉬운 방법이 있습니다! FirebaseUI로 빠르고 손쉽게 다운로드 및 캐시를 저장하고 표시할 수 있는데요, 다음과 같이 코드를 추가하면 Firebase UI를 통해 확인할 수 있습니다.

```
// 앱 수준의 build.gradle 파일에 라이브러리를 추가합니다.
dependencies {
    // FirebaseUI Storage only
    implementation 'com.firebaseui:firebase-ui-storage:4.1.0'
}

// FirebaseStorage 싱글톤
FirebaseStorage storage = FirebaseStorage.getInstance();

// Storeage 참조 만들기
StorageReference storageRef = storage.getReference();

// "images" 버킷의 uploadimage.jpg 파일 참조 만들기
StorageReference imageRef = storageRef.child("images/uploadimg.jpg");

// 이미지 뷰
ImageView imageView = findViewById(R.id.imageView);

// Glide를 통해 Cloud Storage 이미지를 다운로드 및 이미지뷰에 표시합니다.
GlideApp.with(this /* context */)
        .load(imageRef)
        .into(imageView);
```

클라우드 스토리지에서 사용하기 위한 FirebaseUI 라이브러리를 앱 수준의 build.gradle 파일에 추가하고 GlideApp의 with(), load(), into() 함수에 Context와 Cloud Storage의 다운로드 이미지 파일을 가리키는 참조, ImageView를 순서대로 넣는 경우 다운로드된 이미지를 쉽게 로딩하여 볼 수 있습니다.

지금까지 클라우드 스토리지에서 파일을 다운로드하는 방법에 대해서 알아보았는데요, 이제는 예제를 통해 직접 동작시켜 보겠습니다.

6.4.6 실전 예제: 클라우드 스토리지로 파일 다운로드하여 앱에서 보여주기

다음은 파이어베이스 콘솔의 클라우드 스토리지에 업로드된 파일을 다운로드하여 앱에서 보여주는 예제에 대한 동작을 그림으로 표시했습니다.

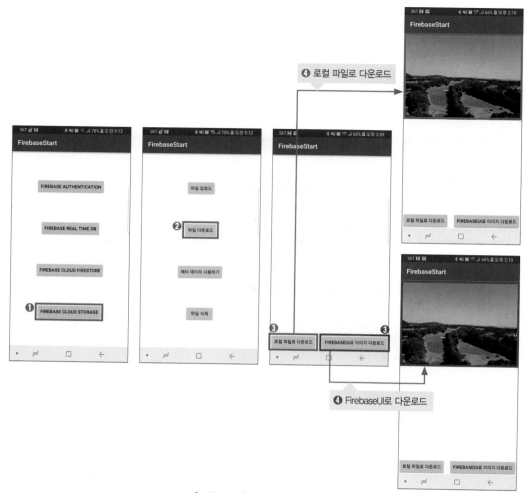

[그림 6-10] 다운로드 동작 화면

파일 다운로드도 DownloadActivity 클래스와 activity_download.xml로 구성됩니다.

[코드 6-7] 클라우드 스토리지 파일 다운로드 구성하기

[activity_download.xml]   [예제 파일 : res/layout/activity_download.xml]

```xml
<?xml version="1.0" encoding="utf-8"?>
<androidx.constraintlayout.widget.ConstraintLayout xmlns:android=
 "http://schemas.android.com/apk/res/android"
    xmlns:app="http://schemas.android.com/apk/res-auto"
    xmlns:tools="http://schemas.android.com/tools"
    android:layout_width="match_parent"
    android:layout_height="match_parent"
    tools:context=".cloudstorage.DownloadActivity">
```

```xml
    <ImageView
        android:id="@+id/fcstorageimg"
        android:layout_width="wrap_content"
        android:layout_height="wrap_content"
        app:layout_constraintLeft_toLeftOf="parent"
        app:layout_constraintRight_toRightOf="parent"
        app:layout_constraintTop_toTopOf="parent" />

    <androidx.constraintlayout.widget.ConstraintLayout
        android:layout_width="match_parent"
        android:layout_height="wrap_content"
        app:layout_constraintBottom_toBottomOf="parent"
        app:layout_constraintLeft_toLeftOf="parent"
        app:layout_constraintRight_toRightOf="parent">
        <Button
            android:id="@+id/localimgdownloadbtn"
            android:layout_width="wrap_content"
            android:layout_height="wrap_content"
            android:text="로컬 파일로 다운로드"
            app:layout_constraintLeft_toLeftOf="parent"
            app:layout_constraintBottom_toBottomOf="parent" />

        <Button
            android:id="@+id/imgfirebaseuidnbtn"
            android:layout_width="wrap_content"
            android:layout_height="wrap_content"
            android:text="FirebaseUI로 이미지 다운로드"
            app:layout_constraintRight_toRightOf="parent"
            app:layout_constraintBottom_toBottomOf="parent"/>
    </androidx.constraintlayout.widget.ConstraintLayout>

</androidx.constraintlayout.widget.ConstraintLayout>
```

[DownloadActivity.java] [예제 파일 : java/com/goodroadbook/firebasestart/cloudstorage/DownloadActivity.java]

```java
package com.goodroadbook.firebasestart.cloudstorage;

...
...
import androidx.annotation.NonNull;

import android.util.Log;
import android.view.View;
import android.widget.Button;
import android.widget.ImageView;
```

```java
import com.bumptech.glide.Glide;
import com.firebase.ui.storage.images.FirebaseImageLoader;
import com.goodroadbook.firebasestart.R;
import com.google.android.gms.tasks.OnFailureListener;
import com.google.android.gms.tasks.OnSuccessListener;
import com.google.firebase.storage.FileDownloadTask;
import com.google.firebase.storage.FirebaseStorage;
import com.google.firebase.storage.StorageReference;

import java.io.File;
import java.io.IOException;


public class DownloadActivity extends AppCompatActivity implements
View.OnClickListener
{
    private File localFile = null;

    @Override
    protected void onCreate(Bundle savedInstanceState)
    {
        super.onCreate(savedInstanceState);
        setContentView(R.layout.activity_download);

        Button localfilednbtn = (Button)findViewById(R.id.localimgdownloadbtn);
        localfilednbtn.setOnClickListener(this);

        Button firebaseuibtn = (Button)findViewById(R.id.imgfirebaseuidnbtn);
        firebaseuibtn.setOnClickListener(this);
    }

    @Override
    public void onClick(View v)
    {
        switch (v.getId())
        {
            case R.id.localimgdownloadbtn:
                showDownloadLocalFileImageView();
                break;
            case R.id.imgfirebaseuidnbtn:
                showFirebaseUiDownloadImageView();
                break;
            default:
                break;
        }
    }
}
```

```java
    private void showDownloadLocalFileImageView()
    {
        FirebaseStorage storage = FirebaseStorage.getInstance();
        StorageReference storageRef = storage.getReference();
        StorageReference pathReference =
storageRef.child("storage/20181013_115822.jpg");

        try
        {
            localFile = File.createTempFile("images", "jpg");
        }
        catch (IOException e)
        {
            e.printStackTrace();
        }

        pathReference.getFile(localFile).addOnSuccessListener(new OnSuccessListener
<FileDownloadTask.TaskSnapshot>()
        {
            @Override
            public void onSuccess(FileDownloadTask.TaskSnapshot taskSnapshot)
            {
                // Local temp file has been created
                long filesize = taskSnapshot.getTotalByteCount();
                Log.d("namjinha", "File Size = " + filesize);
                Log.d("namjinha", "File Name = " + localFile.getAbsolutePath());

                ImageView imageView = (ImageView)findViewById(R.id.fcstorageimg);
                Glide.with(DownloadActivity.this).load(new File
(localFile.getAbsolutePath())).into(imageView);
            }
        }).addOnFailureListener(new OnFailureListener()
        {
            @Override
            public void onFailure(@NonNull Exception exception)
            {
                // Handle any errors
                Log.d("namjinha", "onFailure in");
            }
        });
    }

    private void showFirebaseUiDownloadImageView()
    {
        FirebaseStorage storage = FirebaseStorage.getInstance();
        StorageReference storageRef = storage.getReference();
```

```
        StorageReference pathReference =
storageRef.child("storage/20181013_115822.jpg");

        ImageView imageView = (ImageView)findViewById(R.id.fcstorageimg);

        Glide.with(this /* context */)
                .using(new FirebaseImageLoader())
                .load(pathReference)
                .into(imageView);
    }
}
```

DownloadActivity 클래스에서는 두 가지 방법으로 다운로드한 파일을 사용자에게 보여주고 있습니다. 업로드와 마찬가지로 다운로드할 때도 내려 받을 파일의 참조를 만들어야 클라우드 스토리지에서 받을 수 있습니다.

내려 받은 파일을 보여 주는 방법은 두 가지입니다. 첫 번째는 기기 로컬 영역에 다운로드를 한 후 ImageView를 통해 받은 이미지를 보여주는 방법입니다.

두 번째 방법은 FirebaseUI에서 제공해주는 Glide와 다운로드 받을 파일의 참조를 사용하여 ImageView에서 바로 보여줍니다.

> **참고**
>
> 기기 로컬 영역에 다운로드하는 방법은 showDownloadLocalFileImageView( ) 함수에 자세히 소개합니다.
>
> FirebaseUI에서 제공해주는 Glide를 사용하는 것은 showFirebaseUiDownloadImageView( ) 함수에서 그 방법을 볼 수 있습니다.

지금까지 클라우드 스토리지에서 파일을 업로드하거나 다운로드하는 방법에 대해서 알아보았습니다. 이어서 메타 데이터 사용하는 방법과 클라우드 스토리지 파일을 삭제하는 방법에 대해서 소개하겠습니다.

6.5 클라우드 스토리지에서 파일 메타 데이터 사용하기

6.5.1 파일 메타 데이터 가져오기

클라우드 스토리지에서 참조한 파일을 업로드하거나 파일을 다운로드하면 해당 파일에 대한 메타 정보를 업데이트 또는 가져올 수 있습니다. 먼저 참조한 파일의 메타 데이터를 가져오는 방법을 보면 아래와 같습니다.

```java
// FirebaseStorage 싱글톤
FirebaseStorage storage = FirebaseStorage.getInstance();

// Storeage 참조 만들기
StorageReference storageRef = storage.getReference();

// "images" 버킷의 uploadimage.jpg 파일 참조 만들기
StorageReference imageRef = storageRef.child("images/uploadimg.jpg");

imageRef.getMetadata().addOnSuccessListener(new OnSuccessListener<StorageMetada
ta>()
{
    @Override
    public void onSuccess(StorageMetadata storageMetadata)
    {
        // Metadata now contains the metadata for 'images/uploadimg.jpg'
    }
}).addOnFailureListener(new OnFailureListener()
{
    @Override
    public void onFailure(@NonNull Exception exception)
    {
        // Uh-oh, an error occurred!
    }
});
```

파일의 메타 데이터는 name, size, contentType 등의 일반적인 속성뿐 아니라 contentDisposition, timeCreated 같은 정보도 포함됩니다. 위 예제 코드와 같이 파일을 가리키는 참조를 통해 getMetadata()를 호출하여 메타 정보를 가져올 수 있습니다.

6.5.2 파일 메타 데이터 업데이트하기

파일의 메타 데이터를 업데이트도 가능합니다. 여러 속성들 중에 업데이트에 항목에 있는 경우에만 업데이트를 진행하고 그렇지 않은 속성들은 그대로 유지합니다. 아래는 파일의 메타 데이터에서 업데이트에 대한 코드인데요. 파일을 가리키는 참조를 만들고 StorageMetadata에서 Content Type, Custom Meta 데이터를 업데이트합니다. 업데이트를 이용하여 메타 데이터의 항목을 삭제할 수도 있습니다.

```java
// FirebaseStorage 싱글톤
FirebaseStorage storage = FirebaseStorage.getInstance();

// Storeage 참조 만들기
StorageReference storageRef = storage.getReference();

// "images" 버킷의 uploadimage.jpg 파일 참조 만들기
StorageReference imageRef = storageRef.child("images/uploadimg.jpg");

StorageMetadata metadata = new StorageMetadata.Builder()
        .setContentType("image/jpg")
        .setCustomMetadata("myCustomProperty", "myValue")
        .build();



imageRef.updateMetadata(metadata)
        .addOnSuccessListener(new OnSuccessListener<StorageMetadata>()
        {
            @Override
            public void onSuccess(StorageMetadata storageMetadata)
            {
                // Updated metadata is in storageMetadata
            }
        })
        .addOnFailureListener(new OnFailureListener()
        {
            @Override
            public void onFailure(@NonNull Exception exception)
            {
                // Uh-oh, an error occurred!
            }
        });
```

6.5.3 null을 이용하여 메타 데이터 삭제하기

다음은 파일의 메타 데이터를 삭제하는 방법으로 다음 코드처럼 null을 사용하여 메타 데이터의 속성을 삭제합니다.

```java
// FirebaseStorage 싱글톤
FirebaseStorage storage = FirebaseStorage.getInstance();

// Storeage 참조 만들기
StorageReference storageRef = storage.getReference();

// "images" 버킷의 uploadimage.jpg 파일 참조 만들기
StorageReference imageRef = storageRef.child("images/uploadimg.jpg");

StorageMetadata metadata = new StorageMetadata.Builder()
        .setContentType(null)
        .build();

imageRef.updateMetadata(metadata)
        .addOnSuccessListener(new OnSuccessListener<StorageMetadata>()
        {
            @Override
            public void onSuccess(StorageMetadata storageMetadata)
            {
                // metadata.contentType should be null
            }
        })
        .addOnFailureListener(new OnFailureListener()
        {
            @Override
            public void onFailure(@NonNull Exception exception)
            {
                // Uh-oh, an error occurred!
            }
        });
```

6.5.4 Custom으로 메타 데이터 추가하기

파일의 메타 데이터는 클라우드 스토리지에서 기본적으로 정의된 항목도 있지만 Custom으로 메타 데이터를 추가할 수도 있습니다. 아래 코드와 같이 사용하면 됩니다.

```java
// FirebaseStorage 싱글톤
FirebaseStorage storage = FirebaseStorage.getInstance();

// Storeage 참조 만들기
StorageReference storageRef = storage.getReference();

// "images" 버킷의 uploadimage.jpg 파일 참조 만들기
StorageReference imageRef = storageRef.child("images/uploadimg.jpg");

StorageMetadata metadata = new StorageMetadata.Builder()
        .setCustomMetadata("location", "Korea")
        .setCustomMetadata("activity", "Test")
        .build();

imageRef.updateMetadata(metadata)
        .addOnSuccessListener(new OnSuccessListener<StorageMetadata>()
        {
            @Override
            public void onSuccess(StorageMetadata storageMetadata)
            {
                // metadata
            }
        })
        .addOnFailureListener(new OnFailureListener()
        {
            @Override
            public void onFailure(@NonNull Exception exception)
            {
                // Uh-oh, an error occurred!
            }
        });
```

파이어베이스 콘솔에서 업로드된 파일과 메타 정보를 확인할 수 있습니다. [그림 6-11]과 같이 업로드된 파일의 "images" 버킷 안에 uploadimg.jpg 파일을 클릭하면 메타 정보 및 파일 이름, 크기, 유형, 생성일 등 파일에 대한 다양한 정보를 확인할 수 있습니다.

[그림 6-11] 파이어베이스 콘솔의 클라우드 버킷 안의 파일 리스트

클라우드 스토리지에서 기본적으로 제공해주는 파일의 메타 데이터 속성은 다음과 같은 항목들이 있습니다.

[표 6-3] 클라우드 스토리지에서 제공하는 파일의 메타 데이터 속성

속성(getter)	유형	Setter 존재
getBucket	String	없음
getGeneration	String	없음
getMetadataGeneration	String	없음
getPath	String	없음
getName	String	없음
getSizeBytes	long	없음
getCreationTimeMillis	long	없음
getUpdatedTimeMillis	long	없음
getMd5Hash	String	있음
getCacheControl	String	있음
getContentDisposition	String	있음

속성(getter)	유형	Setter 존재
getContentEncoding	String	있음
getContentLanguage	String	있음
getContentType	String	있음
getCustomMetadata	String	있음
getCustomMetadataKeys	Set〈String〉	없음

지금까지 클라우드 스토리지에서 메타 데이터를 사용하는 방법에 대해서 알아보았는데요, 예제를
통해 실제로 이 방법을 적용해 동작시켜 보겠습니다.

6.6 실전 예제: 파일 메타 데이터 가져오기

클라우드 스토리지에 파일을 업로드 및 다운로드하는 방법을 예제로 배웠는데요, 이어서 메타 데이터를 가져오는 방법을 살펴봅니다.

먼저 파일 메타 데이터 사용하는 예제의 동작을 [그림 6-12]에 나타내 보았습니다.

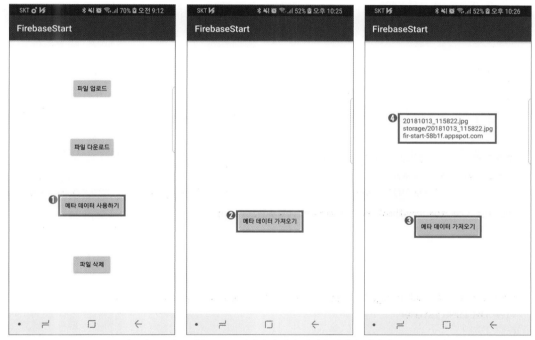

[그림 6-12] 클라우드 스토리지에서 메타 데이터 가져와 앱에서 표시

파일 업로드와 파일 다운로드와 마찬가지로 메타 데이터를 가져올 클라우드 스토리지의 파일에 참조를 만들어야 합니다.

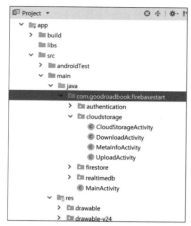

[그림 6-13] 파일 구성

[그림 6-12]처럼 동작하기 위해 CloudStorageActivity 클래스에 [코드 6-8]을 추가하고 안드로이드 스튜디오에서 액티비티를 생성합니다. MetaInfoActivity.java 파일과 activity_metainfo.xml 파일이 만들어지고 AndroidManifest.xml 파일에 MetaInfoActivity 클래스가 자동으로 등록됩니다.

[코드 6-8] 클라우드 스토리지의 메타 데이터 가져오기

[CloudStorageActivity.java]

[예제 파일 : java/com/goodroadbook/firebasestart/cloudstorage/CloudStorageActivity.java]

```java
package com.goodroadbook.firebasestart.cloudstorage;

...
...


public class CloudStorageActivity extends AppCompatActivity implements
View.OnClickListener
{
...
...

    @Override
    protected void onCreate(Bundle savedInstanceState)
    {
        super.onCreate(savedInstanceState);
        setContentView(R.layout.activity_cloudstorage);
...
...

        Button metainfobtn = (Button)findViewById(R.id.metainfobtn);
        metainfobtn.setOnClickListener(this);
...
...
    }
```

```java
    @Override
    public void onClick(View v)
    {
        Intent i = null;

        switch (v.getId())
        {
...
...

            case R.id.metainfobtn:
                i = new Intent(this, MetaInfoActivity.class);
                break;
            default:
                break;
        }


If(i != null)
{
        startActivity(i);
}
...
...
}
```

그리고 MetaInfoActivity.java 파일과 activity_metainfo.xml을 아래와 같이 추가합니다.

[activity_metainfo.xml]   [예제 파일 : res/layout/activity_metainfo.xml]

```xml
<?xml version="1.0" encoding="utf-8"?>
<androidx.constraintlayout.widget.ConstraintLayout xmlns:android=
 "http://schemas.android.com/apk/res/android"
    xmlns:app="http://schemas.android.com/apk/res-auto"
    xmlns:tools="http://schemas.android.com/tools"
    android:layout_width="match_parent"
    android:layout_height="match_parent"
    tools:context=".cloudstorage.MetaInfoActivity">

    <TextView
        android:id="@+id/metainfotxt"
        android:layout_width="wrap_content"
        android:layout_height="wrap_content"
        app:layout_constraintTop_toTopOf="parent"
        app:layout_constraintBottom_toTopOf="@+id/metabtn"
        app:layout_constraintLeft_toLeftOf="parent"
        app:layout_constraintRight_toRightOf="parent"/>
```

```xml
    <Button
        android:id="@+id/metabtn"
        android:layout_width="wrap_content"
        android:layout_height="wrap_content"
        android:text="메타 데이터 가져오기"
        app:layout_constraintTop_toBottomOf="@+id/metainfotxt"
        app:layout_constraintBottom_toBottomOf="parent"
        app:layout_constraintLeft_toLeftOf="parent"
        app:layout_constraintRight_toRightOf="parent"/>

</androidx.constraintlayout.widget.ConstraintLayout>
```

[MetalnfoActivity.java]   [예제 파일 : java/com/goodroadbook/firebasestart/cloudstorage/MetalnfoActivity.java]

```java
package com.goodroadbook.firebasestart.cloudstorage;

...
...

import androidx.annotation.NonNull;
import androidx.appcompat.app.AppCompatActivity;

import android.content.Intent;
import android.content.pm.PackageManager;
import android.os.Build;
import android.view.View;
import android.widget.Button;
import android.widget.TextView;
import android.widget.Toast;

import com.goodroadbook.firebasestart.R;
import com.google.android.gms.tasks.OnFailureListener;
import com.google.android.gms.tasks.OnSuccessListener;
import com.google.firebase.storage.FirebaseStorage;
import com.google.firebase.storage.StorageMetadata;
import com.google.firebase.storage.StorageReference;

public class MetaInfoActivity extends AppCompatActivity implements View.OnClickListener
{
    @Override
    protected void onCreate(Bundle savedInstanceState)
    {
        super.onCreate(savedInstanceState);
        setContentView(R.layout.activity_metainfo);
```

```java
        Button metabtn = (Button)findViewById(R.id.metabtn);
        metabtn.setOnClickListener(this);
    }


    @Override
    public void onClick(View view)
    {
        switch (view.getId())
        {
            case R.id.metabtn:
                getMetaData();
                break;
        }
    }


    private void getMetaData()
    {
        // 참조 만들기 및 파일 업로드
        FirebaseStorage storage = FirebaseStorage.getInstance();
        StorageReference storageRef = storage.getReference();
        StorageReference forestRef = storageRef.child("storage/20181013_115822.jpg");

        forestRef.getMetadata().addOnSuccessListener(new OnSuccessListener
<StorageMetadata>()
        {
            @Override
            public void onSuccess(StorageMetadata storageMetadata)
            {
                String metadata = storageMetadata.getName() + "\n" +
                        storageMetadata.getPath() + "\n" +
                        storageMetadata.getBucket();

                TextView metatxt = (TextView)findViewById(R.id.metainfotxt);
                metatxt.setText(metadata);
            }
        }).addOnFailureListener(new OnFailureListener()
        {
            @Override
            public void onFailure(@NonNull Exception exception)
            {
                ;
            }
        });
    }
}
```

344

MetaInfoActivity 클래스에서는 메타 데이터를 가져올 파일의 참조를 만들고 해당 파일의 메타 데이터를 가져올 수 있습니다. 그리고 AndroidManifest.xml 파일에 다음 코드처럼 MetaInfoActivity가 추가되었는지 확인합니다.

```xml
[AndroidManifest.xml]                              [예제 파일 : 프로젝트의 main 폴더]
<?xml version="1.0" encoding="utf-8"?>
<manifest xmlns:android="http://schemas.android.com/apk/res/android"
    package="com.goodroadbook.firebasestart">

    <uses-permission android:name="android.permission.INTERNET" />
    <uses-permission android:name="android.permission.READ_EXTERNAL_STORAGE"/>

    <application
        android:allowBackup="true"
        android:icon="@mipmap/ic_launcher"
        android:label="@string/app_name"
        android:roundIcon="@mipmap/ic_launcher_round"
        android:supportsRtl="true"
        android:theme="@style/AppTheme">
        <activity android:name=".MainActivity">
            <intent-filter>
                <action android:name="android.intent.action.MAIN" />

                <category android:name="android.intent.category.LAUNCHER" />
            </intent-filter>
        </activity>
        ...
        ...
        <activity android:name=".cloudstorage.MetaInfoActivity"></activity>
    </application>

</manifest>
```

MetaInfoActivity 클래스의 getMetaData()에서 메타 데이터를 가져올 파일의 참조를 만들고 StorageReference의 getMetdata()를 통해 메타 정보를 가져오게 됩니다. onSuccess()가 호출되면 StorageMetaData 클래스를 통해 메타 데이터를 조회할 수 있습니다.

지금까지 클라우드 스토리지에서 메타 데이터를 가져오는 방법에 대해서 알아보았는데요, 파일을 다운로드/업로드와 같이 메타 데이터도 쉽게 가져올 수 있습니다. 마지막으로 클라우스 스토리지에서 파일을 삭제하는 방법에 대해서 배워보겠습니다.

6.7 클라우드 스토리지에서 파일 삭제하기

6.7.1 delete( )로 파일 삭제하기

클라우드 스토리지에서 파일 삭제는 앞에서 파일 업로드, 파일 다운로드, 메타 데이터 사용하기와
같이 가장 먼저 삭제할 파일에 대해서 참조를 만듭니다. 그리고 클라우드 스토리지에서 제공해주
는 delete() 함수를 사용하여 파일을 삭제하면 됩니다. 아래 코드와 같이 사용할 수 있습니다.

```java
// FirebaseStorage 싱글톤
FirebaseStorage storage = FirebaseStorage.getInstance();

// Storeage 참조 만들기
StorageReference storageRef = storage.getReference();

// "images" 버킷의 uploadimage.jpg 파일 참조 만들기
StorageReference imageRef = storageRef.child("images/uploadimg.jpg");

imageRef.delete().addOnSuccessListener(new OnSuccessListener<Void>() {
    @Override
    public void onSuccess(Void aVoid) {
        // File deleted successfully
    }
}).addOnFailureListener(new OnFailureListener() {
    @Override
    public void onFailure(@NonNull Exception exception) {
        // Uh-oh, an error occurred!
    }
});
```

위 코드에서 파일이 정상적으로 삭제가 완료되면 addOnSuccessListener의 onSuccess()가 호출됩
니다. 만약 파일 삭제에 실패하면 addOnFailureListener의 onFailure()가 호출되고 Exception을
통해 전달되는 정보로 원인을 파악할 수 있습니다.

 파일을 삭제하면 되돌릴 수 없습니다. 삭제된 파일을 복원해야 할 가능성이 있다면 파일을 백업해두어야 합니
다. 주의하세요!

6.7.2 실전 예제: 클라우드 스토리지에서 파일 삭제하기

클라우드 스토리지에서 파일 삭제는 참조 파일을 만들고 StorageReference에서 delete() 함수만
호출하면 바로 파일이 삭제됨을 알 수 있습니다. [코드 6-9]와 같이 CloudStorageActivity 클래스
에서 다음 항목을 추가합니다.

[코드 6-9] 클라우드 스토리지 파일 삭제하기

[CloudStorageActivity.java]

[예제 파일 : java/com/goodroadbook/firebasestart/cloudstorage/CloudStorageActivity.java]

```java
package com.goodroadbook.firebasestart.cloudstorage;

...
...
import com.google.android.gms.tasks.OnFailureListener;
import com.google.android.gms.tasks.OnSuccessListener;
import com.google.firebase.storage.FirebaseStorage;
import com.google.firebase.storage.StorageReference;

public class CloudStorageActivity extends AppCompatActivity implements
View.OnClickListener
{
...
...

    @Override
    protected void onCreate(Bundle savedInstanceState)
    {
        super.onCreate(savedInstanceState);
        setContentView(R.layout.activity_cloudstorage);

        ...
        ...
        Button deletebtn = (Button)findViewById(R.id.deletebtn);
        deletebtn.setOnClickListener(this);

...
...
}

    @Override
    public void onClick(View v)
    {
        Intent i = null;
```

```java
        switch (v.getId())
        {
            ...
            ...
            case R.id.deletebtn:
                deleteFile();
                break;
            default:
                break;
        }

        startActivity(i);
    }
...
...
    private void deleteFile()
    {
        FirebaseStorage storage = FirebaseStorage.getInstance();
        StorageReference storageRef = storage.getReference();

        StorageReference desertRef = storageRef.child("storage/20181013_115822.jpg");
        desertRef.delete().addOnSuccessListener(new OnSuccessListener<Void>()
        {
            @Override
            public void onSuccess(Void aVoid)
            {
                // File deleted successfully
            }
        }).addOnFailureListener(new OnFailureListener()
        {
            @Override
            public void onFailure(@NonNull Exception exception)
            {
                // Uh-oh, an error occurred!
            }
        });
    }
}
```

CloudStorageActivity에서 파일 삭제 버튼을 클릭하면 파이어베이스 콘솔의 클라우드 스토리지 파일이 삭제됩니다. 여러분도 파이어베이스 콘솔에 프로젝트를 등록하여 클라우드 스토리지를 사용해보세요.

6.8 클라우드 스토리지 보안 규칙

앞에서 파이어베이스 인증, 실시간 데이터베이스, 파이어스토어에서의 보안 규칙에 대해서 알아보았는데요, 서비스 대부분 파이어베이스 인증을 통해 접근이 가능하도록 설계되어 있고 세부적으로 권한 관리 및 데이터 검증에 대한 부분을 추가 설정할 수 있었음을 기억할 수 있습니다.

파이어베이스 클라우드 스토리지에서도 보안 규칙을 지정할 수 있도록 설계되어 있습니다. 기본 설정이 파이어베이스 인증을 통해 파일에 대한 읽기/쓰기(Read/Write) 권한이 제공되고 있으며 앞서 개발을 위해 파이어베이스 인증 없이 접근이 가능하도록 파이어베이스 콘솔에서 설정했습니다. 이제 파이어베이스 클라우드 스토리지에서 보안 규칙에 대해 상세히 알아보려고 합니다.

보안 규칙에는 업로드, 다운로드, 메타 데이터 변경 및 삭제에 대한 request 검증을 진행합니다. request 검증에는 auth, params, path, resource, time 속성이 포함되어 있습니다.

[표 6-4] 보안 규칙 request 검증 항목

속성	유형	설명
auth	맵〈문자열, 문자열〉	사용자가 로그인한 경우 uid(사용자의 고유 ID) 및 token(Firebase 인증 JWT 소유권의 맵)을 제공한다. 파이어베이스 인증이 되어 있지 않은 경우에는 null이다.
params	맵〈문자열, 문자열〉	요청의 쿼리 매개변수를 포함하는 맵
path	경로	요청이 이루어지는 경로를 나타내는 path
resource	맵〈문자열, 문자열〉	새 리소스 값이며 쓰기(write) 요청에만 존재
time	타임스탬프	요청을 검증하는 서버 시간을 나타내는 타임스탬프

보안 규칙의 request 검증 항목에서 대부분 auth와 path, resource 항목에 대한 검증을 많이 사용합니다. path는 파일 기반의 보안 규칙, auth는 사용자 기반의 보안 규칙, resource는 데이터의 유효성 기반의 보안 규칙으로 분류할 수 있습니다.

6.8.1 파일 보안 설정하기

파일 보안 설정(path) 같은 경우 클라우드 스토리지에 저장된 파일의 읽기 및 쓰기 권한, 파일의 구조 및 포함되는 메타 데이터에 대한 접근 권한으로 allow/match를 통해 read, write 권한을 할당하며, if를 통해 조건을 추가할 수 있습니다.

먼저 allow를 통한 파일 보안을 설정하는 방법을 예시로 보여드립니다.

```
//case 1
allow read;

//case 2
allow write: if <condition>;

//case 3
allow read, write: if <condition>;
```

파일 보안 설정의 다음 항목으로 match를 통해 지정된 경로에 대한 접근을 제어할 수 있습니다. 경로가 정확히 일치하거나 특정 버킷 안의 파일의 경로에 대해서도 제어가 가능하고, 와일드 카드 지정을 통해 제어할 수 있도록 제공하고 있습니다.

정확한 일치를 **완전 일치**, 특정 버킷 안의 특정 파일에 대한 제어는 **중첩 일치**라고 하며, 패턴 비교를 통해 일치 유무를 확인하는 **와일드 카드 일치**가 있습니다. 파일 보안 설정의 완전 일치와 중첩 일치, 와일드 카드 일치에 대한 사용 예를 보면 다음과 같습니다.

파일 보안 설정의 '완전 일치' 사용의 예

uploadimg.jpg와 croppeduploadimg.jpg는 if 조건에 따라 write가 가능하도록 보안 규칙이 설정되어 있습니다.

```
match /images/uploadimg.jpg
{
  allow write: if <condition>;
}

match /images/croppeduploadimg.jpg
{
  allow write: if <other_condition>;
}
```

파일 보안 설정의 '중첩 일치' 사용의 예

"images" 버킷 안에 uploadimg.jpg 파일과 cropuploadimg.jpg 파일에 대해 각 if 조건에 따라 write가 가능하도록 보안 규칙이 설정되어 있습니다.

```
// 버킷 내의 경로 제어
match /images
{
        match /uploadimg.jpg
        {
            allow write: if <condition>;
        }

        match /cropuploadimg.jpg
        {
            allow write: if <other_condition>;
        }
}
```

파일 보안 설정의 '와일드 카드 일치' 사용의 예

와일드 카드 일치를 만들려면 {string}과 같이 와일드 카드 이름을 중괄호로 묶고, {path=**}와 같이 와일드 카드 이름에 =**를 추가하면 버킷 안에 와일드 카드를 선언할 수 있습니다.

```
// Partial match for files that start with "images"
match /images
{
    // "images/*"와 같은 개념. 단일 경로
    match /{imageId}
    {
        allow read: if <condition>;
    }

    // "images/**"와 같은 개념. 경로내 모든 경로
    match /{allImages=**}
    {
        allow read: if <other_condition>;
    }
}
```

6.8.2 사용자 기반의 보안 규칙 설정하기

다음은 사용자 기반(auth)의 보안 규칙을 설정하는 방법에 대해서 알아보겠습니다. 사용자 기반의 보안 규칙은 **공개**, **비공개**, **사용자별 공개**로 구분할 수 있습니다.

공개 같은 경우 보안 규칙에서 파이어베이스 인증을 고려하지 않는 항목에 대해서 공개로 설정할 수 있습니다.

사용자 기반의 보안 규칙 '공개' 사용의 예

이미지 사이즈가 100KB 보다 작은 경우 read가 가능하고 이미지가 .txt 확장자인 경우 write가 가능합니다. 사용자 인증 없이 접근할 수 있습니다.

```
match /images/{imageId}
{
  allow read: if resource.size < 100 * 1024;
  allow write: if imageId.matches(".*\\.txt");
}
```

사용자 기반의 보안 규칙 '비공개' 사용의 예

파이어베이스 인증이 되어 있는 경우에만 images 버킷에 파일들에 대해 read 권한을 부여하게 됩니다.

```
match /images/{imageId}
{
  allow read: if request.auth != null;
}
```

사용자 기반의 보안 규칙 '사용자별 공개' 사용의 예

uploadimg.jpg 파일에 대해 read 권한은 제약 없이 접근할 수 있지만, write 권한은 파이어베이스 인증 사용자별로 uploadimg.jpg 파일에 대해 권한이 있습니다. 즉, 사용자별로 파일을 만들거나 수정 권한은 본인에게만 부여되고 다른 사용자들은 읽기 권한만 부여된다고 할 수 있습니다.

```
match /users/{userId}/uploadimg.jpg
{
  allow read;
  allow write: if request.auth.uid == userId;
}
```

6.8.3 데이터 유효성 기반의 보안 규칙 사용의 예

마지막으로 데이터 유효성(resource) 체크를 위한 보안 규칙 사용에 대해서 알아봅니다. resource 객체에는 다음과 같은 주요 항목들을 포함하고 있습니다.

[표 6-4] resource 객체가 포함하고 있는 항목

속성	유형	설명
name	문자열	객체의 전체 이름
bucket	문자열	객체가 속한 버킷의 이름
size	정수	객체의 크기(바이트)
timeCreated	타임스탬프	객체의 생성 시간
updated	타임스탬프	객체의 마지막 업데이트 시간
contentType	문자열	객체에 연결된 콘텐츠 유형
metadata	맵〈문자열, 문자열〉	개발자가 추가로 지정한 맞춤 메타 데이터의 키-값

위 항목들을 가지고 데이터 유효성을 체크해보는 예를 보면 다음과 같이 사용할 수 있습니다.
파일 크기가 5MB보다 작은 경우, contentType이 이미지라면, 파일명이 32자보다 작을 때 write 권한을 허용하는 보안 규칙입니다.

```
match /images
{
match /{allImages=**}
    {
        allow read;
    }

match /{imageId}
    {
        allow write: if request.resource.size < 5 * 1024 * 1024
                  && request.resource.contentType.matches('image/.*')
&& imageId.size() < 32
    }
}
```

지금까지 클라우드 스토리지의 보안 규칙에 대해서 알아보았습니다. 보안 규칙 같은 경우 파이어 베이스 콘솔에서 클라우드 스토리지의 규칙에서 보안 규칙을 수정한 후 앱에서 동작을 확인해보면 되겠습니다. 한번씩 해보길 권합니다.

정리하며

이 장에서는 클라우드 스토리지를 사용하여 파일 업로드, 파일 다운로드, 메타 데이터 사용하기, 파일 삭제에 대해서 알아보았습니다. 클라우드 스토리지는 사진, 동영상 등의 사용자 제작 콘텐츠 를 저장하고 제공해야 하는 경우에 사용할 수 있습니다. 실제 클라우드 스토리지와 같은 안정적인 서비스를 직접 개발할 때 많은 시간과 비용이 들기 때문에 파이어베이스에서 제공하는 클라우드 스토리지를 이용한다면 시간과 비용 절감 효과를 얻을 수 있습니다.

연습문제 | 퀴즈를 풀어보며 개념을 복습합니다.

> 문제에 대한 답은 백견불여일타 카페에서 확인할 수 있습니다. cafe.naver.com/codefirst

1 파이어베이스 클라우드 스토리지의 주요 기능에 대해서 설명해보세요.

2 파이어베이스 클라우드 스토리지에서 버킷의 개념과 참조에 대해서 적어보세요.

3 클라우드 스토리지에 파일을 업로드하는 메소드를 나열하고 차이점에 대해서 기술해보세요.

4 클라우드 스토리지에 파일을 다운로드하는 메소드를 나열하고 차이점에 대해서 설명해보세요.

5 클라우드 스토리지에서 메타 데이터를 삭제하는 방법에 대해서 적어보세요.

6 클라우드 스토리지의 보안 규칙에서 request 검증 항목들에 대해서 나열하고 적어보세요.

7 클라우드 스토리지에서는 버킷 안의 파일 리스트 정보를 가져오는 API가 없습니다. 어떠한 방법으로 버킷 안의 파일 리스트를 가져올 수 있는지 그 방법에 대해서 설명해보세요.

> 문제에 대한 답은 백견불여일타 카페에서 확인할 수 있습니다. cafe.naver.com/codefirst

FirebaseStart 프로젝트에 클라우드 스토리지 예제를 추가했습니다. 다운로드 예제와 같은 경우 코드상에서 지정된 버킷과 지정된 파일에 대해서 다운로드하여 화면에 보여주었는데요, 이런 방식은 클라우드 스토리지에 어떤 파일이 존재하는지 정확히 알아야 다운로드할 수 있으며, 파일 존재를 확인하지 못하는 경우에는 다운로드할 수 없습니다.

그런데 파이어베이스 클라우드 스토리지에는 버킷 안의 파일 리스트를 가져오는 API를 SDK에서 제공하지 않습니다. 어떠한 방법으로 버킷 안의 파일 리스트를 가져올 수 있을까요? 앞 장에서 실시간 데이터베이스에 대해서, 이번 장에서는 클라우드 스토리지에 대해서 배웠는데요, 이를 함께 쓰는 방법을 통해 해결할 수 있습니다.

1. 클라우드 스토리지에서 사용자가 파일을 선택하여 업로드 후 성공하면 실시간 데이터베이스에 파일명과 파일 경로를 기록합니다. FirebaseStart 프로젝트의 클라우드 스토리지의 예제에서 UploadActivity.java 파일과, UploadInfo.java 파일을 아래와 같이 내용을 추가합니다. UploadInfo.java 파일을 기존에 없던 파일이기 때문에 만들어야 합니다.

[UploadActivity.java]
[예제 파일 : java/com/goodroadbook/firebasestart/cloudstorage/UploadActivity.java]

```java
package com.goodroadbook.firebasestart.cloudstorage;

...
...
import com.google.firebase.database.DatabaseReference;
import com.google.firebase.database.FirebaseDatabase;

public class UploadActivity extends AppCompatActivity implements
View.OnClickListener
{
...
...
```

실습문제 | 실습은 지식을 내것으로 만드는
최고의 방법입니다.

```java
/**
 *
 * Firebase Cloud Storage 파일 업로드
 *
 */
private void uploadFile(String aFilePath)
{
...
...
    // 업로드 상태 받기
    uploadTask.addOnProgressListener(new OnProgressListener
<UploadTask.TaskSnapshot>()
    {
        @Override
        public void onProgress(UploadTask.TaskSnapshot taskSnapshot)
        {
            double progress = (100.0 * taskSnapshot.getBytesTransferred())
/ taskSnapshot.getTotalByteCount();
            Toast.makeText(UploadActivity.this, "Upload is " + progress +
"% done", Toast.LENGTH_SHORT).show();
        }
    }).addOnPausedListener(new OnPausedListener<UploadTask.TaskSnapshot>()
    {
        @Override
        public void onPaused(UploadTask.TaskSnapshot taskSnapshot)
        {
            Log.d("namjinha", "Upload is paused");
        }
    }).addOnFailureListener(new OnFailureListener()
    {
        @Override
        public void onFailure(@NonNull Exception exception)
        {
            // Handle unsuccessful uploads
            Log.d("namjinha", "Upload Exception!!");
        }
    }).addOnSuccessListener(new OnSuccessListener<UploadTask.TaskSnapshot>()
    {
```

실습문제 | 실습은 지식을 내것으로 만드는 최고의 방법입니다.

```java
        @Override
        public void onSuccess(UploadTask.TaskSnapshot taskSnapshot)
        {
            // Handle successful uploads on complete
            Toast.makeText(UploadActivity.this, "업로드가 완료되었습니다.!!",
Toast.LENGTH_SHORT).show();

            String name = storageRef.getName();
            String path = storageRef.getPath();

            Log.d("namjinha", "name = " + name);
            Log.d("namjinha", "path = " + path);

            // 실시간 데이터베이스 업데이트 합니다.
            writeNewImageInfoToDB(name, path);
        }
    });
    }

    private void writeNewImageInfoToDB(String name, String path)
    {
        FirebaseDatabase firebaseDatabase = FirebaseDatabase.getInstance();
        DatabaseReference databaseReference =
firebaseDatabase.getReference("images");

        UploadInfo info = new UploadInfo();
        info.setName(name);
        info.setPath(path);

        String key = databaseReference.push().getKey();
        databaseReference.child(key).setValue(info);
    }
}
```

실습문제 | 실습은 지식을 내것으로 만드는
최고의 방법입니다.

[UploadInfo.java] [예제 파일 : java/com/goodroadbook/firebasestart/cloudstorage/UploadInfo.java]

```java
package com.goodroadbook.firebasestart.cloudstorage;

public class UploadInfo
{
    private String name;
    private String path;

    public String getName()
    {
        return name;
    }

    public void setName(String name)
    {
        this.name = name;
    }

    public String getPath()
    {
        return path;
    }

    public void setPath(String path)
    {
        this.path = path;
    }
}
```

실습문제 | 실습은 지식을 내것으로 만드는
최고의 방법입니다.

앞과 같이 추가하여 실행하면 실시간 데이터베이스에 Images에 추가된 파일의 name과 path가
기록되어 있습니다.

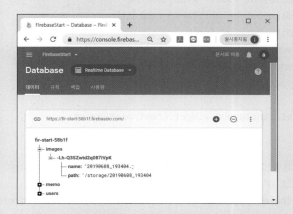

2. 클라우드 스토리지 예제에 버킷의 파일 리스트를 보여주는 FileListActivity.java,
FileListAdapter.java 파일과 activity_filelist.xml, image_item_list.xml 파일을 다음과 같이 추
가합니다.

[image_item_list.xml]   [예제 파일 : res/layout/image_item_list.xml]

```xml
<?xml version="1.0" encoding="utf-8"?>
<androidx.constraintlayout.widget.ConstraintLayout
    xmlns:android="http://schemas.android.com/apk/res/android"
    xmlns:app="http://schemas.android.com/apk/res-auto"
    android:layout_width="wrap_content"
    android:layout_height="wrap_content">

    <TextView
        android:id="@+id/memotitle"
        android:layout_width="wrap_content"
        android:layout_height="wrap_content"
        android:textSize="17dp"
        app:layout_constraintTop_toTopOf="parent"
        app:layout_constraintBottom_toBottomOf="parent"
        app:layout_constraintLeft_toLeftOf="parent"
        app:layout_constraintRight_toRightOf="parent" />
```

실습문제 실습은 지식을 내것으로 만드는
최고의 방법입니다.

```xml
    <TextView
        android:id="@+id/memocontents"
        android:layout_width="wrap_content"
        android:layout_height="wrap_content"
        android:textSize="14dp"
        app:layout_constraintTop_toBottomOf="@+id/memotitle"
        app:layout_constraintLeft_toLeftOf="parent"
        app:layout_constraintRight_toRightOf="parent" />

</androidx.constraintlayout.widget.ConstraintLayout>
```

[activity_filelist.xml]　　　　　　　　　　　　　　　[예제 파일 : res/layout/activity_filelist.xml]

```xml
<?xml version="1.0" encoding="utf-8"?>
<androidx.constraintlayout.widget.ConstraintLayout xmlns:android=
 "http://schemas.android.com/apk/res/android"
    xmlns:app="http://schemas.android.com/apk/res-auto"
    xmlns:tools="http://schemas.android.com/tools"
    android:layout_width="match_parent"
    android:layout_height="match_parent"
    tools:context=".cloudstorage.FileListActivity">

    <androidx.recyclerview.widget.RecyclerView
        android:id="@+id/filelist"
        android:layout_height="match_parent"
        android:layout_width="match_parent"
        android:layout_marginTop="10dp"
        app:layout_constraintTop_toTopOf="parent">
    </androidx.recyclerview.widget.RecyclerView>

</androidx.constraintlayout.widget.ConstraintLayout>
```

실습문제 | 실습은 지식을 내것으로 만드는
최고의 방법입니다.

[FileListAdapter.java]

[예제 파일 : java/com/goodroadbook/firebasestart/cloudstorage/FileListAdapter.java]

```java
package com.goodroadbook.firebasestart.cloudstorage;

import android.content.Context;
import android.view.LayoutInflater;
import android.view.View;
import android.view.ViewGroup;
import android.widget.TextView;

import androidx.annotation.NonNull;
import androidx.recyclerview.widget.RecyclerView;

import com.goodroadbook.firebasestart.R;

import java.util.ArrayList;

public class FileListAdapter extends RecyclerView.
Adapter<FileListAdapter.ViewHolder>
{
    private Context context = null;
    private ArrayList<UploadInfo> imageItems = null;

    public FileListAdapter(ArrayList<UploadInfo> items, Context context)
    {
        this.imageItems = items;
        this.context = context;
    }

    @NonNull
    @Override
    public ViewHolder onCreateViewHolder(@NonNull ViewGroup viewGroup, int i)
    {
        View v = LayoutInflater.from(viewGroup.getContext()).
inflate(R.layout.image_item_list, viewGroup, false);
        ViewHolder holder = new ViewHolder(v);
        return holder;
    }
```

실습문제 | 실습은 지식을 내것으로 만드는 최고의 방법입니다.

```java
    @Override
    public void onBindViewHolder(@NonNull ViewHolder viewHolder, int i) {
        viewHolder.titleView.setText(imageItems.get(i).getName());
        viewHolder.contentsView.setText(imageItems.get(i).getPath());
    }

    @Override
    public int getItemCount()
    {
        return imageItems.size();
    }

    public class ViewHolder extends RecyclerView.ViewHolder implements
View.OnClickListener
    {
        public TextView titleView = null;
        public TextView contentsView = null;

        public ViewHolder(View view) {
            super(view);
            titleView = (TextView)view.findViewById(R.id.memotitle);
            contentsView = (TextView)view.findViewById(R.id.memocontents);
        }

        @Override
        public void onClick(View view)
        {
            ;
        }
    }
}
```

실습문제　│ 실습은 지식을 내것으로 만드는
　　　　　　최고의 방법입니다.

[FileListActivity.java]

　　　[예제 파일 : java/com/goodroadbook/firebasestart/cloudstorage/FileListActivity.java]

```java
package com.goodroadbook.firebasestart.cloudstorage;

import androidx.appcompat.app.AppCompatActivity;
import androidx.recyclerview.widget.LinearLayoutManager;
import androidx.recyclerview.widget.RecyclerView;

import android.os.Bundle;

import com.goodroadbook.firebasestart.R;
import com.google.firebase.database.ChildEventListener;
import com.google.firebase.database.DataSnapshot;
import com.google.firebase.database.DatabaseError;
import com.google.firebase.database.DatabaseReference;
import com.google.firebase.database.FirebaseDatabase;

import java.util.ArrayList;

public class FileListActivity extends AppCompatActivity
{
    private ArrayList<UploadInfo> imageItems = null;
    private FileListAdapter fileListAdapter = null;

    FirebaseDatabase firebaseDatabase = FirebaseDatabase.getInstance();
    DatabaseReference databaseReference = firebaseDatabase.getReference();

    @Override
    protected void onCreate(Bundle savedInstanceState)
    {
        super.onCreate(savedInstanceState);
        setContentView(R.layout.activity_filelist);

        imageItems = new ArrayList<>();
```

실습문제 | 실습은 지식을 내것으로 만드는
최고의 방법입니다.

```java
        RecyclerView.LayoutManager layoutManager =
new LinearLayoutManager(this);
        RecyclerView recyclerView = (RecyclerView)findViewById(R.id.filelist);
        fileListAdapter = new FileListAdapter(imageItems, this);
        recyclerView.setLayoutManager(layoutManager);
        recyclerView.setAdapter(fileListAdapter);

        addChildEvent();
    }

    private void addChildEvent()
    {
        databaseReference.child("images").
addChildEventListener(new ChildEventListener()
        {
            @Override
            public void onChildAdded(DataSnapshot dataSnapshot, String s)
            {
                UploadInfo item = dataSnapshot.getValue(UploadInfo.class);

                imageItems.add(item);
                fileListAdapter.notifyDataSetChanged();
            }

            @Override
            public void onChildChanged(DataSnapshot dataSnapshot, String s) { }

            @Override
            public void onChildRemoved(DataSnapshot dataSnapshot) { }

            @Override
            public void onChildMoved(DataSnapshot dataSnapshot, String s) { }

            @Override
            public void onCancelled(DatabaseError databaseError) { }
        });
    }

}
```

실습문제 | 실습은 지식을 내것으로 만드는
최고의 방법입니다.

3. 클라우드 스토리지 예제의 **CloudStorageActivity** 클래스에서 버튼을 통해 **FileListActivity**
   클래스가 실행되도록 추가합니다.

[activity_cloudstorage.xml]	[예제 파일 : res/layout/activity_cloudstoreage.xml]

```xml
<?xml version="1.0" encoding="utf-8"?>
<androidx.constraintlayout.widget.ConstraintLayout
    xmlns:android="http://schemas.android.com/apk/res/android"
    xmlns:app="http://schemas.android.com/apk/res-auto"
    xmlns:tools="http://schemas.android.com/tools"
    android:layout_width="match_parent"
    android:layout_height="match_parent"
    tools:context=".cloudstorage.CloudStorageActivity">
...
...
    <Button
        android:id="@+id/deletebtn"
        android:layout_width="wrap_content"
        android:layout_height="wrap_content"
        android:text="파일 삭제"
        app:layout_constraintTop_toBottomOf="@+id/metainfobtn"
        app:layout_constraintBottom_toTopOf="@+id/filelistbtn"
        app:layout_constraintLeft_toLeftOf="parent"
        app:layout_constraintRight_toRightOf="parent" />

    <Button
        android:id="@+id/filelistbtn"
        android:layout_width="wrap_content"
        android:layout_height="wrap_content"
        android:text="파일 리스트"
        app:layout_constraintTop_toBottomOf="@+id/deletebtn"
        app:layout_constraintBottom_toBottomOf="parent"
        app:layout_constraintLeft_toLeftOf="parent"
        app:layout_constraintRight_toRightOf="parent" />

</androidx.constraintlayout.widget.ConstraintLayout>
```

실습문제 | 실습은 지식을 내것으로 만드는
최고의 방법입니다.

[CloudStorageActivity.java]

[예제 파일 : java/com/goodroadbook/firebasestart/cloudstorage/CloudStorageActivity.java]

```java
package com.goodroadbook.firebasestart.cloudstorage;
...
...
public class CloudStorageActivity extends AppCompatActivity implements View.
OnClickListener
{
    private final int REQUEST_CODE = 100;

    private Button uploadbtn;

    @Override
    protected void onCreate(Bundle savedInstanceState)
    {
...
...
        Button filelistbtn = (Button)findViewById(R.id.filelistbtn);
        filelistbtn.setOnClickListener(this);

...
...
    }
```

실습문제 | 실습은 지식을 내것으로 만드는 최고의 방법입니다.

```java
@Override
public void onClick(View v)
{
    Intent i = null;

    switch (v.getId())
    {
...
...

        case R.id.filelistbtn:
            i = new Intent(this, FileListActivity.class);
            break;
        default:
            break;
    }

    startActivity(i);
}
...
...
}
```

실습문제 | 실습은 지식을 내것으로 만드는 최고의 방법입니다.

4. 클라우드 스토리 예제에서 [File List] 버튼을 클릭하면 실시간 데이터베이스 image 안에 있는 정보를 가져와 리스트 형태로 보여주게 됩니다. 그러면 아래 그림과 같이 동작합니다.

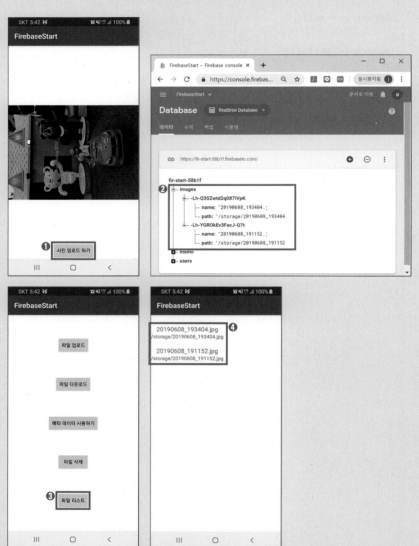

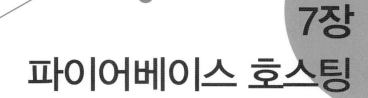

7장
파이어베이스 호스팅

이 장을 시작하기 전에

❶ 이번 장에서는 빠르고 안전한 정적/동적 콘텐츠를 제공해주는 파이어베이스 호스팅에 대해서 알아보는데요, 이를 사용하기 위해 필요한 도구들을 직접 설치하고 정적 콘텐츠를 업로드하며 deploy하는 방법에 대해서 공부합니다.

❷ 파이어베이스 호스팅으로 하이브리드 앱을 만드는 예제에 대해서도 손으로 익혀보겠습니다.

7.1 파이어베이스 호스팅의 특징 및 주요 기능

7.1.1 파이어베이스 호스팅의 의미

파이어베이스 호스팅이 어떠한 것을 해주는지 알기 위해서는 호스팅의 의미에 대해 알아둘 필요가 있습니다. 호스팅이란 필요한 자원을 사용할 수 있도록 대여해 주는 것을 말하는데, 보통 서버 호스팅과 웹 호스팅으로 구분할 수 있습니다.

서버 호스팅 같은 경우 서버를 대여하여 필요한 것들에 직접 구성하여 사용하기 때문에 서비스 확장이 유연하지만 서버 사용료와 운영에 대한 비용이 높은 편입니다. 반대로 웹 호스팅은 지정된 영역과 확장이 유연하지 않은 상태로 대여하여 서비스 확장에 어려운 부분이 있지만 그만큼 비용은 서버 호스팅보다 적게 발생되죠.

간략하게 호스팅에 대해서 알아보았는데, 이쯤되면 파이어베이스 호스팅은 서버 호스팅과 웹 호스팅 중에 어떠한 부분으로 제공되고 있는지 궁금할 겁니다. 파이어베이스 호스팅은 웹 호스팅에 가깝고 Firebase Cloud Function을 이용하여 서버 호스팅과 같은 효과를 가져갈 수 있도록 만들어 나가고 있습니다.

> **Firebase Cloud Function**
> 파이어베이스 기능(Cloud Firestore 트리거, 실시간 데이터베이스 트리거, 파이어베이스 인증 트리거, 파이어베이스용 구글 애널리틱스 트리거, 크래시리틱스 트리거, Cloud Storage 트리거, Cloud 게시/구독 트리거, HTTP 트리거)으로 생성된 이벤트에 응답할 수 있도록 백엔드 코드를 자동으로 실행합니다. 또한 webhook을 작성하여 타 서비스와 연동할 수 있도록 제공됩니다.

파이어베이스 호스팅은 정적/동적 콘텐츠를 빠르고 안전하게 제공합니다. 파이어베이스 호스팅 초기 버전에는 정적 웹으로 명시되었고, 서버 사이드 언어에 해당하는 JSP, PHP, Node.js 등은 지원되지 않았으며 정적 웹에 사용 가능한 CSS, HTML, JS 등에 한정되어 제공했습니다. 이후 파이어베이스 호스팅에 동적 콘텐츠가 파이어베이스의 Cloud Function을 사용하여 제공할 수 있게 되었습니다. 우리는 파이어베이스 호스팅에서 정적 콘텐츠에 대한 부분만 살펴볼 텐데요, 이를 염두에 두고 파이어베이스 호스팅 내용을 살펴보겠습니다.

7.1.2 파이어베이스 호스팅의 특징

파이어베이스 호스팅은 안전한 연결, 빠른 콘텐츠 전송, 신속한 배포 및 관리를 할 수 있도록 제공합니다.

[표 7-1] 파이어베이스 호스팅 주요 기능

기능	설명
보안 연결을 통해 제공	파이어베이스 호스팅은 별도의 구성 없이 SSL을 기본적으로 제공하여 콘텐츠를 항상 안전하게 전송한다.
빠른 콘텐츠 전송	업로드하는 각 파일이 전 세계 CDN 에지의 SSD에 캐싱되므로 사용자가 어디에 있든 빠르게 콘텐츠를 전달한다.
신속한 배포	파이어베이스 CLI는 빠르게 배포되고, 명령줄 도구로 빌드 프로세스에 배포 타겟을 손쉽게 추가할 수 있다.
클릭 한 번으로 롤백	빠른 배포도 좋지만 실수를 빠르게 되돌리는 것도 중요하다. 파이어베이스 호스팅은 완벽한 버전 관리 및 릴리스 관리를 제공하며 클릭 한 번으로 롤백이 가능하다.

파이어베이스 호스팅은 다음과 같은 특징이 있습니다.

간단한 앱 방문 페이지나 복잡한 프로그레시브 웹 앱을 배포하고 관리하는데 특화된 인프라, 기능 및 도구를 제공합니다. 이것은 웹 서버를 구축하기 위하여 필요한 서버, 도메인, IP 등의 비용을 절감할 수 있습니다.

또한 파이어베이스 호스팅은 프로젝트에 firebaseapp.com 도메인의 하위 도메인을 제공합니다. 파이어베이스 CLI를 사용하여 컴퓨터의 로컬 디렉토리에 있는 파일을 호스팅 서버에 배포할 수 있으며, 이러한 파일은 글로벌 CDN 중 사용자와 가장 가까운 에지 서버로부터 SSL 연결을 통해 제공됩니다.

> 참고
>
> CLI
> 명령 줄 인터페이스(CLI, Command line interface) 또는 명령어 인터페이스는 텍스트 터미널을 통해 명령줄을 입력하면 해당 명령에 따른 작업을 실행해주는 것을 말합니다. 파이어베이스 호스팅에서는 CLI를 통해 로컬 디렉토리의 파일을 호스팅 서버에 배포할 수 있습니다.

참고

앱과 프로그레시브 웹 앱의 차이점이 무엇인가요?

프로그레시브 웹 앱이란 웹 사이트와 모바일 앱의 장점을 취하는 웹 앱이며, 앱은 배포할 스토어가 필요하지만 프로그레시브 웹 앱(Progressive Web App : PWA)은 배포 및 다운로드에 대한 부담이 없습니다. 아래의 그림은 프로그레시브 웹 앱이 어떠한 형태로 동작하는지에 대한 것을 보여주고 있는데요, 모바일 앱과 같이 앱 형태로 보이고 실제로 홈 화면에 아이콘을 등록하여 앱과 같이 동작하는 것처럼 보임을 알 수 있습니다.

간단하게 파이어베이스 호스팅에 대해서 알아보았는데요 이제 파이어베이스 호스팅을 사용하는 방법에 대해서 알아보겠습니다.

7.2 파이어베이스 CLI 설치하기

파이어베이스 호스팅을 사용하려면 가장 먼저 파이어베이스에 프로젝트를 개설해야 합니다.
그 다음은 파이어베이스 CLI를 설치하고 프로젝트 디렉토리를 설정한 후에 작업한 파일들을 배포
하는 순으로 진행하면 됩니다. 파이어베이스 프로젝트를 개설하는 것은 앞에서 많이 다루었기 때
문에 여기서는 생략하고 파이어베이스 CLI 설치부터 진행하려고 합니다.

 프로젝트 디렉토리를 설정하고 작업한 파일들을 배포하는 내용은 다음 7.3절에서 다룹니다.

7.2.1 Node.js 설치하기

파이어베이스 CLI는 프로젝트 관리, 조회, 배포를 위한 여러 가지 도구를 제공하고 있는데요, 파
이어베이스 CLI를 설치하려면 먼저 Node.js를 설치하고 npm을 통해 설치가 가능합니다. Node.js
를 내려 받기 위해 다음 링크로 이동합니다.

[**Node.js 다운로드**] https://nodejs.org/en/

> **Node.js**
> Node.js는 웹 개발에 사용되는 플랫폼입니다. Node.js는 자바스크립트로 개발하기 때문에 기존 클라이언트
> 개발자가 서버 개발이 가능하고, Non-blocking I/O와 단일 스레드 이벤트 루프를 통한 높은 처리 성능을 가
> 집니다. 또한 내장 HTTP 서버 라이브러리를 포함하고 있어 별도의 소프트웨어 없이(아파치) 동작이 가능합
> 니다.
>
> **npm(Node Package Manager)**
> 자바스크립트 프로그래밍 언어를 위한 패키지 관리자입니다. 자바스크립트 런타임 환경 Node.js의 기본 패
> 키지 관리자로 공개 패키지와 개인 패키지의 온라인 레지스트리로 이루어져 있습니다. 클라이언트는 레지스
> 트리에 접근 가능하며, 사용 가능한 패키지들은 npm 웹 사이트에서 확인할 수 있습니다. 패키지 관리자와 레
> 지스트리는 npm사에 의해 관리됩니다.

다운로드할 수 있는 두 가지 버전의 Node.js을 표시한 화면이 [그림 7-1]과 같이 나옵니다.

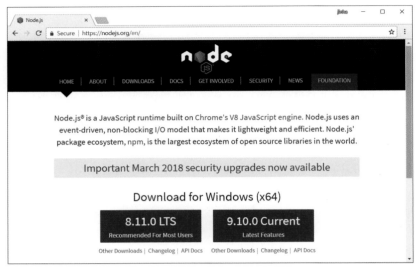

[그림 7-1] Node.js 다운로드

Node.js 버전 선택하기

Node.js는 LTS 버전과 Current 버전이 존재합니다.

LTS_Long Term Supported 버전은 서버 환경에서 장기적으로 안정적인 지원을 제공하는 버전이고, Current 버전은 기존 API 개선 및 추가 기능 개발로 인해 잦은 업데이트를 진행합니다. 파이어베이스 호스팅을 사용하려면 **LTS 버전**을 설치하면 됩니다. 만약 이미 Node.js가 설치되어 있다면 설치된 버전을 확인하도록 합니다. 파이어베이스 CLI 같은 경우 Node.js 버전 5.10.0 이상에서만 사용 가능합니다. 파이어베이스 CLI를 사용하기 위해 8.11.0 LTS 버전을 다운로드 한 후에 설치를 진행해봅니다.

[Node.js 설치 환경]

- Windows 10 Home
- 64비트 운영체제, x64 기반 프로세서
- x64용 Node.js 8.11.0 LTS 버전 다운로드

[그림 7-2] 윈도우 설치 환경

Node.js 설치하기

1. Node.js Setup 창에서 〈Next〉 버튼을 클릭한 후, 라이선스도 동의하고 〈NEXT〉를 누릅니다.

2. 설치 경로를 지정하고 [Next]를 누릅니다. 이제 Node.js 설치 기능을 선택할 수 있습니다. 〈Next〉 버튼을 클릭합니다.

3. 설치 준비가 되었는데요, 〈Next〉 누르면 Node.js 설치가 진행됩니다. 설치가 완료됩니다.

 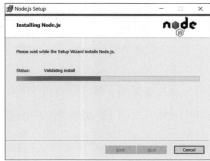

[그림 7-3] Node.js 설치 과정

7.2.2 npm 버전 확인하기

Node.js가 설치가 완료되면 명령 프롬프트 창에
서 Node.js, NPM 버전을 확인합니다.

[Node.js, npm 버전]

- node -v
- npm -v

[그림 7-4] NPM 버전 확인

7.2.3 파이어베이스 CLI 설치하기

Node.js 설치 및 npm 버전을 확인했으면 파
이어베이스 CLI를 설치합니다. 파이어베이스
CLI는 npm으로 설치가 가능합니다.

[파이어베이스 CLI 설치]

- npm install -g firebase-tools

[그림 7-5] 파이어베이스 CLI 설치

만약, firebase-tools 버전이 낮아 deploy 중에 에러가 발생되는 경우 npm의 install을 통해 최신
버전을 설치할 수 있습니다.

[그림 7-6] firebase-tools 버전이 낮아 deploy 중에 에러가 발생되는 경우

파이어베이스 호스팅을 사용하기 위하여 파이어베이스 CLI 설치에 대해서 알아보았습니다. 다음
절에서는 파이어베이스 CLI를 통해 웹 사이트를 배포하는 방법에 대해서 설명하겠습니다.

7.3 파이어베이스 CLI로 사이트 배포하기

파이어베이스 CLI를 통해 사이트를 배포하려면 파이어베이스 콘솔에 프로젝트가 먼저 생성되어
있어야 합니다. 그리고 파이어베이스 콘솔의 호스팅에서 〈시작하기〉를 통해 호스팅 설정이 완료되
어야 합니다.

파이어베이스 호스팅 설정하기

1. [그림 7-7]과 같이 파이어베이스 콘솔의 [Hosting] 메뉴를 눌러 〈시작하기〉 버튼을 누릅니다.

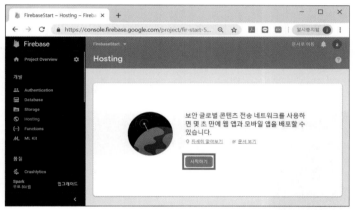

[그림 7-7] 파이어베이스 콘솔에서 호스팅 시작

2. [호스팅 설정] 창이 표시됩니다. [호스팅 설정] 창에는 파이어베이스 CLI 설치를 위한 Node.js
    설치 경로와 npm으로 파이어베이스 CLI 설치하는 방법을 안내합니다. [호스트 설정] 하단의
    〈계속〉 버튼을 누릅니다.

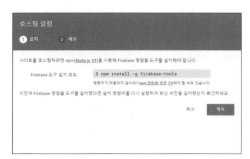

[그림 7-8] 호스팅 설정

3. 파이어베이스 CLI를 이용하여 사이트를 배포하는 방법에 대해서 자세히 나옵니다. 사이트를 배포하기 위해서는 가장 먼저 파이어베이스 CLI에서 '구글 로그인'이 필요합니다. 그리고 프로젝트 시작을 위한 init 작업과 웹 사이트를 위한 deploy 작업을 진행하게 됩니다. 〈완료〉 버튼을 누릅니다.

[그림 7-9] 호스팅 설정 완료

4. 호스팅 설정의 배포 창에서 〈완료〉 버튼을 누르면 [그림 7-10]와 같이 배포 대기 중인 상태가 됩니다.

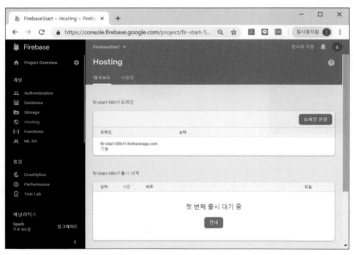

[그림 7-10] 파이어베이스 콘솔에서 호스팅 설정 완료 및 출시 대기 화면

파이어베이스 CLI로 파이어베이스에 로그인하기

파이어베이스 콘솔의 [호스팅 설정] 창에 나왔듯이 가장 먼저 파이어베이스 CLI를 통해 파이어베이스 로그인 과정을 진행해봅니다.

1. 명령 프롬프트 창에서 다음과 같이 파이어베이스 로그인합니다. [그림 7-11]에서 'y'를 입력하고 〈Enter〉키를 누릅니다.

   [파이어베이스 CLI를 통해 파이어베이스 로그인하기] firebase login

[그림 7-11] 파이어베이스 CLI를 통한 로그인

2. 그러면 [그림 7-12]와 같이 표시되는 파이어베이스 로그인 페이지에서 비밀번호를 입력하고 〈다음〉을 누릅니다.

[그림 7-12] 구글 로그인

3. 이제 파이어베이스 CLI 앱이 계정에 액세스를 허용할 수 있는 페이지가 제공됩니다. '허용'해야만 파이어베이스 CLI를 통해 사이트에 배포가 가능합니다. 〈허용〉 버튼을 누르면 오른쪽 그림과 같이 파이어베이스 CLI 로그인 성공 화면을 볼 수 있습니다

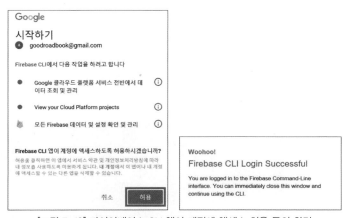

[그림 7-13] 파이어베이스 CLI 앱이 계정에 액세스 허용 동의 화면

그리고 명령 프롬프트에서는 [그림 7-14]와 같이 방문한 로그인 페이지와 로그인 성공한 계정을 확인할 수 있습니다.

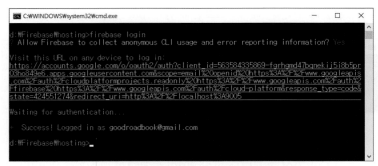

[그림 7-14] 파이어베이스 CLI 로그인 성공 화면

만약, 파이어베이스에 로그인이 되어 있으면 [그림 7-15]와 같이 표시됩니다. 참고로 로그아웃은 명령 프롬프트에서 'firebase logout'을 입력하면 됩니다.

[그림 7-15] 파이어베이스 CLI에서 이미 로그인 된 경우

파이어베이스 초기화하기

파이어베이스 로그인이 완료되면 다음은 파이어베이스 초기화 작업을 진행합니다. 파이어베이스 초기화 작업이란 파이어베이스 호스팅 사용에 필요한 설정과 호스팅을 사용할 프로젝트를 선택하는 작업입니다.

1. 필자는 d:₩Firebase₩hosting 경로에서 firebase init를 했습니다. 준비되었으면 "y"를 입력하고 〈Enter〉키를 누르면 됩니다.

[파이어베이스 초기화]

• firebase init

[그림 7-16] 파이어베이스 초기화

2. 파이어베이스 CLI를 호스팅으로 사용하기 위한 것으로 Database, Firestore, Functions, Hosting, Storage 중에 'Hosting'을 선택합니다.

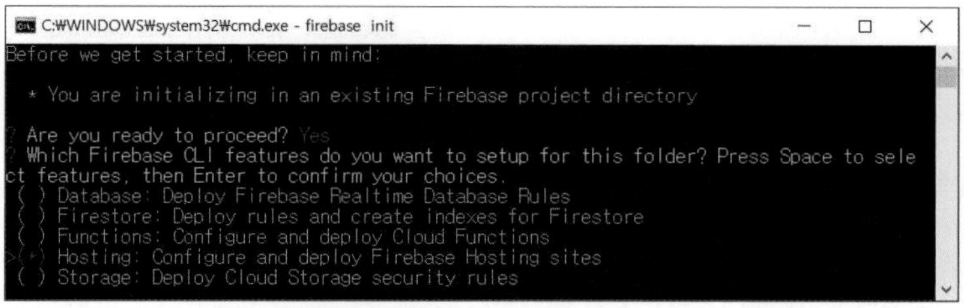

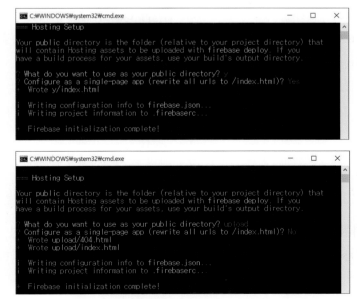

[그림 7-17] 파이어베이스 서비스 중 호스팅을 선택

3. 다음은 파이어베이스 콘솔에서 만든 프로젝트를 선택합니다.

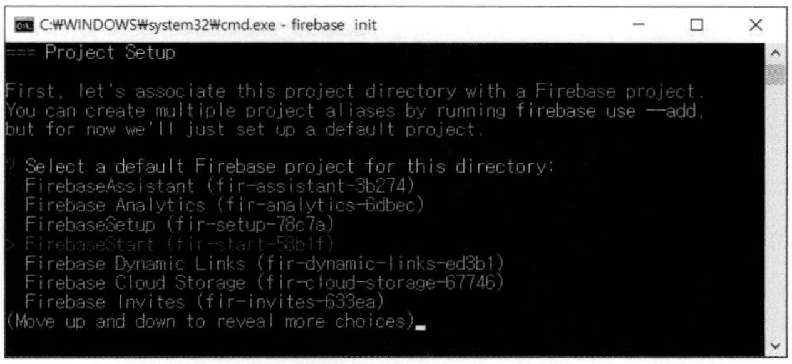

[그림 7-18] 파이어베이스 프로젝트 선택

4. 프로젝트 설정이 완료되면 [그림 7-19]와 같이 호스팅 설정을 진행하게 됩니다. 호스팅 설정에서는 '공용 디렉토리 폴더 설정'과 '단일 페이지 사용유무'를 선택할 수 있습니다.

[그림 7-19] 파이어베이스 호스팅 설정

프로젝트 디렉토리 설정하기

공용 디렉토리 같은 경우 별도로 입력하는 내용이 없으면 기본값 'public'으로 d:₩Firebase₩ hosting₩ 경로에 만들어집니다. 만약 여러분이 다음과 같이 'upload'라고 입력하면 해당 경로에 'upload' 경로가 생성됩니다.

```
? What do you want to use as your public directory? upload
```

단일 페이지로 구성하면 동작은 다음과 같습니다

단일 페이지 구성	동작
단일 페이지 구성 Yes	d:₩Firebase₩hosting₩upload₩index.html
단일 페이지 구성 No	d:₩Firebase₩hosting₩upload₩index.html d:₩Firebase₩hosting₩upload₩404.html

호스팅 설정까지 완료되면 파이어베이스 호스팅 초기화 작업이 성공적으로 완료된 것입니다. 그리고 d:₩Firebase₩hosting₩ 폴더에는 다음과 같은 파일들이 자동으로 만들어지게 됩니다. [그림 7-20]의 파일들은 파이어베이스 호스팅에서 사이트 배포를 위해 deploy 시점에 사용하게 됩니다.

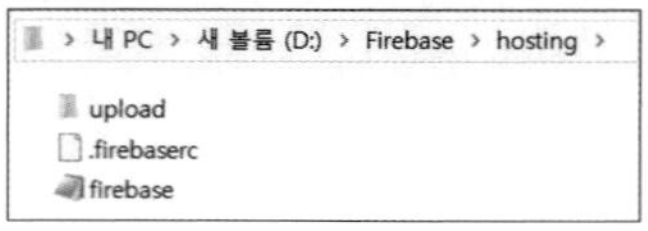

[그림 7-20] 파이어베이스 호스팅 설정 후 생성 파일

.firebaserc 파일에는 프로젝트가 배포되는 하위 도메인 정보가 있습니다. 즉, 우리가 사이트를 배포하면 〈YOUR-FIREBASE-APP〉.firebaseapp.com와 같은 도메인에 배포가 되는데, 〈YOUR-FIREBASE-APP〉 값에 .firebaserc 파일의 "fir-setup-78c7a" 값이 들어갑니다. 즉, fir-setup-78c7a.firebaseapp.com 도메인으로 프로젝트가 배포됩니다.

```
[.firebaserc]
{
  "projects": {
    "default": "fir-setup-78c7a"
  }
}
```

firebase.json 파일에는 호스팅 설정 내용이 들어 있는데, "public"에는 업로드할 디렉토리를 지정합니다. firebase.json 파일에서 "public" 항목은 반드시 포함되어 있어야 하며 앞서 우리는

"upload"로 지정했기 때문에 아래와 같으며, 지정하지 않은 경우 기본값은 "public"으로 지정되게 됩니다.

ignore는 배포할 때 무시할 파일을 지정하는 것으로 필수가 아닌 선택사항입니다.

```
[firebase.json]
{
  "hosting": {
    "public": "upload",
    "ignore": [
      "firebase.json",
      "**/.*",
      "**/node_modules/**"
    ]
  }
}
```

파이어베이스 호스팅 초기화를 통해 호스팅 설정이 끝났습니다.

파이어베이스 호스팅에서 배포된 정보 확인하기

d:₩Firebase₩hosting₩upload 폴더에 배포할 파일들을 넣고 다음과 같이 명령 프롬프트에서 firebase deploy를 진행하면 파이어베이스 호스팅에서 배포된 정보를 확인할 수 있습니다.

[upload 폴더]

- index.html
- 404.html

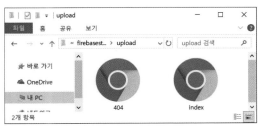

[그림 7-21] 업로드 폴더

[그림 7-22] 파이어베이스 서비스 파일 배포

파이어베이스 콘솔의 [Hosting]에서 사이트 배포된 정보를 [그림 7-22]와 같이 확인할 수 있습니다. 파이어베이스 호스팅에서 할당된 도메인(fir-setup-78c7a.firebaseapp.com)을 복사하여 브라우저에서 접속해보면 사이트 배포가 잘 되었는지 알 수 있습니다. 그리고 배포 기록에서 배포된 파일 개수와 계정, 시간을 확인할 수 있으며 롤백도 가능합니다.

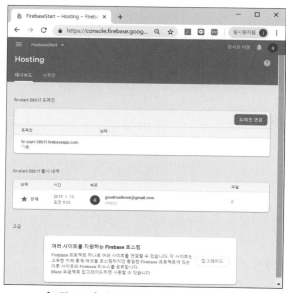

[그림 7-23] 파이어베이스 콘솔의 호스팅 화면

파이어베이스 [Hosting]에서 배포 기록의 오른쪽 부분의 '옵션' 기능을 통해 '롤백' 또는 '삭제'가 가능합니다.

[그림 7-24] 파이어베이스 호스팅 배포 기록

지금까지 파이어베이스 CLI를 통해 사이트 배포에 대해 알아보았습니다. 다음 절에서는 이 내용을 기반으로 가장 기본적인 기능을 사용하여 파이어베이스 프로젝트를 만들고 사이트를 배포해보겠습니다.

7.4 파이어베이스 호스팅으로 하이브리드 앱 만들기

파이어베이스 호스팅을 사용하기 위해 먼저 Node.js를 설치하여 npm으로 파이어베이스 CLI를 설치했고, 파이어베이스 콘솔에 사이트를 배포해보았습니다. 이번 절에서는 파이어베이스 호스팅에 배포된 사이트를 안드로이드 앱에서 사용하여 하이브리드 앱을 만들어보겠습니다.

7.4.1 하이브리드 앱이란?

하이브리드 앱은 네이티브 앱과 웹이 합쳐진 것으로 각각의 장점을 모아 만든 것으로 이해하면 되겠습니다.

네이티브 앱   웹   하이브리드 앱

[그림 7-25] 네이티브 앱과 웹의 장점을 가진 하이브리드 앱

[표 7-2] 네이티브 앱 vs 웹 vs 하이브리드 앱의 장단점 비교

	장점	단점
네이티브 앱	최적화된 SDK를 이용하기 때문에 성능이 좋고, SDK에서 제공하는 다양한 기능이 있다.	OS에 해당하는 지정된 SDK와 지정된 언어, 지정된 개발 툴을 사용해야 하기 때문에 여러 OS를 지원하는 앱을 개발할 때 개발 비용 및 유지보수 비용이 많이 든다.
웹	한번의 개발으로 다양한 OS에서도 브라우저만 지원되면 사용할 수 있으며, 실시간으로 수정 및 업데이트가 가능해서 유지보수가 쉽다.	SDK에 제공하는 기능을 사용할 수 없어서 기능에 제약을 받고, 네이티브 앱보다 성능이 떨어진다.
하이브리드 앱	네이티브의 장점인 최적화된 SDK를 사용하여 다양한 기능을 추가할 수 있으며, 웹의 장점인 실시간 수정 및 업데이트가 가능하다.	네이티브 앱보다 성능은 떨어지고, 네이티브 앱과 웹에 대한 양쪽 모두 이해가 필요하고, 구조가 복잡하기 때문에 개발할 때 디버깅이 어렵다.

7.4.2 하이브리드 앱 만들기

하이브리드 앱의 특징이 머리에 좀 그려지시나요? 우리가 만들 예제는 다음과 [그림 7-26]과 같은 형태로 동작을 합니다. 아래 그림을 통해 예제 앱의 동작 상태를 본 다음 예제 코드를 보면 좀더 이해가 쉬울 것입니다.

[그림 7-26] 하이브리드 앱 동작

프로젝트 생성하기

1. Android Studio의 FirebaseStart 프로젝트에서 [그림 7-27]과 같이 구성합니다. FirebaseStart 프로젝트의 com.goodroadbook.firebasestart 프로젝트 하위 패키지로 'hosting'을 추가합니다.

[그림 7-27] 하이브리드 예제를 위한 Android Studio의 FirebaseStart 프로젝트 구성

2. 다음은 파이어베이스 콘솔에서 FirebaseStart 프로젝트의 hosting 설정을 앞에서 본 것과 같이
진행하면 됩니다.

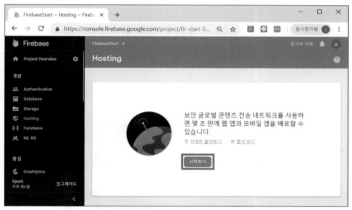

▲ 호스팅을 설정하지 않은 상태

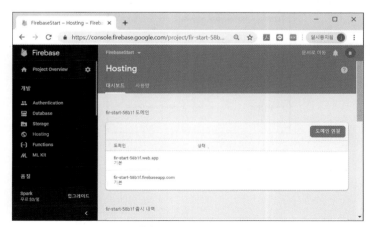

▲ 호스팅이 설정이 이미 되어 있는 경우

[그림 7-28] 호스팅 설정 전후 상태

프로젝트에서 하이브리드 앱 구성하기

Android Studio의 FirebaseStart 프로젝트에서 하이브리드 앱과 같이 사용할 수 있도록 합니다. MainActivity.java, activity_main.xml 파일에 버튼을 추가하고 해당 버튼을 누르면 HostingActivity.java가 실행될 수 있도록 추가합니다.

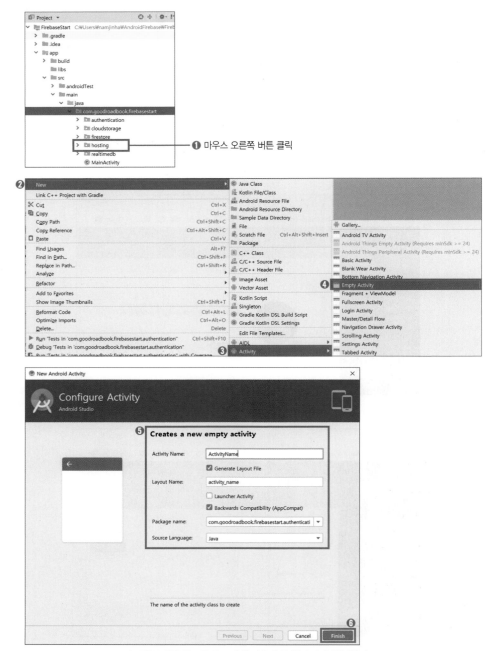

[그림 7-29] 안드로이드 스튜디오에서 액티비티 생성하기

[코드 7-1] Hosting 버튼 추가하기
[activity_main.xml]   [예제 파일 : res/layout/activity_main.xml]

```xml
<?xml version="1.0" encoding="utf-8"?>
<androidx.constraintlayout.widget.ConstraintLayout
    xmlns:android="http://schemas.android.com/apk/res/android"
    xmlns:app="http://schemas.android.com/apk/res-auto"
    xmlns:tools="http://schemas.android.com/tools"
    android:layout_width="match_parent"
    android:layout_height="match_parent"
    tools:context=".MainActivity">

...
...

    <Button
        android:id="@+id/firebasecloudstoragebtn"
        android:layout_width="wrap_content"
        android:layout_height="wrap_content"
        android:text="Firebase Cloud Storage"
        app:layout_constraintTop_toBottomOf="@+id/firebasecloudfirestorebtn"
        app:layout_constraintBottom_toTopOf="@id/firebasehostingbtn"
        app:layout_constraintLeft_toLeftOf="parent"
        app:layout_constraintRight_toRightOf="parent" />

    <Button
        android:id="@+id/firebasehostingbtn"
        android:layout_width="wrap_content"
        android:layout_height="wrap_content"
        android:text="Firebase Hosting"
        app:layout_constraintTop_toBottomOf="@+id/firebasecloudstoragebtn"
        app:layout_constraintBottom_toBottomOf="parent"
        app:layout_constraintLeft_toLeftOf="parent"
        app:layout_constraintRight_toRightOf="parent" />

</androidx.constraintlayout.widget.ConstraintLayout>
```

[MainActivity.java]   [예제 파일: java/com/goodroadbook/firebasestart/MainActivity.java]

```java
package com.goodroadbook.firebasestart;

...
...
import com.goodroadbook.firebasestart.hosting.HostingActivity;


public class MainActivity extends AppCompatActivity implements View.OnClickListener
{
```

```java
    @Override
    protected void onCreate(Bundle savedInstanceState)
    {
        super.onCreate(savedInstanceState);
        setContentView(R.layout.activity_main);

        ...
        ...
        Button firebasehostingbtn = (Button)findViewById(R.id.firebasehostingbtn);
        firebasehostingbtn.setOnClickListener(this);
    }

    @Override
    public void onClick(View view)
    {
        Intent i = null;
        switch (view.getId())
        {
...
...
    case R.id.firebasehostingbtn:
            i = new Intent(this, HostingActivity.class);
            startActivity(i);
            break;
        default:
            break;
        }
    }
}
```

com.goodroadbook.hosting 패키지 안에 HostingActivity.java 파일과 관련 리소스 파일을 아래와 같이 추가합니다.

[코드 7-2] 하이브리드 앱 구성하기

[activity_hosting.xml]   [예제 파일 : res/layout/activity_hosting.xml]

```xml
<?xml version="1.0" encoding="utf-8"?>
<androidx.constraintlayout.widget.ConstraintLayout xmlns:android=
  "http://schemas.android.com/apk/res/android"
    xmlns:app="http://schemas.android.com/apk/res-auto"
    xmlns:tools="http://schemas.android.com/tools"
    android:layout_width="match_parent"
    android:layout_height="match_parent"
    tools:context=".hosting.HostingActivity">
```

```xml
<WebView
    android:id="@+id/mywebview"
    android:layout_width="match_parent"
    android:layout_height="match_parent"
    app:layout_constraintBottom_toBottomOf="parent"
    app:layout_constraintLeft_toLeftOf="parent"
    app:layout_constraintRight_toRightOf="parent"
    app:layout_constraintTop_toTopOf="parent" >
</WebView>

</androidx.constraintlayout.widget.ConstraintLayout>
```

[HostingActvity.java]　　　[예제 파일: java/com/goodroadbook/firebasestart/hosting/HostingActivity.java]

```java
package com.goodroadbook.firebasestart.hosting;

import androidx.appcompat.app.AppCompatActivity;

import android.os.Bundle;
import android.webkit.WebView;
import android.webkit.WebViewClient;

import com.goodroadbook.firebasestart.R;

public class HostingActivity extends AppCompatActivity
{
    private WebView mWebView = null;

    public class WebCustomClient extends WebViewClient
    {
        @Override
        public boolean shouldOverrideUrlLoading(WebView view,
                                                String url)
        {
            return false;
        }
    }

    @Override
    protected void onCreate(Bundle savedInstanceState)
    {
        super.onCreate(savedInstanceState);
        setContentView(R.layout.activity_hosting);
```

```
    mWebView = (WebView) findViewById(R.id.mywebview);
    mWebView.setWebViewClient(new WebCustomClient());
    mWebView.getSettings().setJavaScriptEnabled(true);
    mWebView.loadUrl("https://fir-start-58b1f.firebaseapp.com/index_test.html");
  }
}
```

HostingActivity 클래스에서는 웹 뷰를 통해 파이어베이스 호스팅에 deploy된 URL로 정적 콘텐츠를 가져와 보여주게 됩니다. 앞서 upload 폴더의 index.html과 404.html은 배포가 되었습니다. 아래 그림과 같이 index_test.html 파일과 404_test.html 파일을 추가하여 배포해봅니다.

[Upload 폴더 구성]

- Index.html
- Index_test.html
- 404.html
- 404_test.html

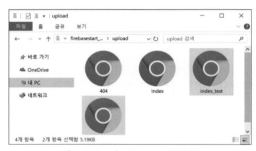

[그림 7-30] 업로드 폴더 구성

파이어베이스 호스팅 배포는 앞에서 이미 알아본 것과 같이 다음과 같이 진행하도록 합니다.

1) firebase login

- 로그인이 되어 있는 경우 아래와 같은 메시지가 나온다.

  Already logged in as goodroadbook@gmail.com

- 로그인이 되어 있지 않는 경우 로그인 후 진행한다.

[그림 7-31] 파이어베이스 로그인

2) firebase init

- 프로젝트 설정과 호스팅 설정을 진행한다.

[그림 7-32] 파이어베이스 초기화

3) firebase deploy

- firebase init의 프로젝트 설정과 호스팅 설정으로 만들어진 파일을 파이어베이스 호스팅으로 배포를 진 행한다.
- 배포가 완료되면 할당된 도메인을 통해 배포된 사이트에 접속이 가능하다.

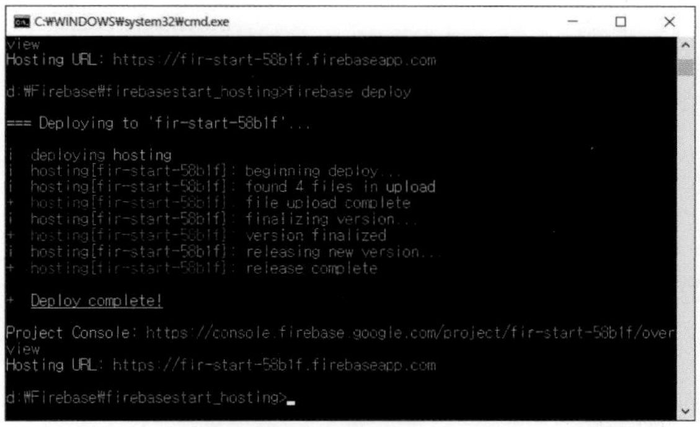

[그림 7-33] 파이어베이스 배포

파이어베이스 호스팅에 추가로 index_test.html 파일과 404_test.html 파일 배포가 완료되면 파이 어베이스 콘솔의 호스팅에는 [그림 7-34]와 같이 출시 내역을 확인할 수 있습니다.

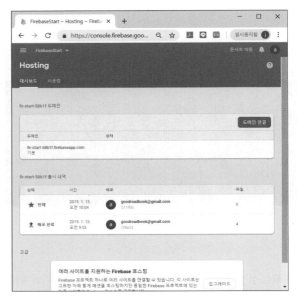

[그림 7-34] 파이어베이스 콘솔의 호스팅에서 출시 내역 확인

지금까지 파이어베이스 호스팅으로 배포한 사이트를 하이브리드 앱을 통해 브라우징되는 것을 알아보았습니다. 여러분도 직접 파이어베이스 호스팅을 사용하여 나만의 하이브리드 앱을 만들어보는 기회를 만들어보세요.

정리하며

파이어베이스 호스팅은 정적/동적 콘텐츠를 빠르고 안전하게 제공합니다. 특히 별도의 구성 없이 SSL을 기본적으로 제공하여 콘텐츠를 항상 안전하게 전송하고, 업로드하는 각 파일이 전 세계 CDN 에지의 SSD에 캐싱되므로 사용자가 어디에 있든 빠르게 콘텐츠를 전달합니다. 또한 파이어베이스 CLI가 업로드되는 파일을 빠르게 전송하며, 명령줄 도구로 빌드 프로세스에 배포 타겟을 손쉽게 추가할 수 있습니다. 빠른 배포도 좋지만 실수를 빠르게 되돌리는 것도 중요하기 때문에 파이어베이스 호스팅은 완벽한 버전 관리 및 릴리스 관리를 제공하며 클릭 한 번으로 롤백이 가능합니다.

연습문제 | 퀴즈를 풀어보며 개념을 복습합니다.

문제에 대한 답은 백견불여일타 카페에서 확인할 수 있습니다. cafe.naver.com/codefirst

1 파이어베이스 호스팅에 대해서 기술해보세요.

2 파이어베이스 호스팅의 주요 기능에 대해서 설명해보세요.

3 파이어베이스 호스팅에서 컨텐츠 deploy 과정에 필요한 도구와 절차에 대해서 적어보세요.

4 파이어베이스 호스팅에서 deploy 시 필요한 firebase.json 파일에 대해 설명해보세요.

5 파이어베이스 호스팅에서 배포 후에 오류가 발생되거나 잘못 올린 경우 롤백을 진행하는 경우가 있습니다. 롤백 절차에 대해서 설명해보세요.

6 하이브리드 앱, 네이티브 앱, 웹의 차이점에 대해서 기술해보세요.

실습문제

실습은 지식을 내것으로 만드는
최고의 방법입니다.

문제에 대한 답은 백견불여일타 카페에서 확인할 수 있습니다. cafe.naver.com/codefirst

파이어베이스 호스팅은 정적/동적 콘텐츠를 빠르게 안전하게 제공합니다. 빠르게 배포하다가 실수를 하게 되면 현재 문제가 되는 버전을 이전 버전으로 롤백을 진행해야 하는데요, 파이어베이스 호스팅에서 롤백을 해봅니다.

1. 파이어베이스 호스팅에서 정상적인 동작 중인 정적 콘텐츠를 업로드합니다.

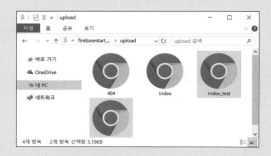

2. 파이어베이스 호스팅에서 error.html을 만들고 index.html 파일에서 버튼을 누르면 error.html 파일이 열리도록 처리합니다.

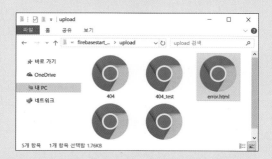

실습문제 | 실습은 지식을 내것으로 만드는
최고의 방법입니다.

3. 파이어베이스 호스팅을 통해 **deploy**를 하면 파이어베이스 호스팅 콘솔에서 다음과 같이 업데이
트 내역을 확인할 수 있습니다.

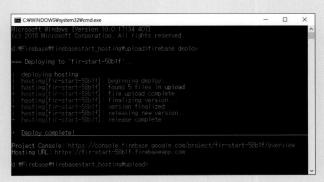

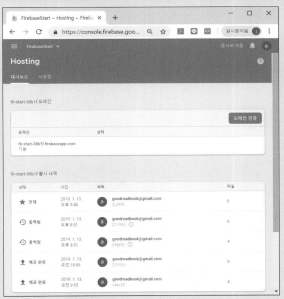

4. 파이어베이스 콘솔에서 배포된 버전 중에 롤백 또는 삭제를 진행할 수 있습니다. 롤백할 경우 배포된 이전으로 신속하게 이동됩니다. 그리고 삭제는 영구적으로 삭제됩니다.

8장
파이어베이스 크래시리틱스

이 장을 시작하기 전에

파이어베이스에서 앱의 안정성 확보를 위해 파이어베이스 크래시리틱
스 서비스를 제공해줍니다.

❶ 기존에 오류 보고라는 서비스를 제공했지만 개발자가 더 쉽게 원인
을 파악할 수 있도록 다양한 기능을 추가했습니다. 오류 보고를 사용
하던 앱들도 파이어베이스 크래시리틱스로 쉽게 업그레이드할 수 있
도록 제공하고 있습니다.

❷ 우리는 파이어베이스 크래시리틱스가 무엇이고 어떤 기능들이 있는
지 이번 장에서 알아봅니다. 앱의 안정성을 높일 수 있는 크래시리틱
스의 다양한 기능들을 실제 앱을 개발할 때 적용해보기 바랍니다.

8.1 파이어베이스 크래시리틱스 소개

파이어베이스 크래시리틱스 개념

파이어베이스 크래시리틱스Crashlytics는 앱 품질을 저해하는 안전성 문제를 추적하고 수정하는 데 도움을 주는 실시간 오류 보고 도구입니다. 개발 시점에 발생되는 비정상 오류 및 기타 오류는 발생되는 단말에서 로그를 넣고 재현을 해보거나 디버깅 모드로 오류가 발생되는 지점의 코드를 분석하여 원인을 찾을 수 있습니다. 그러나 우리가 만든 앱이 앱 스토어를 통해 사용자에 전달되는 순간부터 디버깅 모드, 로그 추가는 정말 어려운 것 중에 하나가 됩니다. 고객의 문제를 쉽게 파악하기도 어렵고, 원인 분석을 위해 고객의 단말을 확보하기도 하늘에 별 따기와 같은 수준입니다. 이렇게 어려운 일을 도와주는 도구가 파이어베이스 크래시리틱스입니다. 우리가 고객을 만나지도

않고, 고객 단말을 확보하지 않아도 문제 해결에 필요한 중요한 부분들에 대해서 도움을 받을 수 있는 도구로 이해하면 되겠습니다.

파이어베이스 초기에 '오류 보고' 기능이 있었지만 패브릭Fabric과 파이어베이스 Firebase가 협력 관계를 체결한 후에 파이어베이스 크래시리틱스로 변경되고 '오류 보고' 기능은 사용 중지되었습니다.

> **패브릭** 용어
> 패브릭(Fabric)은 트위터에서 개발자들이 더 나은 모바일 앱을 개발할 수 있도록 도와줄 목적으로 만들어졌습니다. 특히 앱 개발자들이 부딪히는 안정성, 사용자 확보, 수익성, 사용자 인증을 해결할 수 있도록 서비스를 제공하고 있습니다. 이후 파이어베이스와 패브릭 팀이 협력 관계를 체결한 후에는 파이어베이스 크래시리틱스에서도 앱의 안정성을 확보할 수 있습니다.

파이어베이스 크래시리틱스 특징 및 주요 기능

파이어베이스 크래시리틱스의 주요 기능으로는 비정상 종료의 심각도와 발생률을 강조, 비정상 종료에 대한 통계, 애널리틱스와 통합, 실시간 알림 기능을 제공합니다.

[그림 8-1]은 파이어베이스 크래시리틱스에서 비정상 종료가 보고되었을 때의 화면입니다. 그림에서 보듯이 오류가 발생되는 단말의 정보와 비정상 종료가 발생되는 코드 위치를 스택 추적으로 확인할 수 있습니다. 또한 파이어베이스 크래시리틱스의 정보를 통해 비정상 종류의 심각도를 파악하여 바로 업데이트를 진행하는지 추후 수정하면 되는지를 판단하는 지표로도 삼을 수 있습니다.

[그림 8-1] 파이어베이스 크래시리틱스에서 비정상 종료가 보고되었을 때의 화면

8.2 파이어베이스 크래시리틱스 한번에 이해하기

8.2.1 크래시리틱스 사용을 위한 프로젝트/앱 수준의 build.gradle 구성하기

파이어베이스 크래시리틱스는 먼저 파이어베이스에 등록된 프로젝트에서만 시작할 수 있습니다. 가장 먼저 프로젝트 수준의 build.gradle와 앱 수준의 build.gradle 파일에 각각 아래와 같이 코드가 구성되어야 합니다.

프로젝트 수준의 build.gradle은 google-services 버전을 3.1.2 이상으로 업데이트하고 크래시리틱스 저장소와 종속 항목을 추가합니다.

[코드 8-1] 크래시리틱스 사용을 위한 프로젝트/앱 수준의 build.gradle 구성하기

[프로젝트 수준의 build.gradle]　　　　　　　　　　　　　　　　[예제 파일 : 프로젝트 수준의 build.gradle]

```
buildscript {
    repositories {
        // ...

        // Add repository
        maven {
            url 'https://maven.fabric.io/public'
        }
    }
    dependencies {
        // ...

        // Check for v3.1.2 or higher
        classpath 'com.google.gms:google-services:4.3.0'

        // Add dependency
        classpath 'io.fabric.tools:gradle:1.26.1'
    }
}

allprojects {
    // ...
    repositories {
        // ...
```

```
    // Add repository
    maven {
        url 'https://maven.google.com/'
    }
}
}
```

앱 수준의 build.gradle는 firebase-core를 v11.4.2 이상으로 업데이트하고 크래시리틱스 종속 항목을 추가합니다.

[앱 수준의 build.grdle]   [예제 파일 : 앱 수준의 build.gradle]

```
apply plugin: 'com.android.application'
apply plugin: 'io.fabric'

dependencies {
    ...
    ...

    // Firebase Crashlytics
    implementation 'com.crashlytics.sdk.android:crashlytics:2.10.1'
}
```

만약 기존의 파이어베이스 오류 보고 기능을 사용하고 있었다면 크래시리틱스로 업그레이드가 가능합니다.

8.2.2 기존 오류 보고를 크래시리틱스로 변경하기

먼저 앱 수준의 build.gradle를 다음과 같이 바꿉니다.

[코드 8-2] 오류보고 업그레이드를 위해 앱 수준의 build.gradle 수정하기

```
apply plugin: 'com.android.application'
/* Add the Fabric plugin: */
apply plugin: 'io.fabric'

dependencies {
    // ...

    // Delete Crash Reporting:
    //compile 'com.google.firebase.firebase-crash:11.4.2'
```

```
    // Add Crashlytics:
    compile 'com.crashlytics.sdk.android:crashlytics:2.9.1'
}
```

위와 같이 앱 수준의 build.gradle에서 기존 오류보고에서 사용하던 firebase-crash를 삭제하고 크래시리틱스를 추가합니다.

다음은 로그 기록을 크래시리틱스로 변경하는 작업을 진행합니다. 다음 [표 8-1]과 같이 크래시리틱스 로그 기록하는 방법으로 수정해주면 되겠습니다.

[표 8-1] 크래시리틱스 로그 기록하기

파이어베이스 오류보고	파이어베이스 크래시리틱스
FirebaseCrash.log()	Crashlytics.log()
FirebaseCrash.logcat()	Crashlytics.log()
FirebaseCrash.report()	Crashlytics.logException()

마지막으로 AndroidManifest.xml 파일에서 오류보고 메타 데이터를 크래시리틱스 메타 데이터로 수정을 진행합니다. 그리고 파이어베이스 크래시리틱스를 사용할 수 있도록 초기화 설정을 진행하는데요, 다음과 같이 코드를 작성합니다.

[코드 8-3] 오류보고 메타 데이터를 크래시리틱스 메타 데이터로 수정하기   [AndroidManifest.xml]

```xml
<!-- Delete Crash Repoting:
<meta-data android:name="firebase_crash_collection_enabled" android:value="false" />
-->

<!-- Add Crashlytics: -->
<meta-data android:name="firebase_crashlytics_collection_enabled"
android:value="false" />
```

[코드 8-4] 파이어베이스 크래시리틱스를 사용할 수 있도록 초기화 설정하기

```
// Delete Crash Reporting:
// FirebaseCrash.setCrashCollectionEnabled(true);

//Add Crashlytics:
Fabric.with(this, new Crashlytics());
```

파이어베이스의 오류보고 기능을 파이어베이스 크래시리틱스로 업그레이드하는 방법에 대해서 알아보았습니다. 다음은 실제 파이어베이스 크래시리틱스로 강제 종료 및 파이어베이스 콘솔에서 크래시리틱스로 보고된 정보를 확인하는 방법입니다.

8.2.3 앱에서 파이어베이스 크래시리틱스 사용하기

다음과 같이 코드에서 강제 종료를 발생시키면 파이어베이스 콘솔에서 5분 안에 강제 종료에 대한 보고가 올라오게 됩니다.

강제 종료 테스트하기
```
Button crashButton = new Button(this);
crashButton.setText("Crash!");
crashButton.setOnClickListener(new View.OnClickListener() {
    public void onClick(View view) {
        Crashlytics.getInstance().crash(); // Force a crash
    }
});

addContentView(crashButton, new ViewGroup.LayoutParams(
        ViewGroup.LayoutParams.MATCH_PARENT,
        ViewGroup.LayoutParams.WRAP_CONTENT));
```

파이어베이스 크래시리틱스에서 오류가 발생했을 때 개인정보 보호를 중요하게 생각하는 고객들에게는 오류가 발생했을 때 보고하지 않도록 'Off'로 설정할 수 있도록 제공해줍니다. 우선 AndroidManifest.xml 파일에서 자동 수집 설정을 다음과 같이 'false'로 설정합니다. 이럴 때 필요한 시점에 초기화를 진행하는 경우 파이어베이스 크래시리틱스로 로그 수집이 진행됩니다.

AndroidManifest.xml 자동 설정 사용 중지하기
```
<meta-data
    android:name="firebase_crashlytics_collection_enabled"
    android:value="false" />
```

파이어베이스 크래시리틱스 사용 초기화하기
```
Fabric.with(this, new Crashlytics());
```

또한 오류가 발생했을 때 쉽게 추적할 수 있도록 로그를 추가할 수 있습니다. 로그를 기록할 때 Android Studio의 로그캣을 통해서 보여줄 필요가 있는 경우와 그렇지 않은 경우를 구분하여 크래시리틱스 로그를 기록할 수 있습니다.

로그캣 및 파이어베이스 콘솔에서 로그 표시하기

```
Crashlytics.log(Log.DEBUG, "tag", "message");
```

파이어베이스 콘솔에서만 로그 표시하기

```
Crashlytics.log("message");
```

로그의 크기면 앱의 속도가 느려질 수 있기 때문에 로그의 크기를 파이어베이스 크래시리틱스로 제한하고 있습니다. 만약 로그의 크기가 64KB를 넘어가게 되면 크래시리틱스에서 이전 로그 항목을 삭제합니다. 또한 너무 자주 파이어베이스 크래시리틱스 로그를 수집하는 경우 불필요한 로그가 수집되거나 로그 크기와 마찬가지로 앱의 속도에 영향을 줄 수 있습니다.

8.2.4 파이어베이스 콘솔에서 크래시리틱스로 보고된 정보 확인하기

파이어베이스 크래시리틱스에서 로그를 기록하는 방법에 대해서 알아보았습니다. 앱에서 비정상 종료가 발생되었을 때 정보를 더 확인하기 위해 크래시리틱스 로그를 추가할 수 있습니다. 그리고 크래시리틱스 로그로 비정상 종료에 대한 원인을 쉽게 분석할 수 있습니다. 그리고 파이어베이스 콘솔에서 해당 지정된 로그를 확인할 수 있습니다. 다음과 같이 강제 종료 시 앱의 구체적인 상태를 확인하기 위하여 키-값 쌍으로 다음과 같이 사용할 수 있습니다.

키-값 추가하기

```
Crashlytics.setString(key, "foo" /* string value */);

Crashlytics.setBool(key, true /* boolean value */);

Crashlytics.setDouble(key, 1.0 /* double value */);

Crashlytics.setFloat(key, 1.0f /* float value */);

Crashlytics.setInt(key, 1 /* int value */);
```

위와 같이 추가된 키-값을 업데이트도 할 수 있습니다.

키-값 업데이트하기

```
Crashlytics.setInt("current_level", 3);
Crashlytics.setString("last_UI_action", "logged_in");
```

파이어베이스 크래시리틱스에서 특정 사용자에서 발생하는 비정상 종료를 파악할 수 있도록 사용자 ID를 설정하면 원인을 파악하는 데 도움이 될 수 있습니다.

사용자 ID 지정하기

```
Crashlytics.setUserIdentifier("user123456789");
```

파이어베이스 크래시리틱스에서 예외가 발생되었을 때 로그 수집을 할 수 있습니다. 즉 아래 코드와 같이 Exception이 발생했을 때 그 정보를 수집할 수 있습니다.

Exception 발생 시 로그 수집하기

```
try {
    methodThatThrows();
} catch (Exception e) {
    Crashlytics.logException(e);
    // handle your exception here
}
```

지금까지 파이어베이스 크래시리틱스에서 제공하는 기능들에 대해서 알아보았습니다. 이어서 실제로 비정상 종료가 발생했을 때 파이어베이스 콘솔의 크래시리틱스에서 어떠한 데이터가 올라오고 볼 수 있는지 예제를 통해 확인해보겠습니다.

8.3 파이어베이스 크래시리틱스 예제로 활성화하기

파이어베이스 콘솔에 크래시리틱스를 위한 프로젝트 구성하기

파이어베이스 크래시리틱스를 시작하려면 가장 먼저 파이어베이스 콘솔에 앱이 등록되어 있어야
합니다.

> **참고**
> 프로젝트를 생성하고 안드로이드 패키지를 등록하는 과정은 앞에서도 많이 보았기 때문에 넘어갑니다. 파이
> 어베이스에 등록하는 과정은 앞을 참고하시기 바랍니다. 우리는 FirebaseStart 프로젝트에 파이어베이스 크
> 래시리틱스 예제를 만들고, 파이어베이스 콘솔의 FirebaseStart의 Crashlytics에서 확인합니다.

[그림 8-2]는 Android Studio에서 FirebaseStart 프로젝트에 크래시리틱스를 추가한 구성입니다.
여러분도 크래시리틱스를 시작하려면 [그림 8-2]와 같이 프로젝트가 구성되어 있어야 합니다.

[그림 8-2] 프로젝트 구성하기

다음은 파이어베이스 콘솔에서 크래시리틱스 설정을 해보겠습니다. 파이어베이스 콘솔의 메뉴에
서 [Crashlytics]를 누르면 〈CRASHLYTICS〉 설정 버튼이 나옵니다. 버튼을 누릅니다.

[그림 8-3] 크래시리틱스 설정

크래시리틱스를 처음 사용하는 앱이라면 [그림 8-4]를 참고하여 ①의 질문에서 선택을 '예, Crashlytics를 처음 사용하는 앱이며 설치된 SDK 버전이 없습니다.'를 선택합니다. 그렇지 않은 경우 '아니요, 이미 Crashlytics가 설치되어 있습니다.'를 누릅니다.

 필자는 처음 사용하는 앱이어서 첫 번째 항목을 선택했습니다.

[그림 8-4] 크래시리틱스 설정 항목 선택

[그림 8-5]와 같이 앱에서 크래시리틱스를 사용하기 위한 SDK 설치와 사용 방법에 대한 가이드를 안내합니다. 여러분은 〈CRASHLYTICS 문서로 이동〉 버튼을 눌러 SDK 설치와 사용 방법에 대해서 확인하도록 합니다.

[그림 8-5] 크래시리틱스를 사용하기 위한 SDK 설치와 사용 방법에 대한 안내

크래시리틱스가 안드로이드 스튜디어의 프로젝트에 추가하지 않은 상태이면 [그림 8-6]과 같은
화면이 유지됩니다.

[그림 8-6] 앱 제작 및 실행

앱 제작 및 실행이 되어야만 크래시리틱스가 활성화되어 아래 [그림 8-7]과 같이 앱에서 발생되는
오류 내용을 파악할 수 있습니다

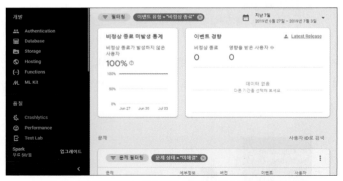

[그림 8-7] 파이어베이스 콘솔에서 크래시리틱스가 활성화된 상태

[Crashlytics 시작하기] 페이지에서 내용을 참고하여 프로젝트 수준의 build.gradle 파일과 앱 수준
의 build.gradle 파일을 구성해 봅니다. 프로젝트에서 build.gradle 파일에 [코드 8-5]와 같이 추가
하면 됩니다.

[코드 8-5] 안드로이드 프로젝트에 크래시리틱스 적용하기

[프로젝트 수준의 build.gradle]   [예제 파일 : 프로젝트 수준의 build.gradle]

```
// Top-level build file where you can add configuration options common to all sub-
projects/modules.

buildscript {

    repositories {
        google()
        jcenter()

        // Add repository
        maven {
            url 'https://maven.fabric.io/public'
        }
    }
    dependencies {
...
...


        // Add dependency
        classpath 'io.fabric.tools:gradle:1.26.1'
    }
}
...
...
}
```

[앱 수준의 build.gradle]   [예제 파일 : 앱 수준의 build.gradle]

```
apply plugin: 'com.android.application'
apply plugin: 'io.fabric'

android {
...
...
    compileOptions {
        sourceCompatibility 1.8
        targetCompatibility 1.8
    }
}
```

```
dependencies {

...
...

    // Firebase Crashlytics
    implementation 'com.crashlytics.sdk.android:crashlytics:2.10.1'
...
...
}

apply plugin: 'com.google.gms.google-services'
```

프로젝트 수준의 build.gradle 구성과 앱 수준의 build.gradle 파일을 위와 같이 구성이 완료되었
으면 AndroidMainfest.xml 파일에 [코드 8-6]과 같이 메타 데이터를 추가합니다.

[코드 8-6] AndroidManifest.xml 메타 데이터 추가하기
[AndroidManifest.xml]   [예제 파일 : 프로젝트의 main 폴더]

```xml
<?xml version="1.0" encoding="utf-8"?>
<manifest xmlns:android="http://schemas.android.com/apk/res/android"
    package="com.goodroadbook.firebasestart">

...
...

    <application
        android:allowBackup="true"
        android:icon="@mipmap/ic_launcher"
        android:label="@string/app_name"
        android:roundIcon="@mipmap/ic_launcher_round"
        android:supportsRtl="true"
        android:theme="@style/AppTheme">

        <!-- Add Crashlytics: -->
        <meta-data android:name="firebase_crashlytics_collection_enabled"
android:value="false" />

...
...

    </application>

</manifest>
```

여기까지 완료되었으면 FirebaseStart를 단말에 디버깅 모드나 apk 파일을 만들어 설치하고 실행해봅니다. 단말에서 실행되면서 파이어베이스 콘솔에 크래시리틱스 정보가 올라가게 됩니다. 파이어베이스 콘솔의 크래시리틱스가 활성화되었는지 확인합니다.

파이어베이스 콘솔의 크래시리틱스에 [그림 8-8]과 같은 화면이 표시되면 활성화되었다고 할 수 있습니다.

[그림 8-8] 파이어베이스 크래시리틱스 활성화 상태 확인

지금까지 프로젝트에서 크래시리틱스를 사용하기 위해 추가되는 부분과 파이어베이스 콘솔에서 크래시리틱스를 활성화하는 방법에 대해서 알아보았습니다. 다음은 실제로 오류가 발생했을 때 크래시리틱스에서 보여주는 내용이 무엇이고 어떠한 방법으로 문제를 해결해 나가는지에 대해서 살펴보겠습니다.

8.4 비정상 종료 발생 시 크래시리틱스에서 내용 확인하기

파이어베이스 크래시리틱스를 앱에서 연동하면 앞서 설명한 것과 같이 문제가 발생했을 때 신속하게 원인을 찾아 해결할 수 있기 때문에 앱을 유지하고 관리하는데 좋은 도구입니다. 실제로 좋은 도구인지를 예제를 통해 확인해보겠습니다.

8.4.1 안드로이드에서 비정상 종료 발생 예제 만들기

우리가 해볼 예제는 프로젝트에서 비정상 종료(CRASH)가 발생될 수 있는 코드를 넣고 앱을 실행시키는 것입니다. 앱에서 문제되는 부분이 실제 파이어베이스 콘솔의 크래시리틱스에서 어떠한 형태로 보여주는지 알아보려 합니다.

먼저 아래 그림과 같이 Android Studio의 FirebaseStart 프로젝트에서 crashlytics 패키지를 추가하고, CrashlyticsActivity 액티비티와 activity_crashlytics.xml 파일을 만듭니다.

❶ 마우스 오른쪽 버튼 클릭

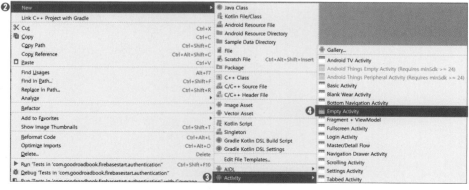

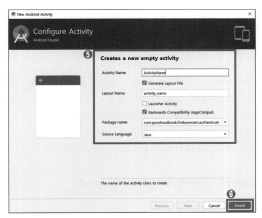

[그림 8-9] Android Studio에서 CrashlyticsActivity 액티비티를 추가한다.

다음은Android Studio의 FirebaseStart 프로젝트에서 MainActivity 클래스와 activity_main.xml 파일을 [코드 8-7]과 같이 수정합니다.

[코드 8-7] MainActivity 클래스에 Firebase Crashlytics 버튼 추가하기

[activity_main.xml]   [예제 파일 : /res/layout/activity_main.xml]

```xml
<?xml version="1.0" encoding="utf-8"?>
<androidx.constraintlayout.widget.ConstraintLayout
    xmlns:android="http://schemas.android.com/apk/res/android"
    xmlns:app="http://schemas.android.com/apk/res-auto"
    xmlns:tools="http://schemas.android.com/tools"
    android:layout_width="match_parent"
    android:layout_height="match_parent"
    tools:context=".MainActivity">

...
...


    <Button
        android:id="@+id/firebasehostingbtn"
        android:layout_width="wrap_content"
        android:layout_height="wrap_content"
        android:text="Firebase Hosting"
        app:layout_constraintTop_toBottomOf="@+id/firebasecloudstoragebtn"
        app:layout_constraintBottom_toTopOf="@id/firebasecrashlyticsbtn"
        app:layout_constraintLeft_toLeftOf="parent"
        app:layout_constraintRight_toRightOf="parent" />
```

```xml
    <Button
        android:id="@+id/firebasecrashlyticsbtn"
        android:layout_width="wrap_content"
        android:layout_height="wrap_content"
        android:text="Firebase Crashlytics"
        app:layout_constraintTop_toBottomOf="@+id/firebasehostingbtn"
        app:layout_constraintBottom_toBottomOf="parent"
        app:layout_constraintLeft_toLeftOf="parent"
        app:layout_constraintRight_toRightOf="parent" />

</androidx.constraintlayout.widget.ConstraintLayout>
```

[MainActivity.java]	[예제 파일: java/com/goodroadbook/firebasestart/MainActivity.java]

```java
package com.goodroadbook.firebasestart;

...
...
import com.goodroadbook.firebasestart.crashlytics.CrashlyticsActivity;

public class MainActivity extends AppCompatActivity implements View.OnClickListener
{
    @Override
    protected void onCreate(Bundle savedInstanceState)
    {
        super.onCreate(savedInstanceState);
        setContentView(R.layout.activity_main);
        ...
        ...
        Button firebasecrashlyticsbtn =
(Button)findViewById(R.id.firebasecrashlyticsbtn);
        firebasecrashlyticsbtn.setOnClickListener(this);
    }

    @Override
    public void onClick(View view)
    {
        Intent i = null;
        switch (view.getId())
        {
...
...
case R.id.firebasecrashlyticsbtn:
                i = new Intent(this, CrashlyticsActivity.class);
                startActivity(i);
                break;
```

```
        default:
            break;
        }
    }
}
```

다음은 MainActivity 클래스에 〈Firebase Crashlytics〉 버튼을 추가하고 그 버튼을 누르면
CrashlyticsActivity 클래스가 호출되는 코드입니다.
CrashlyticsActivity 클래스와 activity_crashlytics.xml 파일에 [코드 8-8]과 같이 내용을 구성
합니다.

[코드 8-8] 안드로이드에서 비정상 종료 예제 만들기
[activity_crashlytics.xml]　　　　　　　　　[예제 파일 : /res/layout/activity_crashlytics.xml]

```xml
<?xml version="1.0" encoding="utf-8"?>
<androidx.constraintlayout.widget.ConstraintLayout xmlns:android=
 "http://schemas.android.com/apk/res/android"
    xmlns:app="http://schemas.android.com/apk/res-auto"
    xmlns:tools="http://schemas.android.com/tools"
    android:layout_width="match_parent"
    android:layout_height="match_parent"
    tools:context=".crashlytics.CrashlyticsActivity">

    <Button
        android:id="@+id/crashbtn"
        android:layout_width="wrap_content"
        android:layout_height="wrap_content"
        android:text="비정상 종료 발생"
        app:layout_constraintTop_toTopOf="parent"
        app:layout_constraintBottom_toBottomOf="parent"
        app:layout_constraintLeft_toLeftOf="parent"
        app:layout_constraintRight_toRightOf="parent"/>

</androidx.constraintlayout.widget.ConstraintLayout>
```

[CrashlyticsActivity.java] [예제 파일: java/com/goodroadbook/firebasestart/crashlytics/CrashlyticsActivity.java]

```java
package com.goodroadbook.firebasestart.crashlytics;

import androidx.appcompat.app.AppCompatActivity;

import android.os.Bundle;
import android.view.View;
import android.widget.Button;
```

```
import com.crashlytics.android.Crashlytics;
import com.goodroadbook.firebasestart.R;

import io.fabric.sdk.android.Fabric;

public class CrashlyticsActivity extends AppCompatActivity implements
View.OnClickListener
{
    @Override
    protected void onCreate(Bundle savedInstanceState)
    {
        super.onCreate(savedInstanceState);
        setContentView(R.layout.activity_crashlytics);

        // Firebase Crashlytics 초기화
        Fabric.with(this, new Crashlytics());

        Button crashbtn = (Button) findViewById(R.id.crashbtn);
        crashbtn.setOnClickListener(this);
    }


    @Override
    public void onClick(View view)
    {
        switch (view.getId())
        {
            case R.id.crashbtn:
                Crashlytics.getInstance().crash(); // Force a crash
                break;
        }
    }
}
```

앞처럼 구성한 후 안드로이드 단말에서 프로젝트에서 코드를 실행을 하면 [그림 8-10]과 같은 화면이 나타납니다. 그리고 〈비정상 종료 발생〉 버튼을 누르면 앱은 비정상 종료로 앱이 중지되었음을 알리는 팝업을 사용자에게 보여줍니다.

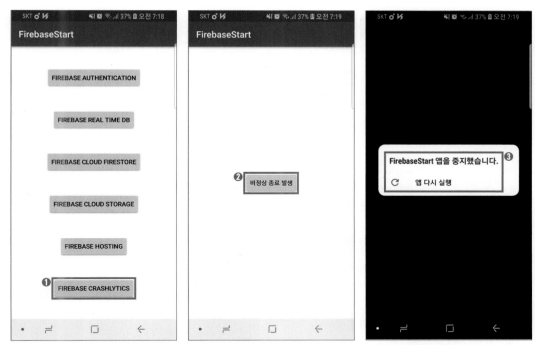

[그림 8-10] 〈비정상 종료 발생〉 버튼을 누르면 앱은 비정상 종료로 앱이 중지되었음을 알리는
팝업을 사용자에게 보여주도록 하는 파이어베이스 크래시리틱스

앱에서 비정상 종료가 발생되면 파이어베이스 크래시리틱스 SDK에서 비정상 종료를 인지하고 필
요한 정보를 파이어베이스 크래시리틱스로 전달합니다. 어떠한 정보가 올라가는지 이어서 보도록
하죠.

8.4.2 파이어베이스 콘솔에서 크래시리틱스 내용 보기

앱에서 비정상 종료가 발생되어 크래시리틱스를 통해 로그 정보를 기록하면 파이어베이스 콘솔에
서 [그림 8-10]처럼 관련 내용을 확인할 수 있습니다.

파이어베이스 콘솔에서 [Crashlytics]로 들어가면 다음 그림과 같이 가장 먼저 지난 7일 동안 발생
된 비정상 종료를 보여줍니다. 자세히 보면 파이어베이스 크래시리틱스 화면은 수집된 정보들을
필터에 따라 [비정상 종료 미발생 통계], [이벤트 경향], [문제]에 대해서 보여주는데 이것 이외에도
다양한 정보를 나타냅니다. 필터에 관해서 하나씩 알아볼까요?

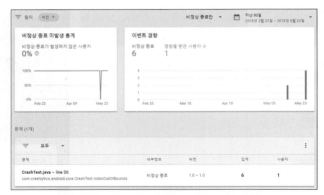

[그림 8-11] 파이어베이스 크래시리틱스 화면

파이어베이스 크래시리틱스 화면의 왼쪽 상단에는 [필터] 메뉴가 있습니다.
필터 기능은 크게 다음과 같은 항목으로 제공되고 있습니다.

- 버전 (제품 버전)
- 문제 종류 (모든 이벤트, 비정상 종료만, 심각하지 않은 문제만)
- 기간 (정해진 기간)

[필터] 기능 - 버전

좌측 상단의 [버전] 필터는 버전별로 발생된 문제를 확인할 수 있어 각 버전에 따른 안정성을 쉽게
눈으로 보게 되는 장점이 있습니다. 그리고 오른쪽 상단에는 문제 종류에 따라 정보를 확인할 수
있는 필터를 제공합니다.
[문제 종류] 필터에는 '모든 이벤트', '비정상 종료만', '심각하지 않은 문제만'을 설정할 수 있습니
다. [그림 8-11]은 '비정상 종료만'으로 설정되어 있어 해당 정보만을 이용하여 통계 정보를 화면
에 표시하게 됩니다.

- 모든 이벤트 (비정상 종료만 + 심각하지 않은 문제만)
- 비정상 종료만
- 심각하지 않은 문제만

마지막으로 [기간] 필터는 설정된 기간에 발생된 이벤트들의 정보를 볼 수 있습니다. 사용자가 설
정할 수 있는 기간이 고정으로 제공됩니다.

- "지난 60분"
- "지난 24시간"
- "지난 7일"
- "지난 30일"
- "지난 90일"

기본 설정은 '지난 7일'입니다. 파이어베이스 크래시리틱스에서는 최장 90일까지 데이터를 확인할 수 있으며, 그 이전 정보는 확인할 수 없습니다. 파이어베이스 크래시리틱스가 제공해주는 필터의 기능에 대해서 알아보았습니다. 필터를 통해 제품 버전별 발생된 이벤트, 기간별로 발생된 이벤트, 문제 종류별 이벤트들을 선택적으로 확인할 수 있습니다.

[필터] 기능 - 문제 종류

다음은 '비정상 종료 미발생 통계', '이벤트 경향', '문제' 항목에 대해서 알아보겠습니다.

[비정상 종료 미발생 통계] 항목, [이벤트 경향] 항목

[비정상 종료 미발생 통계], [이벤트 경향]은 사용자 수와 비정상 종료 건수를 분리하여 보여주기 때문에 문제가 발생되는 사용자 수를 파악하기가 쉽습니다. 앞서 소개한 [그림 8-11]은 사용자가 많지 않아 안정성, 심각성이 눈에 들어오지 않는데요. 다음 [그림 8-12]와 같이 사용자가 늘고 수 집된 정보가 많을 때는 안정성, 심각성을 한눈에 파악할 수 있는 좋은 통계 정보가 될 수 있습니다. 즉, 비정상 종료 미발생 통계 정보를 통해 비정상 종료되는 사용자가 줄고 있기 때문에 제품의 안 정성은 높아지고 있고, 이벤트 경향 정보를 통해 급격히 늘어나는 비정상 종료가 없기 때문에 심각 하지 않음을 알 수 있습니다.

[그림 8-12] 파이어베이스 크래스리틱스에서 '비정상 종료 미발생 통계', '이벤트 경향', '문제' 항목

만약 [이벤트 경향]에서 급격히 그래프 수치가 늘어나는 현상이 나타나면 심각성을 확인할 수 있 습니다. 예를 들어, 안드로이드 OS 7.0 삼성 갤럭시 단말을 사용하는 중에 삼성에서 펌웨어 업데 이트 후 안드로이드 OS 8.0으로 업그레이드 되었을 때 제품에서 안드로이드 OS 8.0에서 정상동 작이 되지 않고 비정상 종료가 되는 상황이라면 [이벤트 경향]에서 수치가 급격하게 증가할 것입니 다. 이때 파이어베이스 크래시리틱스를 통해 상황을 확인하고 긴급 업데이트 버전을 배포한다면 해당 수치는 서서히 기존 수치로 내려가게 될 것입니다.

[문제] 항목

[문제] 항목은 비정상 종료와 같은 문제가 발생되었을 때 원인을 찾기 위해 필요한 로그 정보를 사용자에게 제공합니다. 앞서 예시에서 안드로이드 OS 8.0 제품이 비정상 종료가 되었다면 [이벤트 경향]을 통해 문제가 발생되고 있음이 파악됩니다. 안드로이드 OS 8.0 이슈라는 사실은 실제 문제 항목을 확인해야 정확한 원인을 알 수 있다는 의미입니다. 즉, '이벤트 경향'에서 급격히 수치가 올라갔다면 [문제] 항목에서도 비정상 종료된 항목의 사용자 수나 발생 건수가 급격하게 올라간 로그가 있기 때문입니다.

[문제] 항목에서 해당 로그를 클릭하면 보다 상세한 정보를 확인할 수 있습니다. 다음 [그림 8-13]을 보겠습니다.

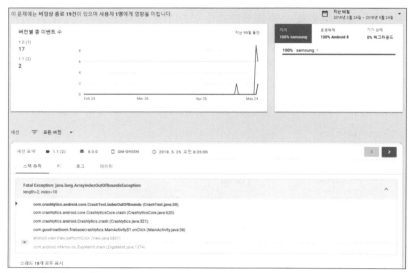

[그림 8-13] 파이어베이스 크래스리틱스에서 문제 항목별 관련 정보 표시 화면

[문제] 항목에는 '버전별 중 이벤트 수', '기기', '운영체제', '기기 상태', '세션' 정보를 확인할 수 있습니다. '버전별 총 이벤트 수'에서는 버전별 발생 건수를 일자별로 그래프로 보여주기 때문에 버전별로 해당 비정상 종료 문제를 확인할 수 있습니다. '기기' 정보를 통해 어떠한 단말에서 발생되었는지 확인할 수 있고, '운영체제' 정보를 통해 안드로이드 OS 버전 정보를 확인할 수 있습니다. 또한, '기기 상태' 정보를 통해 여유공간, 여유 RAM, 백그라운드, 루팅 정보를 확인할 수 있습니다.

  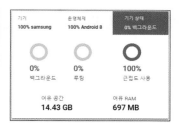

▲기기 정보 　　　　　 ▲ 운영체제 정보 　　　　　 ▲기기 상태 정보

[그림 8-14] [문제] 항목에서 확인할 수 있는 정보들 – 기기, 운영체제, 기기상태 정보들

다음은 세션 정보입니다. 세션 정보는 문제를 해결하는데 가장 중요한 로그 정보가 있습니다. 즉, 비정상 종료가 발생된 위치와 원인을 쉽게 파악할 수 있기 때문에 파이어베이스 크래시리틱스에서 가장 필요한 정보 중에 하나입니다.

세션 정보에는 비정상 종료가 발생한 코드의 위치와 각종 로그 정보를 확인할 수 있는 '스택 추적' 탭, 비정상 종료가 발생되었을 때 앱의 구체적인 상태를 파악할 수 있는 '키' 탭, 비정상 종료가 발생되었을 때 앱의 추가적인 로그를 확인할 수 있는 '로그' 탭, 마지막으로 기기, 운영체제, 비정상 종료 시점에 데이터를 한눈에 텍스트로 확인할 수 있는 '데이터' 탭으로 구성됩니다. 이들 중에 '스택 추적'과 '데이터' 탭만 먼저 보면 [그림 8-15]와 같습니다.

> **참고** '키', '로그'는 뒤에서 좀더 자세히 다루겠습니다.

▲ 스택 추적 정보

▲ 데이터 정보

[그림 8-15] 세션 정보에서 확인할 수 있는 스택 추정 정보와 데이터 정보 내역

지금까지 파이어베이스 콘솔에서 크래시리틱스 구성을 통해 문제 확인 및 해결 방법에 대해서 알아보았습니다. 지금까지 내용을 실제 프로젝트 구성을 통해 파이어베이스 크래시리틱스에서 확인하겠습니다.

8.5 크래시리틱스 추적 로그와 추적 키 추가하기

파이어베이스 크래시리틱스에서 비정상 종료가 발생되었을 때 수집된 스택 추적 정보만으로는 해결이 어려울 때가 있습니다. 이런 경우 우리는 추가적인 로그를 통해 배경 정보를 얻어야 하고, 동작 중에 발생된 값들을 확인해 봐야 합니다. 이것을 추적 키, 추적 로그라고 합니다. 이는 비정상 종료가 발생되는 시점에 관련 내용을 수집하여 크래시리틱스에서 볼 수 있도록 제공됩니다.

먼저 추적 로그를 추가하는 방법과 추가된 로그 정보를 어디서 확인하는지 알아보겠습니다. 추적 로그는 파이어베이스 크래시리틱스에서 제공하는 API를 사용합니다.

8.5.1 파이어베이스 크래시리틱스에서 추적 로그 확인하기

추적 로그는 다음과 같이 두 가지 API를 제공하며, 비정상 종료가 발생하는 경우에만 해당 정보를 파이어베이스 크래시리틱스에서 확인할 수 있습니다.

```
[추적 로그 사용 API]
Crashlytics.log(int priority, String tag, String msg);
```

Priority (Assert, Debug, Error, Info, Verbose, Warn)와 Tag, 메시지를 비정상 종료 시에 보고할 수 있습니다.

```
Crashlytics.log(msg);
```

비정상 종료 보고서에서만 기록하고 Priority는 Debug로 보고됩니다.

앞서 만든 비정상 종료 예제 프로젝트에서 다음 [코드 8-9]를 쳐서 넣고 비정상 종료가 발생되었을 때 파이어베이스 크래시리틱스에서 어떻게 보여주는지 확인해 볼까요?

CrashlyticsActivity 클래스에서 다음 코드와 같이 추적 로그를 추가합니다.

[코드 8-9] 크래스틱스에서 추적 로그 추가하기
[CrashlyticsActivity.java] [예제 파일: java/com/goodroadbook/firebasestart/crashlytics/CrashlyticsActivity.java]

```java
package com.goodroadbook.firebasestart.crashlytics;
...
...
import android.util.Log;

...
...


public class CrashlyticsActivity extends AppCompatActivity implements View.OnClickListener
{
    @Override
    protected void onCreate(Bundle savedInstanceState)
    {
...
...

        Crashlytics.Log("CrashlyticsActivity onCreate() 1");
        Crashlytics.Log(Log.INFO, Crashlytics.TAG, "CrashlyticsActivity onCreate() 2");
    }

...
...
}
```

파이어베이스 크래시리틱스에서 보고된 내용을 살펴보겠습니다. [그림 8-16]은 비정상 종료가 보고된 내용으로 [문제] 항목의 상세 내용을 보여주는 그림입니다. '세션'의 스택 추적, 키, 로그, 데이터에서 '로그'를 클릭해봅니다.

[그림 8-16] 비정상 종료가 보고된 [문제] 항목의 상세 내용

426

다음은 '세션'의 '로그' 상세 내용입니다.

[그림 8-17] 파이어베이스 크래시리틱스에서 추적 로그

Crashlytics.log()에서 Priority를 Log.INFO로 넣으면 로그 앞에 "I"(INFO)가 붙고 Priority를
주지 않는 API를 사용할 경우 기본으로 "D"(DEBUG)가 붙는 것을 알 수 있습니다. 그리고 항상
비정상 종료할 때만 해당 로그가 수집됨을 알 수 있습니다. 여기서 중요한 것이 하나 있습니다.
다음 항목은 항상 고려하여 로그를 추가하면 되겠습니다.

[추적 로그 고려 내용]
크래시리틱스는 앱의 속도가 느려지지 않도록 로그의 크기를 64KB로 제한하고,
세션의 로그 크기가 한도를 초과하면 크래시리틱스에서 이전 로그 항목을 삭제한다!!

8.5.2 추적 키 추가하고 파이어베이스 크래시리틱스에서 추가된 키 정보 확인하기

다음은 추적 키를 추가하고 파이어베이스 크래시리틱스에서 추가된 키 정보를 확인하는 방법을 알
아보려고 합니다. 추적 로그와 크게 차이가 없어 쉽게 이해가 될 것입니다.
추적 키는 앱의 구체적인 상태를 알 수 있습니다. 예를 들면, 특정 변수 값이나 앱이 실행된 횟수,
네트워크 연결 상태, 오류 코드 등을 상세히 기록할 수 있습니다. 이러한 정보들은 비정상 종료가
발생되는 시점에 각각의 상태 정보를 기록하여 파이어베이스 크래시리틱스에서 확인할 수 있습니
다. 추적 키를 받으려면 파이어베이스 크래시리틱스 SDK에서 제공되는 API를 사용해야 합니다.
다음 API를 보겠습니다.

```
[추적 키 API]
Crashlytics.setString(key, value);

Crashlytics.setBool(String key, boolean value);

Crashlytics.setDouble(String key, double value);

Crashlytics.setFloat(String key, float value);

Crashlytics.setInt(String key, int value);
```

추적 키 API를 보면 String, boolean, double, float, int 타입을 설정할 수 있습니다. 위 API를 이용하여 프로젝트에서 예제를 통해 파이어베이스 크래시리틱스로 추적 키 정보를 보내보겠습니다. CrashlyticsActiivty.java 파일에 다음 [코드 8-10]을 넣어봅니다.

[코드 8-10] 크래스틱스에서 추적 키 추가하기
[CrashlyticsActivity.java] [예제 파일: java/com/goodroadbook/firebasestart/crashlytics/CrashlyticsActivity.java]

```java
package com.goodroadbook.firebasestart.crashlytics;

...
...

public class CrashlyticsActivity extends AppCompatActivity implements View.OnClickListener
{
    @Override
    protected void onCreate(Bundle savedInstanceState)
    {
        super.onCreate(savedInstanceState);
        setContentView(R.layout.activity_crashlytics);

...
...

        Crashlytics.Log("CrashlyticsActivity onCreate() 1");
        Crashlytics.Log(Log.INFO, Crashlytics.TAG, "CrashlyticsActivity onCreate() 2");

        //Firebase Crashlytics 추적 키 추가.
        Crashlytics.setString("CrashlyticsActivity", "onCreate()");
        Crashlytics.setInt("Int", 100);
    }

...
...
}
```

Android Studio의 FirebaseStart 프로젝트에서 단말에서 앱을 설치한 후 실행시켜 비정상 종료가
발생되면 파이어베이스 크래시리틱스에서 '세션'의 '키' 항목에서 추적 키 정보를 확인할 수 있습니
다. 다음의 [그림 8–18]을 보면 CrashlyticsActivity 클래스의 onCreate() 함수에서 설정한 맞춤
키 정보가 보고된 것을 알 수 있습니다.

[그림 8–18] 파이어베이스 크래시리틱스에서 추적 키

우리는 추적 로그, 추적 키 정보를 이용하여 앱이 비정상 종료되었을 때 앱의 구체적인 상태와 배
경 정보를 바로 확인할 수 있어, 어떤 이유로 그렇게 되었는지 좀더 쉽게 이해할 수 있습니다. 여러
분도 프로젝트를 만들어 파이어베이스 크래시리틱스 SDK에서 제공하는 API들을 이용하여 추적
키와 추적 로그를 추가해 보세요.

8.6 크래시리틱스로 앱이 비정상 종료일 때 실시간 알림 받기

파이어베이스 크래시리틱스에서 실시간 알림을 받을 수 있는데, 필자는 실시간 알림 기능이 현업에서 유용하고 좋은 기능이라고 생각합니다.

우리가 앱을 만들어 구글 플레이나 기타 다른 오픈마켓으로 배포하고 사용자가 해당 앱을 받아 설치하고 사용하게 됩니다. 항상 파이어베이스 콘솔을 보고 있는 경우를 제외하고는 배포된 앱에서 비정상 종료가 급격하게 늘어나는 것을 알 수가 없기 때문에 보통 이에 바로 대응하기가 쉽지 않습니다. 특히 사용자가 많은 앱은 비정상 종료를 빠르게 대처하지 못하면 많은 사용자가 이탈하고, 불만들이 '별점주기(앱 평가)'로 이어져 낮은 별점을 많이 받게 됩니다. 별점이 낮으면 그만큼 앱 평가가 낮아져 향후 신규로 들어오는 사용자가 줄어 들어 개발사 입장에서는 큰 타격으로 곧장 이어지기 마련입니다.

이러한 경우 비정상 종료를 파이어베이스 크래시리틱스의 실시간 알림을 통해 빠르게 인지하고 비정상 종료를 해결된 업데이트 버전을 빠르게 배포하면, 사용자 이탈이나 앱 평가가 낮아지는 현상을 최소화 할 수 있습니다. 파이어베이스 크래시리틱스에 어떻게 실시간 알림 기능을 등록할 수 있는지 이번 절에서 알아보도록 하죠.

파이어베이스 실시간 알림은 자체적으로는 제공되는 기능이 없고 슬랙이라는 서비스를 이용해야 합니다. 슬랙은 클라우드 기반 팀 협업 도구로 생산성을 높일 수 있습니다.

용어

슬랙
슬랙(Slack)은 스튜어트 버터필드가 만든 클라우드 기반 팀 협업 도구입니다. 슬랙은 지금은 파산한 온라인 게임 글리치의 개발 중 타이니 스펙(Tiny Speck)이 자신의 회사에 사용한 내부 도구로서가 그 시작입니다. 슬랙은 "모든 대화와 지식을 위한 검색 가능한 로그"(Searchable Log of All Conversation and Knowledge)의 준말이기도 합니다.

파이어베이스에서는 프로젝트 설정에서 [통합]으로 들어가면 슬랙과 연동할 수 있습니다. [그림 8-19]와 같이 메뉴로 이동해 봅니다.

파이어베이스 프로젝트 설정의 [통합]에 들어가면 'Slack'이 보이고 'Firebase가 감지한 중요한 알림을 팀에 전송합니다.'라는 내용이 있습니다. '설치-〉'를 눌러 슬랙과 연동을 진행합니다.

[그림 8-19] 슬랙과 연동 진행

[그림 8-20]과 같이 슬랙의 webhook URL, 기본 채널을 입력하면 〈확인 및 저장〉 버튼이 활성화 됩니다.

[그림 8-20] 슬랙 연결 설정 및 확인

슬랙 정보를 넣고 〈확인 및 저장〉 버튼이 활성화되면 다음과 같은 기능을 사용할 수 있습니다.

[그림 8-21] 기능별 알림

파이어베이스 크래시리틱스에서 새로운 문제, 재발된 문제, 급속도록 증가하는 비정상 종료 문제를 설정하게 되면 슬랙을 통해 해당 내용을 실시간 알림을 받을 수 있습니다. [그림 8-22]는 슬랙을 통해 파이어베이스 크래시리틱스 정보를 수신한 내용입니다.

[그림 8-22] 슬랙을 통해 파이어베이스 크래시리틱스 정보를 수신한 내용

파이어베이스 크래시리틱스의 실시간 알림을 등록하여 비정상 종료가 발생하면 바로 인지할 수 있는 방법에 대해서 알아보았습니다. 여러분도 실제 앱을 만들어 서비스를 할 때 실시간 알림을 사용한다면, 오류에 대한 빠른 대응을 할 수 있을 것입니다. 한번 파이어베이스 크래시리틱스에서 슬랙과 연동하여 실시간 알림을 사용해 보길 권합니다.

지금까지 파이어베이스 크래시리틱스에 대해서 알아보았습니다. 비정상 종료 및 기타 오류가 발생되었을 때 파이어베이스 크래시리틱스를 사용하면 보다 빠르게 원인을 분석할 수 있고, 보다 빠르게 대응할 수 있을 것입니다.

정리하며

이 장에서는 앱 품질을 저해하는 안전성 문제를 추적하고 수정하는 데 도움을 주는 실시간 오류 보고 도구인 파이어베이스 크래시리틱스에 대해서 알아보았습니다. 파이어베이스 크래시리틱스는 비정상 종료가 발생되었을 때, 심각하진 않지만 앱이 동작하는데 문제가 될 수 있는 부분에 대한 로그를 파이어베이스 콘솔에서 확인하여 해결할 수 있도록 합니다. 비정상 종료가 발생되었을 때 이전 상황을 추적할 수 있도록 추적 로그와 키를 추가할 수 있는 기능이 있으며, 실시간 알림을 통해 비정상 종료가 급격히 일어나는 상태를 바로 인지하여 대응할 수 있도록 슬랙 서비스 연동 기능도 제공됩니다. 앱이 배포되면 사용자로 하여금 안정성에 대한 신뢰를 유지해야 하는데, 파이어베이스 크래시리틱스가 여러분의 앱의 안정성 향상에 도움이 될 것입니다. 한번 사용해 보는 것이 좋겠습니다.

연습문제 | 퀴즈를 풀어보며 개념을 복습합니다.

문제에 대한 답은 백견불여일타 카페에서 확인할 수 있습니다. cafe.naver.com/codefirst

1 파이어베이스 크래시리틱스 서비스에 대해 기술해보세요.

2 Android Studio에서 프로젝트를 생성하고 파이어베이스 콘솔의 [Crashlytics]에서 비정상 종료 로그를 보기 위해 필요한 절차가 무엇인지 설명해보세요.

3 파이어베이스 크래시리틱스는 비정상 종료 로그와 심각하지 않지만 필요한 로그를 수집할 수 있습니다. 로그를 전송할 때 앱 성능에 영향을 줄 수 있는 항목에 대해서 설명해보세요.

4 파이어베이스 크래시리틱스는 추적 로그와 추적 키를 추가할 수 있습니다. 이러한 기능은 우리에게 어떠한 도움을 주는지 써보세요.

5 파이어베이스에서 크래시리틱스 이전에 오류 보고라는 서비스를 제공했습니다. 기존 오류 보고 서비스에서 파이어베이스 크래시리틱스로 업그레이드하기 위한 절차에 대해서 기술해 보세요.

6 파이어베이스 크래시리틱스에서 급격히 증가하는 비정상 종료를 우리가 인지할 수 있는 방법을 적어보세요.

실습문제

실습은 지식을 내것으로 만드는
최고의 방법입니다.

문제에 대한 답은 백견불여일타 카페에서 확인할 수 있습니다. cafe.naver.com/codefirst

파이어베이스 크래시리틱스는 사용자 동의 여부에 따라 로그 수집이 가능하도록 구성할 수 있습니다. AndroidManifest.xml 파일과 파이어베이스 크래시리틱스의 초기화 설정 코드를 이용하여 직접 사용자 동의를 받은 경우와 받지 못한 경우에 대한 동작을 우리가 만든 예제 앱에 추가해봅니다.

1. Android Studio의 FirebaseStart 프로젝트에서 CrashlyticsActivity 클래스에 체크박스를 통해 체크가 되어 있는 경우 로그 수집이 동작하도록 추가하고, 체크되어 있지 않다면 로그 수집이 동작하지 않도록 구성합니다.

2. CrashlyticsActivity 클래스의 리소스 파일에 해당하는 activity_crashlytics.xml 파일을 다음과 같이 구성합니다.

[activity_crashlytics.xml]　　　　　　　　　　[예제 파일: res/layout/activity_crashlytics.xml]

```xml
<?xml version="1.0" encoding="utf-8"?>
<android.support.constraint.ConstraintLayout xmlns:android=
 "http://schemas.android.com/apk/res/android"
    xmlns:app="http://schemas.android.com/apk/res-auto"
    xmlns:tools="http://schemas.android.com/tools"
    android:layout_width="match_parent"
    android:layout_height="match_parent"
    tools:context=".crashlytics.CrashlyticsActivity">

    <Button
        android:id="@+id/crashbtn"
        android:layout_width="wrap_content"
        android:layout_height="wrap_content"
        android:text="비정상 종료 발생"
        app:layout_constraintTop_toTopOf="parent"
        app:layout_constraintBottom_toTopOf="@id/crashlyticscheckbox"
        app:layout_constraintLeft_toLeftOf="parent"
        app:layout_constraintRight_toRightOf="parent"/>
```

실습문제 │ 실습은 지식을 내것으로 만드는
최고의 방법입니다.

```xml
<CheckBox
    android:id="@+id/crashlyticscheckbox"
    android:layout_width="wrap_content"
    android:layout_height="wrap_content"
    android:text="Firebase Crashlytics 사용 설정"
    app:layout_constraintTop_toBottomOf="@+id/crashbtn"
    app:layout_constraintBottom_toBottomOf="parent"
    app:layout_constraintLeft_toLeftOf="parent"
    app:layout_constraintRight_toRightOf="parent"/>
```

```xml
</android.support.constraint.ConstraintLayout>
```

3. 리소스 파일 구성이 완료되면 CrashlyticsActivity 클래스를 다음과 같이 구성합니다.

[CrashlyticsActivity.java]
[예제 파일: java/com/goodroadbook/firebasestart/crashlytics/CrashlyticsActivity.java]

```java
package com.goodroadbook.firebasestart.crashlytics;

...
...
import android.content.SharedPreferences;
import android.widget.CheckBox;
import android.widget.CompoundButton;
...
...
public class CrashlyticsActivity extends AppCompatActivity implements View.
OnClickListener, CompoundButton.OnCheckedChangeListener
{

    private SharedPreferences settingPreference;
    private SharedPreferences.Editor editorPreference;

    @Override
    protected void onCreate(Bundle savedInstanceState)
    {
        super.onCreate(savedInstanceState);
        setContentView(R.layout.activity_crashlytics);
```

실습문제 | 실습은 지식을 내것으로 만드는
최고의 방법입니다.

```java
        settingPreference = getSharedPreferences("firebase_setting", 0);
        editorPreference= settingPreference.edit();
        boolean checkstate = settingPreference.getBoolean
("firebase_setting_crashlytics", false);

        Button crashbtn = (Button) findViewById(R.id.crashbtn);
        crashbtn.setOnClickListener(this);

        CheckBox crashlyticscheckbox = (CheckBox) findViewById
(R.id.crashlyticscheckbox);
        crashlyticscheckbox.setChecked(checkstate);
        crashlyticscheckbox.setOnCheckedChangeListener(this);

        if(checkstate)
        {
            Fabric.with(this, new Crashlytics());

            Crashlytics.Log("CrashlyticsActivity onCreate() 1");
            Crashlytics.Log(Log.INFO, Crashlytics.TAG,
"CrashlyticsActivity onCreate() 2");

            //Firebase CrashLytics 추적 키 추가.
            Crashlytics.setString("CrashlyticsActivity", "onCreate()");
            Crashlytics.setInt("Int", 100);
        }
    }

    @Override
    public void onClick(View view)
    {
        switch (view.getId())
        {
        case R.id.crashbtn:
            Crashlytics.getInstance().crash(); // Force a crash
            break;
        }
    }
```

실습문제 | 실습은 지식을 내것으로 만드는
최고의 방법입니다.

```
    @Override
    public void onCheckedChanged(CompoundButton compoundButton,
boolean checkstate)
    {
        editorPreference.putBoolean("firebase_setting_crashlytics",
checkstate);
        editorPreference.commit();

        finish();
    }
}
```

CrashlyticsActivity 클래스에서 SharedPreferences에 CheckBox를 통해 설정 값을 유지하고 체크박스의 체크 설정에 따라 파이어베이스 크래시리틱스 초기화를 진행하게 됩니다.

4. Android Studio의 FirebaseStart 프로젝트를 단말에 실행해 봅니다. 다음과 같은 순으로 동작하게 됩니다.

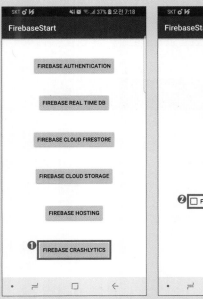

5. 파이어베이스 콘솔의 [Crashlytics]에서 사용 설정이 체크되어 있는 경우에만 로그가 올라오는 것을 알 수 있습니다(단, 사용 설정 on/off는 앱이 종료 후 재실행 시에 적용된다).

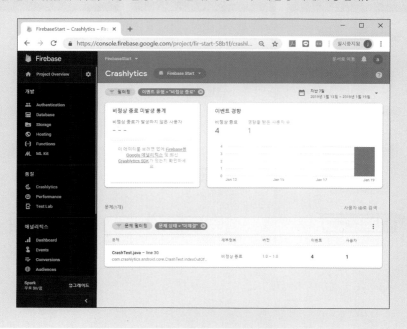

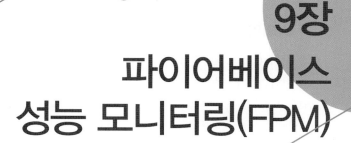

9장
파이어베이스
성능 모니터링(FPM)

이 장을 시작하기 전에

❶ 파이어베이스 성능 모니터링은 앱의 성능 개선에 도움을 주는 서비스입니다.

❷ 버그나 비정상 종료가 없다고 하여 품질이 우수한 앱이라고 볼 수만은 없습니다. 앱 시작 시간, 화면 이동, 백그라운드 작업, 포그라운드 작업, 네트워크 연결 작업에 있어 최상의 성능을 낼 수 있어야 품질이 우수한 앱이라 할 수 있습니다.

❸ 이 장에서는 성능이 우수한 앱을 만들기 위해 필요한 성능 모니터링 기능을 제공하는 파이어베이스 성능 모니터링에 대해 알아보겠습니다.

9.1 파이어베이스 성능 모니터링 소개

9.1.1 파이어베이스 성능 모니터링의 주요 기능

우리가 만든 앱이 버그나 비정상 종료 없이 동작을 한다고 해서 품질이 정말 좋은 앱이라고 단정 짓기는 어렵습니다. 앱이 동작하는 모양새가 부자연스럽거나 앱과 서버 간에 데이터를 주고 받는 데 오래 걸리거나 앱 안에서 화면 이동이 느리다면 결코 품질이 좋다고 할 수 없는 거죠. 따라서 앱 시작 시간 추적, 화면 이동 추적, 백그라운드 동작 추적, 포그라운드 추적을 통해 앱의 성능을 모니터링하고 성능이 좋지 못한 부분에 대해서 문제를 인지하고 개선해 나갈 수 있어야 할 필요가 있습니다.

파이어베이스 성능 모니터링Firebase Performance Monitoring에서는 앱의 성능을 모니터링 하기 위해서 앱 시작 시간 추적, 화면 이동 추적, 백그라운드 동작 추적, 포그라운드 동작 추적을 통해 문제를 찾아 해결해 나갈 수 있는 기능을 제공하고 있습니다.

파이어베이스 성능 모니터링에서 **추적**이란 두 시점 간에 캡처된 성능 데이터 보고서를 의미합니다. 추적을 통해 앱의 성능을 확인할 수 있는데요, 다음 [표 9-1]에 파이어베이스 성능 모니터링의 주요 기능을 정리해 보았습니다. 어떤 기능들이 있는지 한번 확인해볼까요?

[표 9-1] 파이어베이스 성능 모니터링의 주요 기능

주요 기능	세부 기능
앱 시작 시간, HTTP/S 네트워크 요청 등을 자동으로 측정	파이어베이스 성능 모니터링 SDK를 사용하게 되면 프로젝트 안에 별도의 코드 작성 없이 시작 시간, 화면별 렌더링 데이터, 포그라운드 작업, 백그라운드 작업, HTTP/HTTPS 네트워크 요청에 대한 성능 모니터링이 가능하다.
앱 성능 개선 항목 파악	파이어베이스 성능 모니터링을 통해 국가, 기기, 앱 버전, OS 버전 등에 따라 분류된 정보로 배포된 앱의 어떠한 경우에 성능에 문제가 되는 항목을 파악할 수 있다.
앱 성능 맞춤 속성	앱 성능을 측정을 위해 필요한 곳에 추적 설정을 진행하게 되면 특정 상황의 앱 성능에 좋지 않은 영향을 미치는 항목에 대해 확인할 수 있다. 이러한 추적 중에 이벤트를 추가하여 필요한 값을 확인할 수 있다.

파이어베이스 성능 모니터링의 주요 기능을 보면 성능 모니터링을 위해 **추적**과 **네트워크 요청**을 모니터링하게 됩니다. 즉, 파이어베이스 성능 모니터링 SDK를 통해 프로젝트 안에 별도의 다른 코드 없이 자동으로 성능 정보를 수집할 수 있습니다.

성능 추적

- 앱 시작 시간
- 화면별 렌더링 데이터
- 포그라운드/백그라운드 작업
- HTTP/HTTPS 네트워크 요청에 대한 성능 모니터링

성능 추적 : 앱 시작 시간

먼저 추적 기능을 사용하면 앱의 각 부분을 계측하여 작업 기간을 알 수 있을 뿐 아니라, '카운터' API를 사용하여 해당 작업에 사용자 지정 지표를 연결할 수도 있습니다. 파이어베이스 성능 모니터링은 SDK를 사용하면 자동으로 추적되므로 앱 시작 과정을 거치는데 소요되는 기간을 모니터링을 할 수 있는데요, 아래의 그림은 앱의 버전에 따라 앱 시작 과정을 모니터링했습니다.

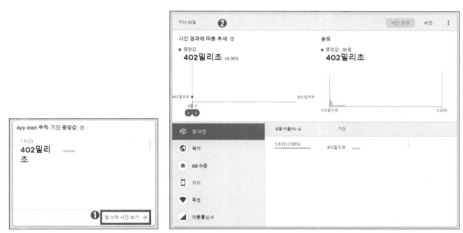

[그림 9-1] 앱 버전에 따른 앱 시작 과정 모니터링

성능 추적 : HTTP/HTTPS 네트워크 요청에 대한 성능 모니터링

파이어베이스 성능 모니터링이 제공하는 다른 기능은 네트워크 요청을 모니터링을 할 수 있다는 것입니다. 앱이 수행하는 HTTP/HTTPS 요청은 요청이 전송된 시점부터 응답이 수신되는 시점까지 자동으로 모니터링됩니다. 각 URL 패턴에 대해 개발자 여러분은 응답 시간, 페이로드 크기 및 성공률을 확인할 수 있습니다.

[그림 9-2] URL 패턴에 대해 응답 시간, 페이로드 크기 및 성공률 확인 가능

그리고 오류가 발생된 경우 응답 코드를 확인하여 분석을 진행할 수 있습니다.

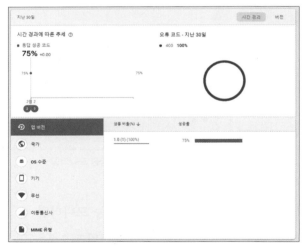

[그림 9-3] 오류 발생 시 응답 코드 확인 및 분석 가능

성능 추적 : 앱 성능 개선 항목 파악

이외에도 파이어베이스 성능 모니터링에서는 앱 성능 개선 항목과 맞춤 속성을 통해 문제가 되는 성능을 해결할 수 있습니다. 앱 성능 개선 항목은 파이어베이스 성능 모니터링 서비스로 성능 측정 항목을 국가, 기기, 앱 버전, OS 수준에 따라 분류하여 파악할 수 있도록 제공해 주는데요, 다음 [그림 9-4]와 같은 항목들을 제공 받을 수 있습니다.

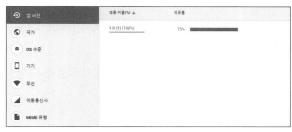

[그림 9-4] 앱 성능 개선 항목으로 앱 버전, 국가, 기기, OS 수준 등으로 분류하여 제공

9.2 별도의 추가 코드 없이 성능 모니터링 자동 추적하기

앞 절에서 간략하게 살펴보았는데요, 앱에 파이어베이스 성능 모니터링 SDK가 포함되어 있는 경우 별도의 코드 추가 없이 성능 모니터링을 점검할 수 있도록 [표 9-2]에 추적할 수 있는 항목을 요약해서 소개하려고 합니다.

실제 앱 시작, 앱 화면, 백그라운드, 포그라운드가 실제 어느 시점에 추적이 되고, 어떠한 형태로 추적되는지 알아볼까요?

[표 9-2] 성능 모니터링을 점검할 수 있는 기능

주요 기능	세부 내용
앱 시작 추적	앱의 FirebasePerfProvider ContentProvider가 onCreate 메소드를 완료할 때 시작되고, 첫 번째 액티비티의 onResume() 메소드가 호출될 때 중지된다.
앱 화면 추적	앱에서 onActivityStarted()를 호출하면 모든 Activity 클래스에 대해 시작되고, 앱이 onActivityStopped()를 호출하면 중지된다.
백그라운드 추적	포그라운드를 벗어나는 마지막 액티비티의 onStop() 메소드가 호출될 때 시작되고, 포그라운드에 도달하는 첫 번째 액티비티의 onResume() 메소드가 호출될 때 중지된다.
포그라운드 추적	포그라운드에 도달하는 첫 번째 액티비티의 onResume() 메소드가 호출될 때 시작되고, 포그라운드를 벗어나는 마지막 액티비티의 onStop() 메소드가 호출될 때 중지된다.

이렇게 자동 추적된 앱 시작, 앱 화면, 백그라운드, 포그라운드 정보는 파이어베이스 콘솔에서 각각의 항목별로 세부 내용을 확인할 수 있습니다. 다음 [표 9-3]에 항목을 소개하겠습니다.

[표 9-3] 파이어베이스 콘솔에서 확인할 수 있는 세부 항목들

CPU	파이어베이스 성능 모니터링 SDK는 앱에서 사용하는 사용자 시간과 시스템 시간을 캡처한다.
메모리	파이어베이스 성능 모니터링 SDK는 앱에서 사용하는 힙 메모리 사용량을 캡처한다. 힙 메모리는 만든 객체, 할당이 취소된 객체, 앱이 현재 사용 중인 객체 등 동적 할당에 사용되는 메모리이다.
개별 정보	시작 시간, 종료 시간, 기간, 요청 크기, 응답 크기 등 추적에 대한 상세 내용을 확인한다.
동시 추적 정보	동시에 발생하는 추적 정보
기기 속성	앱 버전, 모델, OS 버전, 무선, 맞춤 속성 등 기기에 대한 정보

실제 파이어베이스 콘솔에서 상세 내용을 확인해보면 다음과 같습니다.

▲ 앱 시작, 앱 화면, 포그라운드, 백그라운드 추적 요약 화면   ▲ 앱 화면 추적

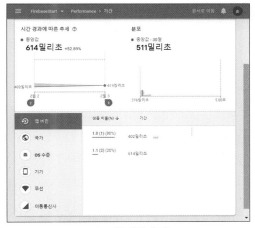

▲ 앱 시작 추적

▲ 포그라운드 추적

▲ 백그라운드 추적

[그림 9-5] 파이어베이스 성능 모니터링

9.3 안드로이드에서 파이어베이스 성능 모니터링 사용해보기

파이어베이스 성능 모니터링은 안드로이드와 iOS에서 사용해볼 수 있습니다. 안드로이드에서 만든 앱에서 Firebase Performance Monitoring SDK를 추가하여 성능 모니터링을 통해 어떠한 부분이 성능에 문제가 있는지 파악하고 원인을 분석하여 성능을 개선할 수 있습니다.

파이어베이스 성능 모니터링은 크게 다음과 같은 순으로 진행하여 사용할 수 있습니다.

❶ 사용 가능한 환경 만들기 : 안드로이드 OS 버전, 구글 서비스 버전, Android Studio 버전
❷ 안드로이드 프로젝트에 파이어베이스 추가하기
❸ 안드로이드 프로젝트에 파이어베이스 성능 모니터링 추가하기
❹ 파이어베이스 콘솔에서 성능 모니터링 결과 확인하기
❺ 앱을 배포하고 파이어베이스 콘솔에서 결과 확인하기

위에서 소개한 순서대로 차근차근 진행해 보겠습니다.

성능 모니터링을 위한 환경 만들기

가장 먼저 Android Studio에서 프로젝트를 만들고 만든 프로젝트가 파이어베이스 콘솔에 등록이 되어 있어야 합니다. 예제로 사용 중인 FirebaseStart 프로젝트에서 진행합니다.

 앞에서 다양한 파이어베이스 서비스를 사용하면서 파이어베이스 콘솔에 프로젝트를 등록해보았으므로 별도로 여기서는 설명은 생략하겠습니다.

안드로이드 플랫폼에서 파이어베이스 성능 모니터링을 통해 앱의 성능을 확인하기 위해 가장 먼저 필수 조건을 확인해야 합니다. 크게 안드로이드 OS 버전과 구글 서비스 버전, Android Studio 사용 버전을 체크해보면 되겠습니다.

- 안드로이드 OS 버전 : Android 4.1 (Jelly Bean) 이상 버전
- 구글 플레이 서비스 버전 : 16.2.3 이상을 구동하는 단말
- Android Studio 버전 : 2.2 버전 이상

안드로이드 프로젝트에 파이어베이스 추가하기

다음은 Android Studio에서 파이어베이스를 작업합니다. 앞에서 Firebase Assistant를 이용하는 방법과 파이어베이스 콘솔에서 직접 프로젝트를 만들어 추가하는 방법에 대해서 알아보았는데요, 우리는 파이어베이스에 추가된 FirebaseStart 프로젝트에서 파이어베이스 성능 모니터링을 사용하겠습니다.

안드로이드 프로젝트에 파이어베이스 성능 모니터링 추가하기

FirebaseStart 프로젝트에서 파이어베이스 성능 모니터링을 사용하기 위해 다음과 같은 과정으로 진행해야 합니다.

[코드 9-1] 안드로이드 프로젝트에 성능 모니터링 추가하기
[프로젝트 수준의 build.gradle]　　　　　　　　　　　　　　[예제 파일 : 프로젝트 수준의 build.gradle]

```
// Top-level build file where you can add configuration options common to all
sub-projects/modules.

buildscript {
    repositories {
        google()
        jcenter()

        // Add repository
        maven {
            url 'https://maven.fabric.io/public'
        }
    }
    dependencies {
...
...

        classpath 'com.google.firebase:firebase-plugins:2.0.0'
    }
}

...
...

task clean(type: Delete) {
    delete rootProject.buildDir
}
```

프로젝트 수준의 build.gradle에는 buildscript의 repositories 항목에 jcenter()가 포함되어 있어야 하고, buildscript의 dependencies 항목에 Android Studio 버전에 따라 다음과 같이 추가해야합니다. 우리는 Android Studio 3.x 버전을 사용하고 있기 때문에 이에 해당하는 dependencies를 추가하면 되겠습니다.

Android Studio 버전 2.x : classpath 'com.google.firebase:firebase-plugins:1.1.1'

Android Studio 버전 3.x : classpath 'com.google.firebase:firebase-plugins:2.0.0'

[앱 수준의 build.gradle]   [예제 파일 : 앱 수준의 build.gradle]

```
apply plugin: 'com.android.application'
apply plugin: 'io.fabric'

...
...

    compileOptions {
        sourceCompatibility 1.8
        targetCompatibility 1.8
    }
}

dependencies {
...
...

    // Firebase Performance Monitoring
    implementation 'com.google.firebase:firebase-perf:18.0.1'

...
...
}

apply plugin: 'com.google.gms.google-services'
```

그리고, 앱 수준의 build.gradle 파일에는 apply plugin에는 위와 같이 apply plugin: 'com.google.firebase.firebase-perf' 항목을 추가하고, dependencies 섹션에 implementation 'com.google.firebase:firebase-perf:18.0.1'을 추가합니다.

파이어베이스 콘솔에서 성능 모니터링 결과 확인하기

안드로이드 프로젝트에서 파이어베이스 성능 모니터링을 사용할 준비가 되었습니다. Android Studio에서 빌드 후 단말에서 FirebaseStart 프로젝트를 실행한 후에 파이어베이스 콘솔에서 성능을 점검해보도록 합니다.

파이어베이스 콘솔에 성능 모니터링 결과가 나타나는지 확인하기 위해서는 최대 12시간 정도 걸립니다. 위와 같이 작업 후 바로 나오지 않기 때문에 기다려야 합니다.

9.4 성능 모니터링 맞춤 속성과 사용 중지

9.4.1 성능 모니터링 맞춤 속성

앱에서 파이어베이스 성능 모니터링을 추가하면 자동 추적을 통해 앱 시작, 앱 화면, 백그라운드와 포그라운드의 성능 모니터링을 확인할 수 있었습니다. 자동 추적을 통해 특정 상태에서는 성능 모니터링이 가능하겠지만 카테고리별로나 데이터가 세분화되어 확인이 필요한 경우에는 자동 추적만으로 해결하기 어렵기 때문에, 맞춤 속성과 같이 필요한 부분에 Key/Value 형태로 값을 추가할 수 있습니다. 이렇게 맞춤 속성을 추가할 때는 수집되는 정보에 사용자의 개인정보가 포함되어서는 안 됩니다.

> **참고**
>
> **파이어베이스 성능 모니터링 사용자 데이터 수집 제한**
>
> 개발자가 맞춤 속성을 연결하면 성능 모니터링으로 추가 데이터를 수집할 수 있습니다. 이러한 방식으로 성능 모니터링을 통해 수집된 데이터에는 구글이 개인을 식별할 수 있는 정보가 포함되지 않아야 하는데요 특히, 성능 모니터링은 자체적으로 이름, 이메일 주소, 전화번호 등 어떠한 개인 식별 정보도 수집해서는 안 됩니다.
>
> - [개인 식별 정보를 포함하지 않는 로그 메시지의 예] ▶ trace.putAttribute("test", "1");
> - [개인 식별 정보를 포함하는 예] ▶ trace.putAttribute("email", user.getEmailAddress());

특정 시점에 추적을 진행할 경우 맞춤 속성을 사용할 수 있습니다. 맞춤 속성은 추적 당 5개로 제한하고 있기 때문에 아래와 같이 작성할 수 있습니다.

[맞춤 속성 추적 예]

```
Trace trace = FirebasePerformance.getInstance().newTrace("test_trace");

// Update scenario.
trace.putAttribute("experiment", "A");

// Reading scenario.
String experimentValue = trace.getAttribute("experiment");

// Delete scenario.
trace.removeAttribute("experiment");

// Read attributes.
Map<String, String> traceAttributes = trace.getAttributes();
```

9.4.2 성능 모니터링 사용 중지

우리가 테스트 기간에는 파이어베이스 성능 모니터링 사용 시작 및 중지를 앱에 포함시키지 않아도 특별히 문제가 되지 않지만 앱이 배포되고 사용자가 직접 사용하는 경우에는 파이어베이스 성능 모니터링을 사용 시작 및 중지를 할 수 있어야 합니다. 파이어베이스 성능 모니터링에서는 다음과 같이 사용 시점에 따라 시작 및 중지할 수 있습니다.

❶ 빌드 타임에서 사용 시작/중지 설정
❷ 런타임에서 사용 시작/중지 설정
❸ 런타임에서 사용 항상 중지 설정

앱이 빌드하는 시점에 파이어베이스 성능 모니터링 사용 설정을 할 수 있습니다.

gradle.properties 파일에 firebasePerformanceInstrumentationEnabled 값을 true(사용), false(중지) 설정을 통해 빌드 타임에 설정할 수 있습니다. 아래와 같이 추가해 주면 되겠습니다.

[gradle.properties]

```
# Project-wide Gradle settings.
# IDE (e.g. Android Studio) users:
# Gradle settings configured through the IDE *will override*
# any settings specified in this file.
# For more details on how to configure your build environment visit
# http://www.gradle.org/docs/current/userguide/build_environment.html
# Specifies the JVM arguments used for the daemon process.
# The setting is particularly useful for tweaking memory settings.
org.gradle.jvmargs=-Xmx1536m
# When configured, Gradle will run in incubating parallel mode.
# This option should only be used with decoupled projects. More details, visit
# http://www.gradle.org/docs/current/userguide/multi_project_builds.
html#sec:decoupled_projects
# org.gradle.parallel=true
firebasePerformanceInstrumentationEnabled=true
```

파이어베이스 성능 모니터링을 런타임에 사용 시작/중지를 설정하기 위해서는 다음과 같이 AndroidManifest.xml 파일에 메타 데이터를 추가해 주어야 합니다. 메타 데이터는 android:name에 firebase_performance_collection_enabled에 android:value에 true/false로 설정할 수 있습니다.

[AndroidManifest.xml]

```
<meta-data
  android:name="firebase_performance_collection_enabled"
  android:value="false" />
```

그리고 파이어베이스 성능 모니터링을 앱에서 완전히 비활성화하려면 AnroidManifest.xml 파일에 다음과 같은 메타 데이터를 추가하면 되겠습니다. 이럴 경우 사용자가 시작/중지를 할 수 없습니다.

[AndroidManifest.xml]

```xml
<meta-data
  android:name="firebase_performance_collection_deactivated"
  android:value="true" />
```

9.5 실전 예제를 통해 성능 문제 해결하기

9.5.1 내 앱에 파이어베이스 성능 모니터링 기능 적용하기

파이어베이스 성능 모니터링을 예제 앱을 직접 만들어 파이어베이스 콘솔에서 확인해 보겠습니다.
가장 먼저 기존 FirebaseStart 프로젝트에서 performance 패키지를 추가합니다. 그리고 Android
Studio에서 `PerformanceActivity` 클래스와 관련 리소스 파일을 아래 그림과 같이 생성합니다.

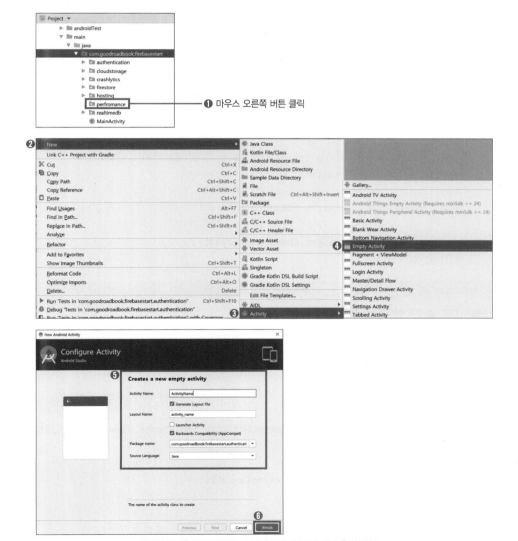

[그림 9-6] 안드로이드 스튜디오에서 액티비티 추가하기

PerformanceActivity.java 파일과 activity_performance 파일이 생성되었으면 다음 [코드 9-2]와 같이 추가합니다.

[코드 9-2] MainActivity 클래스에 버튼 추가하기

[activity_main.xml]　　　　　　　　　　　　　　　　　　　　[예제 파일 : /res/layout/activity_main.xml]

```xml
<?xml version="1.0" encoding="utf-8"?>
<androidx.constraintlayout.widget.ConstraintLayout
    xmlns:android="http://schemas.android.com/apk/res/android"
    xmlns:app="http://schemas.android.com/apk/res-auto"
    xmlns:tools="http://schemas.android.com/tools"
    android:layout_width="match_parent"
    android:layout_height="match_parent"
    tools:context=".MainActivity">

...
...

    <Button
        android:id="@+id/firebaseperformancebtn"
        android:layout_width="wrap_content"
        android:layout_height="wrap_content"
        android:text="Firebase Performance Monitoring"
        app:layout_constraintTop_toBottomOf="@+id/firebasecrashlyticsbtn"
        app:layout_constraintBottom_toBottomOf="parent"
        app:layout_constraintLeft_toLeftOf="parent"
        app:layout_constraintRight_toRightOf="parent" />

</androidx.constraintlayout.widget.ConstraintLayout>
```

[MainActivity.java]　　　　　[예제 파일: java/com/goodroadbook/firebasestart/MainActivity.java]

```java
package com.goodroadbook.firebasestart;

...
...

import com.goodroadbook.firebasestart.perfromance.PerformanceActivity;

public class MainActivity extends AppCompatActivity implements View.OnClickListener
{
    @Override
    protected void onCreate(Bundle savedInstanceState)
    {
...
...
```

```java
        Button firebaseperformancebtn =
(Button)findViewById(R.id.firebaseperformancebtn);
        firebaseperformancebtn.setOnClickListener(this);
    }


    @Override
    public void onClick(View view)
    {
        Intent i = null;
        switch (view.getId())
        {
...
...
...
            case R.id.firebaseperformancebtn:
                i = new Intent(this, PerformanceActivity.class);
                startActivity(i);
                break;
            default:
                break;
        }
    }
}
```

MainActivity 클래스와 activity_performance.xml 파일에 내용을 추가한 후 [코드 9–3]처럼 추가합니다.

[코드 9-3] 성능 모니터링을 위한 기능 추가하기
[activity_performance.xml]　　　　　　　　　　　[예제 파일 : /res/layout/activity_performance.xml]

```xml
<?xml version="1.0" encoding="utf-8"?>
<androidx.constraintlayout.widget.ConstraintLayout xmlns:android=
 "http://schemas.android.com/apk/res/android"
    xmlns:app="http://schemas.android.com/apk/res-auto"
    xmlns:tools="http://schemas.android.com/tools"
    android:layout_width="match_parent"
    android:layout_height="match_parent"
    tools:context=".perfromance.PerformanceActivity">

    <Button
        android:id="@+id/foregroundbtn"
        android:layout_width="wrap_content"
        android:layout_height="wrap_content"
        android:text="포그라운드 작업"
        app:layout_constraintTop_toTopOf="parent"
        app:layout_constraintBottom_toTopOf="@+id/backgroundbtn"
```

```
            app:layout_constraintLeft_toLeftOf="parent"
            app:layout_constraintRight_toRightOf="parent"/>

    <Button
        android:id="@+id/backgroundbtn"
        android:layout_width="wrap_content"
        android:layout_height="wrap_content"
        android:text="백그라운드 작업"
        app:layout_constraintTop_toBottomOf="@+id/foregroundbtn"
        app:layout_constraintBottom_toTopOf="@+id/networkbtn"
        app:layout_constraintLeft_toLeftOf="parent"
        app:layout_constraintRight_toRightOf="parent"/>

    <Button
        android:id="@+id/networkbtn"
        android:layout_width="wrap_content"
        android:layout_height="wrap_content"
        android:text="네트워크 연결 작업"
        app:layout_constraintTop_toBottomOf="@id/backgroundbtn"
        app:layout_constraintBottom_toTopOf="@+id/showimg"
        app:layout_constraintLeft_toLeftOf="parent"
        app:layout_constraintRight_toRightOf="parent"/>

    <ImageView
        android:id="@+id/showimg"
        android:layout_width="wrap_content"
        android:layout_height="wrap_content"
        app:layout_constraintTop_toBottomOf="@+id/networkbtn"
        app:layout_constraintBottom_toBottomOf="parent"
        app:layout_constraintLeft_toLeftOf="parent"
        app:layout_constraintRight_toRightOf="parent"/>

</androidx.constraintlayout.widget.ConstraintLayout>
```

그리고 PerformanceActivity 클래스를 다음과 같이 구성합니다.

[PerformanceActivity.java]

[예제파일:java/com/goodroadbook/firebasestart/perfromance/PerformanceActivity.java]

```
package com.goodroadbook.firebasestart.perfromance;

import androidx.appcompat.app.AppCompatActivity;
import androidx.core.content.ContextCompat;

import android.graphics.drawable.ColorDrawable;
import android.os.Bundle;
```

```java
import android.view.View;
import android.widget.Button;
import android.widget.ImageView;

import com.bumptech.glide.Glide;
import com.bumptech.glide.load.resource.drawable.GlideDrawable;
import com.bumptech.glide.request.RequestListener;
import com.bumptech.glide.request.target.Target;
import com.goodroadbook.firebasestart.R;
import com.google.firebase.perf.FirebasePerformance;
import com.google.firebase.perf.metrics.AddTrace;
import com.google.firebase.perf.metrics.HttpMetric;
import com.google.firebase.perf.metrics.Trace;

import java.io.DataOutputStream;
import java.io.IOException;
import java.net.HttpURLConnection;
import java.net.URL;

public class PerformanceActivity extends AppCompatActivity implements
View.OnClickListener
{
    private Trace trace;

    @Override
    @AddTrace(name = "onCreateTrace", enabled = true /* optional */)
    protected void onCreate(Bundle savedInstanceState)
    {
        trace = FirebasePerformance.getInstance().newTrace("test_trace");
        trace.start();
        trace.putAttribute("onCreate", "start");
        super.onCreate(savedInstanceState);
        setContentView(R.layout.activity_performance);

        Button foregroundbtn = (Button)findViewById(R.id.foregroundbtn);
        foregroundbtn.setOnClickListener(this);

        Button backgroundbtn = (Button)findViewById(R.id.backgroundbtn);
        backgroundbtn.setOnClickListener(this);

        Button networkbtn = (Button)findViewById(R.id.networkbtn);
        networkbtn.setOnClickListener(this);
        trace.putAttribute("onCreate", "end");
    }
```

```java
@Override
protected void onStart()
{
    super.onStart();
}

@Override
protected void onResume()
{
    super.onResume();
}

@Override
protected void onPause()
{
    super.onPause();
}

@Override
protected void onStop()
{
    super.onStop();
    backgroundjob();
}

@Override
protected void onDestroy()
{
    super.onDestroy();

    trace.stop();
}

@Override
public void onClick(View view)
{
    switch (view.getId())
    {
        case R.id.foregroundbtn:
            foregroundjob();
            break;
        case R.id.backgroundbtn:
            break;
        case R.id.networkbtn:
            networkjob();
            break;
```

```java
        }
    }

    private void foregroundjob()
    {
        trace.putAttribute("foregroundjob", "start");
        for(int i=0; i<1000; i++)
        {
            try
            {
                Thread.sleep(10);
            }
            catch (Exception e)
            {
                ;
            }
        }
        trace.putAttribute("foregroundjob", "end");
    }

    private void backgroundjob()
    {
        new Thread(new Runnable()
        {
            @Override
            public void run()
            {
                trace.putAttribute("backgroundjob", "start");
                for(int i=0; i<1000; i++)
                {
                    try
                    {
                        Thread.sleep(10);
                    }
                    catch (Exception e)
                    {
                        ;
                    }
                }
                trace.putAttribute("backgroundjob", "end");
            }
        }).start();
    }
```

```java
    private void networkjob()
    {
        trace.putAttribute("networkjob", "start");
        loadImageFromWeb();
        manualNetworkTrace();
        trace.putAttribute("networkjob", "end");
    }

    private void loadImageFromWeb()
    {
        ImageView showImageView = (ImageView)findViewById(R.id.showimg);

        final String IMAGE_URL =
                "https://www.google.com/images/branding/googlelogo/2x/
googlelogo_color_272x92dp.png";

        Glide.with(this).
                load(IMAGE_URL)
                .placeholder(new ColorDrawable(ContextCompat.getColor
(this, R.color.colorAccent)))
                .listener(new RequestListener<String, GlideDrawable>()
                {
                    @Override
                    public boolean onException(
                            Exception e, String model, Target<GlideDrawable> target,
                            boolean isFirstResource)
                    {
                        return false;
                    }

                    @Override
                    public boolean onResourceReady(
                            GlideDrawable resource, String model,
Target<GlideDrawable> target,
                            boolean isFromMemoryCache, boolean isFirstResource)
                    {
                        return false;
                    }
                }).into(showImageView);
    }
```

```java
    private void manualNetworkTrace()
    {
        try
        {
            byte[] data = "TESTTESTTESTTESTTESTTESTTESTTEST!".getBytes();

            HttpMetric metric =
                    FirebasePerformance.getInstance().newHttpMetric
("https://www.google.com",
                        FirebasePerformance.HttpMethod.GET);
            final URL url = new URL("https://www.google.com");
            metric.start();
            HttpURLConnection conn = (HttpURLConnection) url.openConnection();
            conn.setDoOutput(true);
            conn.setRequestProperty("Content-Type", "application/json");
            try
            {
                DataOutputStream outputStream =
new DataOutputStream(conn.getOutputStream());
                outputStream.write(data);
            }
            catch (IOException ignored)
            {
                ;
            }
            metric.setRequestPayloadSize(data.length);
            metric.setHttpResponseCode(conn.getResponseCode());
            conn.getInputStream();

            conn.disconnect();
            metric.stop();
        }
        catch (Exception e)
        {
            ;
        }
    }
}
```

안드로이드 스튜디오에서 자동으로 액티비티가 추가되었기 때문에 AndroidManifest.xml 파일에 [코드 9-4]와 같이 `PerformanceActivity` 클래스가 추가되어 있는지 확인합니다.

[코드 9-4] AndroidManifest.xml 파일에서 Performance 등록 확인하기

[AndroidManifest.xml]　　　　　　　　　　　　　　　[예제 파일 : 프로젝트의 main 폴더]

```xml
<?xml version="1.0" encoding="utf-8"?>
<manifest xmlns:android="http://schemas.android.com/apk/res/android"
    package="com.goodroadbook.firebasestart">
...
...
    <application
        android:allowBackup="true"
        android:icon="@mipmap/ic_launcher"
        android:label="@string/app_name"
        android:roundIcon="@mipmap/ic_launcher_round"
        android:supportsRtl="true"
        android:theme="@style/AppTheme">
...
...
        <activity android:name=".perfromance.PerformanceActivity"></activity>
    </application>

</manifest>
```

앞과 같이 activity_performance.xml 파일과 PerformanceActivity.java 파일을 FirebaseStart 프로젝트에 추가하고, AndroidManifest.xml 파일에 `PerformanceActivity` 클래스를 등록하면 다음 [그림 9-7]과 같이 동작함을 알 수 있습니다.

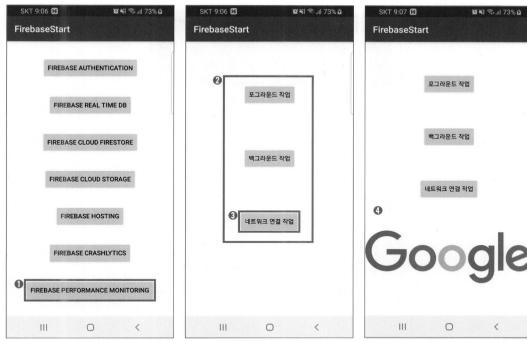

[그림 9-7] 파이어베이스 성능 모니터링 테스트를 위한 화면 구동 및 동작

우리가 만든 예제에서는 자동 추적 항목인 앱 시작 추적, 화면 추적, 네트워크 연결 추적에 대한 정보와 맞춤 속성 설정을 통해 추적되는 정보를 확인할 수 있습니다.

9.5.2 파이어베이스 콘솔에서 성능 모니터링 표시 상태 확인하기

실제 파이어베이스 콘솔에서 어떠한 형태로 표시되는지도 확인해 볼 수 있습니다.
PerformanceActivity 클래스의 onCreate() 함수를 보면 가장 먼저 FirebasePerformance 클래스의 getInstance() 함수를 통해 인스턴스를 받아 newTrace() 함수에서 "test_trace"를 생성합니다. "test_trace"가 만들어지고 FirebasePerformance의 start() 함수가 호출되어 Performance와 관련된 정보를 수집하게 됩니다. FirebasePerformance의 putAttribute는 Key/Value 형태로 "onCreate"의 키 값에 "start", "end" 값이 순차적으로 추가 및 업데이트됩니다. 즉, 이미 같은 키가 존재하는 경우에는 업데이트 동작을 진행하고 해당 키가 없으면 추가하게 됩니다. 이렇게 추가된 Trace 정보는 파이어베이스의 콘솔에서 다음과 같은 형태로 표시됩니다.

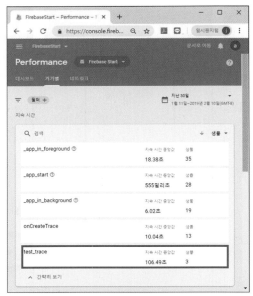

[그림 9-8] 파이어베이스 성능 모니터링의 newTrace( ) 함수로 맞춤 속성 "test_trace"를 생성한다.

위와 같이 파이어베이스 콘솔에서 추가한 Trace 정보를 보기 위해서는 12시간 정도의 시간이 걸립니다. Android Studio에서 추가 후 해당 앱을 실행하여 파이어베이스 콘솔에서 바로 확인이 불가능하고 12시간 정도의 시간이 걸린다고 생각하면 되겠습니다. 파이어베이스 콘솔에서는 자동 추적 항목인 _app_start, _app_in_foreground, _app_in_background에 대한 정보도 확인해볼 수 있습니다. test_trace 항목으로 진입하면 앱 버전, 국가, OS 수준, 기기, 무선, 이동통신사별로 정보가 표시되고 우리가 추가한 test_trace의 키로 등록된 항목의 Value 값들을 보여줍니다.

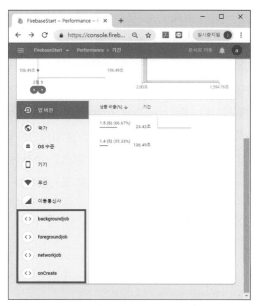

[그림 9-9] 파이어베이스 성능 모니터링의 test_trace의 키로 등록된 항목을 표시한다.

우리는 자동 추적, 맞춤 속성 항목들이 파이어베이스 콘솔에 정보들이 올라오는 것을 확인했습니다. 이러한 항목들의 기준 값을 지정하여 기준 값을 초과하거나 미만인 항목들을 확인하여 어떠한 문제로 성능에 문제가 발생하는지 확인해야 합니다. 파이어베이스의 콘솔에서 각 항목별로 기준을 아래 그림과 같이 설정해주면 되겠습니다.

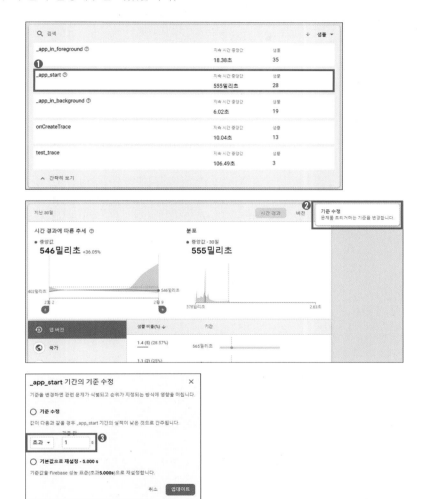

[그림 9-10] 파이어베이스 성능 모니터링의 항목별 기준 값 변경 방법

기준 값이 변경되어 기준을 충족하지 못하는 경우 문제로 파이어베이스 콘솔의 Performance 항목의 문제에 등록됩니다. 등록된 문제를 해결하거나 숨길 수 있도록 파이어베이스 콘솔에서 제공하고 있습니다.

정리하며

이 장에서 앱의 성능 측정 값을 파이어베이스 콘솔의 성능 모니터링을 통해 성능에 문제가 되는 위치를 찾아 개선하는 방법을 알아보았습니다. 여러분도 개별적으로 만든 앱이 있거나 앞으로 앱을 만들 계획이 있다면 파이어베이스 성능 모니터링으로 측정한 결과를 토대로 우수한 성능을 가진 앱을 만들 수 있을 것입니다.

연습문제 | 퀴즈를 풀어보며 개념을 복습합니다.

문제에 대한 답은 백견불여일타 카페에서 확인할 수 있습니다. cafe.naver.com/codefirst

1 파이어베이스 성능 모니터링이 무엇인지 기술해보세요.

2 파이어베이스 성능 모니터링을 안드로이드 플랫폼에서 사용하기 위해서는 필수적으로 확인 해야하는 항목이 있습니다. 각 항목들에 설명하고 필요한 조건에 대해서 기술하세요.

3 파이어베이스 성능 모니터링을 사용하면 어떠한 도움을 받을 수 있는지 설명해보세요.

4 파이어베이스 성능 모니터링의 주요 기능에 대해서 적어보세요.

5 파이어베이스 성능 모니터링의 자동 추적 항목들을 나열하고 각 항목들이 측정되는 시점에 대해서 적어보세요.

6 성능 모니터링을 측정하기 위해 자동 추적 이외에도 맞춤 속성을 추가하여 성능을 모니터링 을 할 수 있습니다. 맞춤 속성에 대해서 설명해보세요.

실습문제 | 실습은 지식을 내것으로 만드는
최고의 방법입니다.

문제에 대한 답은 백견불여일타 카페에서 확인할 수 있습니다. cafe.naver.com/codefirst

파이어베이스 성능 모니터링 예제 앱에서 사용 중지/시작을 사용자의 동의 여부에 따라 동작할 수 있도록 구성해 봅시다. 즉, AndroidManifest.xml 파이어베이스 성능 모니터링에서 제공하는 코드들을 이용하여 사용자 동의 후 성능을 모니터링할 수 있도록 제공합시다.

1. Android Studio의 FirebaseStart 프로젝트에서 PerformanceActivity 클래스에 체크박스를 통해 체크가 되어 있는 경우, 성능 모니터링이 동작하도록 추가하고 체크되어 있지 않으면 성능 모니터링이 동작하지 않도록 구성합니다.

2. PerformanceActivity 클래스의 리소스 파일에 해당하는 activity_performance.xml 파일을 다음과 같이 구성합니다.

[activity_performance.xml]

```xml
<?xml version="1.0" encoding="utf-8"?>
<androidx.constraintlayout.widget.ConstraintLayout xmlns:android=
 "http://schemas.android.com/apk/res/android"
    xmlns:app="http://schemas.android.com/apk/res-auto"
    xmlns:tools="http://schemas.android.com/tools"
    android:layout_width="match_parent"
    android:layout_height="match_parent"
    tools:context=".perfromance.PerformanceActivity">

...
...
    <ImageView
        android:id="@+id/showimg"
        android:layout_width="wrap_content"
        android:layout_height="wrap_content"
        app:layout_constraintTop_toBottomOf="@+id/networkbtn"
        app:layout_constraintBottom_toTopOf="@+id/performancecheckbox"
        app:layout_constraintLeft_toLeftOf="parent"
        app:layout_constraintRight_toRightOf="parent"/>
```

실습문제 │ 실습은 지식을 내것으로 만드는
최고의 방법입니다.

```xml
<CheckBox
    android:id="@+id/performancecheckbox"
    android:layout_width="wrap_content"
    android:layout_height="wrap_content"
    android:text="Firebase Performance Monitoring 사용 설정"
    app:layout_constraintTop_toBottomOf="@+id/showimg"
    app:layout_constraintBottom_toBottomOf="parent"
    app:layout_constraintLeft_toLeftOf="parent"
    app:layout_constraintRight_toRightOf="parent"/>

</androidx.constraintlayout.widget.ConstraintLayout>
```

3. 리소스 파일이 완료되면 PerformanceActivity.java 파일에서 체크 상태에 따라 성능 모니터링이 동작할 수 있도록 합니다.

[PerformanceActivity.java]
[예제파일:java/com/goodroadbook/firebasestart/perfromance/PerformanceActivity.java]

```java
package com.goodroadbook.firebasestart.perfromance;

import android.content.SharedPreferences;
import android.widget.CheckBox;
...
...

public class PerformanceActivity extends AppCompatActivity implements
View.OnClickListener, CompoundButton.OnCheckedChangeListener
{
    private Trace trace;

    private SharedPreferences settingPreference;
    private SharedPreferences.Editor editorPreference;

    @Override
    @AddTrace(name = "onCreateTrace", enabled = true /* optional */)
    protected void onCreate(Bundle savedInstanceState)
    {
```

실습문제 | 실습은 지식을 내것으로 만드는
최고의 방법입니다.

```java
        super.onCreate(savedInstanceState);
        setContentView(R.layout.activity_performance);

        settingPreference = getSharedPreferences("firebase_setting", 0);
        editorPreference= settingPreference.edit();
        boolean checkstate = settingPreference.getBoolean
("firebase_setting_performace", false);

        trace = FirebasePerformance.getInstance().newTrace("test_trace");
        trace.start();
        trace.putAttribute("onCreate", "start");

...
...

        CheckBox performancecheckbox =
(CheckBox) findViewById(R.id.performancecheckbox);
        performancecheckbox.setChecked(checkstate);
        performancecheckbox.setOnCheckedChangeListener(this);

        trace.putAttribute("onCreate", "end");
    }
...
...

    @Override
    public void onCheckedChanged(CompoundButton compoundButton, boolean checkstate)
    {
        editorPreference.putBoolean("firebase_setting_performace", checkstate);
        editorPreference.commit();

        FirebasePerformance.getInstance().setPerformanceCollectionEnabled
(checkstate);
    }

...
...
...
}
```

실습문제 | 실습은 지식을 내것으로 만드는 최고의 방법입니다.

PerformanceActivity 클래스에서 SharedPreferences에 CheckBox를 통해 설정 값을 유지하고 CheckBox의 체크 설정에 따라 성능 모니터링 동작이 진행하게 됩니다.

4. PerformanceActivity.java 파일과 activity_performace.xml 파일에 추가된 내용을 실행하면 다음과 같은 형태로 동작함을 알 수 있습니다.

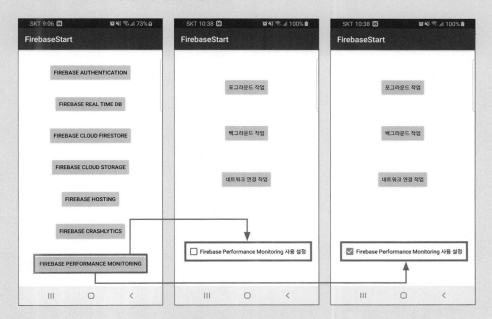

10장
파이어베이스 테스트 랩

이 장을 시작하기 전에

❶ 파이어베이스 테스트 랩(Test Lab)은 기존의 크래시리틱스와 달리
앱을 배포하기 전에 문제를 확인하고 수정할 수 있도록 제공되는 서
비스입니다. 빌드 후 만들어지는 APK 파일을 파이어베이스 콘솔과
gcloud(Google Cloud)를 통해 Robo 테스트와 도구 작동 테스트를
실행하여 발생되는 문제를 사전에 확인할 수 있도록 제공되는 시스
템으로 이해하면 되겠습니다.

❷ 우리는 파이어베이스 테스트 랩에서 제공되는 기능들에 대해서 알아
보고 실제 예제 앱을 통해 사용하는 방법에 대해서 익혀보겠습니다.

10.1 파이어베이스 테스트 랩 주요 기능 및 구현 절차

10.1.1 파이어베이스 테스트 랩 주요 기능

파이어베이스에서 제공되는 서비스들을 이용하여 앱을 만들어 사용자들에게 배포할 수 있습니다. 어떤 앱을 만들고, 어떻게 판매할지 고민하는 과정을 거쳐 앱을 만들고 우리는 앱의 품질 상태 및 오류 동작은 없는지 확인합니다. 앱에서 이 과정을 수동으로 진행하는 경우가 대부분입니다. 즉, 사람의 손을 통해 테스트를 진행하고 동작 상태를 체크하는 것으로 진행했는데요, 파이어베이스 테스트 랩Firebase Test Lab은 구글 데이터 센터에서 실행되는 실제 프로덕션 기기를 사용하여 앱을 시험합니다. 이러한 기기에는 사용자가 실제 사용하는 환경과 같은 구성으로 테스트를 진행하는 것으로 이해하면 되겠습니다.

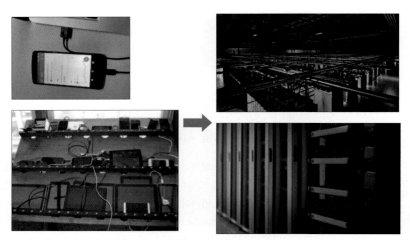

[그림 10-1] 파이어베이스 테스트 랩은 구글에서 테스트를 위한 다양한 기기들을 제공

파이어베이스 테스트 랩을 통해 구글의 클라우드 기반의 앱 테스트 인프라를 사용할 수 있습니다. 파이어베이스 테스트 랩의 주요 기능을 먼저 알아볼까요? [표 10-1]을 보겠습니다.

[표 10-1] 파이어베이스 테스트 랩의 주요 기능

항목	내용
안드로이드 및 iOS 앱 테스트	안드로이드/iOS 기기가 없어도 테스트 랩에서 제공되는 기기를 통해서 확인할 수 있다.
실제 기기에서 테스트 실행	테스트 랩은 구글 데이터 센터에 설치되어 실행되는 기기로 앱을 테스트하므로 특정 기기 및 구성에서만 발생하는 문제를 찾을 수 있다.
통합	테스트 랩은 파이어베이스 콘솔, Android studio, gcloud 명령줄 도구와 통합되어 사용할 수 있다.

✳ 여기서 잠깐

gcloud 명령줄이 뭐죠?

gcloud 명령줄 인터페이스는 Google Cloud Platform에 기본 CLI를 제공하는 도구이다. 이 도구를 사용하여 명령줄이나 스크립트 및 기타 자동화에서 많은 공통 플랫폼 작업을 수행할 수 있다.

gcloud CLI를 사용하여 다음을 만들고 관리할 수 있다.

- Google Compute Engine 가상 머신 인스턴스 및 기타 리소스
- Google Cloud SQL 인스턴스
- Google Kubernetes Engine 클러스터
- Google Cloud Dataproc 클러스터 및 작업
- Google Cloud DNS 관리 영역 및 레코드 조합
- Google Cloud Deployment Manager 배포

10.1.2 파이어베이스 테스트 랩에서 구현 절차

파이어베이스의 테스트 랩Test Lab은 안드로이드와 iOS에 따라 테스트 프레임워크를 각각 사용하여 진행할 수 있습니다. 안드로이드 앱에서는 Espresso 및 UI Automator 2.0 테스트를 실행하고 iOS 앱에서는 XCTest 테스트를 실행합니다.

XCTest
iOS에서 소스 코드의 특정 모듈이 원하는 형태로 정확하게 동작하는지 검증하기 위해 유닛 테스트를 진행하기 위해 제공되는 툴입니다.

Espresso/UI Automator 2.0
iOS에서 유닛 테스를 XCTest를 사용한다면 안드로이드에서는 유닛 테스트를 위해 Expresso/Automator 2.0을 사용합니다.

테스트 랩을 사용하는 절차는 크게 다음과 같습니다.

[그림 10-2] 테스트 랩 사용 절차

그러면 절차별로 간단히 소개해보겠습니다.

파이어베이스의 테스트 랩을 사용하기 위해 가장 먼저 테스트를 위해 앱을 준비합니다. 안드로이드 같은 경우 테스트를 위한 스크립트 작성 및 게임 루프 테스트를 지원하도록 앱을 수정할 수 있고, Robo 테스트를 통해 테스트 준비 과정을 완전히 건너 뛸 수도 있습니다. iOS는 XCTest를 작성한 후 업로드할 앱을 빌드하고 패키징을 합니다.

> **✷ 여기서 잠깐**
>
> **Robo 테스트가 하는 일이 무엇인지 알려주세요.**
>
> Robo 테스트는 파이어베이스 테스트 랩에 통합된 테스트 도구로 앱의 UI 구조를 분석하고 사용자 행동을 자동으로 시뮬레이션하며 체계적으로 탐색하고, UI/Application Exerciser Monkey 테스트와 달리 특정 기기 구성에서 동일한 설정으로 앱을 테스트할 때 항상 동일한 사용자 행동을 동일한 순서로 시뮬레이션합니다. 따라서 Robo 테스트를 사용하면 UI/Application Exerciser Monkey 테스트를 사용할 때는 불가능한 방식으로 버그 수정을 검증하고 회귀 테스트를 수행할 수 있습니다.
>
> Robo 테스트에서는 로그 파일을 수집하고, 주석이 들어간 스크린샷을 저장하고, 이러한 스크린샷으로 동영상을 제작하여 테스트 중에 수행된 사용자 작업 시뮬레이션을 보여 줍니다. 이러한 로그, 스크린샷, 동영상으로 앱 오류의 근본 원인을 파악하고 앱 UI의 문제점을 찾아낼 수 있습니다.

다음은 테스트 환경 및 테스트 매트릭스 선택을 진행합니다. 즉, 파이어베이스 콘솔이나 gcloud 명령줄 인터페이스를 사용하여 기기 모음, OS 버전, 언어, 화면 방향을 선택해서 테스트 매트릭스를 정의합니다.

마지막으로 테스트를 실행하고 테스트 결과를 검토하는 과정으로 테스트 매트릭스의 크기에 따라 테스트 랩에서 테스트를 실행하는 데 몇 분 정도 걸릴 수 있으며, 테스트가 완료되면 파이어베이스 콘솔에서 결과를 볼 수 있습니다.

✳️ 여기서 잠깐

테스트 매트릭스가 어떤 역할을 하나요?

테스트 매트릭스는 선택한 측정 기준으로 실행한 테스트 결과로 매트릭스에서 테스트 실행이 실패하면 테스트 랩은 전체 매트릭스를 실패로 표시합니다. 여기서 측정 기준은 기기 모델, OS 버전, 언어 및 화면 방향을 포함하여 앱을 테스트하기 위한 속성입니다. 테스트 매트릭스에서 테스트를 실행했을 때 나올 수 있는 결과는 다음과 같습니다.

- 통과 : 오류가 발생하지 않음
- 실패 : 오류가 하나 이상 발생함
- 결과 불충분 : 테스트 결과가 확실하지 않으며 테스트 랩의 오류 때문일 수 있음
- 건너뜀 : 매트릭스의 일부 테스트 실행에 선택된 측정기준 값이 호환되지 않음. (예, API 수준이 맞지 않는 경우 발생)

10.1.3 파이어베이스 테스트 랩으로 앱 품질 및 동작 상태 확인하기

파이어베이스의 테스트 랩에서 구현 절차에 대해서 알아보았습니다. 이번 장에는 파이어베이스 테스트 랩으로 수동 및 사람이 아닌 자동화된 시스템과 구글의 클라우드 테스트 환경을 이용하여 앱의 품질 상태와 동작 상태를 체크하는 방법에 대해 알아봅니다.

파이어베이스 테스트 랩을 통해 알게 되는 내용을 항목별로 구체화하면 다음과 같습니다.

- 파이어베이스 콘솔에서 파이어베이스 테스트 랩 사용 방법
- gcloud CLI에서 파이어베이스 테스트 랩 사용 방법
- CI 시스템에서 파이어베이스 테스트 랩 사용 방법
- Android Studio에서 파이어베이스 테스트 랩 사용 방법
- Robo 테스트 사용 방법
- 테스트 결과 분석

위의 여섯 개 항목 중에 기본적으로 Android Studio의 FirebaseStart 프로젝트와 파이어베이스 콘솔에 등록한 FirerbaseStart 프로젝트 기반으로 파이어베이스 테스트 랩의 기능을 알아봅니다. 또한 우리는 안드로이드 플랫폼에서의 사용 방법 및 동작에 대해서만 다루겠습니다

10.2 파이어베이스 콘솔에서 파이어베이스 테스트 랩 사용 방법

10.2.1 파이어베이스 콘솔에서 테스트 랩 사용하기

파이어베이스의 테스트 랩을 사용하는 방법은 여러 가지가 있는데 그 중에 파이어베이스 콘솔에서

사용하는 방법에 대해서 알아봅니다. 우선 파이어베이스와 연동되는 앱을 준비해야 하고, [그림 10-3]과 같이 파이어베이스의 테스트 랩에서 테스트할 수 있도록 APK 파일이 있어야 합니다.

> **용어**
>
> **APK 파일**
> 안드로이드 앱을 구성하는 파일 확장자로써 Android Package의 줄임말입니다. 안드로이드에서 앱을 설치하는 역할을 하며, ZIP 형식으로 압축되어 있습니다. APK 안에는 리소스(이미지, 레이아웃, 언어, 테마)와 라이브러리 (.so) 등의 내용을 포함하고 있어 앱이 설치 필요한 정보들을 사용할 수 있도록 제공됩니다.

[그림 10-3] Robo 테스트를 위해 로컬 APK 파일을 파이어베이스 콘솔에 업로드한다.

[그림 10-3]처럼 파이어베이스 콘솔에서 [Test Lab]에 APK 파일 업로드가 완료되면 바로 Robo 테스트가 [그림 10-4]와 같이 진행됩니다.

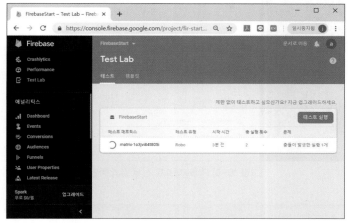

[그림 10-4] Robo 테스트를 위해 APK 업로드 완료되면 테스트 실행이 진행된다.

업로드된 APK의 Robo 테스트가 완료되면 [그림 10-5]와 같이 표시됩니다.

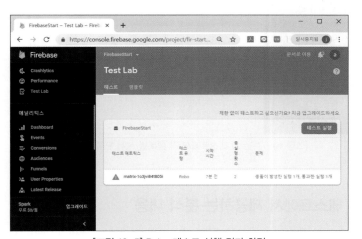

[그림 10-5] Robo 테스트 실행 결과 화면

Robo 테스트에서 오류가 발생하면 발생한 오류 건수를 보여줍니다. 해당 항목을 클릭하면 [그림 10-6]과 같이 어떠한 코드에서 에러가 발생되었는지 알 수 있습니다.

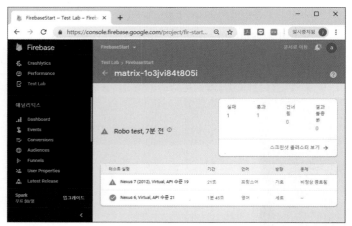

[그림 10-6] Robo 테스트 상세 결과 화면

[그림 10-7] Robo 테스트에서 각 항목별 상세 오류 내용 화면

10.2.2 Robo 테스트에서 제공하는 분석 내용

Robo 테스트 진행에 발생된 기기, 안드로이드 OS 버전에 대해서 상세히 알려줍니다. 이뿐만 아니라 실제 코드 정보와 로그, 스크린샷, 동영상, 성능에 대해서 시각적 및 분석을 통해 개발자가 쉽게 문제를 확인하고 해결할 수 있도록 제공하는데요, 발생된 문제에 대한 Robo 테스트가 제공해주는 분석 내용을 상세히 보면 다음과 같습니다.

문제가 발생한 코드 표시

테스트 문제에서는 앱에서 발생한 테스트 문제 코드의 위치를 알려줍니다. 실제 어떠한 코드에서
문제가 발생되었는지 쉽게 파악할 수 있습니다.

[그림 10-8] [테스트 문제] 탭은 문제가 발생한 원인을 표시해준다.

Robo

Robo에서는 어떠한 절차 중에 문제가 발생되었는지 제품의 플로우를 확인할 수 있습니다.

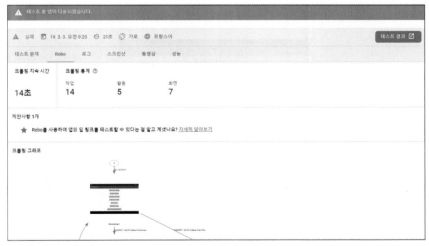

[그림 10-9] [Robo] 탭은 문제가 발생한 시점의 화면 이동 경로를 상세히 확인할 수 있다.

482

로그

로그에는 로그에서 발생되는 로그 정보를 보여줍니다.

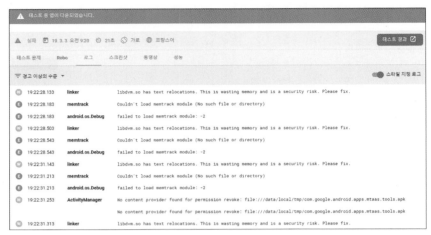

[그림 10-10] [로그] 탭은 문제가 발생한 시점의 단말의 로그 정보를 제공한다.

스크린샷

스크린샷에서는 문제가 발생되기 전까지 화면의 스크린샷 정보를 표시합니다.

[그림 10-11] [스크린샷] 탭은 문제가 발생한 전 시점까지 캡쳐 된 화면을 볼 수 있다.

동영상

문제가 발생되는 과정에 대한 화면 녹화 정보를 보여줍니다.

[그림 10-12] [동영상] 탭은 문제 발생한 시점의 영상을 확인할 수 있다.

성능

제품의 성능에 대한 정보를 표시합니다. 앱 시작 시간 정도 확인할 수 있습니다.

[그림 10-13] [성능] 탭은 문제가 발생한 시점의 앱 시작 시간과 같은 정보를 제공한다.

파이어베이스의 테스트 랩에서 Robo 테스트로 문제가 발생했을 때 코드, 로그, 플로우, 스크린샷, 동영상 등의 정보를 통해 원인을 찾고 발생되는 재현 절차를 확인할 수 있습니다. 그래서 개발자가 빠르게 문제를 수정하고 확인할 수 있도록 도와줍니다. 기존에는 문제를 발생된 코드의 위치까지는 확인했지만 실제 어떠한 과정에 문제가 발생하는지 알기가 어려워 근본적인 해결하기가 어려웠는데요. 파이어베이스의 테스트 랩 서비스로 기존에 문제가 되었던 부분을 보완이 가능해졌습니다.

10.2.3 Robo 테스트 특징–테스트 제한 시간 및 스크립트를 사용한 제어 방법

추가로 Robo 테스트의 특징에 테스트 제한 시간과 스크립트를 사용한 제어 방법이 있는데요, 먼저 테스트 제한 시간에 대해서 설명하겠습니다 .

테스트 제한 시간

Robo 테스트는 앱 UI 복잡도에 따라 UI 테스트를 완료하는데 5분 이상이 소요될 수 있습니다. 대부분의 앱에서 테스트 제한 시간을 2분 이상으로 설정하는 것을 파이어베이스에서 권장하고 있으며, 복잡도가 높은 앱인 경우 5분으로 설정하는 것이 좋다고 합니다.

Robo 테스트 제한시간 기본값은 Android Studio 및 Google Developer Console에서 테스트를 실행할 때는 300초(5분), gcloud 명령줄에서 테스트를 실행할 때는 1,500초(25분)입니다. 여러분이 Robo 테스트를 사용할 때 이러한 내용을 감안하여 진행하면 되겠습니다.

스크립트를 사용한 제어방법

다음은 Robo 테스트에서 스크립트를 이용한 제어 방법에 대해서 알아보죠. 이러한 스크립트는 모든 앱에서 필요하지는 않으면 세밀한 제어가 필요한 경우에 사용합니다. 가령, 등록된 사용자 이름이나 비밀번호 같은 경우에 사용함으로써 랜덤 값으로 진입이 어려울 때 스크립트를 통해 Robo 테스트가 원활하게 테스트가 진행될 수 있도록 합니다. 이러한 스크립트는 Android Studio에서 제작하면 다음과 같은 절차에 따라 진행하면 됩니다. 우리는 Android Studio의 FirebaseStart 프로젝트를 사용하여 Robo 테스트 스크립트를 제작해볼게요.

1. Android Studio를 실행하고 상단 기본 메뉴의 [Tools] – [Firebase]를 클릭합니다.

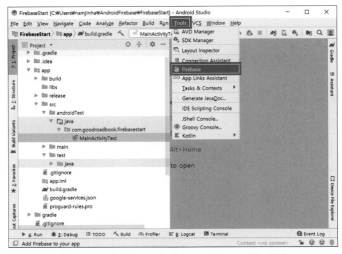

[그림 10-14] Android Studio에서 Firebase 메뉴 실행

2. Firebase 서비스 리스트에서 [Test Lab]–[Record Robo Script and Use it to Guide Robo Test]를 클릭합니다.

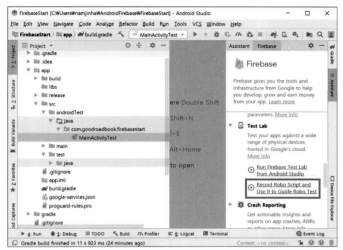

[그림 10-15] [Android Studio]–[Firebase Test Lab]–[Record Robo Script and Use it to Guide RoboTest]

3. Robo Test 스크립트에 대한 설명과 함께 〈Record Robo script〉 버튼이 제공되는데 클릭하여 스크립트가 작성될 수 있도록 합니다.

[그림 10-16] Android Studio에서 Record Robo script 버튼 클릭

4. 〈Record Robo script〉 버튼을 클릭하면 FirebaseStart 앱이 단말에 설치되도록 다음과 같은 화면이 표시됩니다. 설치 단말을 선택하고 〈OK〉 버튼을 누릅니다.

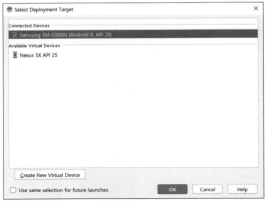

[그림 10-17] Robo 테스트를 위한 스크립트 기록 대상 선택

5. 단말에 FirebaseStart 앱이 설치되면 Android Studio의 [Recode Your Robo Script] 화면에서 단말의 사용자 클릭 및 버튼, 텍스트 입력 모두 기록하여 스크립트로 제작됩니다. 기록이 완료되면 〈OK〉 버튼을 누릅니다.

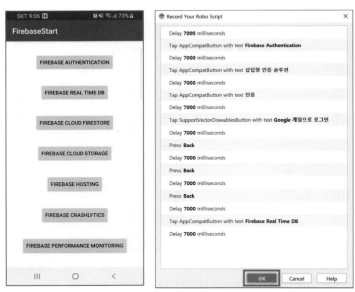

[그림 10-18] Robo 스크립트 기록 화면

6. 생성된 Robo 테스트 스크립트를 PC에 MainActivity_robo_script.json 파일로 저장합니다.
　　〈OK〉 버튼을 클릭하면 지정된 경로에 저장됩니다.

[그림 10-19] Robo 스크립트 저장

7. 생성된 Robo 테스트 스크립트를 파이어베이스 콘솔의 테스트 랩의 Robo 테스트에 아래 그림
　　과 같이 추가합니다.

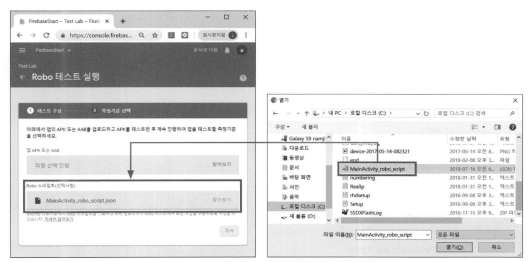

[그림 10-20] Robo 스크립트를 파이어베이스 콘솔에 업로드

파이어베이스 콘솔에서 안드로이드 같은 경우 Robo 테스트뿐만 아니라 도구 작동 테스트 실행과
게임 루프 실행을 통한 테스트도 가능합니다.

10.2.4 파이어베이스 테스트 랩의 도구 작동 테스트를 실행하여 앱 테스트하기

테스트 랩에서 도구 작동 테스트를 지원합니다. 안드로이드 애플리케이션의 테스트에는 보통 앱과의 상호 작용 스크립트 작성을 위해 실제 기기에서 수행하는 테스트_{instrumentation test} 스크립트 작성하며, 이러한 스크립트들을 테스트 랩의 도구 작동 테스트를 통해 실행할 수 있습니다.

이미 여러분들이 Espresso, UI Automator 2.0 또는 Robotium을 사용해서 테스트 스크립트를 작성했다면 테스트 랩의 도구 작동 테스트 항목에서 바로 테스트를 실행해 볼 수 있습니다. 그리고 기존에 작성하는 방식에서 기록하는 방식으로도 사용할 수 있습니다. Android Studio 2.2 이상에서 Espresso Test Recorder 도구를 사용하면 실제 기기에서 수행하는 테스트를 더 쉽게 작성할 수 있습니다. 개발자 입장에서는 앱을 기록 모드에서 시작하기만 하면 됩니다. 그러면 테스트 레코더가 앱과의 모든 상호 작용을 관찰하고 기억한 다음, 이런 상호 작용을 복제하는 Espresso에서 테스트 코드를 생성하게 됩니다. 위 내용 중에 Android Studio 2.2 이상에서 Espresso Test Recorder 도구를 사용하여 기존에 작성하는 방식이 아닌 기록하는 방식으로 간편하게 스크립트를 제작하는 방법에 대해서 알아보도록 하겠습니다. 다음과 같은 절차로 진행하면 됩니다.

1. Android Studio의 FirebaseStart 프로젝트에서 Espresso Test Recorder 도구를 사용하기 위하여 build.gradle 파일에 다음과 같이 구성될 수 있도록 합니다.

```
apply plugin: 'com.android.application'
apply plugin: 'io.fabric'

android {
    compileSdkVersion 28
    flavorDimensions "minSdkVersion"

    defaultConfig {
        applicationId "com.goodroadbook.firebasestart"
        minSdkVersion 23
        targetSdkVersion 28
        versionCode 8
        versionName "1.3"
        testInstrumentationRunner "androidx.test.runner.AndroidJUnitRunner"
        multiDexEnabled true
    }
```

```
    ...
    ...
}

dependencies {
...
...

    // JUnitRunner
    testImplementation 'androidx.test:runner:1.2.0'
    androidTestImplementation 'androidx.test:runner:1.2.0'

    // UI /test
    androidTestImplementation 'androidx.test.espresso:espresso-core:3.2.0'
    androidTestImplementation 'androidx.test.espresso:espresso-intents:3.2.0'
...
...
}

apply plugin: 'com.google.gms.google-services'
```

2. Android Studio의 기본 메뉴 [Run] – [Record Espresso Test] 항목을 선택합니다.

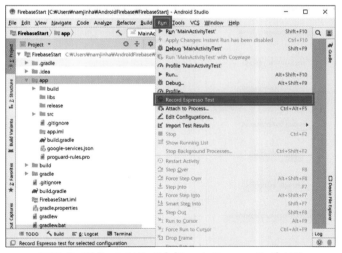

[그림 10–21] [Android Studio]–[Recode Espresso Test] 실행

3. 스크립트 작성이 단말에서 동작 중인 내용을 기록하는 방식이기 때문에 FirebaseStart 앱을 기기에 설치할 수 있도록 아래 화면이 제공되고, 설치할 기기를 선택합니다.

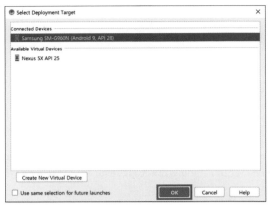

[그림 10-22] Espresso 스크립트 생성 대상 기기 선택

4. 단말에 FirebaseStart 앱이 설치가 완료되면 아래와 그림과 같이 [Record Your Test] 화면이 제공되고 단말에서 발생되는 이벤트 내용들이 모두 기록되게 됩니다.

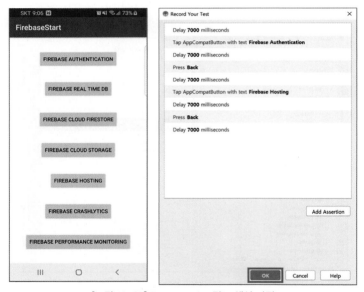

[그림 10-23] Espresso 스크립트 생성 과정

5. 기록이 완료되면 스크립트를 저장합니다. FirebaseStart 프로젝트의 /src/androidTest/java/ com.goodroadbook.firebasestart 경로에 MainActivityTest.java 파일이 생성됩니다.

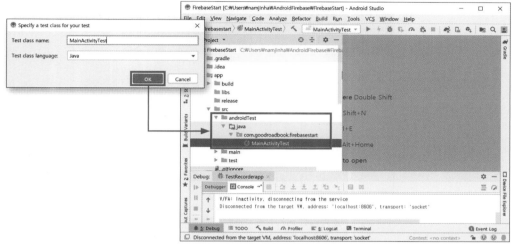

[그림 10-24] Espresso 스크립트 저장

6. APK 파일 생성 및 파이어베이스 테스트 랩의 도구 작동 테스트에 업로드 합니다. FirebaseStart 앱의 APK와 테스트 스크립트가 포함된 FirebaseStart Test APK가 모두 포함되어야 도구 작동 테스트를 실행할 수 있습니다.

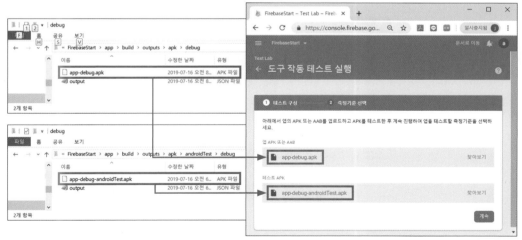

[그림 10-25] Espresso 스크립트로 파이어베이스 콘솔에서 도구 작동 테스트 실행

7. 도구 작동 테스트 결과는 아래와 같이 파이어베이스 콘솔에서 확인할 수 있습니다.

[그림 10-26] 도구 작동 테스트 실행 결과 화면

10.2.5 파이어베이스 테스트 랩의 게임 루프 테스트로 앱 테스트하기

게임 개발에는 엔진에 따라 다양한 UI 프레임워크가 사용되고 게임 UI 탐색을 자동화하기 어렵기 때문에 파이어베이스 테스트 랩의 게임 루프 테스트로 개발 중인 게임을 손쉽게 시험할 수 있도록 제공합니다.

[그림 10-27] 게임 루프 테스트 구성

지금까지 파이어베이스 콘솔에서 테스트 랩을 통해 테스트를 하는 방법에 대해서 알아보았습니다. 여러분들도 파이어베이스 콘솔에서 APK를 업로드하여 어떠한 테스트 결과가 나오는지 살펴보세요. 다음은 gcloud CLI에서 테스트하는 방법에 대해서 알아봅니다.

10.3 gcloud CLI에서 파이어베이스 테스트 랩 사용하기

gcloud는 구글 클라우드 플랫폼에 기본 명령줄 인터페이스를 제공하는 도구로, 사용하여 명령줄이나 스크립트 및 기타 자동화에서 많은 공통 플랫폼 작업을 수행할 수 있습니다. 즉, 앞처럼 10.2절에서 파이어베이스 콘솔을 이용하여 Robo 테스트를 진행하여 결과를 확인한 것과 같이 gcloud CLI에서 사용하여 실제 파이어베이스 콘솔에서 테스트를 실행한 것과 똑같이 테스트를 진행할 수 있습니다.

gcloud SDK 설치하기

가장 먼저 gcloud CLI를 사용하기 위해 Google Cloud SDK를 설치합니다. 사용하고 있는 PC 환경이 리눅스, 맥, 윈도우에 따라 다운로드할 파일이 다르기 때문에 현재 PC 환경을 고려하여 내려받도록 합니다. 필자는 64비트 윈도우 환경에서 진행하고 있기 때문에 윈도우 환경에서 사용할 수 있습니다

gcloud SDK를 다운받고 설치하는 과정을 소개하겠습니다. 아래의 gcloud SDK 설치 경로 설치 과정을 참고하여 환경을 구성해볼까요?

[gcloud SDK 설치 경로]

- https://cloud.google.com/sdk/docs/quickstart-windows
- GoogleCloudSDKInstaller.exe 파일 다운로드

[gcloud SDK 실행]

- GoogleCloudSDKInstaller.exe 클릭 및 실행

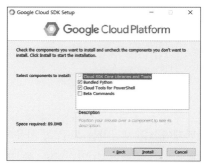

[그림 10-28] gcloud SDK 설치 과정

gcloud 사용 인증하기

gcloud SDK 설치가 끝났습니다. 윈도우의 명령 프롬프트를 실행하여 가장 먼저 gcloud init를 입력하여 파이어베이스 인증 및 파이어베이스에 등록된 프로젝트들 중에서 사용할 프로젝트를 선택하게 됩니다. 아래 [그림 10-29]를 보면 네트워크 연결 체크 및 구글 로그인을 통해 Google Cloud SDK 사용 인증을 받게 됩니다.

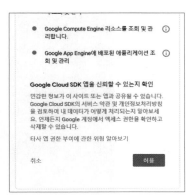

[그림 10-29] gcloud 사용 인증 과정

사용할 프로젝트 선택하기

gcloud 사용 인증을 완료되면 파이어베이스 계정에 등록된 프로젝트들 중에서 사용할 프로젝트를 선택합니다. 우리는 FierbaseStart 프로젝트를 사용하고 있기 때문에 리스트에서 FirebaseStart를 선택하면 되겠습니다. [그림 10-30]과 같이 명령 프롬프트에서 FirebaseStart를 선택합니다.

[그림 10-30] 파이어베이스 프로젝트 선택

파이어베이스 테스트 랩 실행하기

여기까지 진행했으면 gcloud를 통해 파이어베이스 테스트 랩에 테스트를 실행할 수 있습니다. Android Studio의 FirebaseStart 프로젝트의 디버깅 apk를 파이어베이스 테스트 랩을 통해 Robo 테스트를 실행시켜 보겠습니다.

먼저 FirebaseStart의 build/output 폴더에 debug apk 파일이 있는지 확인해봅니다. [그림 10-31] 과 같이 apk 파일이 존재하면 해당 폴더에서 명령 프롬프트를 실행합니다.

[그림 10-31] 파이어베이스 테스트 랩에서 사용할 apk 선택

그리고 [그림 10-32]와 같이 명령 프롬프트에서 Robo 테스트에 해당하는 gcloud를 사용한 테스트 실행을 시작할 수 있습니다.

```
[명령 프롬프트에서 Robo 테스트 실행]
gcloud firebase test android run
  --type robo
  --app app-debug.apk
  --device model=Nexus6,version=21,locale=en,orientation=portrait
  --device model=Nexus7,version=19,locale=fr,orientation=landscape
  --timeout 90s
```

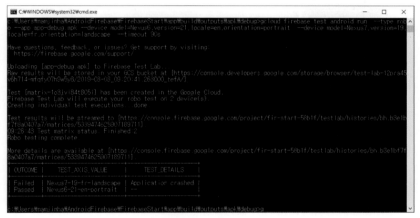

[그림 10-32] gcloud로 Robo 테스트 실행

위 명령 프롬프트에서 Robo 테스트 실행이 동작 중임을 확인할 수 있습니다. 그리고 Robo 테스트
가 완료되면 [그림 10-33]과 같이 명령 프롬프트에서 테스트 실행에 대한 결과가 나옵니다.

[그림 10-33] Robo 테스트 실행 결과

gcloud를 이용한 Robo 테스트 실행 및 결과를 통해 대략적인 내용은 확인할 수 있으나 앞서 파이
어베이스 콘솔에서 확인한 것과 같은 내용은 볼 수 없습니다. gcloud 테스트 실행 상세 결과도 파
이어베이스 콘솔의 테스트 랩에서 확인할 수 있습니다. [그림 10-34]처럼 gcloud로 Robo 테스트
실행이 시작되면 파이어베이스 콘솔에서 시작하는 것과 동일하게 진행 상태와 테스트 실행 결과를
보여주게 됩니다.

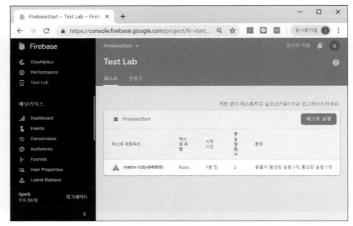

▲ gcloud Robo 테스트 실행

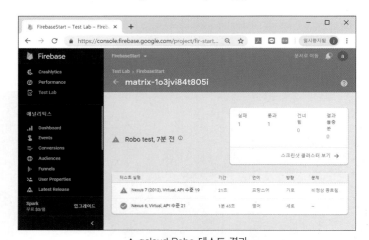

▲ gcloud Robo 테스트 결과

[그림 10-34] gcloud Robo 테스트 실행 및 결과

gcloud CLI를 이용하여 Robo 테스트 실행 및 결과에 대해서 알아보았습니다. gcloud CLI에서는
도구 작동 테스트 또한 실행할 수 있습니다. 명령 프롬프트에서 아래와 같이 진행하면 도구 작동
테스트 실행이 됩니다.

```
[gcloud CLI에서 도구 작동 테스트 실행]
gcloud firebase test android run
   --type instrumentation
   --app app-debug-unaligned.apk
   --test app-debug.apk
   --device model=Nexus6,version=21,locale=en,orientation=portrait
   --device model=Nexus7,version=19,locale=fr,orientation=landscape
```

지금까지 gcloud를 사용하기 위해 Google Cloud SDK 설치 및 사용 인증과 파이어베이스 프로젝트 선택하는 과정에 대해서 알아보았고, 또한 gcloud에서 Robo 테스트 실행 및 결과를 확인하는 과정을 배웠습니다. 여러분도 gcloud 환경 및 테스트 실행을 통해서 만드는 앱의 테스트 결과를 체크해보기를 권합니다.

정리하며

이번 장에서는 앱 배포하기 전에 사전에 문제를 확인하고 수정할 수 있도록 제공되는 파이어베이스 테스트 랩에 대해서 알아보았습니다. 파이어베이스 콘솔에서 Robo 테스트를 실행하여 발생되는 문제의 코드, 스크린샷, 플로우, 동영상 정보를 제공하여 개발자가 원인 분석을 보다 쉽게 할 수 있도록 제공합니다. 마찬가지로, Google Cloud SDK를 이용하여 gcloud로 Robo 테스트를 실행하는 방법에 대해서도 알아보았는데요, 테스트 실행하는 방법은 다를 수 있으나 실제 테스트 실행 결과는 모두 파이어베이스 콘솔의 테스트 랩에서 자세히 알 수 있습니다.

연습문제 | 퀴즈를 풀어보며 개념을 복습합니다.

문제에 대한 답은 백견불여일타 카페에서 확인할 수 있습니다. cafe.naver.com/codefirst

1 파이어베이스에서 테스트 랩은 무엇인지 서술해보세요.

2 파이어베이스 콘솔에서 Robo 테스트 실행에 대해서 설명해보세요.

3 파이어베이스 콘솔의 테스트 랩에서 Robo 테스트 실행을 통해 테스트 결과를 확인할 수 있습니다. 테스트 결과에 문제가 발생하는 경우 테스트 랩에서는 어떠한 것들을 제공해주는지 설명해보세요.

4 Robo 테스트에서 세밀하게 제어하기 위하여 스크립트를 추가할 수 있습니다. 스크립트 생성 방법에 대해서 설명해보세요.

5 도구 작동 테스트에 대해서 설명하고, 도구 작동 테스트를 하기 위한 절차에 대해서 순서대로 적어보세요.

6 구글 클라우드 SDK를 설치하여 gcloud를 통해 Robo 테스트 실행과 도구 작동 테스트를 실행할 수 있습니다. gcloud를 이용하여 Robo 테스트를 실행하는 과정을 적어보세요.

7 파이어베이스 콘솔에서 테스트 환경을 템플릿을 구성할 수 있습니다. 템플릿을 이용할 경우 어떠한 장점이 있는지 기술해보세요.

실습문제 | 실습은 지식을 내것으로 만드는
최고의 방법입니다.

문제에 대한 답은 백견불여일타 카페에서 확인할 수 있습니다. cafe.naver.com/codefirst

파이어베이스 콘솔의 Test Lab에서는 테스트 실행을 위해 템플릿을 제공합니다. Robo 테스트 실행에 필요한 템플릿을 만들고, 테스트 실행을 해봅시다.

1. 〈새 템플릿〉 버튼을 클릭합니다.

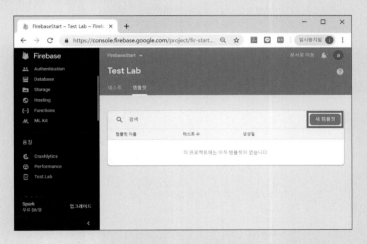

2. 새 템플릿 페이지에서 템플릿 이름, Test Type(Robo 테스트, 도구 작동 테스트), 실제 기기의 OS 버전 등의 정보를 통해 테스트 실행을 진행합니다.

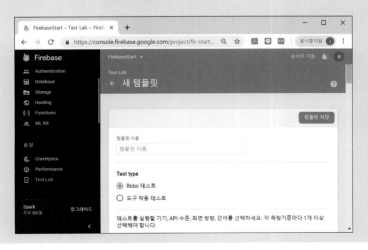

3. 테스트 조건 설정 후에 새 템플릿에서 템플릿 저장합니다.

1) 기기들 중에 실제 기기 테스트가 필요한 기기를 선택합니다.

2) 기기들 중에 가상 기기를 선택합니다.

3) 가로/세로의 방향 및 언어를 설정합니다.

실습문제 | 실습은 지식을 내것으로 만드는
최고의 방법입니다.

4) 템플릿을 저장합니다. New Test Lab 템플릿이 만들어졌습니다.

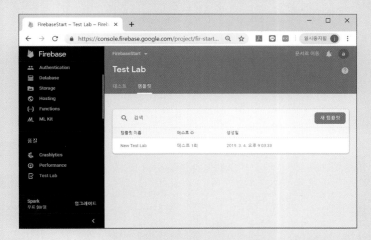

5) Robo 테스트 실행의 테스트 구성에서 템플릿을 사용할 수 있습니다.

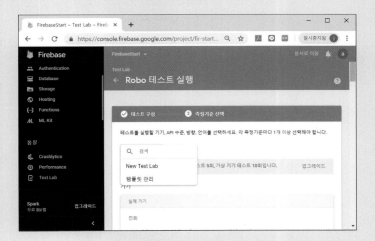

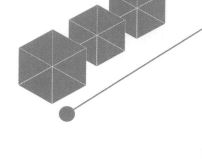

11장
파이어베이스 클라우드 메시징

이 장을 시작하기 전에

❶ 파이어베이스에서는 앱에 푸시를 수신할 수 있도록 파이어베이스 클라우드 메시징 서비스가 있습니다. 앱에서는 푸시를 수신 받기 위해 푸시 토큰을 발급하는데요, 푸시 메시지를 수신하기 위한 서비스를 등록만 하면 앱 서버로부터 발송되는 푸시 메시지를 받아 처리할 수 있습니다.

❷ 파이어베이스 클라우드 메시징의 구성을 이해해야 합니다. 파이어베이스 콘솔에서 서버 키 발급과 앱에서 토큰 발급 및 푸시 수신 서비스 등록을 통해 푸시 테스트를 진행해 보겠습니다.

11.1 파이어베이스 클라우드 메시징

11.1.1 푸시 서비스와 클라우드 메시징

파이어베이스 클라우드 메시징Firebase Cloud Messaging: FCM을 보기 전에 안드로이드에서 푸시 서비스에 대해서 먼저 알아보겠습니다. 여기서 '푸시PUSH'라는 단어는 '밀다'라는 뜻입니다. 이 단어를 서버/클라이언트 모델에서는 '서버에서 메시지를 클라이언트에 밀어 넣다'라는 의미로 사용합니다. 즉, 서버는 클라이언트가 요청하지 않더라도 필요한 정보가 있으면 클라이언트에 전송하는 것을 말하지요. 가령 광고 알림, 카카오톡 메시지 같은 것이 푸시를 이용한 서비스라고 할 수 있습니다.

[그림 11-1]은 우리은행에서 제공하는 '원터치 알림' 앱입니다. 계좌에 입금 및 출금 등과 이벤트가 발생하면 푸시로 알림을 제공합니다. [그림 11-1]을 참고하면 좀 쉽게 이해하리라 봅니다.

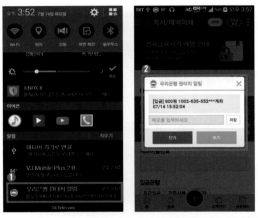

[그림 11-1] 계좌에 입금 및 출금 이벤트 발생 시 푸시로 알림을 제공하는 우리은행의 원터치 알림 앱

푸시 알림은 안드로이드 앱에서 다양하게 사용 중입니다. 자체 푸시 서버를 운영하거나 안드로이드에서 제공하는 푸시 알림 서비스를 사용하는데, 안드로이드에서 제공하는 푸시 알림 서비스를 FCMFirebase Cloud Messaging이라고 합니다.

안드로이드 FCM은 파이어베이스 클라우드 메시징으로, 앱 서버에서 구글에서 제공하는 FCM을 이용하여 사용자 디바이스 설치된 앱 단위로 메시지를 전송할 수 있는 서비스입니다. 즉, 안드로이드 푸시 알림 서비스 기능을 사용할 수 있도록 구글이 제공하는 푸시 서버로 이해하면 됩니다.

안드로이드 푸시 서비스 변천사

안드로이드 초기 푸시 알림 서비스는 FCM이 아닙니다. C2DM$_{Cloud\ To\ Device\ Message}$이라는 푸시 알림 서비스로 안드로이드 2.2부터 생겨났습니다. 구글에서 제공하는 C2DM은 전송할 수 있는 메시지의 할당량을 제한했고, 추가 전송이 필요할 때는 할당량을 구글에 요청하여 승인 이후에 사용이 가능해졌습니다. 이러한 불편 사항들은 C2DM을 단종하고 GCM으로 변경 후 모두 사라졌는데요, GCM으로 바뀌고 나서 메시지를 전송할 수 있는 할당량은 별도의 승인이 없이 무제한으로 사용 가능하게 되었습니다. 그리고 GCM도 더 이상 서비스를 등록할 수 없으며 기능이 추가된 FCM 서비스를 사용할 수 있도록 제공되고 있습니다.

파이어베이스 클라우드 메시징은 기존 GCM$_{Google\ Cloud\ Messaging}$ 서비스를 통합하여 푸시 메시지를 제공합니다. GCM은 현재 앱 등록을 사용할 수 없도록 되어 있으며, 기존 GCM 서비스를 사용하고 있는 앱들은 서비스를 이용할 수 있지만, 추후 안드로이드 타겟 SDK 버전을 7.x로 지정할 경우 반드시 FCM을 사용해야 합니다. 즉, 안드로이드 타겟 SDK 버전을 7.x로 하면 기존 GCM 서비스를 FCM으로 이관을 해야만 앱에서 푸시 메시지를 받을 수 있습니다.

✳ 여기서 잠깐

targetSdkVersion에 대해서 설명해주세요.

Android Studio 프로젝트의 앱 레벨 build.gradle 파일에 targetSdkVersion을 명시할 수 있습니다. targetSdkVersion은 단말의 안드로이드 OS 버전이 targetSdkVersion보다 높을 경우를 대비해 지정하게 됩니다. 예를 들어 앱의 targetSdkVersion이 API Level 23이고 단말은 API Level 24인 경우 앱에서는 API Level 24에 대한 준비가 되어 있지 않기 때문에 앱의 동작에 문제가 될 수 있습니다. 따라서 이러한 문제가 발생되지 않도록 앱의 targetSdkVersion으로 동작합니다.

```
[build.gradle]
apply plugin: 'com.android.application' //
android {
    compileSdkVersion 23
    buildToolsVersion "23.0.2"

    defaultConfig {

        applicationId "com.example.namjinha.myapplication"
        minSdkVersion 15
        targetSdkVersion 23
        versionCode 1
        versionName "1.0"
    }
...
...
```

FCM과 GCM의 차이점은 다음의 그림을 보면 쉽게 이해하기 쉽습니다. FCM에는 앱 서버를 구현하지 않은 상태에서 푸시 알림 메시지를 보낼 수 있도록 Notification Console GUI를 제공하고, 강력해진 메시지 타켓팅 등과 같은 기능들이 추가되었습니다.

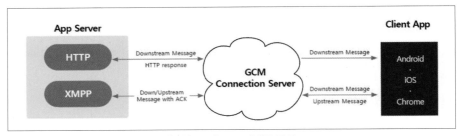

[그림 11-2] GCM 메시징 구성

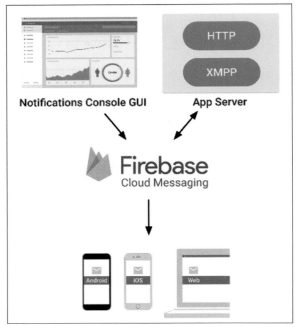

[그림 11-3] 파이어베이스 클라우드 메시징의 구성

우리가 구글에서 제공하는 FCM 서비스로 푸시 알림 기능을 사용하려면 사전에 다음 항목에 대해 알고 있어야 합니다.

- FCM 용어
- FCM 구성
- FCM 동작

먼저, FCM에 대해서 보기 전에 구글에서 정의한 FCM 용어들에 대해서 보도록 합시다.

[표 11-1] FCM 주요 용어

용어	내용
클라이언트 앱(Client App)	안드로이드 단말에서 FCM을 사용하는 앱
앱 서버(App Server)	• 클라이언트 앱에 전달되는 토큰을 관리하고 클라이언트 앱에 메시지를 전달할 수 있도록 FCM에 메시지를 전달한다. • 토큰은 FCM에서 발급해 주는 것으로 등록된 클라이언트 앱을 구분하기 위한 용도로 사용된다.
API Key(Server Key)	• Google Developers Console에서 발급 받은 API 키로 앱 서버에 저장되어 관리되고 HTTP 프로토콜로 메시지를 보낼 때 POST의 헤더에 포함된다. • 클라이언트 앱의 코드에 API 키를 포함하지 않도록 주의한다.
Sender ID	• FCM 앱 등록으로 발급된 google-services.json 파일의 project_number에 해당되는 값이다. • 클라이언트 앱에서 Registration Token을 발급 받기 위해 FCM에 전달하는 값으로 사용된다.
Application ID	• Application ID는 Android 에서 Package Name을 의미한다. • Package Name은 앱을 구분하는 단위로 하나의 앱은 중복되지 않은 Package Name을 가져야 한다(AndroidManifest.xml 의 package 항목에 선언되는 값을 의미).
Registration Token	• FCM에서 발급 받은 토큰 • 앱 서버에 전달하여 클라이언트 앱에 메시지 알림을 전송할 때 사용한다.

11.1.2 파이어베이스 클라이언트 메시징의 구성

[그림 11-4]에 FCM의 구성을 간단히 나타냈는데요. 크게 앱 서버, FCM, 클라이언트 앱으로 구성되어 있습니다. 앱 서버에서 FCM에 메시지를 전달하면 FCM에서는 각각의 단말에 설치된 클라이언트 앱으로 서버에서 전달한 메시지를 보냅니다.

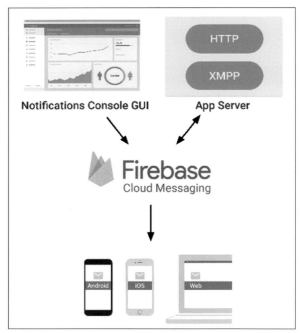

[그림 11-4] FCM의 구성

다운스트림 메시지와 업스트림 메시지

[그림 11-4]와 같이 앱 서버는 HTTP, XMPP_{Extensible Messaging and Presence Protocol} 프로토콜을 이용하여 구성할 수 있는데 HTTP를 사용할 때 다운스트림 메시지_{Downstream Message}를 지원하며, XMPP 프로토콜 사용하면 다운스트림/업스트림 메시지 모두를 지원할 수 있습니다. 여기서 다운스트림과 업스트림 메시지 구성은 [그림 11-5]를 보면 이해하기 쉽습니다.

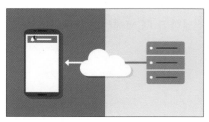

Downstream Messaging

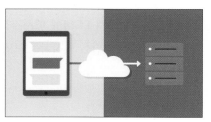

Upstream Messaging

[그림 11-5] 다운스트림 메시지 및 업스트림 메시지 구성

다운스트림Dawnstream은 서버에서 단말로 메시지를 내려 보내는 것을, 업스트림Upstream은 단말에서 서버로 메시지를 올리는 것을 의미합니다. 즉, 앱 서버에서 HTTP로 구현하게 되면 단말에 메시지를 보내는 단방향 통신만을 지원하게 되며, XMPP로 구현할 경우에는 단말에 메시지를 보내는 것뿐만 아니라 단말에서 메시지를 서버로 전송할 수 있는 것까지 가능합니다. 단순히 푸시 메시지를 보내는 기능만을 제공할 경우 우리는 FCM에 HTTP로 요청을 하면 됩니다. 반대로 카카오톡과 같은 채팅 서비스를 지원할 때는 양방향 통신이 가능한 XMPP 프로토콜을 사용할 수 있도록 앱 서버를 구성해야 합니다. 우리는 앱 서버에서 단말에 푸시 메시지 보내기 기능에 대해서만 알아보죠.

FCM의 HTTP와 XMPP 프로토콜 차이점을 비교하면 아래와 같습니다.

[표 11-2] FCM의 HTTP와 XMPP 차이점

HTTP	XMPP
단방향 메시지(Downstream)	양방향 메시지(Upstream and downstream)
동기 방식	비동기 방식
Plain Text, JSON	JSON 암호화

XMPP
'Extensible Messaging and Presence Protocol'의 약자로 확장 가능한 메시징과 상태를 위한 규격입니다. XML 스트리밍 기술로 인터넷 상의 두 지점 간 Presence, Message 그리고 XML로 표현 가능한 구조적 정보를 실시간으로 전달하기 위한 국제 표준입니다.

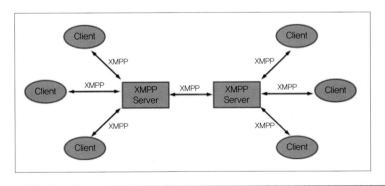

11.1.3 파이어베이스 클라우드 메시징의 동작 원리

마지막으로 FCM 동작 원리를 [그림 11-6]에서 살펴볼게요. 그림에서 번호 순으로 동작을 보면 전체적인 흐름을 파악하는데 어렵지 않을 것입니다.

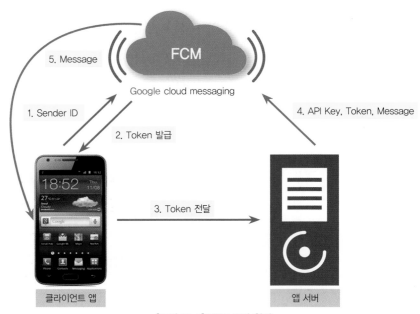

[그림 11-6] FCM 동작 원리

FCM의 전체적인 흐름은 다음과 같이 진행됩니다.

❶ 클라이언트 앱에서 FCM에 Sender ID(Project Number)를 이용하여 등록을 요청한다(Project Number는 FCM 앱 등록 후 google-services.json 파일 안의 project_number 값).

❷ FCM은 클라이언트 앱에서 전달받은 Sender ID(Project Number)를 확인하고 Registration Token을 클라이언트 앱에서 발급한다.

❸ 클라이언트 앱은 FCM으로부터 전달 받은 Registration Token을 앱 서버에 전달한다. 앱 서버는 클라이언트 앱에서 전달 받은 Registration Token를 저장한다.

❹ 앱 서버는 Registration Token, API 키, 전송할 메시지를 이용하여 FCM 서버에 메시지를 전송한다(API Key는 Google Developers Console 에서 확인할 수 있음).

❺ FCM은 앱 서버로부터 전달 받은 메시지를 해당 클라이언트 앱에 메시지를 전송한다.

이와 같은 형태로 푸시 알림 서비스가 동작하는데, Project Number는 앞서 언급한 것과 같이 FCM 앱 등록 후 다운로드한 google-services.json 파일 안에 있고, API 키는 Google Developers Console에서 확인 가능합니다. API 키를 확인하는 방법은 이어서 바로 실습해봅니다. 지금까지 FCM 용어, 구성과 동작에 대해 살폈는데요, 전체적인 흐름이 머릿속에 그려지시나요? 만약 그렇지 않다면 다시 한번 차근차근 읽어보길 바랍니다.

11.2 파이어베이스 클라우드 메시징 – 클라이언트 앱 만들기

11.2.1 푸시를 보낼 수 있도록 cloudmessaging 패키지 추가하기

FCM으로부터 푸시 메시지를 받기 위해서는 파이어베이스 콘솔에 프로젝트로 등록된 앱이어야 합니다. FirebaseStart 프로젝트는 이미 파이어베이스 콘솔에 등록되어 있고, 앞에서 서버 키 또한 확인했습니다. [그림 11-7]과 같이 Android Studio에서 FirebaseStart 프로젝트에 푸시를 발송할 수 있도록 cloudmessaging 패키지를 추가합니다.

[그림 11-7] 푸시를 보낼 수 있도록 cloudmessaging 패키지를 추가한다.

그리고 클라이언트 앱은 FCM 앱 등록 후 다운로드한 google-services.json 파일이 반드시 포함되어 있어야 합니다. FirebaseStart 프로젝트에는 이미 파일이 추가되어 있어서 확인만 하면 되었습니다. FirebaseStart 앱에서 FCM으로부터 푸시 메시지를 받을 수 있도록 클라이언트 앱을 만들어봅니다.

11.2.2 FirebaseMessaging API를 사용할 수 있도록 FCM SDK 추가하기

가장 먼저 /app 폴더 안의 build.gradle 파일에 FCM SDK를 추가해야 합니다. FCM SDK를 추가하면 FirebaseMessaging API를 사용할 수 있습니다. [코드 11-1]과 같이 추가합니다.

```
[코드 11-1] FCM SDK 추가하기                                    [/app/build.gradle]

apply plugin: 'com.android.application'
apply plugin: 'io.fabric'

...
...

dependencies {
...
...

    // Firebase Cloud Messaging
    implementation 'com.google.firebase:firebase-messaging:19.0.1'
}

apply plugin: 'com.google.gms.google-services'
```

11.2.3 FCM의 메시지를 수신하기 위해 서비스 등록하기

다음은 AndroidManifest.xml 파일에서 파이어베이스 클라우드 메시징을 받을 수 있도록 서비스를 등록합니다. 그리고 앱 구성요소에 기본 아이콘 및 색상을 설정하는 메타 데이터 요소를 추가합니다. 만약 앱에서 파이어베이스 클라우드 메시징 수신 메시지에 아이콘 또는 색상이 명시적으로 설정되지 않은 경우 이 값을 사용하게 됩니다.

또한, Android 8.0(API 수준 26) 이상부터는 알림 채널이 지원하고, FCM은 기본적인 설정과 함께 기본 알림 채널을 제공합니다. 기본 채널을 직접 만들어 사용하려면 아래와 같이 default_notification_channel_id를 알림 채널 객체의 ID로 설정하고 수신 메시지에 명시적으로 설정된 알림 채널이 없으면 FCM에서 항상 이 값을 사용하게 됩니다. [코드 11-2]와 같이 추가합니다.

```
[코드 11-2] FCM 메시지를 수신하기 위해 AndroidManifest.xml에 서비스 등록
[AndroidManifest.xml]                                    [예제 파일 : 프로젝트의 main 폴더]

<?xml version="1.0" encoding="utf-8"?>
<manifest xmlns:android="http://schemas.android.com/apk/res/android"
    package="com.goodroadbook.firebasestart">

    <uses-permission android:name="android.permission.INTERNET" />
    <uses-permission android:name="android.permission.READ_EXTERNAL_STORAGE" />
```

```xml
<application
    android:allowBackup="true"
    android:icon="@mipmap/ic_launcher"
    android:label="@string/app_name"
    android:roundIcon="@mipmap/ic_launcher_round"
    android:supportsRtl="true"
    android:theme="@style/AppTheme">
    ,,,
    ,,,

    <!-- fcm default icon -->
    <meta-data
        android:name="com.google.firebase.messaging.default_notification_icon"
        android:resource="@mipmap/ic_launcher" />

    <meta-data
        android:name="com.google.firebase.messaging.default_notification_color"
        android:resource="@color/colorAccent" />

    <!-- fcm default notification channel id -->
    <meta-data
        android:name="com.google.firebase.messaging.default_notification_channel_id"
        android:value="1" />

    <activity android:name=".MainActivity">
        <intent-filter>
            <action android:name="android.intent.action.MAIN" />

            <category android:name="android.intent.category.LAUNCHER" />
        </intent-filter>
    </activity>
    ...
    ...
    <service android:name=".cloudmessaging.MyFirebaseMessagingService">
        <intent-filter>
            <action android:name="com.google.firebase.MESSAGING_EVENT" />
        </intent-filter>
    </service>
</application>

</manifest>
```

AndroidManifest.xml 파일에서 파이어베이스 클라우드 메시징에서 발송되는 푸시 메시지를 수신하기 위해 MyFirebaseMessagingService 서비스를 등록했습니다. 해당 서비스가 FirebaseStart 프로젝트에 추가되지 않았기 때문에 오류가 날 것입니다.

com.goodroadbook.firebasestart.cloudmessaging 패키지에 [코드 11–3]과 같이 MyFirebase
MessagingService를 추가해주세요.

[코드 11–3] FirebaseStart 프로젝트에 푸시 메시지 수신을 위해 서비스 추가하기

[MyFirebaseMessagingService.java]

[예제 파일 : java/com/goodroadbook/firebasestart/cloudmessaging/MyFirebaseMessagingService.java]

```java
package com.goodroadbook.firebasestart.cloudmessaging;

import android.app.NotificationChannel;
import android.app.NotificationManager;
import android.app.PendingIntent;
import android.content.Context;
import android.content.Intent;
import android.media.RingtoneManager;
import android.net.Uri;
import android.os.Build;
import android.util.Log;

import androidx.core.app.NotificationCompat;

import com.goodroadbook.firebasestart.MainActivity;
import com.goodroadbook.firebasestart.R;
import com.google.firebase.messaging.FirebaseMessagingService;
import com.google.firebase.messaging.RemoteMessage;

public class MyFirebaseMessagingService extends FirebaseMessagingService
{
    @Override
    public void onMessageReceived(RemoteMessage remoteMessage)
    {
        if (remoteMessage.getData().size() > 0) {
            Log.d("namjinha", "Message data payload: " + remoteMessage.getData());

            if (false)
            {
                // For Long-running tasks (10 seconds or more) use WorkManager.
                scheduleJob();
            }
            else
            {
                // Handle message within 10 seconds
                handleNow();
            }
```

```java
            // Check if message contains a notification payload.
            if (remoteMessage.getNotification() != null)
            {
                Log.d("namjinha", "Message Notification Body: " +
remoteMessage.getNotification().getBody());
            }
        }
    }


    @Override
    public void onNewToken(String token)
    {
        Log.d("namjinha", "onNewToken token = " + token);
        sendRegistrationToServer(token);
    }

    private void scheduleJob()
    {
        Log.d("namjinha", "scheduleJob in");
    }

    private void handleNow()
    {
        Log.d("namjinha", "handleNow in");
    }

    private void sendRegistrationToServer(String token)
    {
        Log.d("namjinha", "onNewToken token = " + token);
    }

    private void sendNotification(String messageBody)
    {
        Intent intent = new Intent(this, MainActivity.class);
        intent.addFlags(Intent.FLAG_ACTIVITY_CLEAR_TOP);
        PendingIntent pendingIntent = PendingIntent.getActivity(this,
0 /* Request code */, intent,
                PendingIntent.FLAG_ONE_SHOT);

        String channelId = "1000";
        Uri defaultSoundUri = RingtoneManager.getDefaultUri
(RingtoneManager.TYPE_NOTIFICATION);
        NotificationCompat.Builder notificationBuilder =
                new NotificationCompat.Builder(this, channelId)
                        .setSmallIcon(R.mipmap.ic_launcher)
                        .setContentTitle(getString(R.string.app_name))
```

```
                            .setContentText(messageBody)
                            .setAutoCancel(true)
                            .setSound(defaultSoundUri)
                            .setContentIntent(pendingIntent);

        NotificationManager notificationManager =
                (NotificationManager) getSystemService(Context.NOTIFICATION_SERVICE);

        // Since android Oreo notification channel is needed.
        if (Build.VERSION.SDK_INT >= Build.VERSION_CODES.O)
        {
            NotificationChannel channel = new NotificationChannel(channelId,
                    "Channel human readable title",
                    NotificationManager.IMPORTANCE_DEFAULT);
            notificationManager.createNotificationChannel(channel);
        }

        notificationManager.notify(0 /* ID of notification */,
notificationBuilder.build());
    }
}
```

푸시 메시지는 알림 메시지와 데이터 메시지로 구분할 수 있습니다. 데이터 메시지를 수신
하려면 FirebaseMessagingService를 상속 받은 MyFirebaseMessagingService 서비스에
서 onMessageReceived 및 onDeletedMessages 콜백을 재정의해야 합니다. 푸시 메시지
는 onMessageReceived() 함수를 통해 수신되는데 알림 메시지도 앱의 상태에 따라 onMessage
Received() 함수를 통해 호출됩니다.

[표 11-3] 앱의 상태에 따른 푸시 메시지 수신 형태

앱 상태	알림	데이터	모두
포그라운드	onMessageReceived()	onMessageReceived()	onMessageReceived()
백그라운드	알림	onMessageReceived()	알림: 알림 데이터 : 인텐트 부가 정보

위 [표 11-1] 내용 중 앱이 백그라운드 상태에서 알림/데이터 모두 발송될 때 알림 메시지는 알림
을 통해 사용자에게 보여주고 데이터 메시지는 런처 인텐트를 통해서 데이터를 받을 수 있음이 중
요합니다. 앱의 상태에 따라 알림/데이터 메시지가 다르게 처리됨을 이해하면 됩니다.

> **✳ 여기서 잠깐**
>
> **백그라운드 제한 앱(Android P 이상)**
>
> 2019년 1월부터 FCM은 사용자가 백그라운드 제한을 적용한 앱에 메시지를 전달하지 않습니다(예: 설정→앱 및 알림→[앱 이름]→배터리). 앱이 백그라운드 제한에서 삭제되면 이전과 같이 앱에 새로운 메시지가 전달됩니다. 메시지 손실 및 기타 백그라운드 제한의 영향을 받지 않기 위해 Android vitals에 나열된 잘못된 행동을 하지 않도록 주의하세요. 이러한 행동은 Android 기기에서 사용자의 앱을 백그라운드 제한에 포함하도록 권장하기도 합니다. isBackgroundRestricted( )를 사용하여 앱에 백그라운드 제한이 적용되었는지 확인할 수 있습니다.

11.2.4 앱 서버에서 푸시 발송하기

파이어베이스 클라우드 메시징의 메시지를 수신하기 위해 서비스를 등록했습니다. 다음은 앱에서 메시지를 수신하기 위해 앱 서버에서와 같이 푸시를 발송하는 방법에 대해서 알아봅니다. 앱 서버에서 푸시를 발송하려면 다음과 같은 항목들이 반드시 필요합니다.

- 파이어베이스 클라우드 메시징의 서버 키(API Key)
- 기기에서 발급 받은 푸시 토큰(Instance ID)

FCM을 사용하려면 앱 서버를 만들어야 하는데 반드시 필요한 부분이 API 키(서버 키)를 확인하는 것입니다. 기존 GCM 같은 경우 Google Developer Cloud Messaging에서 앱 등록이 되면 Google Developers Console에서 자동으로 API 키가 생성되었습니다. 마찬가지로 FCM을 사용하면 API 키(서버 키)는 파이어베이스 프로젝트의 [설정]-[클라우드 메시징]에서 [그림 11-8]과 같이 확인할 수 있습니다.

[그림 11-8] 파이어베이스 클라우드 메시징에서 API 키를 확인한다.

앱 서버에서 사용할 API 키(서버 키) 확인되면 다음으로 기기에서 푸시 토큰(Instance ID)을 발급받아 봅니다. Android Studio의 FirebaseStart 프로젝트에서 [그림 11-9]와 같이 동작하여 토큰을 만들도록 구성해야 합니다.

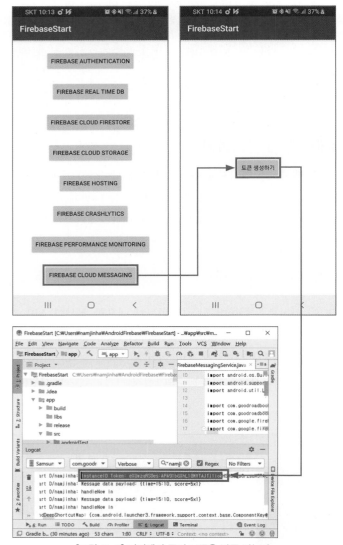

[그림 11-9] 기기에서 푸시 토큰을 발급 받는다.

위와 같이 동작할 수 있도록 FirebaseStart 프로젝트의 activity_main.xml, MainActivity.java, activity_cloud_messaging.xml, CloudMessagingActivity.java 파일을 [코드 11-4]와 같이 구성합시다.

먼저 안드로이드 스튜디오에서 아래 그림과 같이 CloudMessagingActivity.java, activity_cloud_messaging.xml를 생성합니다.

❶ 마우스 오른쪽 버튼 클릭

[그림 11-10] 안드로이드 스튜디오에서 액티비티를 추가한다.

[코드 11-4] FirebaseStart에서 푸시 토큰 생성하기

[activity_main.xml]   [예제 파일 : res/layout/activity_main.xml]

```xml
<?xml version="1.0" encoding="utf-8"?>
<androidx.constraintlayout.widget.ConstraintLayout
    xmlns:android="http://schemas.android.com/apk/res/android"
    xmlns:app="http://schemas.android.com/apk/res-auto"
    xmlns:tools="http://schemas.android.com/tools"
    android:layout_width="match_parent"
    android:layout_height="match_parent"
    tools:context=".MainActivity">
```

```
...
...
    <Button
        android:id="@+id/firebaseperformancebtn"
        android:layout_width="wrap_content"
        android:layout_height="wrap_content"
        android:text="Firebase Performance Monitoring"
        app:layout_constraintTop_toBottomOf="@+id/firebasecrashlyticsbtn"
        app:layout_constraintBottom_toTopOf="@id/firebasecloudmessagingbtn"
        app:layout_constraintLeft_toLeftOf="parent"
        app:layout_constraintRight_toRightOf="parent" />

    <Button
        android:id="@+id/firebasecloudmessagingbtn"
        android:layout_width="wrap_content"
        android:layout_height="wrap_content"
        android:text="Firebase Cloud Messaging"
        app:layout_constraintTop_toBottomOf="@+id/firebaseperformancebtn"
        app:layout_constraintBottom_toBottomOf="parent"
        app:layout_constraintLeft_toLeftOf="parent"
        app:layout_constraintRight_toRightOf="parent" />

</androidx.constraintlayout.widget.ConstraintLayout>
```

[MainActivity.java]	[예제 파일 : java/com/goodroadbook/firebasestart/MainActivity.java]

```
package com.goodroadbook.firebasestart;

...
...
import com.goodroadbook.firebasestart.cloudmessaging.CloudMessagingActivity;

public class MainActivity extends AppCompatActivity implements View.OnClickListener
{
    @Override
    protected void onCreate(Bundle savedInstanceState)
    {
        super.onCreate(savedInstanceState);
        setContentView(R.layout.activity_main);
        ...
        ...
        Button firebasecloudmessagingbtn =
(Button)findViewById(R.id.firebasecloudmessagingbtn);
        firebasecloudmessagingbtn.setOnClickListener(this);
    }
```

```java
@Override
public void onClick(View view)
{
    Intent i = null;
    switch (view.getId())
    {
        ...
        ...
        case R.id.firebasecloudmessagingbtn:
            i = new Intent(this, CloudMessagingActivity.class);
            startActivity(i);
            break;
        default:
            break;
    }
}
```

[activity_cloud_messaging.xml]   [예제 파일 : res/layout/activity_cloud_messaging.xml]

```xml
<?xml version="1.0" encoding="utf-8"?>
<androidx.constraintlayout.widget.ConstraintLayout xmlns:android=
 "http://schemas.android.com/apk/res/android"
    xmlns:app="http://schemas.android.com/apk/res-auto"
    xmlns:tools="http://schemas.android.com/tools"
    android:layout_width="match_parent"
    android:layout_height="match_parent"
    tools:context=".cloudmessaging.CloudMessagingActivity">

    <Button
        android:id="@+id/tokenbtn"
        android:layout_width="wrap_content"
        android:layout_height="wrap_content"
        android:text="토큰 생성하기"
        app:layout_constraintTop_toTopOf="parent"
        app:layout_constraintBottom_toBottomOf="parent"
        app:layout_constraintLeft_toLeftOf="parent"
        app:layout_constraintRight_toRightOf="parent"/>

</androidx.constraintlayout.widget.ConstraintLayout>
```

[CloudMessagingActivity.java]

[예제 파일 : java/com/goodroadbook/firebasestart/cloudmessaging/CloudMessagingActivity.java]

```java
package com.goodroadbook.firebasestart.cloudmessaging;

import androidx.annotation.NonNull;
import androidx.appcompat.app.AppCompatActivity;

import android.os.Bundle;
import android.util.Log;
import android.view.View;
import android.widget.Button;
import android.widget.Toast;

import com.goodroadbook.firebasestart.R;
import com.google.android.gms.tasks.OnCompleteListener;
import com.google.android.gms.tasks.Task;
import com.google.firebase.iid.FirebaseInstanceId;
import com.google.firebase.iid.InstanceIdResult;

public class CloudMessagingActivity extends AppCompatActivity implements
View.OnClickListener
{
    @Override
    protected void onCreate(Bundle savedInstanceState)
    {
        super.onCreate(savedInstanceState);
        setContentView(R.layout.activity_cloudmessaging);

        Button tokenbtn = (Button)findViewById(R.id.tokenbtn);
        tokenbtn.setOnClickListener(this);
    }

    @Override
    public void onClick(View view)
    {
        switch (view.getId())
        {
            case R.id.tokenbtn:
                FirebaseInstanceId.getInstance().getInstanceId()
                        .addOnCompleteListener(new OnCompleteListener
<InstanceIdResult>() {
                            @Override
                            public void onComplete(@NonNull Task
<InstanceIdResult> task) {
                                if (!task.isSuccessful()) {
                                    Log.d("namjinha", "getInstanceId failed",
```

```
task.getException());
                                    return;
                        }

                        // Get new Instance ID token
                        String token = task.getResult().getToken();

                        // Log and toast
                        String msg = "InstanceID Token: " + token;
                        Log.d("namjinha", msg);
                        Toast.makeText(CloudMessagingActivity.this, msg,
Toast.LENGTH_SHORT).show();
                    }
                });
            break;
        default:
            break;
    }
  }
}
```

위와 같이 구성이 되었으면 CloudMessagingActivity 클래스의 〈토큰 생성하기〉 버튼을 누르면
[그림 11-11]과 같이 토큰을 생성하여 로그캣과 토스트로 확인할 수 있습니다.

[그림 11-11] 생성된 푸시 토큰을 확인한다.

서버 키와 기기의 푸시 토큰을 확인하는 방법에 대해서 알아보았습니다. 발급 받은 토큰과 관련하여 "토큰은 변경되지 않을까?" 라는 의문이 들 수 있는데요, 답은 토큰은 바뀔 수 있습니다. FCM에서 토큰이 변경되는 시점은 다음 항목으로 정의하고 있습니다.

[토큰이 변경되는 시점]

- 앱에서 인스턴스 ID 삭제
- 새 기기에서 앱 복원
- 사용자가 앱 삭제/재설치
- 사용자가 앱 데이터 소거

그러면 FCM에서 발급된 토큰이 변경되었을 어떻게 해야 할까요? 갱신된 토큰을 서버에 갱신을 시켜주면 됨을 쉽게 알 수 있을 것입니다. MyFirebaseMessagingService 서비스의 void onNewToken(String token) 함수를 통해 토큰을 전달받아 앱 서버에 전달합니다. 앱 서버는 갱신되는 토큰만을 사용하여 푸시를 보낼 수 있도록 구성해야 합니다.

푸시를 보내고 받기 위한 준비는 되었습니다. 실제 앱 서버와 같은 구성이 필요하겠지만 푸시 테스트는 앱 서버가 없어도 확인해볼 수 있습니다. 이어서 푸시 테스트를 하는 방법을 살펴보겠습니다.

11.3 파이어베이스 클라우드 메시징–푸시 메시지 보내기

푸시를 발송하기 위한 두 가지 방법

파이어베이스에서 푸시를 발송하기 위한 방법을 요약하면 다음과 같이 할 수 있습니다. 실제 서비스를 아래의 두 가지 방법으로 구성해야 합니다.

- 구글에서 제공하는 FCM 백엔드
- 서버 로직이 실행되는 앱 서버 또는 다른 신뢰할 수 있는 서버 환경(예: 구글에서 관리하는 파이어베이스용 Cloud Functions 또는 다른 클라우드 환경)

실제 서비스가 아닌 테스트에서는 Postman이라는 툴을 통해 앱의 푸시 수신을 바로 테스트할 수 있습니다. 우리는 Postman이라는 툴로 푸시를 발송하여 앱에서 정상적으로 푸시 메시지를 수신하고 동작하는지 알아 봅니다.

> **Postman**
> Postman은 개발한 API를 테스트하고, 테스트 결과를 공유하여 API 개발의 생산성을 높여주는 플랫폼입니다.

11.3.1 푸시 수신 테스트 툴 Postman 설치하기

먼저 Postman 툴을 설치합니다. 다음 경로에서 파일을 다운로드해서 진행합니다.

[Postman 다운로드] https://www.getpostman.com/downloads/

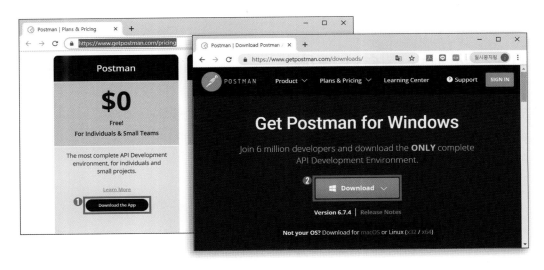

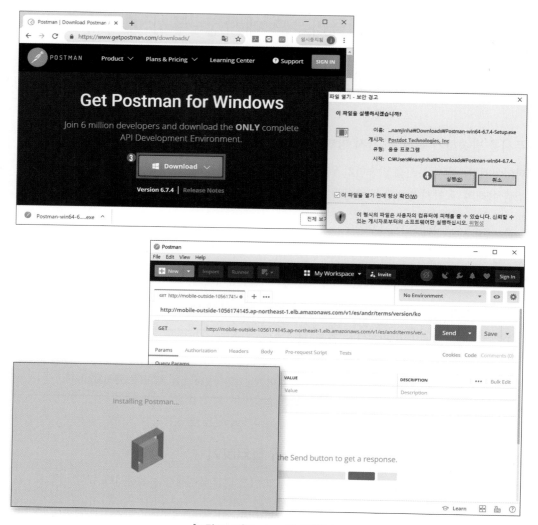

[그림 11-12] Postman을 설치한다.

11.3.2 푸시 메시지 발송 테스트하기

위 화면까지 표시되면 Postman이 설치가 끝납니다. 그러면 푸시를 발송할 수 있도록 사용법을 확인해야 합니다. 즉, 앱 서버에서 FCM을 사용하는 API 문서를 확인하면 되는데요, 파이어베이스에서는 아래와 같이 HTTP v1과 HTTP 기존 사용 방법으로 구분하여 보여줍니다. HTTP v1이 기존 사용 방법보다 좋아진 것은 무엇인지 정리해보았습니다.

- 액세스 토큰을 통한 보안 향상
  - HTTP v1 API는 OAuth2 보안 모델에 따라 수명이 짧은 액세스 토큰을 사용
  - 액세스 토큰이 공개되는 경우에도 만료되기 전에 1시간 정도만 악의적으로 사용
  - 새로고침 토큰이 이전 API에서 사용하는 보안 키 만큼 자주 전송되지 않으므로 캡처될 가능성이 매우 낮음
- 여러 플랫폼에서 보다 효율적인 메시지 맞춤 설정
  - 메시지 본문의 경우 HTTP v1 API에 모든 대상 인스턴스에 전달되는 공용 키는 물론 여러 플랫폼의 메시지를 맞춤 설정할 수 있는 플랫폼별 키
- 새 클라이언트 플랫폼 버전을 위한 확장성 강화 및 미래 경쟁력 확보
  - HTTP v1 API는 iOS, Android, 웹에 제공되는 메시지 옵션을 완전히 지원

HTTP v1 사용 방법이 기존 사용 방법인 HTTP보다 향상된 부분에 대해서 알아보았습니다. 우리는 앱에서 푸시 전송 수신이 이루어지는 정도의 테스트만을 진행할 것입니다. 기존 HTTP 사용 방법은 다음과 같습니다.

푸시 메시지 발송

```
POST URL : https://fcm.googleapis.com/fcm/send
Content-Type:application/json
Authorization:key=AIzaSyZ-1u...0GBYzPu7Udno5aA

{ "data": {
    "title": "Firebase Cloud Messaging TEST",
    "message": "안녕하세요. 푸시메시지 테스트 중입니다."
  },
  "to" : "bk3RNwTe3H0:CI2k_HHwgIpoDKCIZvvDMExUdFQ3P1..."
}
```

위 내용을 Postman에서 테스트한 화면을 볼까요? 먼저 HTTP의 Headers를 [그림 11-13]과 같이 구성합니다.

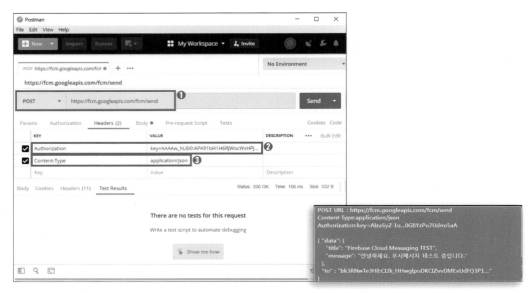

[그림 11-13] Postman에서 푸시 발송을 위한 HTTP Headers 구성

Headers에서 Authorization에는 서버 키가 들어가야 합니다. 서버 키는 'key=서버 키' 형태로 추가하면 됩니다. 그리고 Postman에서 Body를 [그림 11-14]처럼 구성하면 되겠습니다.

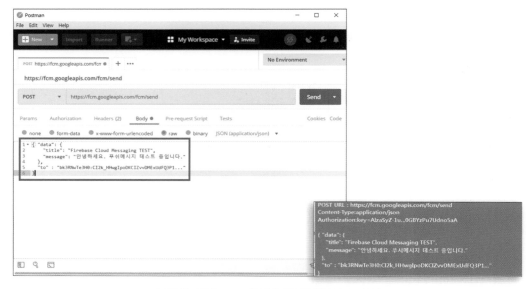

[그림 11-14] Postman에 푸시 발송을 위한 Body 구성

앞과 같이 HTTP의 Headers와 Body 구성이 완료되면 상단 〈Send〉 버튼을 누릅니다. HTTP Response 결과를 [그림 11-15]에서 볼 수 있습니다.

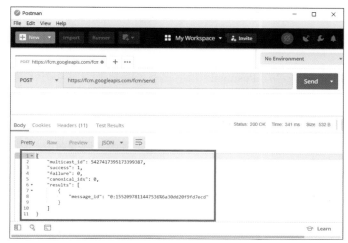

[그림 11-15] Postman에서 푸시 발송 후 HTTP Response 값

그리고 앱에서는 푸시를 수신하여 [그림 11-16]처럼 로그캣으로 푸시 수신된 내용을 확인할 수 있습니다.

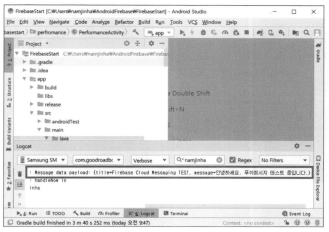

[그림 11-16] 안드로이드 기기에서 푸시 수신 데이터를 로그캣으로 확인한다.

지금까지 서버 키와 푸시 토큰을 이용하여 Postman으로 푸시를 발송하여 앱에서 수신하는 방법에 대해서 알아보았는데요, 앱의 푸시 테스트는 앱 서버 구성 없이 바로 확인할 수 있습니다.

여러분도 Postman 설치하여 테스트를 한번 진행해 보세요.

11.4 파이어베이스 콘솔에서 푸시 메시지 발송하기

앞에서 푸시 메시지 발송을 위해 Postman이라는 툴을 이용했습니다. 이러한 툴을 사용하여 푸시 메시지를 발송 테스트할 수 있지만, 안드로이드는 파이어베이스의 콘솔을 통해 푸시 메시지 발송을 진행할 수 있습니다. 파이어베이스 콘솔에서는 앱을 사용하는 사용자 전체에게 푸시 메시지를 발송할 수 있고, 수집된 앱 버전과 기기 언어 등과 같은 정보를 이용하여 조건에 맞는 사용자 기기만 푸시 수신할 수 있도록 푸시 발송할 수 있도록 제공됩니다. 개발 또는 서비스를 운용하는 입장에서는 안드로이드 푸시 발송을 파이어베이스 콘솔을 통해 진행하는 것이 편리하고, 여러 조건을 통해 꼭 필요로 하는 내용을 사용자에게 효과적으로 전달할 수 있습니다.

파이어베이스 콘솔에서 푸시 메시지 발송하는 방법에 대해서 알아보겠습니다. 먼저 [그림 11-17]과 같이 파이어베이스 콘솔에서 프로젝트를 선택하고 왼쪽 메뉴에서 [Cloud Messaging]을 선택합니다. 그리고 화면 오른쪽에서 〈Send Your First Message〉 버튼을 누릅니다.

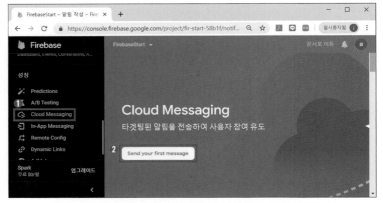

[그림 11-17] 파이어베이스 콘솔에서 [Cloud Messaging] 선택한다.

〈Send Your First Message〉 버튼을 누르면 다음과 같은 절차로 푸시 메시지를 발송합니다.

- 알림 메시지 설정
- 알림 수신 타켓
- 알림 발송 예약
- 전환 이벤트(선택 사항)
- 추가 옵션(선택 사항)

알림 메시지 설정

위 5가지 항목을 순차적으로 설정하고, 선택 사항에 대해서는 기입하지 않아도 됩니다. 가장 먼저 알림 메시지 설정부터 볼까요? 알림 메시지 설정은 다음과 같은 화면을 통해 설정이 가능합니다. 각 항목은 아래와 같으며 필수 항목은 내용을 반드시 기입해야 합니다.

- 알림 제목(안드로이드 및 WatchOS만 해당)
- 알림 테스트
- 알림 이미지 검색(선택사항)
- 알림 이름(선택사항)

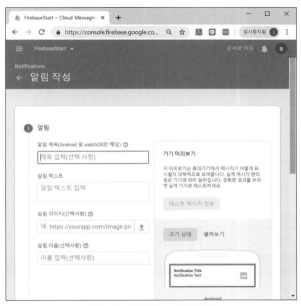

[그림 11-18] 알림 메시지 설정

알림 수신 타켓

다음은 알림 수신 타켓을 설정할 수 있습니다. 앱을 사용하는 모든 사용자에게 푸시 메시지를 발송할 수 있지만 조건별로 설정하여 해당 사용자 기기에만 푸시 메시지를 발송할 수 있습니다. 사용자 타켓팅 조건 항목은 다음과 같습니다.

- 타켓팅 조건 : 앱, 버전, 언어, 국가/지역, 잠재적 사용자, 사용자 속성

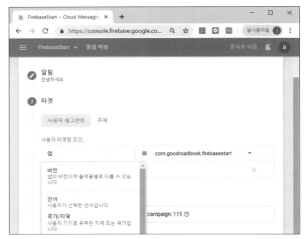

[그림 11-19] 타켓팅

알림 발송 예약

알림 메시지 설정, 알림 수신 타겟 설정이 완료되면 푸시 메시지 발송 시점을 예약할 수 있습니다. 알림 예약은 아래 그림과 같이 Now(지금), Scheduled, 매일, 맞춤설정으로 발송 시점을 예약하는 기능을 사용할 수 있습니다. Scheduled은 지정된 날짜를 선택함으로써 해당 날짜에 발송할 수 있고, 맞춤 설정은 반복 주기를 일/주 단위 설정과 특정 요일을 지정할 수 있도록 제공됩니다.

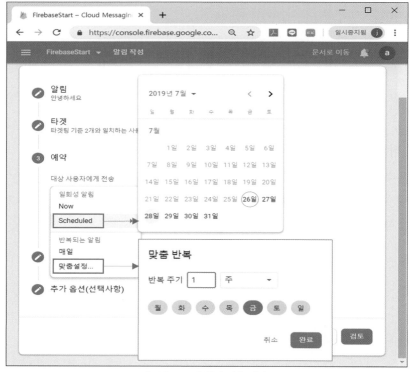

[그림 11-20] 알림 발송 예약

전환 이벤트(선택 사항)

알림 메시지 설정, 알림 수신 타켓, 알림 발송 예약은 모두 필수 항목이고 나머지 전환 이벤트와 추가 옵션은 선택 항목입니다. 전환 이벤트부터 보면 [그림 11-21]과 같이 목표 설정 이벤트를 등록할 수 있습니다. 즉, 전환 이벤트를 등록하면 [푸시 전송 → 수신 확인됨 → 지정한 목표 설정 이벤트]로 전환 이벤트를 확인할 수 있습니다.

[그림 11-21] 전환 이벤트 선택

추가 옵션(선택사항)

마지막 항목도 필수가 아닌 선택사항으로 추가 옵션 항목입니다. 추가 옵션은 알림 메시지가 아닌 데이터 메시지에 해당됩니다. 기존 데이터 메시지 발송을 앱 서버로 진행했을 때 정의한 프로토콜 Key/Value를 파이어베이스 콘솔에서 동일하게 발송할 수 있어서 유용합니다. 추가 옵션에는 다음과 같은 항목을 설정할 수 있습니다.

- 안드로이드 알림 채널
- 맞춤 데이터(Key/Value)
- 알림음(사용 중지됨/사용 설정됨)
- 푸시 만료 기간

[그림 11-22] 추가 옵션

5가지 설정이 되었으면 하단 〈검토〉 버튼을 누릅니다. 설정된 내용을 최종 확인할 수 있도록 화면에 보여줍니다. 푸시 발송을 위해 검토까지 끝났다면 〈게시〉 버튼을 누릅니다. 현재 사용하는 앱, 조건에 맞는 기기로 푸시를 발송하고 파이어베이스 콘솔에서는 [그림 11-23]의 오른쪽 그림과 같은 발송 내역을 보여줍니다.

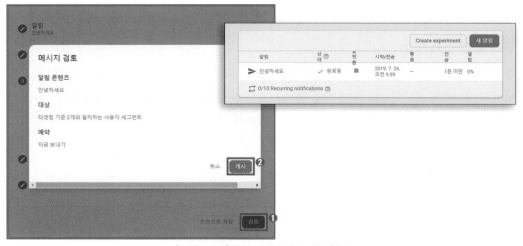

[그림 11-23] 푸시 메시지 발송 내역 확인

FirebaseStart 프로젝트에서 푸시 메시지를 발송했기 때문에 해당 앱이 설치되어 있고 실행한 이력이 있으면 푸시 메시지를 알림을 통해 수신하게 됩니다. [그림 11-24]는 파이어베이스 콘솔에서 푸시 메시지를 발송하여 기기에서 수신된 내용입니다.

[그림 11-24] 파이어베이스 콘솔에서 알림/데이터 메시지 발송, 앱은 백그라운드 상태:
알림에 수신된 메시지가 있으며, 데이터는 런처 실행 시 Intent에 포함된다.

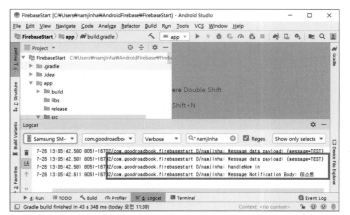

[그림 11-25] 파이어베이스 콘솔에서 알림/데이터 메시지 발송, 앱이 포그라운드 상태:
알림에 수신된 메시지는 없으며, onMessageReceived 함수를 통해 확인할 수 있다.

정리하며

이번 장에서는 파이어베이스 클라우드 메시징(FCM)을 사용하기 위해 FCM 관련 용어, 동작과 앱 서버 구성, 클라이언트 앱 구성에 대해 알아보았습니다. 특히 클라이언트 앱에서 FCM으로부터 토큰을 발급 받는 방법과 토큰이 특정 상황에 변경되면 앱 서버에 토큰을 갱신시켜주어야 함을 배웠습니다. 여러분도 FCM을 사용할 수 있도록 앱 서버와 클라이언트 앱을 구성해보도록 합시다.

연습문제 | 퀴즈를 풀어보며 개념을 복습합니다.

문제에 대한 답은 백견불여일타 카페에서 확인할 수 있습니다. cafe.naver.com/codefirst

1   파이어베이스 클라우드 메시징에서 대해서 설명해보세요.

2   파이어베이스 클라우드 메시징에서 푸시를 발송하기 위해 반드시 필요한 항목이 있습니다. 어떠한 것이 있는지 적어 보고, 해당 항목을 확보하는 방법도 기술해보세요.

3   파이어베이스 클라우드 메시징에서 푸시 발송을 하기 위한 절차에 대해서 설명해보세요.

4   파이어베이스 클라우드 메시징에서 푸시를 사용하기 위한 프로토콜이 변경되었습니다. HTTP v1가 기존 HTTP보다 어떠한 부분이 향상되었는지 적어보세요.

5   파이어베이스 클라우드 메시지에서 푸시 토큰은 갱신될 수 있습니다. 어느 시점에 푸시 토 큰이 갱신될 수 있는지 기입하고 갱신되었을 때 어떻게 해야 하는지 설명해보세요.

6   푸시 메시지에는 알림 메시지와 데이터 메시지가 있다. 앱의 상태에 따라 동작에 대해서 설 명해보세요.

7   파이어베이스 콘솔에서 푸시 메시지를 발송할 수 있습니다. 어떠한 절차로 푸시 메시지를 발송할 수 있는지 설명해보세요.

실습문제

실습은 지식을 내것으로 만드는
최고의 방법입니다.

문제에 대한 답은 백견불여일타 카페에서 확인할 수 있습니다. cafe.naver.com/codefirst

FirebaseStart 프로젝트에서 푸시를 수신하면 로그캣으로 표시했습니다. 푸시로 수신된 내용이 Notification bar에 표시될 수 있도록 수정해봅니다.

1. Notification bar 표시되는 코드를 MyFirebaseMessagingService 서비스 클래스에서 추가합니다.

[MyFirebaseMessagingService.java]
[예제 파일 : java/com/goodroadbook/firebasestart/cloudmessaging/MyFirebaseMessagingService.java]

```java
package com.goodroadbook.firebasestart.cloudmessaging;

...
...

public class MyFirebaseMessagingService extends FirebaseMessagingService
{
    @Override
    public void onMessageReceived(RemoteMessage remoteMessage)
    {
        if (remoteMessage.getData().size() > 0) {
            Log.d("namjinha", "Message data payload: " +
remoteMessage.getData());

            if (false)
            {
                // For long-running tasks (10 seconds or more)
use WorkManager.
                scheduleJob();
            }
            else
            {
                // Handle message within 10 seconds
                handleNow(remoteMessage);
            }
```

실습문제 ┃ 실습은 지식을 내것으로 만드는
　　　　 ┃ 최고의 방법입니다.

```
...
...
        }
    }
...
...
    private void handleNow(RemoteMessage remoteMessage)
    {
        Log.d("namjinha", "handleNow in");
        sendNotification(remoteMessage.getData().get("message"));
    }
}
```

2. FirebaseStart에서 푸시를 수신 받아 아래 그림과 같이 Notification bar에 표시하게 됩니다.

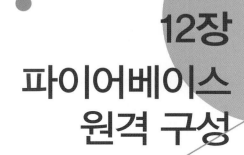

12장
파이어베이스
원격 구성

이 장을 시작하기 전에

❶ 파이어베이스 원격 구성은 앱 업데이트 없이 다양한 동작을 할 수 있도록 제공되는 서비스입니다. 기기 언어, 제품 버전에 따라 다르게 표시되어야 하는 부분들을 Firebase Remote Config의 매개변수를 설정하여 실시간으로 제공할 수 있죠.

❷ 여기에서는 파이어베이스 원격 구성에 대해서 알아보고 앱에서 사용하는 방법과 우선 순위에 따라 앱의 동작도 함께 실습해보겠습니다.

12.1 파이어베이스 원격 구성

파이어베이스 원격 구성Remote Config은 배포된 앱에 별도의 업데이트 없이 특정 값을 변경할 수 있도록 제공되고, 특히 신규로 출시되는 기능들에 대해 시장의 반응 좋지 않거나 또는 안정성에 이슈가 있을 때 원격 구성으로 해당 기능이 ON/OFF 설정이 되어 있는 경우 별도의 업데이트 버전 제공없이 대응이 가능하도록 도와주는 서비스입니다.

가령, 앱에서 초기 배포 버전에 abc.com라는 도메인을 사용하는 서버와 통신했는데 부득이하게 abc.com으로 사용할 수 없고 cba.com 도메인으로 변경해야 한다고 가정해 볼까요? 기존에는 앱에서 abc.com을 cba.com으로 수정해서 배포해야 하고 사용자는 업데이트가 되기 전까지 해당 앱을 제대로 사용할 수 없는 상태일 것입니다. 이러한 상황에서 원격 구성은 앱 업데이트 없이 바로 abc.com을 cba.com으로 변경해 줌으로써 빠른 대처가 가능합니다. 이뿐만 아니라, 앱의 설정 값 또한 앱 업데이트 없이 변경이 가능하기 때문에 아주 유용한 기능이라 할 수 있습니다.

12.1.1 파이어베이스 원격 구성의 주요 기능

firebase.google.com에서 나오는 파이어베이스 원격 구성의 주요 기능을 소개하겠습니다. 주요 기능은 3가지 정도인데, 차근차근 한 번씩 읽어 보도록 합니다.

앱의 변경사항을 사용자에게 빠르게 적용할 수 있습니다. 이것은 서비스 측 매개변수 값을 변경하여 앱의 기본 동작과 모양에 변화를 줄 수 있습니다. 예를 들어 앱 업데이트를 게시하지 않고도 앱의 레이아웃 또는 색상 테마를 변경하여 계절별 프로모션을 지원할 수 있습니다.

사용자의 특정 분류로 앱 맞춤 설정할 수 있습니다. 이것은 원격 구성을 사용하면 앱 버전, 파이어베이스용 구글 애널리틱스 잠재고객, 언어 등의 기준으로 사용자층을 나눈 분류에 따라 다양한 사용자 경험을 제공받을 수 있습니다.

A/B 테스트를 실행하여 앱을 개선할 수 있습니다. 원격 구성의 임의 백분위 수 타겟팅 기능과 파이어베이스용 구글 애널리틱스를 함께 사용하여 A/B 테스트를 통해 앱을 개선할 수 있고, 사용자 분류별로 개선사항을 검증한 후 전체 사용자에 적용할 수 있습니다.

12.1.2 파이어베이스 원격 구성의 원리

원격 구성 서버와 앱에서 매개변수 등록하기

파이어베이스 원격 구성의 원리에 대해서 알아볼 텐데요, 먼저 [그림 12-1]을 보겠습니다.

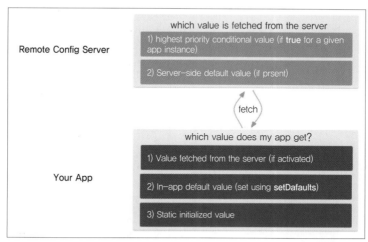

[그림 12-1] 파이어베이스 원격 구성에서 앱에서 사용할 매개변수 값이 결정되는 규칙

파이어베이스 원격 구성에서 앱에서 사용할 매개변수 값이 결정되는 규칙을 그림으로 표현한 것입니다. 파이어베이스 원격 구성에서 매개변수 값이 결정되는 규칙을 이해하려면 서버에 등록되는 매개변수의 값과 조건과 앱에서 Default 값을 설정하는 방법을 알아야 합니다.

먼저 원격 구성 서버(Firebase 콘솔에서 Remote Config)에서 매개변수를 등록하는 과정을 보겠습니다. [그림 12-2]는 원격 구성에서 매개변수가 등록되지 않은 상태에 대한 내용입니다.

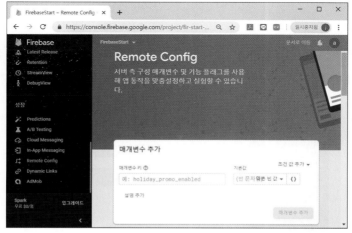

[그림 12-2] 매개변수를 등록한다.

첫 페이지에 진입하면 매개변수를 추가할 수 있도록 제공되고 매개변수 키와 기본값을 입력하고 〈매개변수 추가〉 버튼을 누르면 매개변수 키와 기본값이 설정됩니다. 매개변수 키에 'test', 기본값에 'test'를 입력했습니다.

[그림 12-3] 매개변수 키와 기본값 설정한다.

〈매개변수 추가〉 버튼을 눌러 추가되면 [그림 12-4]와 같이 매개변수가 추가됩니다.

[그림 12-4] 추가된 매개변수

매개변수 우선 순위

여기서 한 가지 작업이 더 필요한데요, 매개변수에 조건을 넣는 것입니다. 매개변수 조건은 [그림 12-5]와 같이 매개변수를 수정하게 되면 우측 상단에 조건을 추가할 수 있는 메뉴가 제공됩니다.

[그림 12-5] 조건값 추가

조건값 추가 메뉴에서 조건을 필요한 항목만큼 생성하도록 합니다. 조건은 기본적으로 앱 버전, OS 유형(Android/iOS), 기기 언어, 국가/지역 등으로 구성할 수 있습니다. [그림 12-6]은 OS 유형에 따라 조건을 추가한 예시입니다.

[그림 12-6] OS 유형에 따라 조건 추가

기본값은 "test"이고, 안드로이드이면 "test1" 값을 사용하고, iOS인 경우 "test2" 값을 사용하게 됩니다. 지금까지 내용은 원격 구성 서버에서 매개변수 초기값과 조건을 넣는 방법에 대해서 알아보았습니다.

앱에서 매개변수 설정하기

다음은 앱에서 매개변수를 설정하는 방법을 아래와 같이 xml 파일에 구성하며, 매개변수는 Key/Value 형태로 되어 있습니다.

```
[remote_config.xml]
<?xml version="1.0" encoding="utf-8"?>
<defaultsMap>
    <entry>
        <key>test</key>
        <value>test</value>
    </entry>
</defaultsMap>
```

원격 구성 서버와 앱에서 매개변수 구성에 대해서 알아보았습니다. 서버와 앱(클라이언트)에서 동일한 Key와 Value가 구성이 되어 있는데, 앞서 그림에도 있었지만 서버에 구성된 매개변수를 앱에서 가져오기 전에는 앱에서 구성된 remote_config.xml 파일의 매개변수를 사용하게 됩니다. 원격 구성 서버에서 매개변수를 가져오면 앱에서 구성된 매개변수 값은 더 이상 사용하지 않으며 원격 서버 구성의 매개변수 값을 사용하게 됩니다.

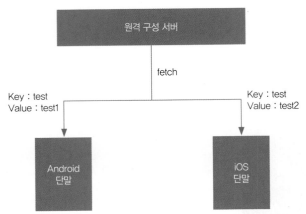

[그림 12-7] 파이어베이스 원격 구성에서 Android/iOS 매개변수

원격 구성 서버와 앱에서 매개 우선 순위를 좀더 자세히 알아보면 다음과 같은 규칙이 있습니다.

- 서버에서 매개변수 값을 가져올 때에는 다음 우선 순위를 따른다.
  1) 원격 구성 서버에 조건값이 true인 조건값을 우선한다.
  2) 만약, 여러 조건값이 있는 경우 화면에 상위에 있는 조건값을 우선한다.
  3) 원격 구성 서버에 조건값이 모두 false인 경우 기본값을 사용한다.
- 앱에서 매개변수 값을 가져올 때에는 다음 우선 순위를 따른다.
  1) 원격 구성 서버에서 값을 가져온 경우 서버의 값을 사용한다.
  2) 원격 구성 서버에서 값을 가져오지 못한 경우 앱의 기본값을 사용한다.
  3) 앱의 기본값이 설정되지 않은 경우 int는 0, boolean은 false값이 사용된다.

지금까지 원격 구성 서버와 앱에서 매개변수를 선언하는 방법과 매개변수 우선 순위에 대해서 알아보았습니다. 이제 실제로 앱에서 동작을 알아보기 위하여 예제를 만들어 보겠습니다.

12.2 실전 예제: 파이어베이스 원격 구성 사용하기

파이어베이스 원격 구성을 필요한 매개변수 선언 및 조건 설정, 그리고 매개변수 우선 순위에 대해서 알아보았는데요, 이러한 내용을 토대로 앱에서 어떻게 사용하면 되는지 예제를 통해서 익혀봅니다.

우리가 만들 예제의 구성 및 동작

파이어베이스 원격 구성 예제는 앱이 시작할 때 사용자에게 TextView를 통해 메시지를 보여주는데, 기기의 언어에 따라 해당 언어에 맞는 내용이 보여주도록 하는 것입니다. 즉, 기기 언어가 한국어이면 한국어로 메시지 내용을, 언어가 일본어이면 일본어로 메시지를 보여주는 것입니다. 또한, 영어로 메시지가 나올 때 원격 구성의 설정 값에 따라 대문자로 표시될 수 있는 예제로 만듭니다.

[그림 12-8]에 예제 앱의 구성 및 동작을 나타냈습니다. 시작하기 전에 먼저 예제 앱 구성과 동작에 대해 머릿속으로 그려봅니다.

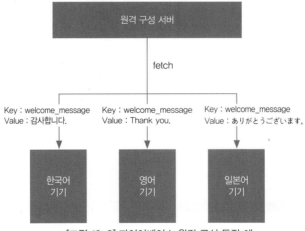

[그림 12-8] 파이어베이스 원격 구성 동작 예

위 그림의 원격 구성 서버에 매개변수를 welcome_message라는 Key에 기기 언어별로 Value에 값을 조건에 맞게 구성합니다. 그리고 기기에 설치된 예제 앱에서 원격 구성 서버의 매개변수를 기기에 설정된 언어별로 가져와 화면에 보여주는 형태로 동작을 합니다.

12.2.1 프로젝트 구성 및 SDK 임포트하기

파이어베이스 콘솔에서 가장 먼저 프로젝트를 만들고, google-servies.json 파일을 다운로드합니다. 그리고 Android Studio에서 파이어베이스 원격 구성을 적용할 프로젝트를 만듭니다. 우리는 이미 Android Studio의 FirebaseStart 프로젝트를 사용하고 있기 때문에 FirebaseStart 프로젝트를 [그림 12-9]와 같이 구성합니다.

[그림 12-9] FirebaseStart 프로젝트에서 파이어베이스 원격 구성

Android Studio에서 remoteconfig 패키지를 추가하고 그림과 같이 RemoteConfigActivity.java 파일과 activity_remoteconfig.xml 파일을 생성합니다.

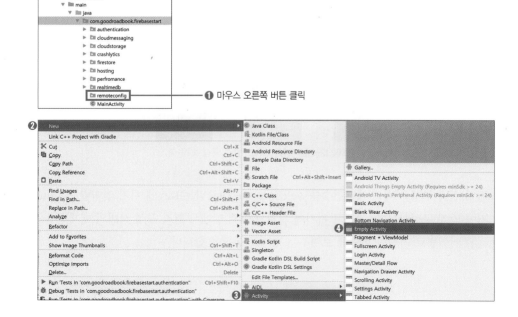

[그림 12-10] 안드로이드 스튜디오에서 액티비티를 추가한다.

Firebase Remote Config를 사용하기 위해서는 앱 수준의 build.gradle 파일에서 관련한 SDK를 임포트해야 합니다. [코드 12-1]처럼 Firebase Remote Config를 사용할 수 있도록 추가합니다.

[코드 12-1] 파이어베이스 원격 구성 SDK 임포트하기

[앱 수준의 build.gradle]   [예제 파일 : 앱 수준의 build.gradle]

```
apply plugin: 'com.android.application'
apply plugin: 'io.fabric'

...
...

dependencies {
    implementation fileTree(dir: 'libs', include: ['*.jar'])
    implementation 'androidx.appcompat:appcompat:1.0.2'
    implementation 'androidx.constraintlayout:constraintlayout:1.1.3'
    implementation 'androidx.legacy:legacy-support-v4:1.0.0'
...
..

    // Firebase Remote Config
    implementation 'com.google.firebase:firebase-config:18.0.0'


...
...
}

apply plugin: 'com.google.gms.google-services'
```

12.2.2 원격 구성 서버에 매개변수 추가하기

앱에서 파이어베이스 원격 구성을 사용할 준비는 되었습니다. 다음은 파이어베이스 원격 구성 서버에서 매개변수들을 조건에 맞게 추가해보겠습니다.

1. **매개변수 값 추가하기**
   - Key : welcome_message
   - Value : Thank you.

[그림 12-11] 매개변수 추가하기

2. **조건값 추가하기(기기 언어별)**: 적용 조건에서 기기 언어를 선택합니다.

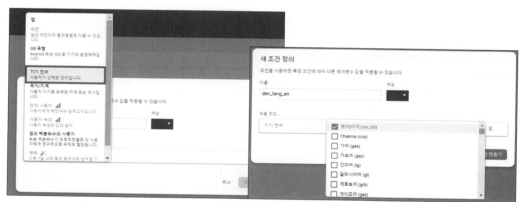

[그림 12-12] 기기 언어 선택 [그림 12-13] 조건에 이름과 언어 선택

[그림 12-14] 영어와 같이 조건에 한국어, 일본어 추가

3. 조건별로 값 지정하기: 영어, 일본어 한국어 조건별로 값을 지정합니다.

[그림 12-15] 영어, 일본어 한국어 조건별로 값 지정

4. 변경 사항 게시하기: 원격 구성 서버에 등록된 내용이 반영될 수 있도록 게시합니다.

[그림 12-16] 변경 사항 게시

12.2.3 안드로이드 프로젝트에서 매개변수 구성하기

파이어베이스 원격 구성에서 매개변수 구성에 대해서 알아보았습니다. 다음은 예제 앱에서 매개변수 구성에 대해서 설명하겠습니다. Android Studio 프로젝트에서 매개변수는 xml 파일로 만들어진다고 앞에서 언급했습니다. [그림 12-17]과 같이 res/xml 폴더에 remote_config_defaults.xml 파일로 되어 있으며 원격 구성 서버에서 매개변수를 가져오기 전까지 사용됩니다.

[그림 12-17] 안드로이드 프로젝트의 파이어베이스 원격 구성 매개변수를 구성한다.

remote_config_defaults.xml 파일은 아래와 같은 내용으로 구성됩니다.

[remote_config_defaults.xml]　　　　　　　　　[예제 파일 : res/xml/remote_config_defaults.xml]

```xml
<?xml version="1.0" encoding="utf-8"?>
<defaultsMap>
    <entry>
        <key>welcome_message_caps</key>
        <value>false</value>
    </entry>
    <entry>
        <key>welcome_message</key>
        <value>Thank you.</value>
    </entry>
</defaultsMap>
```

원격 구성 서버와 앱에서 선언된 매개변수는 앱에서 원격 구성 서버에서 매개변수를 가지고 온 경우와, 가지고 오지 못한 경우에 따라 매개변수의 값은 달라집니다. 즉, 매개변수 우선 순위 규칙을 앞에서 보았는데 실제로 예제에서 우선순위 규칙에 맞게 동작하는지 [코드 12-2]처럼 코드를 추가합니다.

[코드 12-2] 파이어베이스 원격 구성 버튼 추가하기

[activity_main.xml]　　　　　　　　　　　　　[예제 파일 : res/layout/activity_main.xml]

```xml
<?xml version="1.0" encoding="utf-8"?>
<androidx.constraintlayout.widget.ConstraintLayout
    xmlns:android="http://schemas.android.com/apk/res/android"
    xmlns:app="http://schemas.android.com/apk/res-auto"
    xmlns:tools="http://schemas.android.com/tools"
    android:layout_width="match_parent"
    android:layout_height="match_parent"
    tools:context=".MainActivity">

...
...
    <Button
        android:id="@+id/firebasecloudmessagingbtn"
        android:layout_width="wrap_content"
        android:layout_height="wrap_content"
        android:text="Firebase Cloud Messaging"
        app:layout_constraintTop_toBottomOf="@+id/firebaseperformancebtn"
        app:layout_constraintBottom_toTopOf="@+id/firebaseremoteconfigbtn"
        app:layout_constraintLeft_toLeftOf="parent"
        app:layout_constraintRight_toRightOf="parent" />
```

```xml
<Button
    android:id="@+id/firebaseremoteconfigbtn"
    android:layout_width="wrap_content"
    android:layout_height="wrap_content"
    android:text="Firebase Remote Config"
    app:layout_constraintTop_toBottomOf="@+id/firebasecloudmessagingbtn"
    app:layout_constraintBottom_toBottomOf="parent"
    app:layout_constraintLeft_toLeftOf="parent"
    app:layout_constraintRight_toRightOf="parent" />

</androidx.constraintlayout.widget.ConstraintLayout>
```

[MainActivity.java]	[예제 파일 : java/com/goodroadbook/firebasestart/MainActivity.java]

```java
package com.goodroadbook.firebasestart;

...
...

import com.goodroadbook.firebasestart.remoteconfig.RemoteConfigActivity;

public class MainActivity extends AppCompatActivity implements View.OnClickListener
{
    @Override
    protected void onCreate(Bundle savedInstanceState)
    {
        super.onCreate(savedInstanceState);
        setContentView(R.layout.activity_main);
...
...

        Button firebaseremoteconfigbtn =
(Button)findViewById(R.id.firebaseremoteconfigbtn);
        firebaseremoteconfigbtn.setOnClickListener(this);
    }

    @Override
    public void onClick(View view)
    {
        Intent i = null;
        switch (view.getId())
        {
...
...
```

```
        case R.id.firebaseremoteconfigbtn:
            i = new Intent(this, RemoteConfigActivity.class);
            startActivity(i);
            break;
        default:
            break;
    }
  }
}
```

[activity_remote_config.xml]	[예제 파일 : res/layout/activity_remote_config.xml]

```xml
<?xml version="1.0" encoding="utf-8"?>
<androidx.constraintlayout.widget.ConstraintLayout xmlns:android=
 "http://schemas.android.com/apk/res/android"
    xmlns:app="http://schemas.android.com/apk/res-auto"
    xmlns:tools="http://schemas.android.com/tools"
    android:layout_width="match_parent"
    android:layout_height="match_parent"
    tools:context=".remoteconfig.RemoteConfigActivity">

    <TextView
        android:id="@+id/welcomtextview"
        android:layout_width="wrap_content"
        android:layout_height="wrap_content"
        android:text="Hello World!"
        app:layout_constraintBottom_toBottomOf="parent"
        app:layout_constraintLeft_toLeftOf="parent"
        app:layout_constraintRight_toRightOf="parent"
        app:layout_constraintTop_toTopOf="parent" />

    <Button
        android:id="@+id/fetchbutton"
        android:layout_width="wrap_content"
        android:layout_height="wrap_content"
        android:text="fetch"
        app:layout_constraintBottom_toBottomOf="parent"
        app:layout_constraintLeft_toLeftOf="parent"
        app:layout_constraintRight_toRightOf="parent"
        android:layout_marginBottom="20dp"
        />

</androidx.constraintlayout.widget.ConstraintLayout>
```

[RemoteConfigActivity.java]
[예제 파일 : java/com/goodroadbook/firebasestart/remoteconfig/RemoteConfigActivity.java]

```java
package com.goodroadbook.firebasestart.remoteconfig;

import androidx.annotation.NonNull;
import androidx.appcompat.app.AppCompatActivity;

import android.os.Bundle;
import android.view.View;
import android.widget.Button;
import android.widget.TextView;
import android.widget.Toast;

import com.goodroadbook.firebasestart.BuildConfig;
import com.goodroadbook.firebasestart.R;
import com.google.android.gms.tasks.OnCompleteListener;
import com.google.android.gms.tasks.Task;
import com.google.firebase.remoteconfig.FirebaseRemoteConfig;
import com.google.firebase.remoteconfig.FirebaseRemoteConfigSettings;

public class RemoteConfigActivity extends AppCompatActivity implements
View.OnClickListener
{
    // 원격 구성 키, 환영의 메시지를 변경
    private static final String WELCOME_MESSAGE_KEY = "welcome_message";

    // 환영의 메시지를 대문자로 표시 (Default = false)
    private static final String WELCOME_MESSAGE_CAPS_KEY = "welcome_message_caps";

    private FirebaseRemoteConfig mFirebaseRemoteConfig;
    private TextView mWelComeTextView;

    @Override
    protected void onCreate(Bundle savedInstanceState)
    {
        super.onCreate(savedInstanceState);
        setContentView(R.layout.activity_remote_config);

        mWelComeTextView = (TextView)findViewById(R.id.welcomtextview);
        Button fetchbtn = (Button)findViewById(R.id.fetchbutton);
        fetchbtn.setOnClickListener(this);

        mFirebaseRemoteConfig = FirebaseRemoteConfig.getInstance();
        FirebaseRemoteConfigSettings configSettings =
new FirebaseRemoteConfigSettings.Builder()
```

```java
                .setDeveloperModeEnabled(BuildConfig.DEBUG)
                .build();
        mFirebaseRemoteConfig.setConfigSettings(configSettings);

        mFirebaseRemoteConfig.setDefaults(R.xml.remote_config_defaults);

        fetchWelcome();
    }

    @Override
    public void onClick(View view)
    {
        switch (view.getId())
        {
            case R.id.fetchbutton:
                fetchWelcome();
                break;
            default:
                break;
        }
    }

    private void fetchWelcome()
    {
        long cacheExpiration = 3600; // 1 hour in seconds.

        if (mFirebaseRemoteConfig.getInfo().getConfigSettings().
isDeveloperModeEnabled())
        {
            cacheExpiration = 0;
        }

        mFirebaseRemoteConfig.fetch(cacheExpiration)
                .addOnCompleteListener(this, new OnCompleteListener<Void>()
                {
                    @Override
                    public void onComplete(@NonNull Task<Void> task)
                    {
                        if (task.isSuccessful())
                        {
```

```
                      Toast.makeText(RemoteConfigActivity.this, "Fetch Succeeded",
                              Toast.LENGTH_SHORT).show();
                      mFirebaseRemoteConfig.activateFetched();
                  }
                  else
                  {
                      Toast.makeText(RemoteConfigActivity.this, "Fetch Failed",
                              Toast.LENGTH_SHORT).show();
                  }
                  displayWelcomeMessage();
              }
          });
      }


      private void displayWelcomeMessage()
      {
          String welcomeMessage = mFirebaseRemoteConfig.getString(WELCOME_MESSAGE_KEY);

          if (mFirebaseRemoteConfig.getBoolean(WELCOME_MESSAGE_CAPS_KEY))
          {
              mWelComeTextView.setAllCaps(true);
          }
          else
          {
              mWelComeTextView.setAllCaps(false);
          }

          mWelComeTextView.setText(welcomeMessage);
      }
  }
```

FirebaseStart 프로젝트를 기기에 설치하면 [그림 12−18]과 같이 동작함을 알 수 있습니다.
TextView와 Button은 그림처럼 화면을 구성하면 됩니다.

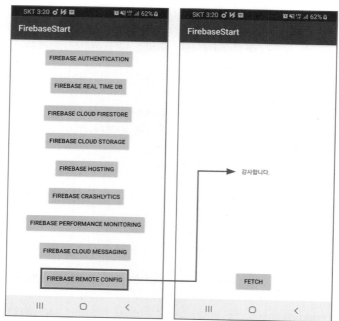

[그림 12-18] FirebaseStart 프로젝트에서 파이어베이스 원격 구성 버튼과 화면 동작

RemoteConfigActivity 클래스의 onCreate()에서는 FirebaseRemoteConfig 클래스의 getInstance() 메소드를 사용하여 싱글톤 원격 구성 개체를 가져옵니다. 그리고 싱글톤 원격 구성 개체를 사용하여 가장 먼저 앱 매개변수 기본값을 저장합니다. 앱 매개변수 기본값 저장은 FirebaseRemote ConfigSettings 클래스를 만들어 FirebaseRemoteConfig 클래스의 setConfigSettings()로 전달하면 됩니다.

앱에서 매개변수 기본값 설정 후에는 원격 구성 서버로부터 매개변수 값을 가져오는데 사용되는 클래스와 함수는 FirebaseRemoteConfig 클래스의 fetch()입니다. 원격 구성 서버의 매개변수를 fetch()로 가져오면 앱에서는 가져온 매개변수를 activateFetched()를 통해 활성화합니다. 그리고 매개변수 값을 데이터 유형별로 가져올 수 있는데, 사용되는 데이터 유형 API는 [표 12-1]과 같습니다.

[표 12-1] 원격 구성 서버에서 가져와 사용되는 데이터 유형 API

데이터 유형	API
boolean	getBoolean()
byte[]	getByteArray()
double	getDouble()
long	getLong()
String	getString()

기기의 언어를 변경하고 진입하면 TextView에는 기기의 언어별로 원격 구성 서버에 설정된 값들이 표시됩니다. 만약 예제 앱 설치 후 실행할 때 원격 구성 서버로부터 매개변수 값을 가져오지 못한다면 앱에서 설정된 매개변수 기본값을 가져와 사용하게 됩니다.

우리가 만든 예제 앱을 설치 후 처음 실행할 때에는 [그림 12-19]의 첫 번째와 같이 앱 안에 선언된 매개변수 값을 표시합니다. 두 번째 그림은 원격 구성 서버서부터 매개변수 값을 가져와 보여주었을 때의 화면입니다. 기기의 환경설정에서 언어를 일본어로 변경하면 세 번째 그림과 같이 원격 구성 서버로부터 일본어 메시지를 가져와 화면에 보여주게 됩니다. 그림과 같이 동작하는지 여러분도 원격 구성 서버(Firebase 콘솔 Remote Config)와 예제 앱을 만들어 보도록 합니다.

[그림 12-19] 파이어베이스 원격 구성에서 언어별로 값 표시하기

영문 메시지를 대문자로 바꿔 표시하는 매개변수 설정

메시지 내용뿐만 아니라 영문 메시지를 대문자로 변환하여 표시할 수 있는 매개변수(welcome_message_caps) 값을 원격 구성을 통해 변경할 수 있습니다. 원격 구성 서버에서 welcome_message_caps 값을 다음과 같이 추가합니다.

[그림 12-20] 파이어베이스 원격 구성에서 기본값을 가지는 매개변수를 추가한다.

매개변수 welcome_message_caps의 값은 기본값 또는 false이면 "Thank you."로, true일 때는 "THANK YOU."로 표시됩니다. 앱의 기본값은 앞서 remote_config_defaults.xml 파일에 선언된 것과 같이 false입니다. 마찬가지로 앱 설치 후 처음 실행할 때는 앱의 기본값 false로 사용하다가 원격 구성 서버의 값을 가져온 시점부터는 true로 사용하게 됩니다. welcome_message_caps 값이 true로 사용되면 [그림 12-21]과 같이 영어 메시지가 모두 대문자로 표기됩니다.

[그림 12-21] 파이어베이스 원격 구성을 통해 소문자를 모두 대문자로 표시한다.

파이어베이스 원격 구성에는 캐싱 기능을 제공합니다. 앱에서 원격 구성 값을 가져오면 캐시에 저장하고, 기본적으로 12시간 동안은 캐시에 저장된 값이 유지되고 이후 만료됩니다. 앱에서 캐시 만료 시간 설정을 통해 만료 시간을 변경할 수 있도록 API가 제공됩니다. 앱에서 요청이 자주 일어나면 Remote Config에서는 1시간 5번으로 제한하고 있으며, 이 같은 경우 캐싱된 값을 사용하도록 하고 있습니다. 개발할 때는 자주 변경하여 테스트가 필요하기 때문에 isDeveloperModeEnabled가 true이면 캐시 시간을 0으로 지정하여 바로 변경 값을 확인하도록 할 수 있습니다.

지금까지 파이어베이스 원격 구성에 대해서 알아보았는데요, 실제 서비스에 적용한다면 변경될 수 있는 항목들에 대해 앱 업데이트를 하지 않고 적용할 수 있는 장점이 매우 크리라 봅니다.

12.3 파이어베이스 원격 구성의 조건

파이어베이스 원격 구성에서는 다양한 조건을 통해 앱이 동작할 수 있도록 제공됩니다. 특히 앱 버전, 기기 언어, OS 형태, 국가/지역, 날짜/시간 등과 같은 조건을 파이어베이스 원격 구성에서 매개 변수 조건으로 구성할 수 있으며, 앱에서는 각각의 조건에 맞는 값에 따라 앱의 동작이 결정됩니다. [그림 12-22]는 파이어베이스 원격 구성의 조건에서 등록된 내용을 표시하고 있습니다.

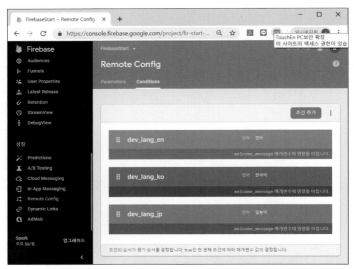

[그림 12-22] 파이어베이스 원격 구성의 조건에 등록된 내용

위 그림과 같이 등록된 조건들은 기기 언어에 따라 원격 구성 값을 달리 할 수 있도록 등록되어 있습니다. 기기 언어와 제품 버전에 따라 다르게 표시될 수 있도록 조건값을 추가해보겠습니다.

다음 조건은 com.goodroadbook.firebasestart 패키지명이고 버전이 1.1, 기기 언어가 한국어(ko)인 경우에 해당 값을 사용할 수 있도록 조건을 추가한 것입니다. 〈조건 만들기〉 버튼을 누르면 [그림 12-23]과 같이 구성됩니다.

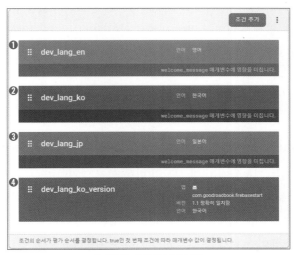

[그림 12-23] 〈조건 만들기〉 버튼을 누르면 표시되는 화면

[그림 12-24]와 같이 조건이 생성됩니다. 그런데 여기서 한 가지 주의할 내용이 있습니다.

하단에 "조건의 순서가 평가 순서를 결정합니다. true인 첫 번째 조건에 따라 매개변수 값이 결정됩니다."라는 내용이 있습니다. 이 말은 조건의 순서에 따라 실제 원격 구성을 사용하는 앱에서 값이 다르게 전달 받을 수 있다는 뜻입니다. 추가된 조건이 가장 하단에 있는데 이때 ❶, ❷, ❸ 조건에 해당되지 않았다면 추가된 조건 ❹에 해당되는 값을 앱에서 원격 구성을 통해 전달 받을 수 있습니다. 현재 다음과 같은 조건의 구성이면 dev_lang_ko에 조건으로 dev_lang_ko_version 조건은 사용될 수 없습니다.

[그림 12-24] 생성된 조건

이런 경우 조건을 위치를 [그림 12-25]와 같이 조정하면 됩니다. 조정하는 방법은 마우스로 이동할 조건을 클릭하여 드래그하여 위치를 이동하면 됩니다. [그림 12-25]는 dev_lang_ko_version 조건의 위치를 기존 ❹번에서 ❶번으로 이동시킨 화면입니다.

[그림 12-25] 조건 위치를 조정한다.

위와 같은 구성이면 기기의 언어가 한국어이고 제품 버전이 1.1인 경우 ❶번 조건으로 앱에서 값을 받을 수 있고, 한국어이고 제품 버전이 1.1이 아닌 경우 ❸번 조건의 값을 받아서 동작하게 됩니다. 지금까지 파이어베이스 원격 구성의 조건에 대해서 알아보았습니다. 다양한 조건 등록을 통해 앱에서 다양한 형태의 동작을 구성을 할 수 있는 것과 조건을 등록할 때 순서에 따라 우선 순위가 달라짐을 알게 되었습니다.

정리하며

파이어베이스 원격 구성은 배포된 앱에 별도의 업데이트 없이 특정 값을 변경할 수 있도록 제공되고, 특히 신규로 출시되는 기능들에 대해 시장의 반응 좋지 않거나 또는 안정성에 이슈가 있을 때 원격 구성으로 해당 기능이 ON/OFF 설정이 되어 있는 경우 별도의 업데이트 버전 제공없이 대응이 가능하도록 도와주는 서비스 입니다. 또한, 다양한 조건을 등록함으로써 앱에서 다양한 동작을 할 수 있습니다. 파이어베이스 원격 구성은 캐싱 기능을 제공하고 있고 조건 등록 시 다양한 조건 값을 지정할 수 있도록 제공합니다. 조건의 순서에 따라 앱에서 값을 달리 받을 수 있기 때문에 조건 등록 배치에 대해서도 알아보았습니다.

연습문제 | 퀴즈를 풀어보며 개념을 복습합니다.

문제에 대한 답은 백견불여일타 카페에서 확인할 수 있습니다. cafe.naver.com/codefirst

1   파이어베이스 원격 구성 앱에서 어떠한 서비스를 제공하고 사용할 경우 어떠한 이점이 있는
지 설명해보세요.

2   파이어베이스 원격 구성을 사용하기 위한 절차에 대해서 간단히 적어보세요.

3   파이어베이스 원격 구성은 다양한 조건값을 등록하여 앱의 동작을 다양화할 수 있습니다.
조건값에 대해서 설명하세요.

4   파이어베이스 원격 구성에는 캐싱 기능이 있습니다. 캐싱 기능에 대해서 적어보세요.

5   파이어베이스 원격 구성에는 우선순위에 따라 매개변수를 가져올 수 있습니다. 서버의 우선
순위와 앱에서의 우선순위에 대해서 각각 기술해보세요.

실습문제 | 실습은 지식을 내것으로 만드는
최고의 방법입니다.

문제에 대한 답은 백견불여일타 카페에서 확인할 수 있습니다. cafe.naver.com/codefirst

파이어베이스 원격 구성의 조건에서 다양한 항목으로 조건을 생성할 수 있습니다. 다음 조건으로
등록을 하고 실제 앱에서 해당 조건에 따라 동작할 수 있도록 구성해봅니다.

1. Firebase Remote Config의 조건을 다음과 같이 등록하도록 합니다.

   1) 조건명 : dev_lang_en_version

   - 앱 : com.goodroadbook.firebasestart
   - 버전 : 정확히 일치, 1.2
   - 기기 언어 : 한국어 (en)

실습문제 | 실습은 지식을 내것으로 만드는
최고의 방법입니다.

2. FirebaseStart 앱에서 파이어베이스 원격 구성을 수신 받을 때 제품 버전 1.2로 하고 기기 언어가
영어일 때 "Thank you. Thank you."가 표시될 수 있도록 구성해봅니다. 파이어베이스 원격 구
성 후에는 반드시 [변경사항 게시] 버튼을 눌러 수정된 내용이 반영될 수 있도록 해줍니다.

3. 파이어베이스 원격 구성이 끝나면 FirebaseStart 프로젝트에서 앱 버전을 1.2로 지정하고 단말 기기 언어를 영어로 변경 후 앱을 실행시키도록 합니다.

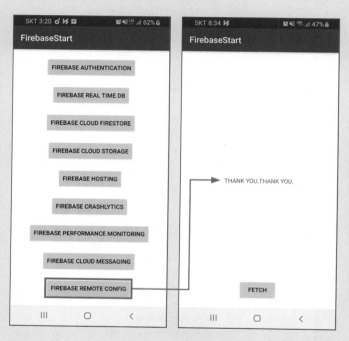

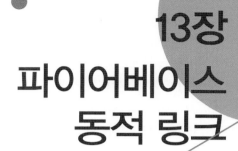

13장
파이어베이스
동적 링크

이 장을 시작하기 전에

❶ 파이어베이스 동적 링크는 앱 설치 여부에 관계없이 여러 플랫폼에서 원하는 대로 작동하는 링크입니다. 앱이 설치되지 않았을 때에는 앱이 설치할 수 있도록 플레이스토어나 애플 스토어로 연결시켜 주고. 데스크톱의 브라우저에서는 웹사이트의 해당 콘텐츠로 안내할 수 있는 페이지를 제공합니다.

❷ 이 장에서는 파이어베이스 동적 링크의 기능들과 생성하는 방법에 대해서 알아보고 예제를 통해 직접 동적 링크를 만들어 보겠습니다.

13.1 딥 링크

파이어베이스 동적 링크Firebase Dynamic Links를 알려면 먼저 딥 링크Deep Links에 대해서 알아야 합니다. 딥 링크는 모바일에서 특정 기능 또는 특정 화면에 도달할 수 있는 링크 정보를 말합니다. 예를 들어 설명해 볼까요?

http://test.com, https://test1.com, myapp://test2.com 링크 정보가 있고 test app은 A 화면, B 화면, C 화면으로 구성된다고 가정할게요. 보통 Test app을 실행하면 항상 A 화면을 실행되지만 링크 정보를 통해 B 화면, C 화면으로 바로 보여줄 수 있습니다. [그림 13-1]을 보면 좀더 이해하기 쉽습니다.

[그림 13-1]은 앱이 실행하여 A 화면, B 화면, C 화면이 실행되는 흐름에 대한 내용입니다. 앱 실행으로 C 화면을 보기 위해서는 반드시 A 화면, B 화면을 통해서만 볼 수 있습니다.

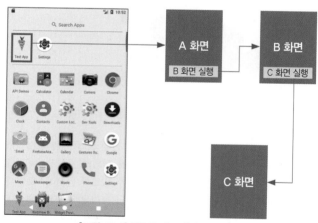

[그림 13-1] 안드로이드 액티비티 동작

[그림 13-2]는 앱 실행 뿐만 아니라 설정된 딥 링크를 통해 B화면과 C화면으로 바로 접근이 가능함을 알 수 있습니다.

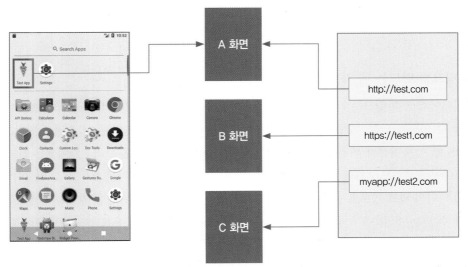

[그림 13-2] 안드로이드 딥 링크 동작

Test App에서 딥 링크를 http://test.com→A 화면, https://test1.com→B 화면, myapp://test2. com→C 화면으로 설정하여 사용자가 해당 링크를 클릭하면 각각에 맵핑되어 있는 화면으로 바로 이동할 수 있도록 했습니다.

이러한 딥 링크 설정으로 불필요한 화면, 복잡한 절차를 줄여 사용자가 쉽게 앱에 접근하도록 유도할 수 있는 장점이 있습니다. 그러나 '앱이 반드시 설치되어 있어야'만 동작을 한다는 점이 딥 링크의 최대 단점입니다. 앱이 설치되어 있지 않은 경우 대체 페이지를 제공해 줄 수 없는 문제점이 있습니다.

이러한 딥 링크의 문제점을 보완하기 위해 파이어베이스 동적 링크가 탄생했습니다. 어떠한 점이 딥 링크를 보완하게 되어 있는지 파이어베이스 동적 링크에 대해서 자세히 알아봅니다.

13.2 파이어베이스 콘솔에서 동적 링크 만들기

동적 링크를 만드는 네 가지 방법

파이어베이스 동적 링크는 하나의 링크 정보를 이용하여 앱 설치 여부와 상관 없이 플랫폼에 따라 동작할 수 있도록 만들어졌습니다. 예를 들어, http://dynamic.links 라는 링크 정보를 안드로이드, iOS 앱 설치 유무에 따라 적절히 동작을 정의할 수 있고, 데스크톱 브라우저에서는 앱 정보를 제공하여 안드로이드/iOS에서 사용할 수 있도록 유도할 수 있는 페이지를 보여줄 수 있습니다.

어떻게 하나의 링크 정보로 플랫폼 별로 분기가 가능하고, 앱이 설치되지 않은 상태에서도 적절히 동작할 수 있는 것일까요? 파이어베이스 콘솔의 Dynamic Links에서 동적 링크를 만들어 보면 이해가 좀 쉽습니다.

동적 링크를 만드는 방법에는 크게 4가지로 구분할 수 있습니다.

❶ 파이어베이스 콘솔에서 동적 링크 만들기
❷ iOS 및 안드로이드의 Dynamic Link Builder API 사용하여 만들기
❸ REST API를 사용하여 만들기
❹ 직접 만들기

위 네 가지 중에 파이어베이스 콘솔에서 만드는 방법과 안드로이드의 Dynamic Link Builder API 를 사용하여 만드는 방법에 대해서 알아보려고 합니다. 이 절에서는 먼저 파이어베이스 콘솔에서 동적 링크를 만드는 방법에 대해서 살펴봅니다.

13.2.1 파이어베이스에서 프로젝트 생성 및 도메인 추가하기

[그림 13-3]과 같이 파이어베이스에서 프로젝트를 만들고 [Dynamic Links] 항목을 클릭합니다. Dynamic Links에서 〈시작하기〉 버튼을 누릅니다.

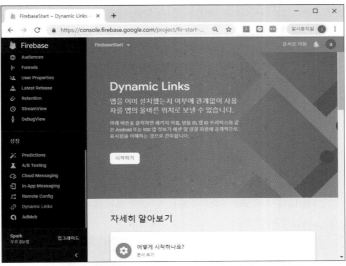

[그림 13-3] 파이어베이스에서 동적 링크 생성하기 메뉴로 이동한다.

[그림 13-4]와 같이 도메인 추가 화면을 통해 링크를 만들 수 있습니다. 아래 추천 정보를 통해 빈 칸에 만들고 싶은 링크를 추가하면 되겠습니다. 필자는 "firebase.page.link"으로 하위 도메인을 추가했고, [그림 13-5]와 같이 소문자, 숫자 이외에 문자가 들어가면 오류 내용이 표시됩니다.

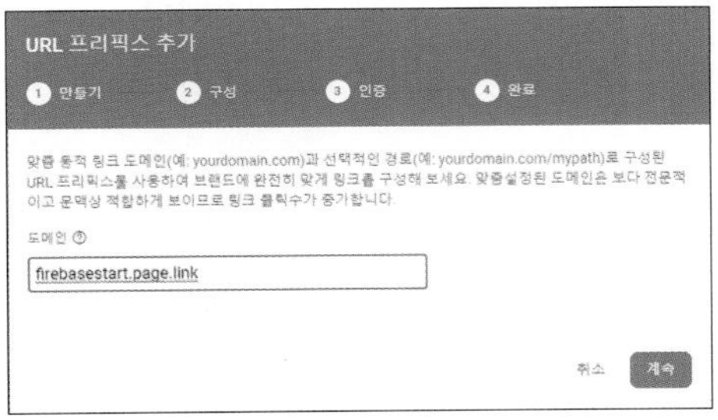

[그림 13-4] 만들고 싶은 링크를 도메인 란에 추가한다.

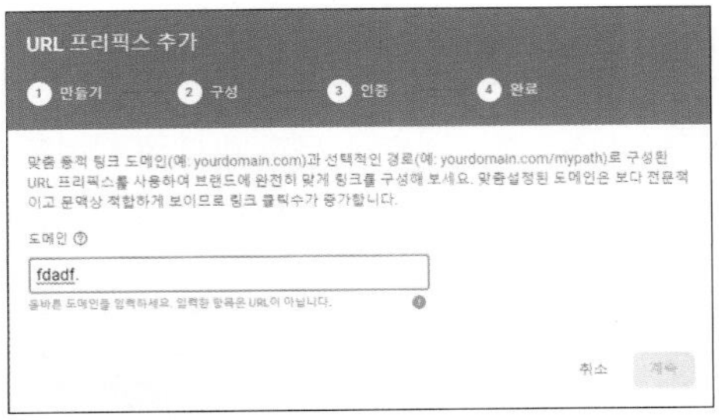

[그림 13-5] 소문자 이외의 문자가 들어가면 오류가 발생한다.

그리고 이미 생성된 도메인을 입력했을 때는 [그림 13-6]과 같은 오류 메시지가 뜹니다. 도메인을 추가했으면 〈계속〉 버튼을 눌러 도메인 추가가 완료됨을 [그림 13-7]처럼 알 수 있습니다.

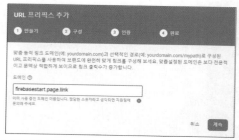

[그림 13-6] 사용 중인 도메인 이름을 기재하면 오류 메시지가 표시된다.

[그림 13-7] 도메인 추가가 완료된 화면

도메인 추가는 프로젝트별로 최대 5개까지 생성할 수 있습니다. 그리고 파이어베이스 콘솔에서 생성된 도메인을 삭제하는 방법은 없으니, 도메인을 정할 때 감안하여 만들도록 합니다.

[그림 13-8] 파이어베이스 콘솔에서 도메인 리스트를 확인한다.

13.2.2 추가된 도메인 중 동적 링크 생성하기

도메인이 추가가 완료되었으면 다음은 본격적으로 동적 링크를 생성해봅니다. 추가된 도메인 중에 동적 링크를 만들 도메인을 선택하고 화면 오른쪽 상단의 〈새 동적 링크〉 버튼을 누릅니다.

[그림 13-9] 새 동적 링크를 생성한다.

동적 링크는 다음 단계의 과정으로 진행됩니다.

❶ 단축 URL 링크 설정
❷ 동적 링크 설정
❸ iOS용 링크 동작 정의
❹ Android용 링크 동작 정의
❺ 캠페인 추적, 소셜 태그, 고급 옵션(선택 사항)

동적 링크 생성 과정 중 ❶ **단축 URL 링크 설정**은 아래 그림과 같이 도메인을 제외한 하위 링크 정보는 랜덤 값을 제공하는데 수정할 수 있습니다. ❶ **단축 URL 링크 설정**이 완료되었으면 ❷ **동적 링크 설정**으로 넘어갑니다.

[그림 13-10] 단축 URL 링크를 설정한다.

동적 링크 설정은 "딥 링크 URL"과 "동적 링크 이름"을 설정합니다. ❷ **동적 링크 설정**은 앱 설치 여부 관계없이 동작하는 딥 링크이며, 데스크톱에서는 딥 링크 URL로 이동하게 됩니다.

[그림 13-11] 동적 링크를 설정한다.

❸ iOS용 링크 동작 정의는 iOS 앱이 있는 경우에 설정하는 것으로 iOS 앱이 없으면 브라우저에서 딥 링크 URL 열기로 선택하면 됩니다. 즉, iOS에서 동적 링크를 사용자가 클릭하면 iOS 브라우저를 통해 딥 링크 페이지가 열립니다.

[그림 13-12] iOS용 링크 동작을 정의한다.

❹ Android용 링크 동작 정의는 사전에 파이어베이스 콘솔에서 Android 앱이 등록한 상태라면 [그림 13-13]처럼 앱 설치 유무에 따라 동작을 설정할 수 있고 또한 버전에 따라 동작을 달리 할 수 있습니다.

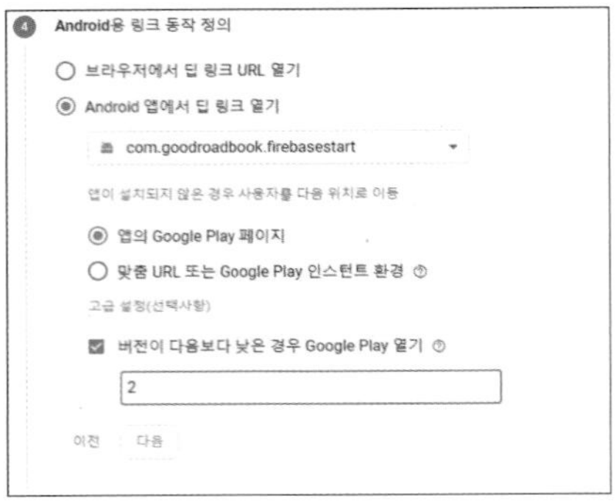

[그림 13-13] 안드로이드용 링크 동작을 정의한다.

안드로이드용 링크 동작 정의에서 앱을 선택하고, 앱이 설치되지 않은 경우 구글 플레이스토어로 이동하여 앱을 설치할 수 있도록 제공할 수 있습니다. 구글 플레이로 이동하지 않고 "맞춤 URL 또는 인스턴트 앱"을 선택할 경우 아래와 같이 추가 URL을 설정할 수 있습니다.

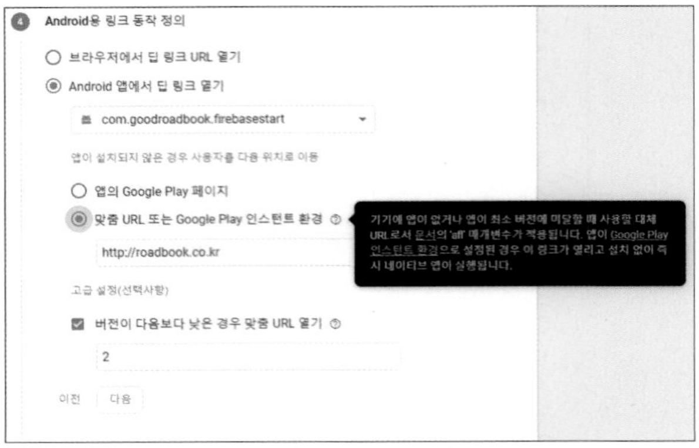

[그림 13-14] 안드로이드용 링크 동작을 정의한다.

안드로이드용 동작 링크 정의의 고급 설정에서 버전을 통해 지정된 버전보다 낮으면 구글 플레이 스토어를 통해 앱이 설치될 수 있도록 제공됩니다. 즉, 딥 링크를 여는데 필요한 최소 버전을 지정하는 것으로 이해하면 되겠습니다.

[그림 13-15] 안드로이드용 링크 동작 정의 고급 설정

마지막으로 선택사항인 ❺ **캠페인 추적, 소셜 태그, 고급 옵션** 설정이 있습니다. 공유 개선을 위한 소셜 메타 태그 추가 및 UTM 매개변수로 캠페인 추적 기능이 있는데 필요한 항목을 설정하여 사용하면 되겠습니다. ❺번 항목까지 설정을 완료했으면, 〈만들기〉 버튼을 누릅니다.

[그림 13-16] 선택사항

바로 동적 링크가 만들어져 [그림 13-17]처럼 화면에 표시됩니다.

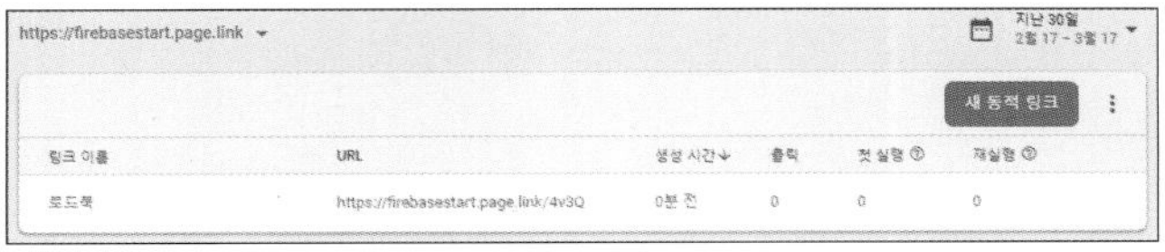

[그림 13-17] 동적 링크를 생성한다.

이렇게 만들어진 동적 링크는 [그림 13-18]을 통해 보면 아주 쉽게 이해가 될 텐데요. 하나의 링크로 플랫폼 및 앱 설치 유무에 따라 동작이 달리 할 수 있음을 알 수 있습니다.

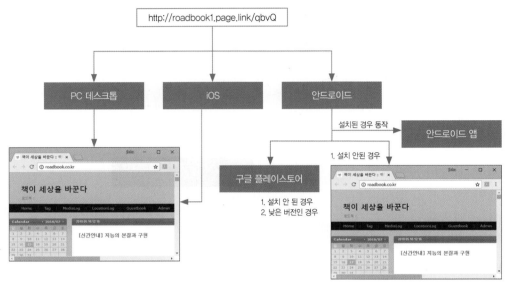

[그림 13-18] 동적 링크 생성 구성도

위 그림을 통해 앞서 딥 링크가 가지고 있는 단점들이 해결됨을 알 수 있을 겁니다. 지금까지 파이어베이스 콘솔에서 동적 링크를 만들고 설정하는 방법에 대해서 알아보았는데요. 다음 절에서는 안드로이드에서 Dynamic Links Builder API를 사용하여 동적 링크를 만드는 방법에 대해서 살펴봅니다.

13.3 안드로이드에서 동적 링크 만들기

13.3.1 Firebase Dynamic Links SDK 설정하기

안드로이드의 Dynamic Links Builder API를 사용하는 방법에 대해서 알아봅니다. 짧거나 긴 동적 링크를 생성할 수 있으며, 가장 먼저 앱 수준의 build.gradle 파일에 Firebase Dynamic Links SDK를 설정합니다.

[코드 13-1] 파이어베이스 동적 링크 사용 설정하기

[앱 수준의 build.gradle] [예제 파일 : 앱 수준의 build.gradle]

```
apply plugin: 'com.android.application'
apply plugin: 'io.fabric'

...
...

dependencies {
    implementation fileTree(dir: 'libs', include: ['*.jar'])
    implementation 'androidx.appcompat:appcompat:1.0.2'
    implementation 'androidx.constraintlayout:constraintlayout:1.1.3'
    implementation 'androidx.legacy:legacy-support-v4:1.0.0'
...
...
    // Firebase Dynamic Link
    implementation 'com.google.firebase:firebase-dynamic-links:18.0.0'

...
...
}

apply plugin: 'com.google.gms.google-services'
```

안드로이드의 Dynamic Links Builder API를 사용하는 경우 크게 다음과 같은 형태로 동적 링크를 만들 수 있습니다.

❶ 매개변수로 동적 링크 만들기
❷ 짧은 동적 링크 만들기
❸ 긴 동적 링크 축약하기

안드로이드의 Dynamic Links Builder API로 매개변수 동적 링크를 만들기 위해 사용되는 코드는
다음과 같습니다.

[동적 링크 생성 코드]

```
DynamicLink dynamicLink = FirebaseDynamicLinks.getInstance().createDynamicLink()
       .setLink(Uri.parse("https://www.example.com/"))
       .setDomainUriPrefix("https://example.page.link")
       // Open links with this app on Android
       .setAndroidParameters(new DynamicLink.AndroidParameters.Builder().build())
       // Open links with com.example.ios on iOS
       .setIosParameters(new DynamicLink.IosParameters.
Builder("com.example.ios").build())
       .buildDynamicLink();

Uri dynamicLinkUri = dynamicLink.getUri();
```

Android Studio의 FirebaeStart 프로젝트의 그림과 같이 dynamiclink 패키지를 만들고
DynamicLinkActivity.java 파일과 activity_dynamiclink.xml 파일을 생성합니다.

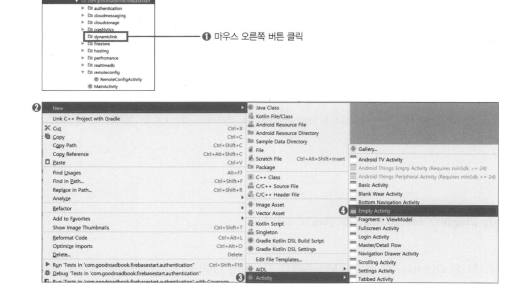

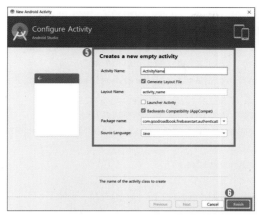

[그림 13-19] 안드로이드 스튜디오에서 액티비티를 추가한다.

DynamicLinkActivity 클래스를 [코드 13-2]와 같이 추가하고 동적 링크 생성 코드를 넣어봅니다.

[코드 13-2] 동적 링크 생성하기
[DynamicLinkActivity.java]
　　　　　　　　[예제 파일 : java/com/goodroadbook/firebasestart/dynamiclink/DynamicLinkActivity.java]

```java
package com.goodroadbook.firebasestart.dynamiclink;

import androidx.appcompat.app.AppCompatActivity;

import android.net.Uri;
import android.os.Bundle;
import android.util.Log;

import com.goodroadbook.firebasestart.R;
import com.google.firebase.dynamiclinks.DynamicLink;
import com.google.firebase.dynamiclinks.FirebaseDynamicLinks;

public class DynamicLinkActivity extends AppCompatActivity
{
    @Override
    protected void onCreate(Bundle savedInstanceState)
    {
        super.onCreate(savedInstanceState);
        setContentView(R.layout.activity_dynamiclink);

        createDynamicLinks();
    }

    private void createDynamicLinks()
    {
```

```
        DynamicLink dynamicLink = FirebaseDynamicLinks.getInstance().createDynamicLink()
                .setLink(Uri.parse("https://www.example.com/"))
                .setDomainUriPrefix("https://firebasestart.page.link")
                // Open Links with this app on Android
                .setAndroidParameters(new DynamicLink.AndroidParameters.
Builder().build())
                // Open Links with com.example.ios on iOS
                .setIosParameters(new DynamicLink.IosParameters.Builder
("com.example.ios").build())
                .buildDynamicLink();

        Uri dynamicLinkUri = dynamicLink.getUri();

        Log.d("namjinha", " DynamicLinkUri = " + dynamicLinkUri.toString());
    }
}
```

DynamiclinkActivity 클래스에서 createDynamicLinks()를 만들고 동적 링크 생성 코드를 추가합니다. 만들어지는 동적 링크는 createDynamicLinks() 안의 로그캣을 통해서 확인할 수 있습니다. 로그캣을 통해 생성된 동적 링크 정보를 보면 아래와 같습니다.

[생성된 동적 링크]

```
https://firebasestart.page.link?apn=com.goodroadbook.firebasestart&ibi=
com.example.ios&link=https%3A%2F%2Fwww.example.com%2F
```

짧은 동적 링크를 만들려면 같은 방법으로 DynamicLink로 빌드한 buildShortDynamicLink를 호출하면 됩니다. 짧은 동적 링크를 만들려면 네트워크 연결이 필요하므로 buildShortDynamicLink가 요청이 완료될 때 짧은 링크를 사용할 수 있어야 합니다.
다음 코드를 통해 짧은 동적 링크를 만들 수 있습니다.

[짧은 동적 링크 생성 코드]

```
Task<ShortDynamicLink> shortLinkTask = FirebaseDynamicLinks.getInstance().
createDynamicLink()
        .setLink(Uri.parse("https://www.example.com/"))
        .setDomainUriPrefix("https://example.page.link")
        // Set parameters
        // ...
        .buildShortDynamicLink()
        .addOnCompleteListener(this, new OnCompleteListener<ShortDynamicLink>()
{
```

```
            @Override
            public void onComplete(@NonNull Task<ShortDynamicLink> task)
{
        if (task.isSuccessful())
{
            // Short link created
            Uri shortLink = task.getResult().getShortLink();
        }
else
{
            // Error
            // ...
        }
    }
});
```

위 코드를 DynamicLinkActivity 클래스에 createShortDynamicLinks() 함수에 추가하는 코드를
[코드 13-3]과 같이 넣어볼까요?

[코드 13-3] 짧은 동적 링크 만들기
[DynamicLinkActivity.java]
[예제 파일 : java/com/goodroadbook/firebasestart/dynamiclink/DynamicLinkActivity.java]

```
package com.goodroadbook.firebasestart.dynamiclink;

...
...
import com.google.android.gms.tasks.OnCompleteListener;
import com.google.android.gms.tasks.Task;
import com.google.firebase.dynamiclinks.ShortDynamicLink;

public class DynamicLinkActivity extends AppCompatActivity
{
    @Override
    protected void onCreate(Bundle savedInstanceState)
    {
        super.onCreate(savedInstanceState);
        setContentView(R.layout.activity_dynamiclink);

        createDynamicLinks();
        createShortDynamicLinks();
    }
...
...
```

```java
    private void createShortDynamicLinks()
    {
        Task<ShortDynamicLink> shortLinkTask =
FirebaseDynamicLinks.getInstance().createDynamicLink()
            .setLink(Uri.parse("https://www.example.com/"))
            .setDomainUriPrefix("https://firebasestart.page.link")
            // Set parameters
            // ...
            .buildShortDynamicLink()
            .addOnCompleteListener(this, new OnCompleteListener<ShortDynamicLink>()
            {
            @Override
            public void onComplete(@NonNull Task<ShortDynamicLink> task)
            {
            if (task.isSuccessful())
                {
                // Short link created
                Uri shortLink = task.getResult().getShortLink();
                Uri flowchartLink = task.getResult().getPreviewLink();
                Log.d("namjinha", " ShortLinkUri = " + shortLink.toString());
                }
                else {
                    // Error
                    // ...
                    }
                    }
            });
        }
    }
```

짧은 동적 링크를 만드는 코드를 DynamicLinkActivity 클래스에 추가했습니다. 추가된 코드를 실행하여 짧은 동적 링크가 생성된 내용을 확인합니다. 생성된 동적 링크는 createShortDynamicLinks() 함수의 로그캣을 통해서 확인할 수 있습니다.

[생성된 짧은 동적 링크]

https://firebasestart.page.link/Vi5bNcF85jsqttSq8

동적 링크에 다양한 매개변수를 추가하여 생성된 긴 동적 링크를 축약할 수 있습니다. 먼저 다음과 같이 매개변수를 추가하여 만든 동적 링크를 생성합니다.

[동적 링크 생성 코드]

```
DynamicLink dynamicLink = FirebaseDynamicLinks.getInstance().createDynamicLink()
        .setLink(Uri.parse("https://www.example.com/"))
        .setDomainUriPrefix("https://example.page.link")
        .setAndroidParameters(
                new DynamicLink.AndroidParameters.Builder("com.example.android")
                        .setMinimumVersion(125)
                        .build())
        .setIosParameters(
                new DynamicLink.IosParameters.Builder("com.example.ios")
                        .setAppStoreId("123456789")
                        .setMinimumVersion("1.0.1")
                        .build())
        .setGoogleAnalyticsParameters(
                new DynamicLink.GoogleAnalyticsParameters.Builder()
                        .setSource("orkut")
                        .setMedium("social")
                        .setCampaign("example-promo")
                        .build())
        .setItunesConnectAnalyticsParameters(
                new DynamicLink.ItunesConnectAnalyticsParameters.Builder()
                        .setProviderToken("123456")
                        .setCampaignToken("example-promo")
                        .build())
        .setSocialMetaTagParameters(
                new DynamicLink.SocialMetaTagParameters.Builder()
                        .setTitle("Example of a Dynamic Link")
                        .setDescription
("This link works whether the app is installed or not!")
                        .build())
        .buildDynamicLink();  // Or buildShortDynamicLink()
```

생성된 동적 링크를 아래 코드와 같이 setLongLink()에 넣어 짧은 동적 링크를 만들면 긴 동적 링크를 줄일 수 있습니다.

[긴 동적 링크 축약]

```
Task<ShortDynamicLink> shortLinkTask =
FirebaseDynamicLinks.getInstance().createDynamicLink()
        .setLongLink(Uri.parse("https://example.page.link/?link=
https://www.example.com/&apn=com.example.android&ibn=com.example.ios"))
        .buildShortDynamicLink()
        .addOnCompleteListener(this, new OnCompleteListener<ShortDynamicLink>() {
```

```
            @Override
            public void onComplete(@NonNull Task<ShortDynamicLink> task) {
                if (task.isSuccessful()) {
                    // Short link created
                    Uri shortLink = task.getResult().getShortLink();
                } else {
                    // Error
                    // ...
                }
            }
        });
```

마찬가지로 긴 동적 링크 축약을 DynamicLinkActivity 클래스에 createLongDynamicLinks()를 만
들어 보겠습니다.

[코드 13-4] 긴 동적 링크 축약하기

[DynamicLinkActivity.java]

[예제 파일 : java/com/goodroadbook/firebasestart/dynamiclink/DynamicLinkActivity.java]

```java
package com.goodroadbook.firebasestart.dynamiclink;

...
...


public class DynamicLinkActivity extends AppCompatActivity
{
    @Override
    protected void onCreate(Bundle savedInstanceState)
    {
        super.onCreate(savedInstanceState);
        setContentView(R.layout.activity_dynamic_Link);

        createDynamicLinks();
        createShortDynamicLinks();
        creteLongDynamicLinks();
    }
...
...


private void creteLongDynamicLinks()
{
    String url = getLongDynamicLinks();
    Log.d("namjinha", "LongLink = " + url);
```

```
    Task<ShortDynamicLink> shortLinkTask =
FirebaseDynamicLinks.getInstance().createDynamicLink()
        .setLongLink(Uri.parse(url))
        .buildShortDynamicLink()
        .addOnCompleteListener(this, new OnCompleteListener<ShortDynamicLink>()
        {
            @Override
            public void onComplete(@NonNull Task<ShortDynamicLink> task)
            {
                if (task.isSuccessful())
                {
                    // Short link created
                    Uri shortLink = task.getResult().getShortLink();
                    Log.d("namjinha", "ShortLinkUri (Long) = " +
shortLink.toString());
                }
                else
                {
                    // Error
                    // ...
                }
            }
        });
}


    private String getLongDynamicLinks()
    {
        DynamicLink dynamicLink = FirebaseDynamicLinks.getInstance().createDynamicLink()
                .setLink(Uri.parse("https://www.example.com/"))
                .setDomainUriPrefix("https://firebasestart.page.link")
                .setAndroidParameters(
                        new DynamicLink.AndroidParameters.Builder("com.example.android")
                                .setMinimumVersion(125)
                                .build())
                .setIosParameters(
                        new DynamicLink.IosParameters.Builder("com.example.ios")
                                .setAppStoreId("123456789")
                                .setMinimumVersion("1.0.1")
                                .build())
                .setGoogleAnalyticsParameters(
                        new DynamicLink.GoogleAnalyticsParameters.Builder()
                                .setSource("orkut")
                                .setMedium("social")
                                .setCampaign("example-promo")
                                .build())
```

```
                .setItunesConnectAnalyticsParameters(
                        new DynamicLink.ItunesConnectAnalyticsParameters.Builder()
                                .setProviderToken("123456")
                                .setCampaignToken("example-promo")
                                .build())
                .setSocialMetaTagParameters(
                        new DynamicLink.SocialMetaTagParameters.Builder()
                                .setTitle("Example of a Dynamic Link")
                                .setDescription("This link works whether the app is
installed or not!")
                                .build())
                .buildDynamicLink();  // Or buildShortDynamicLink()

        return dynamicLink.getUri().toString();
    }
}
```

DynamicLinkActivity 클래스에서 getLongDynamicLinks()에서 매개변수가 추가된 긴 동적 링크를 생성하고, 긴 동적 링크를 createLongDynamicLinks()를 통해 짧은 동적 링크로 변환했습니다. 하위 코드를 통해 생성된 동적 링크 정보는 다음과 같습니다.

[긴 동적 링크]

```
https://firebasestart.page.link?utm_campaign=example-promo&ct=example-promo&pt=
123456&sd=This%20link%20works%20whether%20the%20app%20is%20installed%20or%20not!&st=
Example%20of%20a%20Dynamic%20Link&amv=125&apn=com.example.android&ibi=com.example
.ios&imv=1.0.1&isi=123456789&link=https%3A%2F%2Fwww.example.com%2F&utm_medium=
social&utm_source=orkut
```

[짧은 동적 링크]

```
https://firebasestart.page.link/Mqr3Sm4jrECDsP9LA
```

위에 추가된 내용을 Android Studio의 FirebaseStart 프로젝트에서 확인하기 위해서 MainActivity.java, activity_main.xml 파일에 다음과 같이 추가합니다.

[코드 13-5] MainActivity 클래스에 동적 링크 버튼 추가하기
[activity_main.xml]   [예제 파일 : res/layout/activity_main.xml]

```xml
<?xml version="1.0" encoding="utf-8"?>
<androidx.constraintlayout.widget.ConstraintLayout
    xmlns:android="http://schemas.android.com/apk/res/android"
    xmlns:app="http://schemas.android.com/apk/res-auto"
    xmlns:tools="http://schemas.android.com/tools"
```

```
        android:layout_width="match_parent"
        android:layout_height="match_parent"
        tools:context=".MainActivity">
...
...
    <Button
        android:id="@+id/firebaseremoteconfigbtn"
        android:layout_width="wrap_content"
        android:layout_height="wrap_content"
        android:text="Firebase Remote Config"
        app:layout_constraintTop_toBottomOf="@+id/firebasecloudmessagingbtn"
        app:layout_constraintBottom_toTopOf="@+id/firebasedynamiclinksbtn"
        app:layout_constraintLeft_toLeftOf="parent"
        app:layout_constraintRight_toRightOf="parent" />

    <Button
        android:id="@+id/firebasedynamiclinksbtn"
        android:layout_width="wrap_content"
        android:layout_height="wrap_content"
        android:text="Firebase Dynamic Links"
        app:layout_constraintTop_toBottomOf="@+id/firebaseremoteconfigbtn"
        app:layout_constraintBottom_toBottomOf="parent"
        app:layout_constraintLeft_toLeftOf="parent"
        app:layout_constraintRight_toRightOf="parent" />

</androidx.constraintlayout.widget.ConstraintLayout>
```

[MainActivity.java]	[예제 파일 : java/com/goodroadbook/firebasestart/MainActivity.java]

```java
package com.goodroadbook.firebasestart;
...
...
import com.goodroadbook.firebasestart.dynamiclink.DynamicLinkActivity;

public class MainActivity extends AppCompatActivity implements View.OnClickListener
{
    @Override
    protected void onCreate(Bundle savedInstanceState)
    {
...
...
        Button firebasedynamiclinks =
(Button)findViewById(R.id.firebasedynamiclinksbtn);
        firebasedynamiclinks.setOnClickListener(this);
    }
```

```java
@Override
public void onClick(View view)
{
    Intent i = null;
    switch (view.getId())
    {
...
...
        case R.id.firebasedynamiclinksbtn:
            i = new Intent(this, DynamicLinkActivity.class);
            startActivity(i);
            break;
        default:
            break;
    }
}
}
```

실제 단말에 FirebaseStart 앱을 설치하여 [그림 13-20]처럼 Firebase Dynamic Links 버튼을 누르면 DynamicLinkActivity 클래스의 onCreate() 함수에서 createDynamicLinks(), createShortDynamicLinks(), creteLongDynamicLinks() 함수들이 순차적으로 호출되면 Android Studio 로그캣으로 생성된 동적 링크 내용을 볼 수 있습니다.

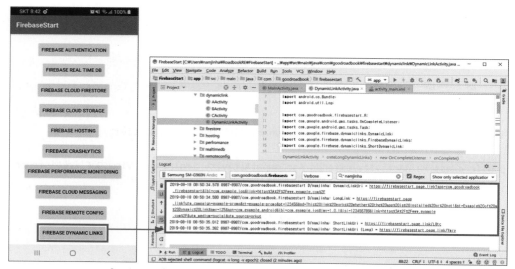

[그림 13-20] FirebaseStart 앱을 실행하여 동적 링크 생성을 확인한다.

지금까지 안드로이드의 Dynamic Links Builder API를 사용하여 동적 링크를 만드는 방법에 대해서 익혔습니다. 여러분도 동적 링크를 파이어베이스 콘솔이나 안드로이드 API를 사용하여 만들어 보았으면 좋겠습니다.

13.4 동적 링크 원리 이해하기

안드로이드 환경에서 동적 링크를 확인하기 위해서 파이어베이스 콘솔에서 만든 프로젝트의 안드로이드 앱을 만들어 보겠습니다. 앞에서 예제로 사용 중인 Android Studio 프로젝트 FirebaseStart에 Firebase Dynamic Link를 [그림 13-21]처럼 추가합니다.

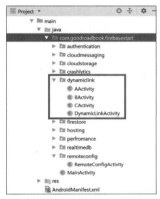

[그림 13-21] FirebaseStart 프로젝트에서 동적 링크 예제 파일 구성

그리고 앱 수준의 build.gradle 파일에 다음과 같이 추가합니다.

[코드 13-6] 파이어베이스 동적 링크 사용하기

[앱 수준의 build.gradle]   [예제 파일 : 앱 수준의 build.gradle]

```
apply plugin: 'com.android.application'
apply plugin: 'io.fabric'

android {
    compileSdkVersion 28
    flavorDimensions "minSdkVersion"
...
...
}

dependencies {

...
...
```

```
// Firebase Dynamic Link
implementation 'com.google.firebase:firebase-dynamic-links:18.0.0'
}

apply plugin: 'com.google.gms.google-services'
```

Android Studio에서 동적 링크를 사용하기 위해 프로젝트 구성은 마쳤고요, 앱에서 딥 링크를 수신하기 위해 필요한 작업을 해보겠습니다. 딥 링크를 수신하기 위해서는 기본적으로 인텐트 필터가 아래와 같이 만들어져야 합니다.

[딥 링크를 위한 인텐트 필터 추가]

```
<intent-filter>
    <action android:name="android.intent.action.VIEW"/>
    <category android:name="android.intent.category.DEFAULT"/>
    <category android:name="android.intent.category.BROWSABLE"/>
    <data android:host="yoursite.example.com" android:scheme="http"/>
    <data android:host="yoursite.example.com" android:scheme="https"/>
</intent-filter>
```

이러한 인텐트 필터는 AndroidManifext.xml 파일에서 Activity에 추가하게 됩니다. 인텐트 필터가 추가된 액티비티는 동적 링크에 맵핑되어 있는 딥 링크를 통해 인텐트 필터가 선언된 액티비티를 실행합니다. 그리고, 기존 딥 링크의 문제점을 확인하기 위해 예제 앱에 다음과 같이 인텐트 필터와 액티비티(BActivity, CActivity)를 추가합니다. 아래 그림과 같이 먼저 액티비티와 리소스를 추가합니다.

[그림 13-22] FirebaseStart 프로젝트에서 동적 링크 예제 파일 구성

액티비티 클래스와 리소스를 다음과 같이 추가합니다.

[코드 13-7] 딥 링크 리소스 및 화면 구성하기

[activity_a.xml]   [예제 파일 : res/layout/activity_a.xml]

```xml
<?xml version="1.0" encoding="utf-8"?>
<androidx.constraintlayout.widget.ConstraintLayout xmlns:android=
  "http://schemas.android.com/apk/res/android"
    xmlns:app="http://schemas.android.com/apk/res-auto"
    xmlns:tools="http://schemas.android.com/tools"
    android:layout_width="match_parent"
    android:layout_height="match_parent"
    tools:context=".dynamiclink.AActivity">

    <TextView
        android:layout_width="match_parent"
        android:layout_height="match_parent"
        android:text="A Activity"
        android:textSize="80dp"
        android:gravity="center"
        app:layout_constraintBottom_toBottomOf="parent"
        app:layout_constraintLeft_toLeftOf="parent"
        app:layout_constraintRight_toRightOf="parent"
        app:layout_constraintTop_toTopOf="parent" />

</androidx.constraintlayout.widget.ConstraintLayout>
```

[AActivity.java]   [예제 파일 : java/com/goodroadbook/firebasestart/dynamiclink/AActivity.java]

```java
package com.goodroadbook.firebasestart.dynamiclink;

import androidx.appcompat.app.AppCompatActivity;

import android.os.Bundle;

import com.goodroadbook.firebasestart.R;

public class AActivity extends AppCompatActivity
{
    @Override
    protected void onCreate(Bundle savedInstanceState)
    {
        super.onCreate(savedInstanceState);
        setContentView(R.layout.activity_a);
    }
}
```

[activity_b.xml]   [예제 파일 : res/layout/activity_b.xml]

```xml
<?xml version="1.0" encoding="utf-8"?>
<androidx.constraintlayout.widget.ConstraintLayout xmlns:android=
 "http://schemas.android.com/apk/res/android"
    xmlns:app="http://schemas.android.com/apk/res-auto"
    xmlns:tools="http://schemas.android.com/tools"
    android:layout_width="match_parent"
    android:layout_height="match_parent"
    tools:context=".dynamiclink.BActivity">

    <TextView
        android:layout_width="match_parent"
        android:layout_height="match_parent"
        android:text="B Activity"
        android:textSize="80dp"
        android:gravity="center"
        app:layout_constraintBottom_toBottomOf="parent"
        app:layout_constraintLeft_toLeftOf="parent"
        app:layout_constraintRight_toRightOf="parent"
        app:layout_constraintTop_toTopOf="parent" />

</androidx.constraintlayout.widget.ConstraintLayout>
```

[BActivity.java]   [예제 파일 : java/com/goodroadbook/firebasestart/dynamiclink/BActivity.java]

```java
package com.goodroadbook.firebasestart.dynamiclink;

import androidx.appcompat.app.AppCompatActivity;

import android.os.Bundle;

import com.goodroadbook.firebasestart.R;

public class BActivity extends AppCompatActivity
{
    @Override
    protected void onCreate(Bundle savedInstanceState)
    {
        super.onCreate(savedInstanceState);
        setContentView(R.layout.activity_b);
    }
}
```

[activity_c.xml]   [예제 파일 : res/layout/activity_c.xml]

```xml
<?xml version="1.0" encoding="utf-8"?>
<androidx.constraintlayout.widget.ConstraintLayout xmlns:android=
 "http://schemas.android.com/apk/res/android"
    xmlns:app="http://schemas.android.com/apk/res-auto"
    xmlns:tools="http://schemas.android.com/tools"
    android:layout_width="match_parent"
    android:layout_height="match_parent"
    tools:context=".dynamiclink.CActivity">

    <TextView
        android:layout_width="match_parent"
        android:layout_height="match_parent"
        android:text="C Activity"
        android:textSize="80dp"
        android:gravity="center"
        app:layout_constraintBottom_toBottomOf="parent"
        app:layout_constraintLeft_toLeftOf="parent"
        app:layout_constraintRight_toRightOf="parent"
        app:layout_constraintTop_toTopOf="parent" />

</androidx.constraintlayout.widget.ConstraintLayout>
```

[CActivity.java]   [예제 파일 : java/com/goodroadbook/firebasestart/dynamiclink/CActivity.java]

```java
package com.goodroadbook.firebasestart.dynamiclink;

import androidx.appcompat.app.AppCompatActivity;

import android.os.Bundle;

import com.goodroadbook.firebasestart.R;

public class CActivity extends AppCompatActivity
{
    @Override
    protected void onCreate(Bundle savedInstanceState)
    {
        super.onCreate(savedInstanceState);
        setContentView(R.layout.activity_c);
    }
}
```

그리고 AndroidManifest.xml 파일에 인텐트 필터intent-filter를 이용하여 딥 링크를 추가합니다 각 화면별로 딥 링크는 다음과 같이 구성합니다.

❶ AActivity
  - host : firebasestart.page.link
  - scheme : http, https

❷ BActivity
  - host : test1.com
  - schmem : http, https

❸ CActivity
  - host : test2.com
  - scheme : myapp

[코드 13-8] 딥 링크와 액티비티 연결하기

[AndroidManifest.xml]   [예제 파일 : 프로젝트의 main 폴더]

```xml
<?xml version="1.0" encoding="utf-8"?>
<manifest xmlns:android="http://schemas.android.com/apk/res/android"
    package="com.goodroadbook.dynamiclinks">

    <application
        android:allowBackup="true"
        android:icon="@mipmap/ic_launcher"
        android:label="@string/app_name"
        android:roundIcon="@mipmap/ic_launcher_round"
        android:supportsRtl="true"
        android:theme="@style/AppTheme">
        <activity android:name=".MainActivity">
            <intent-filter>
                <action android:name="android.intent.action.MAIN" />

                <category android:name="android.intent.category.LAUNCHER" />
            </intent-filter>
        </activity>

        <activity android:name=".AActivity">
            <intent-filter>
                <action android:name="android.intent.action.VIEW"/>
                <category android:name="android.intent.category.DEFAULT"/>
                <category android:name="android.intent.category.BROWSABLE"/>
                <data android:host="firebasestart.page.link" android:scheme="http"/>
                <data android:host=" firebasestart.page.link" android:scheme="https"/>
            </intent-filter>
        </activity>
```

```
<activity android:name=".BActivity" >
    <intent-filter>
        <action android:name="android.intent.action.VIEW"/>
        <category android:name="android.intent.category.DEFAULT"/>
        <category android:name="android.intent.category.BROWSABLE"/>
        <data android:host="test1.com" android:scheme="http"/>
        <data android:host="test1.com" android:scheme="https"/>
    </intent-filter>
</activity>

<activity android:name=".CActivity">
    <intent-filter>
        <action android:name="android.intent.action.VIEW"/>
        <category android:name="android.intent.category.DEFAULT"/>
        <category android:name="android.intent.category.BROWSABLE"/>
        <data android:host="test2.com" android:scheme="myapp"/>
    </intent-filter>
</activity>

</application>

</manifest>
```

액티비티와 리소스, 그리고 AndroidManifest.xml 파일에 인텐트 필터를 위와 같이 추가했으면 기기에 설치하여 [그림 13-23]과 같이 테스트해 볼 수 있습니다. 테스트를 쉽게 하기 위하여 각각의 링크를 메일을 통해 모바일 메일 앱에 보내고 해당 메일을 열어 링크들을 클릭하면 됩니다. 필자는 네이버 메일 앱을 설치하고 네이버 메일로 링크들을 보내어 테스트를 진행했습니다.

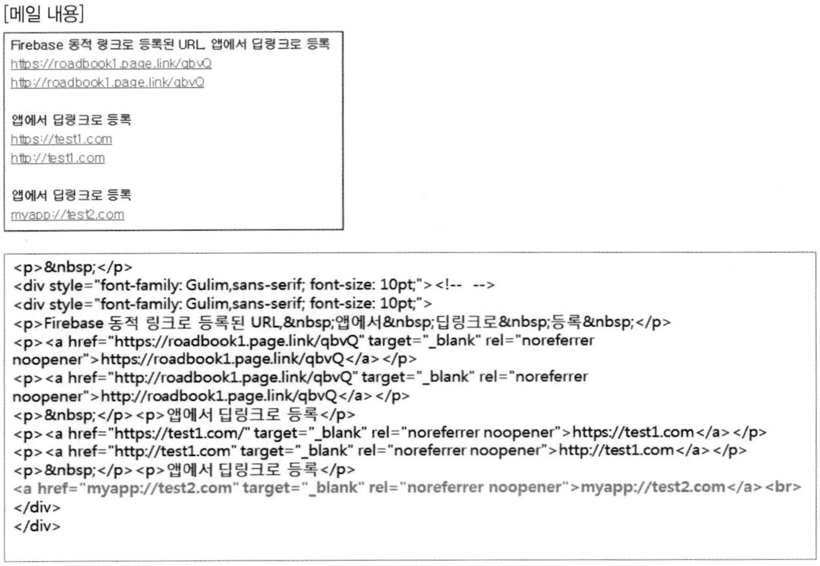

```
[메일 내용]

Firebase 동적 링크로 등록된 URL, 앱에서 딥링크로 등록
https://roadbook1.page.link/qbvQ
http://roadbook1.page.link/qbvQ

앱에서 딥링크로 등록
https://test1.com
http://test1.com

앱에서 딥링크로 등록
myapp://test2.com
```

```html
<p> </p>
<div style="font-family: Gulim,sans-serif; font-size: 10pt;"><!-- -->
<div style="font-family: Gulim,sans-serif; font-size: 10pt;">
<p>Firebase 동적 링크로 등록된 URL, 앱에서 딥링크로 등록 </p>
<p><a href="https://roadbook1.page.link/qbvQ" target="_blank" rel="noreferrer
noopener">https://roadbook1.page.link/qbvQ</a></p>
<p><a href="http://roadbook1.page.link/qbvQ" target="_blank" rel="noreferrer
noopener">http://roadbook1.page.link/qbvQ</a></p>
<p> </p><p>앱에서 딥링크로 등록</p>
<p><a href="https://test1.com/" target="_blank" rel="noreferrer noopener">https://test1.com</a></p>
<p><a href="http://test1.com" target="_blank" rel="noreferrer noopener">http://test1.com</a></p>
<p> </p><p>앱에서 딥링크로 등록</p>
<a href="myapp://test2.com" target="_blank" rel="noreferrer noopener">myapp://test2.com</a><br>
</div>
</div>
```

[그림 13-23] 링크를 메일 앱에 보내고 해당 메일을 열어 보며 테스트한다.

메일 앱에 보낸 링크들은 다음과 같습니다. Scheme가 http/https가 아닌 "myapp" 경우 메일에서 링크가 자동으로 걸리지 않기 때문에 html 편집을 통해 수동으로 링크를 걸어줍니다. [그림 13-24]와 같이 작성하여 메일을 보내도록 합니다.

[그림 13-24] html 편집으로 수동으로 링크 걸어서 메일을 작성한다.

동적 링크 테스트 앱을 설치하고 네이버 메일에 수신된 위 링크들을 하나씩 클릭합니다.

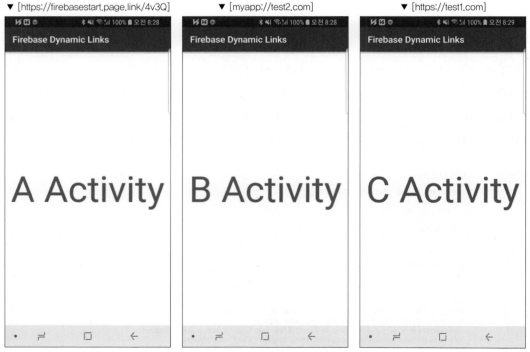

[그림 13-25] 동적 링크 테스트 앱으로 링크를 클릭한 모습

메일로 수신한 링크들이 각각 설정된 딥 링크에 맞게 실행되는 것을 확인할 수 있습니다. 그러면 다음으로 동적 링크 테스트 앱을 삭제하고 클릭해봅니다.

▼ [https://firebasestart.page.link/4v3Q]   ▼ [https://test1.com, http://test1.com]   ▶ [myapp://test2.com] 반응 없음.

[그림 13-26] 동적 링크 앱을 삭제하고 링크를 클릭한 모습

동적 링크 테스트 앱을 삭제하고 각각의 링크를 클릭했을 때 동적 링크로 등록된 URL은 해당 앱을 설치할 수 있도록 구글 플레이스토어 페이지로 보내고 나머지는 URL들은 반응이 없거나 해당 도메인으로 접속을 시도하게 됩니다. 이렇듯 동적 링크로 등록된 URL은 앱의 설치 유무에 따라 설정할 수 있음을 알 수 있습니다. 또한 PC 브라우저, iOS에서도 동적 링크 URL에 대한 조건에 맞게 동작하기 때문에 기존 딥 링크가 가진 문제점이 보완 되었음을 알 수 있습니다.

파이어베이스의 동적 링크를 앱에서 사용하는 가장 큰 이유는 동적 링크를 통해 사용자의 참여를 유도하여 앱 성장을 위해 많이 사용하기 때문입니다. 동적 링크를 이용하여 활용한 사례들에 대해서 몇 가지 사례를 통해서 알아볼까요?

웹으로 제공되는 페이지가 안드로이드 앱과 같은 형태로 전환되었다고 가정합니다. 이때 웹 페이지 사용자가 앱을 설치하는 경우 새로워진 앱 환경에 적응이 필요한데요, 일부 사용자는 앱 환경에 적응을 하지 못하기도 합니다. 따라서 동적 링크에는 웹 페이지를 이용하는 사용자가 앱 설치 후 웹에서 보고 있는 페이지로 바로 이동할 수 있도록 제공됩니다. 웹에서 자연스럽게 앱으로 이동될 수 있기 때문에 사용자는 어려움 없이 앱을 사용할 수 있습니다.

소셜미디어, 이메일, SMS 캠페인을 통해 프로모션 코드를 보낼 수 있습니다. 사용자는 앱을 설치하지 않아도 향후 안드로이드, iOS, 웹브라우저에서 쿠폰을 사용할 수 있습니다. 즉, 안드로이드/iOS에서 앱을 설치하지 않은 사용자도 동적 링크를 클릭하면 앱을 설치할 수 있도록 구글 플레이 스토어 또는 애플 스토어에 앱 설치 화면으로 이동합니다. 앱이 설치되고 바로 동적 링크의 프로모션 코드를 사용할 수 있는 화면으로 바로가기 때문에 어려움 없이 프로모션 코드를 사용할 수 있습니다.

동적 링크는 사용자 간에 콘텐츠를 공유할 수 있는데요, 상대방이 어떠한 플랫폼을 가지고 있는지 앱이 설치되어 있는지 고민 없이 콘텐츠를 공유 가능합니다.

정리하며

이번 장에서는 파이어베이스 동적 링크에 대해서 알아보았습니다. 기존 딥 링크의 단점을 보완하는 것과 동적 링크를 만드는 방법에 대해서 살펴봤습니다. 동적 링크를 만드는 방법에는 네 가지가 있습니다. 파이어베이스 콘솔을 이용하는 방법과 안드로이드 및 iOS의 Firebase Dynamic Links Builder API를 사용하는 방법, 그리고 REST API를 사용하는 방법과 직접 만드는 방법이 있었습니다. 우리는 이들 넷 중 두 가지 방법에 대해서 상세히 실습했습니다. 나머지 두 가지 방법은 뒤에 〈실습문제〉로 직접 구현해보려고 합니다. 또한, 동적 링크의 동작을 통해 동작과 활용하는 사례를 통해 앞으로 다양한 프로젝트에 여러분이 적용하여 사용해 볼 수 있을 것입니다.

연습문제 | 퀴즈를 풀어보며 개념을 복습합니다.

문제에 대한 답은 백견불여일타 카페에서 확인할 수 있습니다. cafe.naver.com/codefirst

1   파이어베이스 동적 링크에 대해서 설명해보세요.

2   파이어베이스 동적 링크와 딥 링크에 대해 비교하여 적어보세요..

3   파이어베이스 동적 링크를 생성하는 방법 중에 파이어베이스 콘솔을 이용하는 방법에 대해서 기술해보세요.

4   파이어베이스 동적 링크를 생성하는 방법 중에 Firebase Dynamic Links Builder API를 이용하는 방법에 대해서 기술해보세요.

5   파이어베이스 동적 링크를 생성하는 방법 중에 직접 만드는 방법에 대해서 적어보세요.

6   파이어베이스 동적 링크를 활용하는 사례들에 대해서 설명해보세요.

실습문제 | 실습은 지식을 내것으로 만드는
최고의 방법입니다.

> 문제에 대한 답은 백견불여일타 카페에서 확인할 수 있습니다. cafe.naver.com/codefirst

파이어베이스 동적 링크를 생성하는 데는 4가지 방법이 있습니다. 파이어베이스 콘솔을 사용하는 방법, 안드로이드/iOS의 Firebase Dynamic Links Builder API를 사용하는 방법, REST API를 사용하는 방법, 직접 만드는 방법이 있습니다. 이 4가지 중에 2가지는 이미 확인했고 직접 만드는 방법을 실습해보겠습니다.

1. 동적 링크를 직접 만들기 위해 어떠한 항목이 필요한지 알아봅니다.

❶ 동적 링크 포멧

```
https://your_subdomain.page.link/?link=your_deep_link&apn=package_name[&amv=
minimum_version][&afl=fallback_link]
```

❷ 상세 항목

[공통]

link	• 앱이 처리할 수 있는 URL을 지정해야 하는데, 이 링크는 올바른 형식의 URL이어야 하며, 적절한 URL 인코딩을 적용해야 한다. • HTTP 또는 HTTPS를 사용해야 한다.

[안드로이드]

apn	• 링크를 여는 데 사용할 안드로이드 앱의 패키지 이름, 파이어베이스 콘솔의 개요 페이지에서 앱을 프로젝트에 연결되어 있어야 한다. • 동적 링크를 통해 안드로이드 앱을 여는 데 필요하다.
afl	앱이 설치되지 않은 경우에 열리는 링크, 앱이 설치되지 않았을 때 플레이스토어에서 앱을 설치하는 것 이외에 콘텐츠의 모바일 웹 버전 열기, 앱 홍보 페이지 표시 등의 다른 작업을 수행하려면 이 매개변수를 지정이 필요하다.
amv	링크를 열 수 있는 앱 최소 버전의 versionCode이다. 설치된 앱이 이전 버전이라면 앱을 업그레이드하기 위해 Play 스토어로 이동한다.

실습문제 실습은 지식을 내것으로 만드는
최고의 방법입니다.

[iOS]	
ibi	• 링크를 여는 데 사용할 iOS 앱의 번들 ID. 파이어베이스 콘솔의 개요 페이지에서 앱을 프로젝트에 연결되어 있어야 한다. • 동적 링크를 통해 iOS 앱을 여는 데 필요하다.
ifl	앱이 설치되지 않은 경우에 열리는 링크. 앱이 설치되지 않았을 때 앱 스토어에서 앱을 설치하는 것 이외에 콘텐츠의 모바일 웹 버전 열기, 앱 홍보 페이지 표시 등의 다른 작업을 수행하려는 경우 이 매개변수가 지정되어 있어야 한다.
ius	앱의 번들 ID와 다른 값으로 정의하면 앱의 맞춤 URL 스키마로 사용된다.
ipfl	앱이 설치되지 않은 경우 iPad에서 열리는 링크. 앱이 설치되지 않았을 때 앱 스토어에서 앱을 설치하는 것 이외에 콘텐츠의 웹 버전 열기, 앱 홍보 페이지 표시 등의 다른 작업을 수행하려면 이 매개변수를 반드시 지정해야 한다.
ipbi	• iPad에서 링크를 여는 데 사용할 iOS 앱의 번들 ID이다. • 파이어베이스 콘솔의 개요 페이지에서 앱을 프로젝트에 연결되어 있어야 한다.
isi	앱이 설치되지 않았다면 사용자를 앱 스토어로 보내는 데 사용되는 앱의 앱스토어 ID이다.
imv	• 링크를 열 수 있는 앱의 최소 버전 번호이다. • 이 플래그는 앱이 열렸을 때 앱에 전달되며 앱에서 수행할 작업을 결정해야 한다.

2. 안드로이드에서 사용할 동적 링크를 직접 만들어 보도록 합니다.

> https://firebasestart.page.link/?link=com.example.com&apn=com.goodroadbook.
> firebasestart[@amv=2][&afl=roodbook.co.kr]

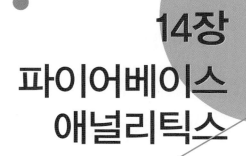

14장
파이어베이스
애널리틱스

이 장을 시작하기 전에

❶ 파이어베이스 애널리틱스에서 제공하는 서비스가 다양한 편입니다. 대시보드, 이벤트, 전환 수, 기여, 유입 경로, 사용자 속성, 최신 버전, 사용자 보유, 디버그 뷰와 같은 기능들이 대표적입니다.

❷ 이 장을 시작하기 전에 다양한 서비스들의 종류와 어떠한 서비스를 위해 이 기능들이 만들어졌는지 알아봅니다.

14.1 파이어베이스 애널리틱스 소개

14.1.1 내가 만든 앱을 누가, 어떻게 사용할까 궁금하다면? 애널리틱스!

여러분이 앱을 만들어 구글 플레이스토어에 배포한다고 가정해볼까요?

앱을 만들고 배포하고 난 다음에는 어떤 이들이 내 앱을 설치하고 있고, 또 어떤 기능을 많이 사용하는지 궁금할 것입니다. 고객들이 많이 사용하는 기능은 개선하고 안정화를 높이겠지만 그렇지 않은 기능들은 과감하게 제거하나 다른 형태로 개선해야만 고객들이 앱을 삭제하지 않고 지속적으로 사용할 것입니다. 즉, 앱을 사용하는 고객의 행동 패턴을 수집하고 분석해야만 인기 있는 앱, 고객이 원하는 앱을 만들어 나갈 수 있습니다.

그렇다면 고객들이 어떠한 기능을 많이 사용하고, 사용하지 않는 기능은 무엇인지 어떠한 방법으로 알 수 있을까요? 초창기 안드로이드 앱을 만들어 배포한 경우를 들여다 보면, 구글 플레이스토어에 남긴 리뷰들을 통해 고객이 요구하는 것들을 분석하여 제품에 개선하는 형태였습니다. 하지만 구글 플레이스토어의 피드백 만으로 우리가 만든 앱을 어떠한 사용자들이 사용하고 있는지 알 수 있기에는 한계가 있습니다. 댓글 내용들을 종합하여 추측은 해볼 수 있겠으나 이것은 어디까지나 추측에 불과할 테죠.

이와 같이 구글 플레이스토어 만으로 파악하기 힘들어 웹 분석 서비스인 구글 애널리틱스Google Analytics과 같은 수집 분석들을 앱에서 사용하기 시작했습니다. 여기서 웹 분석이란 웹 사이트 이용 현황을 이해하고 사용자 경험을 최적화하기 위해 웹 데이터를 측정, 수집, 분석 및 보고하는 것을 말합니다.

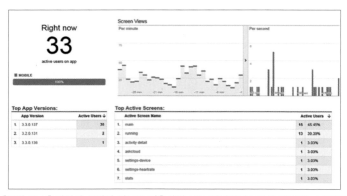

[그림 14-1] 앱에서 수집된 정보를 이용하여 구글 애널리틱스에서 제공하는 페이지

[그림 14-1]에 앱에서 수집된 정보를 이용하여 구글 애널리틱스에서 제공하는 페이지를 나타냈습니다. 현재 앱을 사용하고 있는 사용자 수, 가장 많이 사용한 액티비티 등과 같은 다양한 정보를 볼 수 있습니다. 이렇게 수집된 구글 애널리틱스 정보를 토대로 집중해야 하는 기능과 개선해야 할 기능으로 분류도 가능하고 실시간으로 사용자 수도 확인할 수 있습니다.

구글 애널리틱스와 파이어베이스 애널리틱스

구글은 구글 애널리틱스를 앱과 웹에서 연동하여 할 수 있도록 제공하여 많은 앱과 웹에서 사용했습니다. 그러나 구글은 모바일 앱 개발을 위한 통합 앱 플랫폼으로 거듭나기 위해 파이어베이스라는 회사를 합병했고, 모바일 앱들에 대해 기존 구글 애널리틱스보다 기능이 강화된 파이어베이스 애널리틱스_{Firebase Analytics}라는 서비스를 제공하게 됩니다.

 구글 애널리틱스와 파이어베이스 애널리틱스는 다른 서비스이기 때문에 기존 구글 애널리틱스를 사용하던 앱이 파이어베이스 애널리틱스로 사용할 경우 파이어베이스 애널리틱스 SDK를 사용하여 새로 개발해야 합니다.

14.1.2 파이어베이스 애널리틱스의 특징 및 주요 기능

특징

파이어베이스 애널리틱스는 구글이 모바일 앱을 위해 앱 사용 및 사용자 참여도에 대한 통계를 제공하는 무료 서비스입니다. 또한 사용에 대한 제한이 없기 때문에 무제한으로 사용할 수 있으며, 최대 500개의 고유 이벤트를 사용하여 통계에 활용할 수 있습니다. 고유 이벤트 사용에 대해서는 뒤에서 좀더 자세히 알아보도록 하고요, 앱에서 파이어베이스 애널리틱스 SDK를 사용하여 데이터를 보내고, 수집된 데이터를 이용하여 앱의 사용자 및 사용자 참여도에 대한 통계를 확인할 수 있습니다.

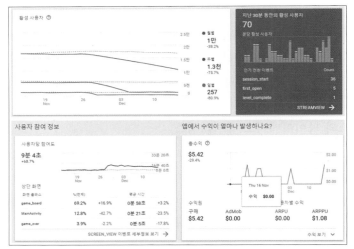

[그림 14-2] 앱에서 파이어베이스 애널리틱스 SDK를 사용하여 데이터를 보내고,
수집된 데이터를 이용하여 앱의 사용자 및 사용자 참여도에 대한 통계를 확인 가능하다.

파이어베이스 애널리틱스의 특징을 정리해보겠습니다.

- **제한 없이 무료로 제공한다**

  아무런 부담 없이 모든 데이터를 얻을 수 있습니다.

- **단순하고 강력하다**

  파이어베이스 앱으로 등록하고 관련 SDK만 추가하면 자동으로 다양한 기능을 사용할 수 있고, 플랫폼
  전체에 통합되어 있기 때문에 데이터 호환이 가능합니다.

- **개발자 편의를 위해 개발되어 있다**

  앱을 개발하여 유저를 확대하고, 수익까지 얻을 수 있도록 도와줍니다.

주요 기능

- **무제한 보고**

  애널리틱스는 최대 500개의 고유 이벤트에 관한 무제한 보고를 제공합니다.

- **잠재적 고객 분류**

  파이어베이스 콘솔에서 기기 데이터, 맞춤 이벤트 또는 사용자 속성을 기준으로 맞춤 잠재고객을 정의
  할 수 있고, 이러한 잠재고객을 다른 파이어베이스 기능과 함께 사용하여 새로운 기능이나 알림 메시지
  를 타겟팅할 수 있습니다.

14.1.3 파이어베이스 애널리틱스를 통해 내 앱이 분석되는 과정

지금까지 파이어베이스 애널리틱스에 대해 알아보았는데, 머릿속에 선명하게, 가슴에 확 와닿지 않을 수 있습니다. [그림 14-3]에 앱에서 실제로 파이어베이스 애널리틱스를 사용하는 과정을 본다면 이해에 도움이 되리라 생각합니다.

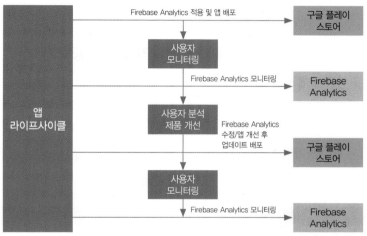

[그림 14-3] 파이어베이스 애널리틱스로 앱을 분석하는 과정

앱을 만들어 배포 후의 라이프 사이클은 보면 대부분 [그림 14-3]과 같으리라 봅니다.

구글 플레이스토어에 앱을 배포하고, 파이어베이스 애널리틱스를 이용하여 일일 사용자 유입 건수 및 어떠한 기능들을 자주 사용하고 있고, 어떠한 기능을 자주 사용하지 않고 있는지를 확인하기 위하여 **사용자 모니터링**을 진행하게 됩니다. 사용자 모니터링에서 사용자가 잘 사용하지 않는 기능들에 대해서는 **개선을 진행**하고, 개선된 항목에 파이어베이스 애널리틱스를 **추가하여 업데이트** 후에 모니터링을 가능하게 하고 **구글 플레이스토어에 배포**를 합니다. 그리고 다시 파이어베이스 애널리틱스로 모니터링하여 개선된 기능들에 대해 **사용자 모니터링**을 진행하게 됩니다.

이러한 배포 후 앱의 라이프 사이클을 통해 **사용자 유도와 제품 기능 강화**를 통해 사용자에게 진정 도움이 되는 앱을 만들 수 있습니다. 또한 이러한 사용자 유입을 통해 수익을 극대화할 수 있는 장점이 있습니다. 다음은 이러한 장정을 가진 파이어베이스 애널리틱스를 앱에 적용하는 방법에 대해서 알아봅니다.

14.2 안드로이드 앱에 파이어베이스 애널리틱스 적용하기

14.2.1 안드로이드 앱에 파이어베이스 애널리틱스 적용하기

안드로이드 앱을 만들어 앱 사용 및 사용자 참여도를 확인하기 위하여 파이어베이스 애널리틱스를 적용합니다. 앞서 파이어베이스 애널리틱스 앱에 적용하는 건 쉽다고 언급한 적이 있는데요, 파이어베이스 콘솔에 앱이 등록되어 있고 FirebaseStart 프로젝트의 앱 수준의 build.gradle 파일에 아래와 같이 추가하면 파이어베이스 애널리틱스에서 자동으로 수집되는 정보는 확인할 수 있습니다.

[앱 수준의 build.gradle]

```
implementation 'com.google.firebase:firebase-core:17.0.1'
```

파이어베이스 애널리틱스를 앱에서 사용하기 위해 SDK에 제공해주는 API 정보에 대해서 알고 있어야 합니다. 파이어베이스 SDK의 API 정보는 Firebase Docs 사이트의 REFERENCE에서 볼 수 있습니다.

[Firebase Docs] https://firebase.google.com/docs/reference/

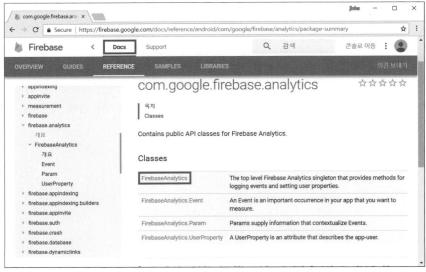

[그림 14-4] 파이어베이스 애널리틱스 SDK API 정보 사이트

파이어베이스 애널리틱스에서 제공되는 클래스들 중에 `FirebaseAnalytics` 클래스의 public API들을 이용하면 사용자 참여도 및 행동 패턴을 확인할 수 있습니다. [그림 14-4]에서 `FirebaseAnlaytics` 클래스를 클릭해봅니다. `FirebaseAnlaytics` 클래스에서 제공되는 public API에 대해서 확인할 수 있습니다.

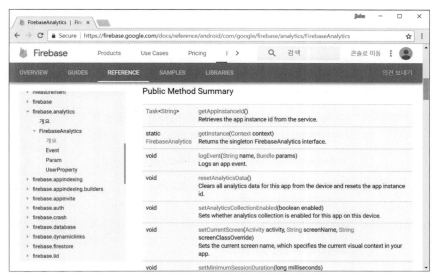

[그림 14-5] FirebaseAnlaytics 클래스에서 제공되는 public API

`FirebaseAnlaytics` 클래스에서 Public Method 여러 가지가 있겠지만 가장 많이 사용하는 메소드는 getInstance(Context context)와 logEvent(String name, Bundle params)입니다. 주요 Public Method에 사용 예제를 보기 전에 간략하게 각 메소드에 대한 설명을 표로 살펴보죠.

[표 14-1] FirebaseAnlaytics의 Public Method

Task⟨String⟩	`getAppInstanceId()`
	서비스에서 앱 인스턴스 ID를 검색한다.
static FirebaseAnalytics	getInstance(Context context)
	싱글 톤 FirebaseAnalytics 인터페이스를 반환한다.
void	logEvent(String name, Bundle params)
	앱의 이벤트를 기록한다.
void	`resetAnalyticsData()`
	기기에서이 앱의 모든 분석 데이터를 지우고 앱 인스턴스 ID를 재설정한다.

void	setAnalyticsCollectionEnabled(boolean enabled)
	이 기기에서 앱이 Firebase Analytics 사용 유무를 설정한다. [예] 데이터를 수집하기 전에 사용자 동의를 얻고 진행하려면 먼저 AndroidManifest.xml 파일에 firebase_analytics_collection_enabled의 값을 false로 설정하고 사용자 동의 후에 FirebaseAnalytics 클래스의 setAnalyticsCollectionEnabled(true)를 사용하면 된다. setAnalyticsCollectionEnabled(true)가 true로 설정된 시점부터 파이어베이스 애널리틱스에서 데이터가 수집되기 시작한다.
void	setCurrentScreen(Activity activity, String screenName, String screenClassOverride)
	앱의 현재 화면(Activity) 이름을 설정한다.
void	setMinimumSessionDuration(long milliseconds)
	세션을 시작하기 전에 필요한 최소 참여 시간을 설정한다. 기본값은 10000 (10초)으로 설정되어 있다.
void	setSessionTimeoutDuration(long milliseconds)
	현재 세션을 종료하는 비활성 시간을 설정한다. 기본값은 1800000 (30분)이다.
void	setUserId(String id)
	사용자 ID 속성을 설정한다.
void	setUserProperty(String name, String value)
	사용자 속성을 지정된 값으로 설정한다.

파이어베이스 애널리틱스 SDK에서 제공하는 `FirebaseAnalytics` 클래스의 `public` 메소드에 대해서 알아보았습니다. 앞서 Android Studio에서 만든 FirebaseAnalytics 프로젝트에 적용하여 앱에서 데이터가 파이어베이스 애널리틱스 콘솔에서 확인이 가능한지 예제를 통해 알아보겠습니다.

14.2.2 파이어베이스 애널리틱스 구현 및 파이어베이스 콘솔에서 데이터 확인

파이어베이스 애널리틱스 예제는 [그림 14-6]과 같은 형태로 만들어 각각의 화면에 대한 이벤트를 보냅니다. 그림을 볼까요?

Firebase Analytics

[그림 14-6] 예제 구성

FirebaseStart 앱에서 One Activity, Two Activity, Three Activity에 해당하는 액티비티가 실행 될 때 파이어베이스 애널리틱스로 이벤트를 전달하는 예제입니다.

Android Studio에서 analytics 패키지를 만들고, 해당 패키지 안에 One Activity, Two Activity, Three Activity를 생성합니다. 아래 그림과 같은 방법으로 액티비티를 생성합니다.

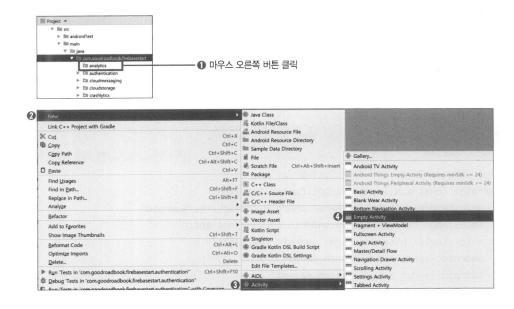

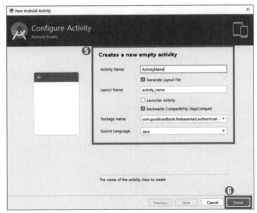

[그림 14-7] 안드로이드 스튜디오에서 액티비티를 추가한다.

그리고 파이어베이스 애널리틱스에 이벤트를 전달할 수 있는 **Analytics** 클래스를 만듭니다.

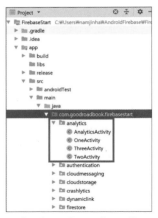

[그림 14-8] 프로젝트 구성

우선 AnalyticsActivity 클래스가 실행될 수 있도록 MainActivity 클래스와 activity_main.xml 파일을 [코드 14-1]과 같이 구성합니다.

[코드 14-1] FirebaseStart 앱에 파이어베이스 애널리틱스 리소스 구성하기

[activity_main.xml]   [예제 파일 : res/layout/activity_main.xml]

```xml
<?xml version="1.0" encoding="utf-8"?>
<androidx.constraintlayout.widget.ConstraintLayout
    xmlns:android="http://schemas.android.com/apk/res/android"
    xmlns:app="http://schemas.android.com/apk/res-auto"
    xmlns:tools="http://schemas.android.com/tools"
    android:layout_width="match_parent"
    android:layout_height="match_parent"
    tools:context=".MainActivity">
```

```
...
...

    <Button
        android:id="@+id/firebasedynamiclinksbtn"
        android:layout_width="wrap_content"
        android:layout_height="wrap_content"
        android:text="Firebase Dynamic Links"
        app:layout_constraintTop_toBottomOf="@+id/firebaseremoteconfigbtn"
        app:layout_constraintBottom_toTopOf="@+id/firebaseAnalyticsbtn"
        app:layout_constraintLeft_toLeftOf="parent"
        app:layout_constraintRight_toRightOf="parent" />

    <Button
        android:id="@+id/firebaseAnalyticsbtn"
        android:layout_width="wrap_content"
        android:layout_height="wrap_content"
        android:text="Firebase Analytics"
        app:layout_constraintTop_toBottomOf="@+id/firebasedynamiclinksbtn"
        app:layout_constraintBottom_toBottomOf="parent"
        app:layout_constraintLeft_toLeftOf="parent"
        app:layout_constraintRight_toRightOf="parent" />

</androidx.constraintlayout.widget.ConstraintLayout>
```

[MainActivity.java]　　　　　　[예제 파일 : java/com/goodroadbook/firebasestart/MainActivity.java]

```java
package com.goodroadbook.firebasestart;

...
...
import com.goodroadbook.firebasestart.analytics.AnalyticsActivity;

public class MainActivity extends AppCompatActivity implements View.OnClickListener
{
    @Override
    protected void onCreate(Bundle savedInstanceState)
    {
        super.onCreate(savedInstanceState);
        setContentView(R.layout.activity_main);
...
...
        Button firebaseinvitesbtn = (Button)findViewById(R.id.firebaseAnalyticsbtn);
        firebaseinvitesbtn.setOnClickListener(this);
    }
```

```
    @Override
    public void onClick(View view)
    {
        Intent i = null;
        switch (view.getId())
        {
            ...
            ...
            case R.id.firebaseAnalyticsbtn:
                i = new Intent(this, AnalyticsActivity.class);
                startActivity(i);
                break;
            default:
                break;
        }
    }
}
```

그리고 One Activity, Two Activity, Three Activity 클래스와 관련 리소스 파일을 만듭니다.

[코드 14-2] 파이어베이스 애널리틱스 테스트를 위한 화면 및 리소스 구성하기

[activity_one.xml]   [예제 파일 : res/layout/activity_one.xml]

```xml
<?xml version="1.0" encoding="utf-8"?>
<androidx.constraintlayout.widget.ConstraintLayout xmlns:android=
 "http://schemas.android.com/apk/res/android"
    xmlns:app="http://schemas.android.com/apk/res-auto"
    xmlns:tools="http://schemas.android.com/tools"
    android:layout_width="match_parent"
    android:layout_height="match_parent"
    tools:context=".analytics.OneActivity">

    <TextView
        android:layout_width="wrap_content"
        android:layout_height="wrap_content"
        android:text="One Activity"
        android:textStyle="bold"
        android:textSize="20dp"
        app:layout_constraintTop_toTopOf="parent"
        app:layout_constraintBottom_toBottomOf="parent"
        app:layout_constraintLeft_toLeftOf="parent"
        app:layout_constraintRight_toRightOf="parent"/>

</androidx.constraintlayout.widget.ConstraintLayout>
```

[OneActivity.java]   [예제 파일 : java/com/goodroadbook/firebasestart/analytics/OneActivity.java]

```java
package com.goodroadbook.firebasestart.analytics;

import androidx.appcompat.app.AppCompatActivity;

import android.os.Bundle;

import com.goodroadbook.firebasestart.R;

public class OneActivity extends AppCompatActivity
{
    @Override
    protected void onCreate(Bundle savedInstanceState)
    {
        super.onCreate(savedInstanceState);
        setContentView(R.layout.activity_one);
    }
}
```

[activity_two.xml]   [예제 파일 : res/layout/activity_two.xml]

```xml
<?xml version="1.0" encoding="utf-8"?>
<androidx.constraintlayout.widget.ConstraintLayout xmlns:android=
 "http://schemas.android.com/apk/res/android"
    xmlns:app="http://schemas.android.com/apk/res-auto"
    xmlns:tools="http://schemas.android.com/tools"
    android:layout_width="match_parent"
    android:layout_height="match_parent"
    tools:context=".analytics.TwoActivity">

    <TextView
        android:layout_width="wrap_content"
        android:layout_height="wrap_content"
        android:text="Two Activity"
        android:textStyle="bold"
        android:textSize="20dp"
        app:layout_constraintTop_toTopOf="parent"
        app:layout_constraintBottom_toBottomOf="parent"
        app:layout_constraintLeft_toLeftOf="parent"
        app:layout_constraintRight_toRightOf="parent"/>

</androidx.constraintlayout.widget.ConstraintLayout>
```

[TwoActivity.java]   [예제 파일 : java/com/goodroadbook/firebasestart/analytics/TwoActivity.java]

```java
package com.goodroadbook.firebasestart.analytics;

import androidx.appcompat.app.AppCompatActivity;

import android.os.Bundle;

import com.goodroadbook.firebasestart.R;

public class TwoActivity extends AppCompatActivity
{
    @Override
    protected void onCreate(Bundle savedInstanceState)
    {
        super.onCreate(savedInstanceState);
        setContentView(R.layout.activity_two);
    }
}
```

[activity_three.xml]   [예제 파일 : res/layout/activity_three.xml]

```xml
<?xml version="1.0" encoding="utf-8"?>
<androidx.constraintlayout.widget.ConstraintLayout xmlns:android=
 "http://schemas.android.com/apk/res/android"
    xmlns:app="http://schemas.android.com/apk/res-auto"
    xmlns:tools="http://schemas.android.com/tools"
    android:layout_width="match_parent"
    android:layout_height="match_parent"
    tools:context=".analytics.ThreeActivity">

    <TextView
        android:layout_width="wrap_content"
        android:layout_height="wrap_content"
        android:text="Three Activity"
        android:textStyle="bold"
        android:textSize="20dp"
        app:layout_constraintTop_toTopOf="parent"
        app:layout_constraintBottom_toBottomOf="parent"
        app:layout_constraintLeft_toLeftOf="parent"
        app:layout_constraintRight_toRightOf="parent"/>

</androidx.constraintlayout.widget.ConstraintLayout>
```

```
[ThreeActivity.java]          [예제 파일 : java/com/goodroadbook/firebasestart/analytics/ThreeActivity.java]

package com.goodroadbook.firebasestart.analytics;

import androidx.appcompat.app.AppCompatActivity;

import android.os.Bundle;

import com.goodroadbook.firebasestart.R;

public class ThreeActivity extends AppCompatActivity
{
    @Override
    protected void onCreate(Bundle savedInstanceState)
    {
        super.onCreate(savedInstanceState);
        setContentView(R.layout.activity_three);
    }
}
```

One Activity, Two Activity, Three Activity를 실행할 수 있는 화면을 제공하는
AnalyticsActivity 클래스와 activity_analytics.xml 파일을 [코드 14-3]처럼 만듭니다.

```
[코드 14-3] 애널리틱스 테스트를 위한 버튼과 화면 연결하기
[activity_analytics.xml]                          [예제 파일 : res/layout/activity_analytics.xml]

<?xml version="1.0" encoding="utf-8"?>
<androidx.constraintlayout.widget.ConstraintLayout xmlns:android=
  "http://schemas.android.com/apk/res/android"
    xmlns:app="http://schemas.android.com/apk/res-auto"
    xmlns:tools="http://schemas.android.com/tools"
    android:layout_width="match_parent"
    android:layout_height="match_parent"
    tools:context=".analytics.AnalyticsActivity">

    <TextView
        android:id="@+id/title"
        android:layout_width="match_parent"
        android:layout_height="wrap_content"
        android:text="Fiebase Analytics"
        android:textStyle="bold"
        android:textSize="20dp"
        android:gravity="center"
        app:layout_constraintTop_toTopOf="parent" />
```

```xml
<Button
    android:id="@+id/onebtn"
    android:layout_width="match_parent"
    android:layout_height="wrap_content"
    app:layout_constraintTop_toBottomOf="@id/title"
    android:text="ONE Activity" />

<Button
    android:id="@+id/twobtn"
    android:layout_width="match_parent"
    android:layout_height="wrap_content"
    app:layout_constraintTop_toBottomOf="@id/onebtn"
    android:text="TWO Activity"/>

<Button
    android:id="@+id/threebtn"
    android:layout_width="match_parent"
    android:layout_height="wrap_content"
    app:layout_constraintTop_toBottomOf="@id/twobtn"
    android:text="THREE Activity"/>

</androidx.constraintlayout.widget.ConstraintLayout>
```

[AnalyticsActivity.java]   [예제 파일 : java/com/goodroadbook/firebasestart/analytics/AnalyticsActivity.java]

```java
package com.goodroadbook.firebasestart.analytics;

import androidx.appcompat.app.AppCompatActivity;

import android.content.Intent;
import android.os.Bundle;
import android.view.View;
import android.widget.Button;

import com.goodroadbook.firebasestart.R;

public class AnalyticsActivity extends AppCompatActivity implements
View.OnClickListener
{
    @Override
    protected void onCreate(Bundle savedInstanceState)
    {
        super.onCreate(savedInstanceState);
        setContentView(R.layout.activity_analytics);
```

```java
        Button onebtn = (Button)findViewById(R.id.onebtn);
        onebtn.setOnClickListener(this);

        Button twobtn = (Button)findViewById(R.id.twobtn);
        twobtn.setOnClickListener(this);

        Button threebtn = (Button)findViewById(R.id.threebtn);
        threebtn.setOnClickListener(this);
    }

    @Override
    public void onClick(View view)
    {
        Intent i = null;
        switch (view.getId())
        {
            case R.id.onebtn:
                i = new Intent(this, OneActivity.class);
                startActivity(i);
                break;
            case R.id.twobtn:
                i = new Intent(this, TwoActivity.class);
                startActivity(i);
                break;
            case R.id.threebtn:
                i = new Intent(this, ThreeActivity.class);
                startActivity(i);
                break;
        }
    }
}
```

클래스와 리소스 구성이 다되었으면 OneActivity, TwoActivity, ThreeActivity 클래스에서 Firebase Analytics로 이벤트를 보내는 클래스를 만들겠습니다. 먼저 Firebase Analytics에 이벤트를 보낼 수 있는 FAnalytics 클래스를 만들어 [코드 14-4] 내용을 추가합니다.

[코드 14-4] 애널리틱스 API를 사용하여 이벤트 전송 클래스 만들기

[FAnalytics.java]　　　　　　　　　　　[예제 파일 : java/com/goodroadbook/firebasestart/analytics/FAnalytics.java]

```java
package com.goodroadbook.firebasestart.analytics;

import android.content.Context;
import android.os.Bundle;
```

```java
import com.google.firebase.analytics.FirebaseAnalytics;

public class FAnalytics
{
    public static final String FIREBASE_ANALYTICS_EVENT_NAME = "goodroadbook";
    public static final String FIREBASE_ITEMID_ONEACTIVITY = "itemid_one";
    public static final String FIREBASE_ITEMID_TWOACTIVITY = "itemid_two";
    public static final String FIREBASE_TIEMID_THREEACTIVITY = "itemid_three";
    public static final String FIREBASE_ITEMNAME_ONEACTIVITY = "itemname_one";
    public static final String FIREBASE_ITEMNAME_TWOACTIVITY = "itemname_two";
    public static final String FIREBASE_ITEMNAME_THREEACTIVITY = "itemname_three";

    private FirebaseAnalytics mFirebaseAnalytics = null;

    public FAnalytics()
    {

    }

    public void initFirebaseAnalytics(Context context)
    {
        mFirebaseAnalytics = FirebaseAnalytics.getInstance(context);
    }

    public void sendLogEvent(String aItemId, String aItemName)
    {
        Bundle bundle = new Bundle();
        bundle.putString(FirebaseAnalytics.Param.ITEM_ID, aItemId);
        bundle.putString(FirebaseAnalytics.Param.ITEM_NAME, aItemName);

        mFirebaseAnalytics.logEvent(FIREBASE_ANALYTICS_EVENT_NAME, bundle);
    }
}
```

FAnalytics 클래스에는 크게 initFirebaseAnalytics(Context), sendLogEvent(String, String) 함수가 있습니다. initFirebaseAnalytics(Context) 함수는 FirebaseAnalytics 클래스의 public 메소드를 사용하기 위하여 getInstance(Context)를 호출하고, sendLogEvent(String, String) 함수는 FirebaseAnalytics의 logEvent(String, Bundle)로 이벤트를 전송합니다. FAnalytics 클래스는 OneActivity, TwoActivity, ThreeActivity 클래스에서 Activity가 실행될 때 onCreate() 함수에서 사용하게 됩니다. OneActivity, TwoActivity, ThreeActivity 클래스의 내용과 관련 리소스는 [코드 14-5]와 같이 채웁니다.

[코드 14-5] 화면별로 파이어베이스 애널리틱스 이벤트 전송하기

[OneActivity.java]　　　　[예제 파일 : java/com/goodroadbook/firebasestart/analytics/OneActivity.java]

```java
package com.goodroadbook.firebasestart.analytics;

...
...

public class OneActivity extends AppCompatActivity
{
    private FAnalytics mFAnalytics = null;

    @Override
    protected void onCreate(Bundle savedInstanceState)
    {
        super.onCreate(savedInstanceState);
        setContentView(R.layout.activity_one);

        mFAnalytics = new FAnalytics();
        mFAnalytics.initFirebaseAnalytics(this);

        mFAnalytics.sendLogEvent(FAnalytics.FIREBASE_ITEMID_ONEACTIVITY,
                FAnalytics.FIREBASE_ITEMNAME_ONEACTIVITY);
    }
}
```

[TwoActivity.java]　　　　[예제 파일 : java/com/goodroadbook/firebasestart/analytics/TwoActivity.java]

```java
package com.goodroadbook.firebasestart.analytics;

...
...

public class TwoActivity extends AppCompatActivity
{
    private FAnalytics mFAnalytics = null;

    @Override
    protected void onCreate(Bundle savedInstanceState)
    {
        super.onCreate(savedInstanceState);
        setContentView(R.layout.activity_two);

        mFAnalytics = new FAnalytics();
        mFAnalytics.initFirebaseAnalytics(this);
```

```
        mFAnalytics.sendLogEvent(FAnalytics.FIREBASE_ITEMID_TWOACTIVITY,
                FAnalytics.FIREBASE_ITEMNAME_TWOACTIVITY);
    }
}
```

[ThreeActivity.java]　　　　[예제 파일 : java/com/goodroadbook/firebasestart/analytics/ThreeActivity.java]

```
package com.goodroadbook.firebasestart.analytics;

...
...
public class ThreeActivity extends AppCompatActivity
{
    private FAnalytics mFAnalytics = null;

    @Override
    protected void onCreate(Bundle savedInstanceState)
    {
        super.onCreate(savedInstanceState);
        setContentView(R.layout.activity_three);

        mFAnalytics = new FAnalytics();
        mFAnalytics.initFirebaseAnalytics(this);

        mFAnalytics.sendLogEvent(FAnalytics.FIREBASE_TIEMID_THREEACTIVITY,
                FAnalytics.FIREBASE_ITEMNAME_THREEACTIVITY);

    }
}
```

FirebaseAnalytics 프로젝트에서 위 내용을 모두 추가한 후 단말에 설치해봅니다. ADB를 통해 디버깅 모드로 설치하는 방법, APK 파일을 만들어 설치하는 방법 모두 파이어베이스 애널리틱스 콘솔에서 이벤트를 확인할 수 있습니다.

[그림 14-9]는 앱이 실행되고 OneActivity, TwoActivity, ThreeActivity의 액티비티가 실행되어 FAnalytics 클래스의 sendLogEvent()를 통해 전달된 이벤트들을 확인할 수 있습니다. 특히 아래 그림에서 StreamView를 통해 지난 30분 간 사용자의 이벤트 정보를 확인할 수 있습니다. 자세한 내용은 뒤에서 자세히 보겠습니다.

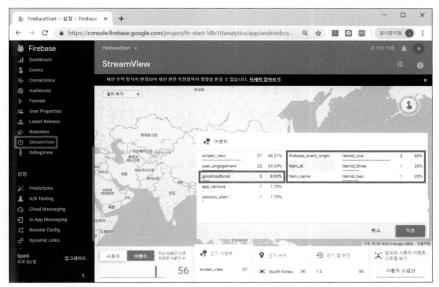

[그림 14-9] 파이어베이스 콘솔의 애널리틱스 StreamView에서 실시간 이벤트를 확인한다.

14.3 파이어베이스 콘솔에서 제공하는 애널리틱스 주요 기능

파이어베이스 콘솔에서 제공하는 애널리틱스 기능에 대해서 알아봅시다. 앱에서 전달하는 이벤트들을 이용하여 애널리틱스의 다양한 기능을 통해 분석한 내용을 확인할 수 있습니다.

주요 기능은 아래 그림과 같이 대시보드(Dashboard), 이벤트(Events), 전환 수(Conversions), 기여(Attribution), 유입 경로(Funnels), 사용자 속성(User Properties), 최신 버전(Latest Release), 사용자 보유(Retention), StreamView, Debug View가 있습니다.

[그림 14-10] 파이어베이스 애널리틱스

위 그림의 좌측 메뉴의 각 항목별로 어떠한 기능을 제공해주는지 알아보도록 하자. 가장 먼저 대시보드에서 대해서 알아봅니다.

대시보드

대시보드Dashboard는 활성 사용자, 지난 30분 동안의 활성 사용자, 인기 전환 이벤트, 사용자당 참여도, 총 수익, 비정상 종료가 발생하지 않은 사용자, 앱 버전 채택, 획득, 유지 집단, 잠재고객 정보를 확인할 수 있습니다. 대시보드의 기능을 간략하게 보면 [그림 14-11]과 같습니다.

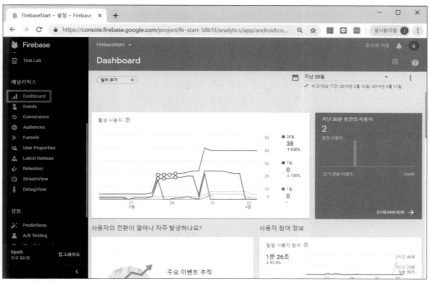

[그림 14-11] 대시보드

[표 14-1] 대시보드 기능

기능	내용
활성 사용자	이전 기간의 변동 비율을 포함한 해당 기간의 월간(30일), 주간(7일) 및 일간(1일) 활성 사용자 정보에 대해 알 수 있다.
지난 30분 동안의 활성 사용자(StreamView)	최근 30분 동안 앱을 사용한 사용자 수를 알 수 있다. • 분당 활성 사용자 : 분당 활성 사용자 정보를 볼 수 있고, 막대 위에 마우스를 올리면 해당 1분 동안의 활성 사용자를 확인할 수 있다. • 인기 전환 이벤트 : 지난 30분 동안 발생한 인기 전환 이벤트 3가지를 확인할 수 있다.
인기 전환 이벤트	기간에 대한 전체 및 일일 합계의 인기 전환 이벤트 3가지에 대해 보여준다. 그러나 first_open 및 session_start 이벤트는 포함되지 않는다.
사용자당 참여도	이전 기간의 변동 비율을 포함한 기간별 사용자당 평균 참여도에 대해 확인할 수 있다. • 사용자당 참여도 : 사용자당 일일 평균 참여도를 표시합니다. • 인기 화면 : 전체 참여도 및 각 화면의 평균 시간을 포함한 참여도별 인기 화면 3개를 보여준다.
총 수익	총 수익은 이전 기간의 변동 비율을 포함한 모든 수익원의 총 가치를 나타낸다. • 수익원 : 모든 ecommerce_purchase 및 in_app_purchase 이벤트에 대한 총 가치이고, AdMob 수익은 AdMob 네트워크의 예상 수익을 표시하게 된다. • 사용자당 수익 : 사용자당 평균 수익(ARPU) 및 유료 사용자당 평균 수익(ARPPU)이며, ARPU에는 AdMob 네트워크의 예상 수익이 포함된다. – 수익은 ecommerce_purchase 및 in_app_purchase 이벤트 값의 합계를 표시하며, ARPU는 해당 기간의 총 사용자 수로 수익을 나눈 값이다. ARPPU는 해당 기간 동안 구매한 사용자 수로 수익을 나눈 값이다.
비정상 종료가 발생하지 않은 사용자	비정상 종료를 경험하지 않은 사용자의 비율을 표시합니다. 여기서 사용되는 데이터는 Firebase Crashlytics 데이터들을 사용하여 비율을 표시하게 된다.

기능	내용
앱 버전 채택	– 지난 30일 동안 각 앱 버전의 활성 사용자 비율이다. 그래프 위로 마우스를 가져가면 특정 날짜에 대한 측정 항목을 볼 수 있습니다. 표에 버전 번호 별로 최근에 출시된 앱 버전의 목록과 각 버전의 활성 사용자 및 비정상 종료가 발생하지 않은 사용자의 비율이 나열된다.
획득	Admob 광고 또는 기타 광고로 앱 설치 및 실행 정보를 이용하여 유입 정보를 화면에 표시하게 된다. • 소스 : 사용자를 획득한 최고 인기 광고 네트워크를 표시한다. • first_open 전환수 : 광고 네트워크당 앱이 처음으로 열린 횟수를 표시한다. • LTV : 각 광고 네트워크의 사용자당 평균 가치를 표시한다. 설치 수는 안드로이드는 Google Play Console에서, iOS 앱은 iTunesConnect에서 확인할 수 있다.
유지 집단	유지 집단 보고서를 한눈에 보여준다. 집단이란 동일한 시간(예: 같은 요일 또는 같은 주간)에 앱을 사용하기 시작한 사용자 집합이며, 유지 집단 보고서를 통해 앱이 사용자를 얼마나 잘 유지하는지를 알 수 있다.
잠재고객	잠재 고객은 사용자층을 분류할 수 있다. 이벤트(예: session_start 또는 level_up) 및 사용자 속성(예: 나이, 성별, 언어)에 따른 분류가 가능하며 이벤트, 매개변수 및 속성을 조합하여 모든 종류의 사용자 그룹을 포함할 수 있다. • 위치 ; 각 상위 국가의 세션 비율을 나타내는 지도 및 표를 나타낸다. • 기기 : 모델은 상위 3개 기기 모델 각각의 사용자 비율을 나타내고, 기타는 다른 모든 기기의 합계를 나타냅니다. OS 버전은 상위 3개 OS 버전 각각의 사용자 비율을 나타내고, 기타는 다른 모든 OS 버전의 합계를 나타낸다. • 인구통계 : 이전 기간의 변동 비율을 포함한 연령대별 남성 및 여성 사용자의 백분율을 표시한다.

대시보드를 통해 전반적인 상황을 보고 상세 내용이 필요한 경우 해당 항목을 클릭하여 상세 내용을 볼 수 있습니다.

이벤트

활성 기간 동안 앱에서 발생한 이벤트가 표에 표시됩니다. 표에는 각 이벤트에 대해 다음과 같은 항목이 표시됩니다.

- 횟수 : 이벤트가 발생한 횟수
- 사용자 : 이벤트를 발생시킨 사용자 수

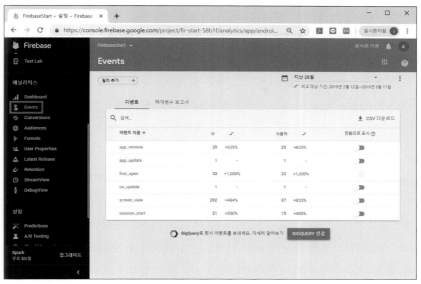

[그림 14-12] 이벤트

[그림 14-12]에서 이벤트 이름을 클릭하면 상세 이벤트 정보를 확인할 수 있습니다. 상세 이벤트에는 다음과 같은 항목을 보여줍니다.

- 이벤트 수 : 이벤트가 발생한 횟수
- 사용자 : 이벤트를 발생시킨 사용자 수
- 사용자당 이벤트 수 : 사용자 1인당 이벤트가 발생한 평균 횟수
- 값 : 이벤트와 함께 제공된 모든 값 매개변수의 합계. 상황별 측정항목으로 앱에서 의미 있는 모든 데이터(예: 금액, 시간, 거리)를 추적 가능

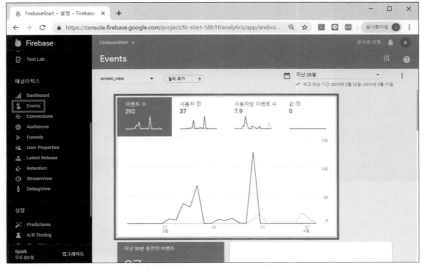

[그림 14-13] 상세 이벤트 정보

상세 이벤트 내용을 통해 기간별로 사용자가 해당 이벤트를 발생시킨 기능들의 사용 추이를 확인할 수 있습니다. 실제 해당 기간 동안 이벤트가 발생되지 않았다면 해당 기능 재검토 해볼 필요가 있습니다. 지속적으로 해당 기능을 업데이트하여 나갈 것인가 아니면 사용자들이 사용하지 않는 기능으로 차기 패치에 해당 기능을 삭제하고 나갈 것인가를 판단할 수 있는 근거 자료가 될 수 있습니다. 다음은 Firebase Analytics의 전환 수(Conversions)에 대해서 알아봅니다.

전환 수

전환 수(Conversions)는 신규 사용자를 확보하고 지속적으로 참여시키기 위한 방법으로 가장 큰 효과를 보인 마케팅 활동이 무엇인지를 파악할 수 있도록 제공됩니다. Conversions는 각 소스 및 광고 네트워크에서 얼마나 많은 전환 이벤트가 발생되었는지 보여줍니다.

파이어베이스 애널리틱스에서 가장 중요한 이벤트는 전환입니다. 전환으로 정의된 이벤트가 표에 표시되며 이 중 3가지는 파이어베이스 애널리틱스에서 사전 정의가 되어 있습니다.

- first_open
- in_app_purchase
- ecommerce_purchase

그리고 [그리 14-14]와 같이 '이벤트'에서 사용자가 추가한 이벤트를 '전환으로 표시' 열에서 전환 이벤트로 추가가 가능합니다. app_update를 전환 이벤트로 전환했습니다.

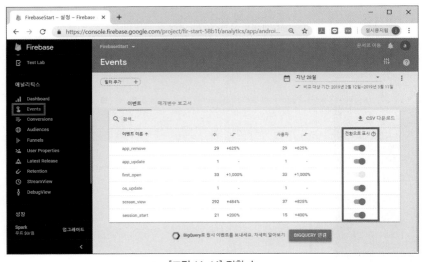

[그림 14-14] 전환 수

'이벤트'에서 전환 이벤트로 설정하면 [그림 14-15]와 같이 app_update 이벤트가 전환 이벤트로 추가 되었음을 알 수 있습니다.

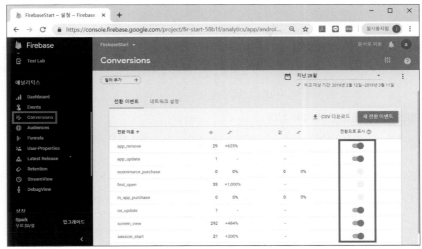

[그림 14-15] app_update 이벤트가 전환 이벤트로 추가된 화면

위 전환 이벤트에서 전환 이벤트를 클릭하면 각 소스 또는 네트워크의 기여 전환 수를 확인할 수 있습니다. [그림 14-16]을 참고하여 이벤트를 평가할 때 기여 모델을 선택합니다.

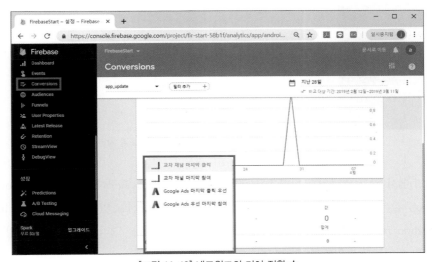

[그림 14-16] 네트워크의 기여 전환 수

- **교차 채널 마지막 클릭**

  파이어베이스는 모든 소스의 클릭 수를 확인하고 마지막 클릭이 전환에 기여한 것입니다.

- **교차채널 마지막 참여**

  최근 클릭이 없으면 파이어베이스는 마지막 클릭 또는 광고 노출이 전환에 기여한 것입니다.

- **애드워즈에서 선호하는 마지막 클릭**

  파이어베이스는 다른 소스에서 클릭이 발생했는지 여부에 관계없이 애드워즈가 전환에 기여한 것입니다.

- **애드워즈에서 선호하는 마지막 참여**

  파이어베이스는 다른 소스의 클릭 또는 광고 노출 여부와 상관없이 애드워즈가 전환에 기여한 것입니다.

애드워즈 또는 광고 네트워크를 통해 얼마나 많은 전환 이벤트가 발생되었는지 확인하기 위해서는 [그림 14-17]과 같이 '네트워크 설정'–'새 네트워크' 추가를 해줘야 합니다.

[그림 14-17] 광고 네트워크를 통해 발생한 전환 이벤트를 확인한다.

캠페인 소스에서 광고 네트워크 하나를 선택하면 필요한 정보를 요구하게 됩니다. 'Yahoo Japan Corporation' 같은 경우 검색 광고에 필요한 캠페인 URL을 제공하고 있기 때문에 해당 URL을 복사해서 'Yahoo Japan Corporation' 검색 광고에 사용하면 됩니다. 그리고 '포스트백 구성'을 통해 필요한 전환 이벤트를 확인할 수 있습니다.

> **참고**
>
> **포스트백(Postback)**
> 포스트백은 광고 관련 데이터를 광고 매체에 알려주는 것으로 앱 설치 숫자가 과금의 기준이 되는 광고 특성상 광고 매체는 정확한 앱 설치 숫자를 모니터링 해야합니다. 따라서 포스트백을 위해서 광고 매체에서 제공하는 관련 SDK를 앱에서 탑재하도록 하고 있습니다.

[그림 14-18] 포스트백 구성

잠재고객

잠재고객(Audiences) 기능을 사용하면 비즈니스에 중요한 의미를 갖는 방식으로 사용자층을 분류할 수 있습니다.

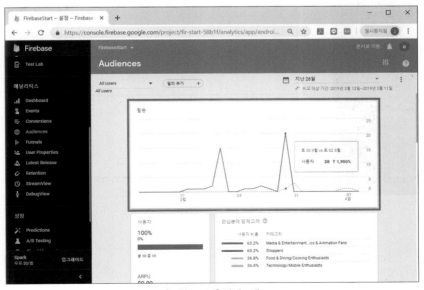

[그림 14-19] 잠재고객

이벤트(예: session_start 또는 level_up) 및 사용자 속성(예: 나이, 성별, 언어)에 따른 분류가 가능하며 이벤트, 매개변수 및 속성을 조합하여 모든 종류의 사용자 그룹을 포함할 수 있습니다. 그리고 잠재고객의 용도는 다음과 같이 사용할 수 있습니다.

- 보고서 필터링으로 다양한 사용자 세그먼트가 앱을 어떻게 사용하는지 분석
- 각 잠재고객으로 알림 대상 설정
- 원격 구성의 대상을 설정하여 다양한 잠재고객에게 맞춤 경험 제공

유입 경로

유입 경로(Funnels)는 앱에서 연속된 단계(이벤트)의 완료율을 시각화, 최적화할 수 있습니다. 예를 들어 계정 만들기에 필요한 단계를 포함하는 유입 경로를 만들고 각 단계의 완료율을 추적하면, 사용자가 계정 만들기 흐름 중 구체적으로 어떤 단계에서 이탈하는지를 파악할 수 있습니다. 잠재고객이나 사용자 속성을 기준으로 유입 경로 보고서를 필터링하면 유입 경로를 완료하는 비율이 더 높은 사용자층을 확인할 수 있습니다. 유입 경로로 얻은 통계를 바탕으로 앱을 적절히 변경하여 유지율을 높이는 것이 본 기능의 목적입니다.

유입 경로에서 [그림 14-20]처럼 '새 유입경로'를 만들어 앱 실행 후 업데이트를 진행한 사용자를 조사해보도록 합니다. 화면 오른쪽의 회색으로 된 〈새 유입경로〉 버튼을 누릅니다.

[그림 14-20] 유입 경로

업데이트에 대한 유입 경로를 만들게 되면 [그림 14-21]과 같이 앱 실행 후 업데이트 한 사용자에 대한 이벤트를 볼 수 있습니다.

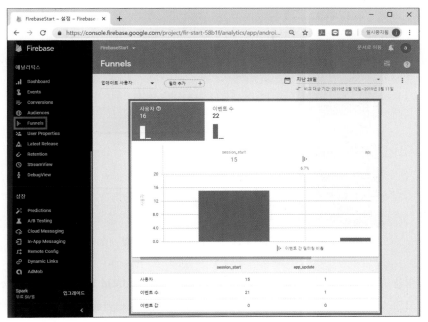

[그림 14-21] 새 유입 경로 확인

사용자 속성

사용자 속성(User Perperties)은 사용자 층을 분류할 수 있는 기능을 제공합니다. User Property를 사용하면 사용자 기반의 다양한 세그먼트에 대한 동작을 분석할 수 있습니다. 앱당 최대 25개의 고유한 사용자 속성을 제공할 수 있으며 각각에 대해 선택한 이름과 값을 사용할 수 있습니다. User Property의 이름은 최대 24자까지 입력할 수 있고, 알파벳, 숫자, 밑줄("-")만 포함할 수 있으며, 값은 최대 35자까지 가능합니다. 대/소문자를 구분하기 때문에 이름에서 대소문자만 다른 두 사용자 속성을 설정하면 서로 다른 2개의 속성으로 인식됩니다. User Property의 이름을 사용할 때 주의해야 하는 것으로 "firebase_", "google_", "ga_" 접두어는 예약되어 있기 때문에 사용해서는 안됩니다. 그리고 다음 항목은 예약 되어 있기 때문에 사용할 수 없습니다.

- first_open_time
- first_visit_time
- last_deep_link_referrer
- user_id
- first_open_after_install

만약 사용자 속성으로 사용한다면 [그림 14-22]와 같이 사용 제한된 이름으로 사용할 수 없음을
표시합니다.

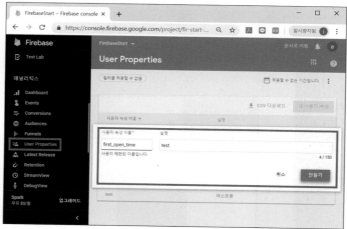

[그림 14-22] 사용자 속성으로 사용자 이름을 지정할 수 없다.

사용자 속성을 추가하는 방법은 파이어베이스 콘솔 이외에도 Android Studio의 FirebaseStart 프
로젝트의 코드 상에서도 가능합니다. FAnalytics 클래스와 OneActivity 클래스에 [코드 14-6]처
럼 추가하여 실행해봅니다.

[코드 14-6] 파이어베이스 애널리틱스에서 사용자 속성 추가하기

[FAnalytics.java]   [예제 파일 : java/com/goodroadbook/firebasestart/analytics/FAnalytics.java]

```java
package com.goodroadbook.firebasestart.analytics;

...

public class FAnalytics
{
    ...

    public void setUserProperty(String key, String value)
    {
        mFirebaseAnalytics.setUserProperty(key, value);
    }
}
```

[OneActivity.java]　　　　　　[예제 파일 : java/com/goodroadbook/firebasestart/analytics/OneActivity.java]

```java
package com.goodroadbook.firebasestart.analytics;

...
...
public class OneActivity extends AppCompatActivity
{
    private FAnalytics mFAnalytics = null;

    @Override
    protected void onCreate(Bundle savedInstanceState)
    {
        ...
        ...
        mFAnalytics.setUserProperty("favorite_food", "apple");
    }
}
```

FirebaseStart에 추가된 내용으로 앱을 만들어 단말에 설치하면 파이어베이스 애널리틱스를 통해 사용자 속성이 생성됩니다. 파이어베이스 애널리틱스의 User Properties 추가를 바로 확인하기 위해서는 아래와 같이 디버그 뷰를 통해서 확인할 수 있습니다. 참고로, 사용자 속성을 등록한 후 이 속성으로 수집된 데이터가 보고서에 포함되기까지 몇 시간이 걸릴 수 있습니다. 디버그 뷰에 대한 사용 설명은 뒤에서 참고하여 보면 되겠습니다.

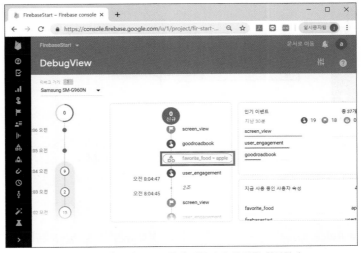

[그림 14-23] 디버그뷰를 통해 사용자 속성 값을 확인한다.

새 데이터가 제공되면 사용자 속성을 보고서 필터 또는 잠재고객 정의로 사용할 수 있습니다. 사용자 속성에서 중요한 부분 중에 하나가 보고서 필터 또는 잠재고객으로 사용하기 위해서는 명시적으로 파이어베이스 콘솔에서 사용자 속성 항목으로 추가해주어야 사용할 수 있습니다. 아래 그림과 같이 "favorite_food" 사용자 속성 이름을 추가해줍니다.

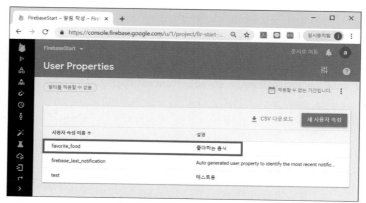

[그림 14-24] 사용자 속성은 명시적으로 추가하여 사용한다.

사용자 속성에 명시적으로 "favorite_food"가 추가되면 클라우드 메시징과 같은 푸시 알림 발송 시에도 사용자 속성에 따라 타켓 발송이 가능해집니다.

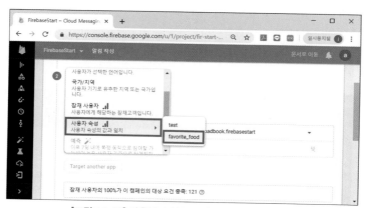

[그림 14-25] 사용자 속성으로 알림 타켓을 발송한다.

최신 버전

최신 버전(Latest Release)은 앱 출시에 관한 유용한 정보를 얻을 수 있습니다. 앱의 새 버전을 배포할 때, 업그레이드하는 사용자 수를 추적하고 참여도를 파악하고 출시된 버전을 사용자층이 얼마나 안정적으로 채택하는지 알아야 하는 경우가 있는데, 이때 앱의 채택률, 참여도, 안정성 측정 항목을 통해 확인할 수 있습니다.

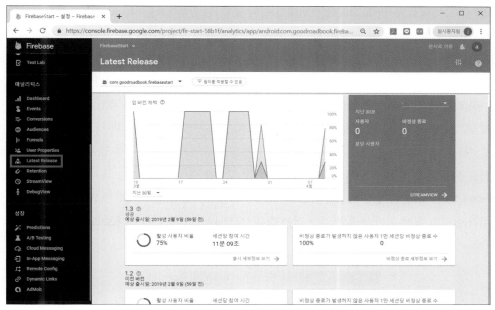

[그림 14-26] 최신 버전

사용자 보유

사용자 보유(Retention)는 사용자가 앱을 계속 사용하는 비율을 확인할 수 있습니다. [그림 14-27]은 앱 사용을 같은 날 또는 같은 주에 시작한 사용자의 집합입니다. 즉, 사용자가 우리 앱을 얼마나 유지하고 있는지 알 수 있습니다.

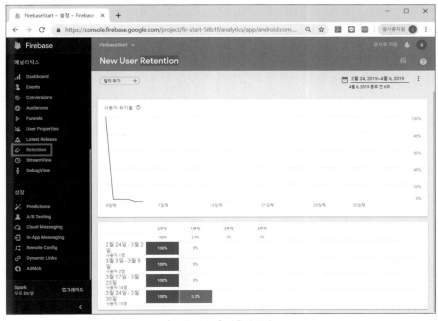

[그림 14-27] 사용자 보유

[그림 14-27]에서 두 번째 그래프는 이해가 쉽지 않을 수 있는데요, 이는 코호트 분석이라는 것입니다. 어떤 건지 알아보죠. 코호트 분석은 특정 기간에 특정 경험을 공유한 집단 간의 행동 패턴을 비교/분석한 내용으로 애널리틱스의 사용자 보유(Retention)는 별다른 설정 없이 확인할 수 있도록 제공합니다. 이러한 코호트 분석으로 현재 앱의 상황을 파악할 수 있습니다. 단순히 앱 설치가 증가하고 있다고 해서 앱을 많이 사용하는 것은 아니기 때문에 신규 고객 유입, 고객이 된 이후 앱 유지, 앱 삭제하는 비율 확인 등 전반적인 상황을 체크할 수 있습니다. 즉 앱 사용성이 떨어지는 부분을 빠르게 인지하여 신규 고객 유입을 위한 마케팅보다 고객 관리와 사용성 향상에 초점을 맞춰 비용을 사용할 수 있는 결정을 코호트 분석을 통해 확인할 수 있습니다.

FirebaseStart 앱 같은 경우 개발용 테스트 앱이기 때문에 사용자 및 데이터가 많지 않기 때문에 위 그림과 같지만 실제 서비스 중인 앱들 같은 경우 [그림 14-28]과 같은 형태로 보여줄 겁니다.

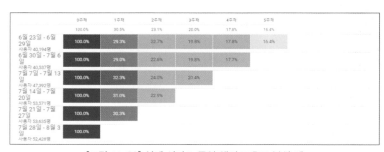

[그림 14-28] 실제 서비스 중인 앱의 코호트 분석 예

StreamView

StreamView는 분석 이벤트 스트림을 들여다 보는 창으로 애널리틱스의 각종 보고서를 통해 일정 기간의 앱 데이터를 분석하여 다양한 사용자층 세그먼트의 추세를 파악하고 이상을 발견할 수 있습니다. StreamView는 애널리틱스 서버에 수집되는 분석 이벤트를 실시간으로 보여주고, StreamView 보고서는 앱을 누가 사용하고 있으며 무엇을 하고 있는지를 실시간으로 심도 있게 파악할 수 있도록 최적화되어 있습니다. StreamView는 최근 30분 동안 수집된 이벤트에 집중하여 시간대에 따라 달라지는 사용 패턴을 포착하고자 하루에 걸쳐 주기적으로 변화하는 보고서를 만듭니다.

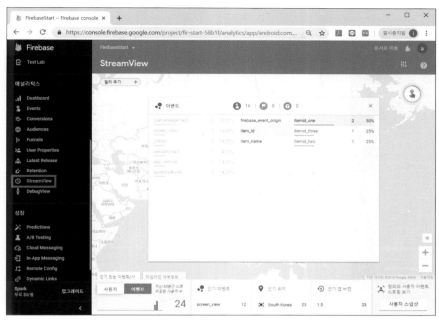

[그림 14-29] StreamView

DebugView

애널리틱스 배포 시스템은 휴대기기의 네트워크 데이터 및 배터리 수명을 절약하기 위해 사용량 데이터를 주기적으로, 보통 1시간마다 폴링을 합니다. 그러나 개발 주기가 진행되는 중에는 기다리지 않고 결과를 관찰하고 조정할 수 있도록 이벤트 기록 현황을 실시간으로 확인해야 하는데, DebugView를 사용하면 앱의 이벤트를 실시간으로 모니터링할 수 있습니다. DebugView를 사용하려면 먼저 기기에서 디버그 모드를 사용 설정해야 합니다.

안드로이드는 adb shell에서 아래의 명령 줄을 실행하도록 합니다.

```
[DebugView 실행]
adb shell setprop debug.firebase.analytics.app <package_name>

[DebugView 명시적 사용 중지 할 때까지 유지]
adb shell setprop debug.firebase.analytics.app .none.
```

참고로, DebugView를 사용하기 전에 기기의 시간이 정확한지 확인해야 합니다. 기기 시계에 오차가 있으면 파이어베이스 애널리틱스 보고서에서 이벤트가 지연되거나 누락될 수 있기 때문입니다.

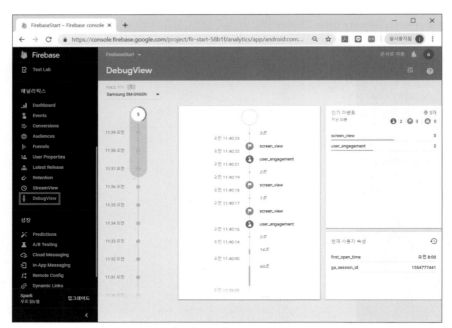

[그림 14-30] DebugView

지금까지 파이어베이스 콘솔에서 애널리틱스의 기능들에 대해서 알아보았습니다. 파이어베이스 애널리틱스를 통해 우리는 앱을 어떠한 방향으로 개선해나가야 하고 사용자들이 무엇을 원하는지에 대해 파악할 수 있음을 알 수 있습니다. 여러분도 예제를 통해 직접 파이어베이스 애널리틱스를 사용하여 내 앱을 다각도로 분석해볼 수 있으면 합니다.

14.4 웹뷰에서 파이어베이스 애널리틱스 사용하기

최근 들어 하이브리드 앱이 많이 제작되면서 앱에서 웹뷰WebView를 많이 사용하는 추세입니다. 이와 더불어 파이어베이스 애널리틱스도 기존 네이티브 앱에서 뿐만 아니라 웹뷰에서 동작하는 웹페이지도 사용할 수 있도록 제공됩니다. 파이어베이스 애널리틱스는 앱에 한정적으로 지원하기 때문에 웹페이지 단독으로 파이어베이스 애널리틱스를 사용할 수는 없는데요, 웹뷰에서 파이어베이스 애널리틱스를 어떻게 사용하는지 알아보겠습니다. 기본적인 원리는 기존에 많이 사용하던 웹뷰 통해 네이티브와 자바스크립트 간에 인터페이스를 통해 사용할 수 있습니다.

FirebaseStart 프로젝트 OneActivity 클래스와 리소스 파일에 WebView를 추가합니다. 그리고, 웹뷰에서 addJavascriptInterface()를 사용하여 자바스크립트에서 네이티브 함수와 기능을 사용할 수 있도록 인터페이스를 등록합니다.

[코드 14-7] 웹뷰에서 파이어베이스 애널리틱스 사용하기

[activity_one.xml]   [예제 파일 : res/layout/activity_one.xml]

```xml
<?xml version="1.0" encoding="utf-8"?>
<androidx.constraintlayout.widget.ConstraintLayout xmlns:android=
  "http://schemas.android.com/apk/res/android"
    xmlns:app="http://schemas.android.com/apk/res-auto"
    xmlns:tools="http://schemas.android.com/tools"
    android:layout_width="match_parent"
    android:layout_height="match_parent"
    tools:context=".analytics.OneActivity">

    <TextView
        android:id="@+id/textone"
        android:layout_width="wrap_content"
        android:layout_height="wrap_content"
        android:text="One Activity"
        android:textStyle="bold"
        android:textSize="20dp"
        app:layout_constraintTop_toTopOf="parent"
        app:layout_constraintBottom_toBottomOf="parent"
        app:layout_constraintLeft_toLeftOf="parent"
        app:layout_constraintRight_toRightOf="parent"/>
```

```xml
<WebView
    android:id="@+id/analyticswebview"
    android:layout_width="match_parent"
    android:layout_height="wrap_content"
    app:layout_constraintTop_toBottomOf="@+id/textone">
</WebView>

</androidx.constraintlayout.widget.ConstraintLayout>
```

[OneActivity.java]	[예제 파일 : java/com/goodroadbook/firebasestart/analytics/OneActivity.java]

```java
package com.goodroadbook.firebasestart.analytics;

...

import android.annotation.SuppressLint;
import android.graphics.Bitmap;
import android.webkit.WebResourceRequest;
import android.webkit.WebView;
import android.webkit.WebViewClient;

import com.goodroadbook.firebasestart.R;

public class OneActivity extends AppCompatActivity
{
    private FAnalytics mFAnalytics = null;
    private WebView mAnalyticsWebView = null;

    @Override
    protected void onCreate(Bundle savedInstanceState)
    {
        super.onCreate(savedInstanceState);
        setContentView(R.layout.activity_one);
...
...
        mAnalyticsWebView = (WebView)findViewById(R.id.analyticswebview);
        mAnalyticsWebView.getSettings().setJavaScriptEnabled(true);
        mAnalyticsWebView.setWebViewClient(new WebViewClient()
        {
            @Override
            public void onPageStarted(WebView view, String url, Bitmap favicon)
            {
                super.onPageStarted(view, url, favicon);
            }
```

```java
            @Override
            public boolean shouldOverrideUrlLoading(WebView view,
WebResourceRequest request)
            {
                return super.shouldOverrideUrlLoading(view, request);
            }

            @Override
            public void onPageFinished(WebView view, String url)
            {
                super.onPageFinished(view, url);
            }
        });

        if (Build.VERSION.SDK_INT >= Build.VERSION_CODES.JELLY_BEAN_MR1)
        {
            mAnalyticsWebView.addJavascriptInterface(
                    new AnalyticsWebInterface(this), AnalyticsWebInterface.TAG);
        }
        else
        {
            ;
        }
        mAnalyticsWebView.loadUrl("https://google.com");
    }
}
```

[AnalyticsWebInterface.java]

[예제 파일 : java/com/goodroadbook/firebasestart/analytics/AnalyticsWebInterface.java]

```java
package com.goodroadbook.firebasestart.analytics;

import android.content.Context;
import android.os.Bundle;
import android.webkit.JavascriptInterface;

import com.google.firebase.analytics.FirebaseAnalytics;

public class AnalyticsWebInterface
{
    public static final String TAG = "AnalyticsWebInterface";
    private FirebaseAnalytics mAnalytics;

    public AnalyticsWebInterface(Context context)
    {
        mAnalytics = FirebaseAnalytics.getInstance(context);
```

```java
        }

    @JavascriptInterface
    public void logEvent(String name, String itemId, String itemName)
    {
        mAnalytics.logEvent(name, bundleFromJson(itemId, itemName));
    }

    @JavascriptInterface
    public void setUserProperty(String name, String value)
    {
        mAnalytics.setUserProperty(name, value);
    }

    private Bundle bundleFromJson(String itemId, String itemName)
    {
        Bundle bundle = new Bundle();
        bundle.putString(FirebaseAnalytics.Param.ITEM_ID, itemId);
        bundle.putString(FirebaseAnalytics.Param.ITEM_NAME, itemName);

        return bundle;
    }
}
```

FirebaseStart 프로젝트에서 웹뷰를 통해 웹페이지를 로드할 수 있도록 구성을 마쳤습니다. OneActivity 클래스의 WebView에서 로드되는 google.com을 우리가 만든 페이지로 수정하고 해당 페이지에서 AnalyticsWebInterface의 logEvent()와 setUser8Property() 함수를 호출하면 파이어베이스 애널리틱스에 웹페이지에서 전달되는 정보를 보낼 수 있습니다. 여러분도 위와 같은 형태로 구성해보길 권합니다.

정리하기

이번 장에서 파이어베이스 애널리틱스에 대해 공부했습니다. 애널리틱스 같은 경우 파이어베이스 콘솔을 통해 활용할 수 있는 부분이 많습니다. 우리가 앱을 만들어 다른 서비스들도 중요하지만 지속적으로 애널리틱스로 수집되는 정보를 통해 사용자들이 어떠한 형태로 사용하고 있으며, 어떤 부분이 부족한지를 모니터링 해야 합니다. 그러기 위해서는 파이어베이스 애널리틱스에서 제공하는 대시보드(Dashboard), 이벤트(Events), 전환 수(Conversions), 기여(Attribution), 유입 경로(Funnels), 사용자 속성(User Properties), 최신 버전(Latest Release), 사용자 보유(Retention), StreamView, Debug View 의 기능들에 대해 숙지하여 적용해 볼 필요가 있습니다.

연습문제 | 퀴즈를 풀어보며 개념을 복습합니다.

문제에 대한 답은 백견불여일타 카페에서 확인할 수 있습니다. cafe.naver.com/codefirst

1 파이어베이스 애널리틱스에 대해 설명해보세요.

2 파이어베이스 애널리틱스의 대시보드에서 표시되고 있는 항목들에 대해서 기술해보세요.

3 파이어베이스 애널리틱스의 대시보드(Dashboard), 이벤트(Events), 전환 수(Conversions),
   기여(Attribution), 유입 경로(Funnels), 사용자 속성(User Properties), 최신 버전(Latest
   Release), 사용자 보유(Retention), StreamView, Debug View가 있습니다. 이들 중에 5가지
   이상 적어보세요.

4 웹뷰를 통해 로드되는 웹페이지에서 파이어베이스 애널리틱스를 사용할 수 있도록 제공됩
   니다. 그 방법에 대해서 순서대로 설명해보세요.

5 파이어베이스 애널리틱스에서 사용자 속성을 만들 때 제약 사항에 대해서 기술해보세요.

실습문제 | 실습은 지식을 내것으로 만드는
최고의 방법입니다.

문제에 대한 답은 백견불여일타 카페에서 확인할 수 있습니다. cafe.naver.com/codefirst

웹뷰에서 파이어베이스 애널리틱스를 사용할 수 있도록 앞에서 과정을 상세히 알아보았는데요,
실제 웹페이지에서 자바스크립트 인터페이스를 통해 파이어베이스 애널리틱스로 이벤트를 기록할
수 있도록 만들어봅시다.

1. Android Studio의 FirebaseStart에 WebView와 웹페이지 간의 동작을 보면 다음과 같습니다.

실습은 지식을 내것으로 만드는
최고의 방법입니다.

2. 웹 서버에서 동작하는 firebaseanalytics.jsp 파일을 만들고 다음과 같이 구성합니다.

[firebaseanalytics.jsp]

```jsp
<%@ page language="java" contentType="text/html;
charset=UTF-8" pageEncoding="UTF-8"%>
<%

    request.setCharacterEncoding("UTF-8"); // 추가한 항목

%>

<html>
<head>
<script>
function logEvent(name, itemid, itemname) {
  if (!name) {
    return;
  }

  if (window.AnalyticsWebInterface) {
    // Call Android interface
    window.AnalyticsWebInterface.logEvent(name, itemid, itemname);
  } else {
    // No Android or iOS interface found
    console.log("No native APIs found.");
  }
}

function setUserProperty(name, value) {
  if (!name || !value) {
    return;
  }

  if (window.AnalyticsWebInterface) {
    // Call Android interface
    window.AnalyticsWebInterface.setUserProperty(name, value);
```

실습문제 | 실습은 지식을 내것으로 만드는 최고의 방법입니다.

```
    } else {
      // No Android or iOS interface found
      console.log("No native APIs found.");
    }
}

logEvent("AndroidWebView", "WebPageId", "WebPageName");

</script>
</head>
<body>
    <h2>Firebase Analytics로 이벤트 전송 페이지</h2>
</body>
</html>
```

3. 웹 서버에서 동작하는 firebaseanalytics.jsp 경로를 FirebaseStart에서 사용할 수 있도록
   FirebaseStart 프로젝트의 **OneActivity** 클래스에서 사용 중인 웹뷰가 로드할 수 있도록 URL을
   수정합니다.

[OneAcitivty.java]　　　[예제 파일 : java/com/goodroadbook/firebasestart/analytics/OneActivity.java]

```java
package com.goodroadbook.firebasestart.analytics;
...
...
public class OneActivity extends AppCompatActivity
{
    private FAnalytics mFAnalytics = null;
    private WebView mAnalyticsWebView = null;

    @Override
    protected void onCreate(Bundle savedInstanceState)
    {
        super.onCreate(savedInstanceState);
        setContentView(R.layout.activity_one);
```

```
...
...
    mAnalyticsWebView.loadUrl("http://192.168.0.48:8080/AppServer/
firebaseanalytics.jsp");
    }
}
```

4. FirebaseStart 앱이 실행되면 **OneActivity** 클래스가 실행되고 firebaseanalytics.jsp의 자바스크
립트가 인터페이스를 통해 logEvent()를 호출합니다. 자바스크립트의 logEvent 호출되면 인터
페이스를 통해 파이어베이스 애널리틱스에 전달하게 됩니다. 그림과 같이 파이어베이스 콘솔에
서 웹페이지 콘솔의 내용을 확인할 수 있습니다.

특별부록
기획서 작성부터 배포까지!
미세 알림 앱 만들기

이 장을 시작하기 전에

특별부록에서는 실제 상용 수준의 안드로이드 앱을 제작하는 과정에 대해서 자세히 알아봅니다. 스토리보드를 짜면서 기획서를 작성하고 요구사항을 담는 것뿐 아니라 디자인을 의뢰하고 앱을 직접 구현하며 및 구글 플레이스토어에 앱을 배포하는 데 이르기까지 앱을 개발하는 과정을 전체적인 과정에 대해 상세히 실습해보겠습니다.

> ※ 상세한 소스코드 개발 과정은 백견불여일타 카페에서 PDF로 제공됩니다.

1. 안드로이드 앱을 만드는 과정

안드로이드 앱을 구글 플레이스토어와 같은 마켓에 배포하기 위한 전체적인 과정을 알아봅니다. 소프트웨어를 개발하는 방법론이 여럿 있지만 우리는 폭포수(Waterfall Model) 모델을 기반으로 진행하려고 합니다. 폭포수 개발 방법론은 순차적으로 한 단계, 한 단계 진행해 나가면 되는 것으로 전 단계가 완료되기 전에는 다음 단계로 진행할 없도록 제한하는 점이 특징입니다. 다음 그림을 참고하여 앱을 만드는 과정을 머리에 그려봅니다.

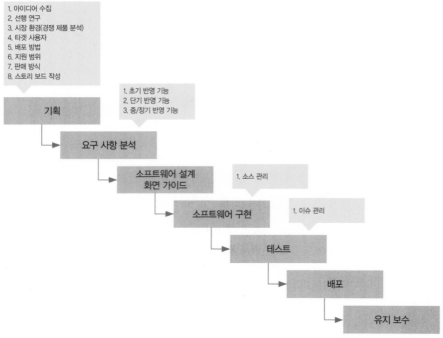

[그림 1] 안드로이드 앱을 만드는 과정

기획

안드로이드 앱을 만들기 위해서 가장 먼저, 어떠한 앱을 만들지에 대한 아이디어를 수집합니다. 그리고 수집된 아이디어가 실제 안드로이드에서 구현이 가능한가를 확인하는 선행 연구를 진행하고, 이를 통해 가능 여부가 확인되면 시장 환경, 타겟 사용자, 배포 방법, 지원 범위, 판매 방식을 정합니다. 그리고 그림을 통해 앱의 대략적인 동작을 확인하여 불필요한 동작들에 대해 수정하거나 삭제할 수 있는 스토리보드를 작성합니다.

요구사항 분석

이러한 과정이 끝난 다음에는 요구사항을 정리하는 단계를 거칩니다. 요구사항을 작성할 때에는 기간별로 나누어 정리하는 것이 좋습니다. 한 번에 모든 기능들을 적용하면 좋겠지만 많은 인력과 개발 기간이 필요하기 때문에 현실적으로 어렵습니다. 즉, 초기 반영 기능, 단기 반영 기능, 중/장기 반영 기능으로 구분하여 정리합니다.

소프트웨어 설계 및 구현, 테스트

요구사항이 정리가 완료되면 디자인을 의뢰 및 소프트웨어 설계를 진행합니다. 디자인 의뢰하여 화면 가이드 문서와 앱에 들어갈 이미지를 전달 받으면, 화면 가이드를 토대로 기능들을 구현하고 완료된 기능들에 대해서 테스트를 진행합니다.

배포 및 유지 보수

구현 및 테스트가 완료되면 구글 플레이스토어를 통해 배포를 진행합니다. 배포 이후에는 유지 보수 단계로 요구사항에 명시한 단기 반영, 중/장기 반영 기능을 추가하고 발생된 버그를 수정합니다.

2. 기획부터 배포까지! 미세먼지 알림 앱 만들기

앞에서 소개한 과정대로 안드로이드 앱을 구현해 보려고 합니다. 미세먼지 지수를 정보를 알리는 알림 앱을 만들어 볼 텐데요. 기획, 요구사항 분석, 소프트웨어 설계 및 화면 가이드, 소프트웨어 구현 및 테스트, 배포 순으로 단계별로 할 일을 자세히 알아보겠습니다.

[1단계] 기획하기

기획 단계에는 어떤 앱을 만들지 아이디어를 수집하고 선행 연구를 진행하며, 시장 환경, 타켓 사용자, 배포 방법, 지원 범위, 판매 방식, 스토리보드를 작성하는 단계입니다. 먼저 아이디어 수집은 어떤 앱을 만들지에 대해 브레인 스토밍을 진행하여 아이디어들을 정리합니다. 그리고 정리된 내용을 토대로 기술적으로 가능한지 선행 연구를 통해 확인합니다. 기술적으로 가능하면 시장 환경, 타켓 사용자, 배포 방법, 지원 범위, 판매 방식을 결정하고 스토리보드를 작성하여 전체적인 앱의 동작을 확인합니다. 기획 단계가 완료되면 기획서 문서가 산출물로 나와야 합니다.

필자는 '미세 알림'이라는 앱을 만들기 위한 기획서를 간략하게 만들어 볼 것입니다. 여러분도 앱을 만들기 전에 간략하게 기획서를 만들어 보세요.

---

1. 제품 기획 목적 및 범위

- 안드로이드 스마트폰을 사용하는 사용자 대상으로 단말에서 쉽게 자신의 현재 위치의 미세먼지 정보를 확인할 수 있는 기능을 제공한다.

2. 시장 환경 (경쟁사 제품 분석)

- 최근 미세먼지에 대한 사회적 관심이 높아짐에 따라 다양한 미세먼지 알림을 제공하는 앱들이 제작되었다. 시작은 현재 위치의 미세먼지 알림을 제공하는 것을 목표로 하지만 지속적인 업데이트를 통해 경쟁 제품 분석 및 경쟁 제품보다 우위를 가질 수 있도록 차별화할 수 있도록 한다.

3. 타겟 사용자

- 사용성을 높여 10대에서 30대까지 주 대상으로 한다.

---

4. 제품의 구성

구분	상세	
제품명	미세 알림	
지원 범위	플랫폼	안드로이드
	지원단말	스마트폰 지원/태블릿 제외
	지원 OS 버전	안드로이드 6.0 이상
	해상도	480×800 이상 (Portrait만 지원)
	지원언어	한국어(한글)
출시 국가	국내	
배포 및 업데이트	구글 플레이스토어를 통해 배포하고 구글 플레이스토어를 통해서만 업데이트가 가능하다.	

5. 제품의 주요 기능

- 아이디어 및 선행 연구를 통해 정리된 기능을 요약 정리한다.

기능	내용	기타
위치정보 조회	현재 위치 정보를 조회하여 주소로 변환한다.	
현재 위치 미세먼지 등급	위치 정보와 주소 정보를 확인하여 현재 위치 미세먼지 수치를 표시한다.	
날씨	현재 위치/시간에 날씨 정보를 표시한다	
최저/최고 온도	현재 위치/시간에 대한 최고/최저 온도를 표시한다.	

6. 제품 출시 일정

- 2019년 10월 중순

7. 판매 방식

- 무료 설치 제공
- 배너형 광고 제공

[그림 2] 미세 알림 제품 기획서

간략하게 '미세 알림'의 기획서를 작성해 보았는데요, 앞의 기획서 중에 배포 방법 및 지원 범위, 판매 방식에 대해서 알아봅니다.

배포 방법

먼저 배포 방법은 대부분은 구글 플레이스토어를 통해 앱을 배포하지만, 나라별로 통신사들에서 제공하는 스토어를 통해 배포가 가능합니다. 우리는 이동통신회사(SKT, KT, LGU+)가 각각 운영 중인 스토어를 통합하여 하나의 스토어로 만들어 OneStore를 운영 중입니다(https://dev.onestore.co.kr/devpoc/index.omp). 어떤 마켓에 배포할 것인지를 결정하여 사전에 개발자 등록 및 앱 정보 등록을 통해 준비하면 됩니다.

지원 범위

지원 범위에는 다양한 종류가 있는데요, 다음 순으로 결정하면 됩니다.

- 안드로이드 OS 지원 범위
- 안드로이드 태블릿 지원 여부
- 지원 언어
- 배포 국가

안드로이드 OS 지원 범위를 지정할 때에는 구글에서 제공하는 안드로이드 OS 버전 분포도를 참고하면 됩니다. 다음 [그림 3]을 볼까요?

Version	Codename	API	Distribution
2.3.3 - 2.3.7	Gingerbread	10	0.3%
4.0.3 - 4.0.4	Ice Cream Sandwich	15	0.3%
4.1.x	Jelly Bean	16	1.2%
4.2.x		17	1.5%
4.3		18	0.5%
4.4	KitKat	19	6.9%
5.0	Lollipop	21	3.0%
5.1		22	11.5%
6.0	Marshmallow	23	16.9%
7.0	Nougat	24	11.4%
7.1		25	7.8%
8.0	Oreo	26	12.9%
8.1		27	15.4%
9	Pie	28	10.4%

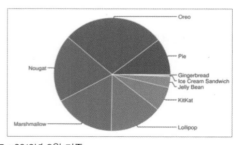

[그림 3] 안드로이드 개발자 사이트 : 2019년 8월 기준
– http://developer.android.com/intl/ko/about/dashboards/index.html

가장 많은 안드로이드 OS 버전은 API 레벨로 보면 16.9%의 마시멜로우Marshmallow지만, 코드 네임 기준으로 보면 오레오Oreo가 28.3%로 가장 많이 사용 중입니다. 마시멜로우 버전 이상이 전체 74.8%에 해당하기 때문에 가능한 마시멜로우 버전 이상 지원하도록 합니다. 만약 마시멜로우 미만 버전을 지원하게 되면 단말을 구하기 어렵기 때문에 테스트해보기도 어려울 뿐만 아니라 바뀐 내용이 많아 개발하는 데 버전별로 예외처리가 많이 들어갑니다. 즉, 개발 비용이 많이 들어 일정에도 영향을 줄 수 있기 때문에 가능한 마시멜로우 버전 이상을 지원하는 것이 유지보수에 도움이 됩니다.

다음은 **안드로이드 태블릿 지원 여부**를 결정하는 것으로 대부분의 앱에서는 초기부터 지원하지 않습니다. 태블릿 같은 경우 화면 구성이 기존 스마트 폰과 다르기 때문에 앱을 하나 더 만드는 것과 같기 때문에 개발 비용이 많이 발생됩니다. 따라서 태블릿은 지원은 향후 사용자의 요구사항에 따라 지원하면 될 것입니다.

지원 언어를 결정하는 단계로 안드로이드 앱은 현지화 작업이 가능하도록 되어 있습니다. 즉, 단말의 언어에 따라 앱에서도 언어를 지원할 수 있습니다. 예를 들어 한국어를 사용하는 단말에서 영어로 언어를 변경하면 우리가 만든 앱도 영어로 변경되는 것을 말합니다. 만약 영어를 지원하지 않는 앱은 그대로 한국어로 표시될 것입니다. 국내에서 만들어지는 앱들의 대부분은 한국어와 영어를 대부분 지원합니다. '미세 알림'은 한국어만 지원하도록 합니다.

배포 국가를 결정할 때에는 지원 언어와 연관성이 있습니다. 지원 언어에 따라 국가를 결정할 수 있습니다. 한국어만 지원하면 국내 배포로 한정될 것이고 영어를 지원할 경우 전세계 대부분의 나라에 배포가 가능합니다.

지원 범위에 해당하는 안드로이드 OS 지원 범위, 안드로이드 태블릿 지원 여부, 지원 언어, 배포 국가에 대해서 알아보았습니다. 지원 범위를 정했으면 다음으로 넘어갑니다.

판매 방식

판매 방식에는 무료, 유료, 부분 유료로 결정할 수 있습니다. '무료'는 모든 사용자가 무료로 앱의 기능들을 사용할 수 있는 것을 말합니다. '유료'는 앱을 다운로드 받아 설치할 때 금액을 결제 후에 사용할 수 있는 것을 말하며, '부분 유료'는 인앱(In app billing) 결제로 무료 앱을 설치하고 일부 기능에 대해서 유료로 결제 후 사용할 수 있는 것을 말합니다. 이러한 판매 방식을 참고하여 결정하도록 합니다. 그리고 무료로 제공되는 앱들은 광고를 붙여 제공하는 것을 보았을 것입니다. 만약 무료로 제공되는 앱을 만들 경우 광고를 제공하는 것을 고려합니다.

스토리보드 작성하기

다음은 기획서를 참고하여 전체적인 흐름을 파악할 수 있는 스토리보드를 작성해보겠습니다. 스토리보드는 그림을 통해 앱의 대략적인 동작을 확인하여 불필요한 동작들에 대해 수정하거나 삭제할 수 있습니다

'미세 알림'에 대한 스토리보드를 보기 전에 스토리보드를 쉽게 작성할 수 있는 툴들이 있습니다.

[그림 4] 사용하기 쉬운 스토리보드 작성 툴인 wireframe : http://wireframesketcher.com/

'미세 알림' 앱은 Wireframe을 사용하지 않고 파워포인트를 이용했는데요, '미세 알림'에 대한 스토리보드를 보도록 합니다.

[그림 5] 파워포인트로 작성한 '미세 알림' 앱 스토리보드

1. 안드로이드 런처에서 '미세 알림' 아이콘을 클릭하면 로딩 화면을 보여줍니다. 로딩 화면은 2초 동안 보여주게 됩니다.

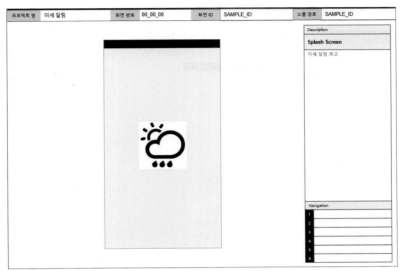

[그림 6] 미세 알림 로딩 화면

2. 로딩 화면 다음은 제품 소개 화면으로 미세 알림에 대한 소개 내용을 표시하게 됩니다. 미세 알림 앱은 한눈에 미세먼지, 날씨 상태를 볼 수 있음을 강조했습니다.

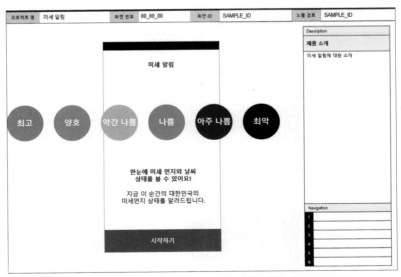

[그림 7] 제품 소개 화면 : 미세먼지와 날씨 상태를 한눈에 보이게 설정

3. 제품 소개 화면 다음은 위치 정보 조회 권한을 사용자로 하여금 동의를 받아야 합니다. 동의를 받지 않으면 현재 위치 및 주소를 앱에서 얻을 수 없습니다. 반드시 동의를 받고 앱이 실행되어야 합니다.

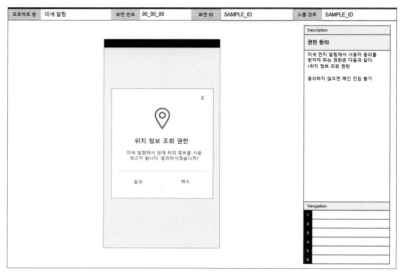

[그림 8] 위치 정보 조회 권한 사용자 동의 취득

4. 사용자로 하여금 위치 정보 조회 권한 동의를 받으면 제품의 메인 화면으로 진입합니다. 제품 메인 화면에서는 현재 위치의 주소 정보와 미세먼지 등급을 화면에 표시됩니다.

[그림 9] 메인 화면 : 현재 위치 정보와 미세먼지 등급을 표시

스토리보드까지 작성이 끝나면 리뷰를 통해 요구사항 분석에 참고할 수 있도록 기능들을 정리합니다. 이어서 요구사항 분석 단계에 대해서 자세히 알아보겠습니다.

[2단계] 요구사항 분석하기

요구 분석 단계에서는 기획서와 스토리보드를 참고하여 작성합니다. 요구사항 분석에서는 크게 다음과 같은 것들을 정리하면 됩니다.

❶ 개요
❷ 전체 설명
❸ 환경
❹ 제품 기능

'미세 알림' 앱의 요구사항 분석 내용을 간략하게 작성해 봅니다. 여러분도 이와 같은 방법으로 정리하면 되겠습니다.

---

1. 개요

1.1 프로젝트 목표
　　– 안드로이드 스마트폰을 사용하는 사용자 대상으로 단말에서 쉽게 자신의 현재 위치의 미세먼지 정보를 확인할 수 있는 기능을 제공

1.2 프로젝트 범위
　　– 위치 정보 조회 및 주소 변환
　　– 현재 위치의 미세먼지 상태 조회
　　– 현재 위치/시간의 날씨, 최고/최저 온도 조회

1.3 프로젝트 산출물
　　– FineDustAlert.apk

2. 전체 설명

2.1 제품 구성 및 동작

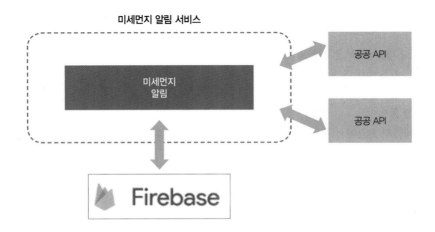

2.2 제품 주요 기능

- 서버에서 제공되는 미세먼지 정보를 이용하여 사용자에게 제공
- 전국 미세먼지 분포 제공
- 사용자 등록 지역 제공
- 사용자 등록 지역/시간 시 알림 제공

3. 환경

3.1 설치 환경

- 지원 플랫폼 : Android 6.0 이상 지원
- 지원 디바이스 : 패드 지원하지 않음(폰 사이즈로 제공)
- 해상도 : 540x960 이상 지원

3.2 배포 관리

- 패키지 구성 : com.goodroadbook.finedustsmartalert
- 배포 : 구글 플레이스토어를 통해 배포

3.3 형상 관리

- 소스 경로 : Git

4. 제품 기능

4.1 배포

구글 플레이스토어를 통해 배포를 진행

4.2 설치

사용자는 구글 플레이스토어를 통해 다운로드 및 설치 가능하다.

4.3 실행

사용자가 제품을 실행하면 다음과 같은 절차로 진행된다.

4.3.1 제품 초기 진입 (권한 동의 전)

제품을 설치하고 처음 실행하는 경우 다음과 같은 절차를 따른다.

1) Splash Screen
2) 제품 소개
3) 권한 공지 및 권한 동의 (위치 정보 권한만 필요)
4) 메인 화면

4.3.2 제품 진입 (권한 동의 완료)

1) Splash Screen
2) 메인 화면

4.4 권한 동의

미세먼지 알림에서 사용자 동의를 받아야 하는 권한은 다음과 같다.

위치 정보 조회 권한

4.5 메인 구성

4.5.1 위치 정보 조회 권한 미동의

위치 정보 조회 권한 없는 경우 제품 진입이 되지 않는다.

4.5.2 위치 정보 권한 동의

위치 정보 조회 권한이 있으면 제품 진입 시 현재 위치를 조회하여 다음 항목을 보여준다.

단, 사용자가 등록한 주소가 있는 경우 사용자가 등록한 주소의 미세먼지 정보를 제공한다.

4.5.3 메인 표시 정보

1) 사용자 주소 등록 유무
   - 사용자 주소 등록 시 사용자 주소 표시
   - 사용자 주소 미등록 시 현재 위치 조회된 주소 표시
2) 현재 조회된 위치 정보의 주소
3) 미세먼지 상태
4) 미세먼지 측정된 시간
5) 미세먼지 측정된 세부 값
   - 미세먼지
   - 초미세먼지
   - 이산화질소
   - 오존
   - 일산화탄소
   - 아황산가스
6) 시간별 예보
   - 현재 시간 기준으로 1시간 간격으로 6시간만 표시
   - 예) 3시 44분
   - 오후 4시, 오후 5시, 오후 6시, 오후 7시, 오후 8시, 오후 9시
7) 일별 예보
   - 월~일 - 아침/점심/저녁
8) 사용자 지역 등록 버튼
9) 사용자 알림 등록 버튼

4.6 메뉴 구성

메뉴는 제공하지 않는다.

4.6 미세먼지 지역 설정 (NEXT – 추후 업데이트 시 제공)

주소를 통해 등록된다.

검색 에디터 창 제공한다.

사용자가 입력된 주소(동)로 검색 및 선택된 주소로 설정된다.

사용자가 등록할 수 있는 주소는 5개로 제한한다.

4.7 미세먼지 시간 설정 (NEXT – 추후 업데이트 시 제공)

미세먼지 정보를 지정된 시간에 알림을 통해 제공된다.

4.8 미세먼지 기준

보통 '미세먼지'라 함은 일반적으로 10um(PM10)크기의 미세먼지를 말한다. 아래 표를 보면 10um이 얼마나 작은 수치인지 알 수 있다.

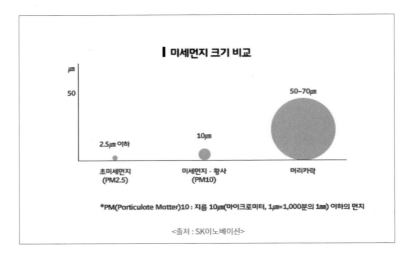

10um의 미세먼지도 중요하지만 사실 더 중요한 건 그보다 더 작은 2.5um(PM2.5)의 초 미세먼지다. PM2.5 이하의 초미세먼지의 경우, 인체 내 기관지 및 폐 깊숙한 곳까지 침투해 호흡기뿐만 아니라, 심혈관 질환 및 피부질환 등 각종 질병을 유발하는 원인이 될 수도 있다고 한다.

그렇기 때문에 우리나라의 환경부에서는 미세먼지에 대한 기준을 만들어 아래와 같이 공고하고 있다. 우리나라의 미세먼지(PM10)과 초 미세먼지(PM2.5)의 기준은 아래와 같다.

미세먼지(PM10)	좋음	보통	나쁨	매우나쁨
환경부	0~30	31~80	81~150	151~
WHO	0~30	31~50	51~100	101~

초미세먼지(PM2.5)	좋음	보통	나쁨	매우나쁨
환경부	0~15	16~50	51~100	101~
WHO	0~15	16~25	26~50	51~

[그림 10] 미세 알림 요구 분석

[3단계] 소프트웨어 설계 및 화면 가이드

간략하게 "미세 알림"의 요구사항 분석에 대해서 알아보았습니다. 작성된 문서를 이용하여 디자인 의뢰 및 소프트웨어 설계를 진행하면 되겠습니다. 그리고 테스트에 필요한 테스트 케이스를 요구 사항 분석 내용을 보고 작성하면 됩니다. 이와 같이 요구사항 분석이 완료되면 이 문서를 토대로 각각 업무가 분담이 됩니다. 간략하게 그림을 통해 보도록 합니다.

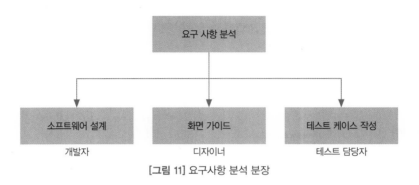

[그림 11] 요구사항 분석 분장

앱 설계하기

요구 분석 단계가 끝나면 앱 설계로 들어갑니다. 설계할 때 고려해야 하는 항목은 다음과 같습니다.

❶ 미세먼지 측정 값 조회
❷ 현재 위치 정보 조회 및 주소 변환
❸ 미세먼지 측정 값 관리

위 항목 중에 **미세먼지 측정 값 조회**에 대해서 고려해 보면 다음과 같습니다. 미세먼지 측정 정보를 가져오기 위해서는 공공 API를 사용해야 합니다. 국내에서 미세먼지 측정 정보를 무료로 제공하고 있으며 다음과 같은 절차로 획득할 수 있습니다. 공공 데이터 포털(www.data.go.kr)에서 한국 환경공단_대기오염정보에서 대기오염정보 조회 서비스를 사용하면 가능합니다.

개발 계정은 개발계획서만 제출하면 자동으로 승인되고 운영 계정 같은 경우 심의를 거친 후에 승인이 됩니다. 초기 개발에는 개발 계정으로 사용한 후에 배포 시점에 운영 계정을 획득하여 배포하면 되겠습니다. 다음 사이트에서 회원 가입 및 개발 계정을 획득합니다.

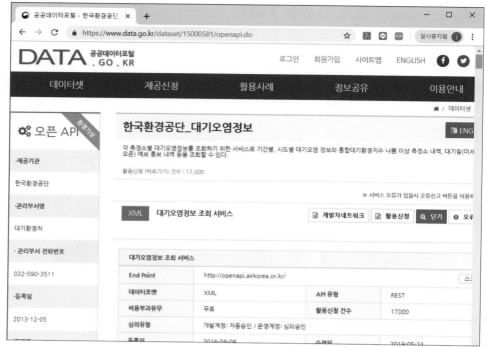

[그림 12] 미세먼지 측정 정보 조회 서비스

개발 계정이 획득되면 대기오염정보 조회 서비스에 필요한 airkorea_openapi_guide-v1_7_2. docx 문서를 받습니다. 해당 문서에는 미세먼지 측정된 값을 획득하기 위해 서버 접속 정보와 요청/수신에 대한 프로토콜이 정의되어 있습니다. 해당 문서의 정의된 정보를 통해 미세먼지 정보를 획득하면 됩니다.

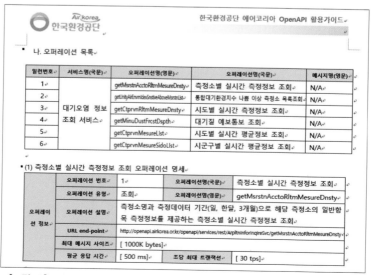

[그림 13] airkorea_openapi_guide-v1_7_2.docx의 대기오염 정보 조회 서비스 API

다음은 **위치 정보 조회와 주소 값 변환**에 대해서 알아봅니다. 위치 정보 조회 결과는 위도/경도 값으로 반환합니다. 이러한 위도/경도 값을 미세먼지 측정 정보를 조회하려면 주소로 변환해야 합니다. 안드로이드에서는 지오코딩이라는 것을 제공해줍니다. 지오코딩GeoCoding이란 '주소나 지명'을 '좌표 (위도, 경도)'로 변환시키는 작업입니다. 혹은 반대로 '좌표(위도, 경도)'를 '주소나 지명'으로 변환하는 작업 (역 지오코딩: Reverse GeoCoding) 이라 합니다. 이와 같이 지오코딩을 이용하여 위도/경도 정보를 주소로 변환하여 미세먼지 지역 정보를 조회할 수 있도록 설계하면 되겠습니다.

마지막으로 **미세먼지 측정 값 관리**입니다. 미세먼지 정보를 제공하는 에어코리아에서는 하루에 최대 500건 조회를 한정하고 있습니다. 설치된 앱의 기기별로 매번 조회하다보면 500건은 얼마 안되어 소진되고 이후에는 조회할 수 없어 정상적인 미세 알림 정보를 확인할 수 없을 것입니다. 별도 서버를 구축하여 서버에서 500건 한정으로 조회하고 미세먼지 정보를 관리하여 각각의 클라이언트에서 제공하는 형태로 구성하면 문제가 없을 것입니다. 그러나 우리는 안드로이드 앱으로만 제공하는 것이고 파이어베이스를 사용하는 방법을 사용할 수 있도록 설계하도록 합니다. 즉, 각각의 앱에서는 먼저 파이어베이스의 파이어스토어에 저장되어 있는 정보를 조회합니다. 현재 시간에 해당하는 미세 알림 정보가 있으면 파이어스토어 정보를 사용하고 그렇지 않으면 에어코리아에서 제공하는 API를 통해 조회 후 파이어베이스 스토어에 정보를 업데이트하고 제품에서 사용할 수 있도록 합니다. 이렇게 설계를 할 경우 500 건을 초과하지 않고, 자체 서버 없이 미세 알림 앱을 서비스 할 수 있습니다.

주요한 내용을 고려하여 다음과 같이 설계를 진행하면 되겠다.

소프트웨어 설계서 작성하기

소프트웨어 설계에는 크게 다음과 같은 내용들이 들어갑니다.

❶ 개요
❷ 설계 고려 사항
❸ 설계

"미세 알림" 앱의 소프트웨어 설계 내용을 간략하게 작성해 보겠습니다. 여러분도 다음과 같은 방법으로 정리하면 되겠습니다.

1. 개요

　1.1 목적

　1.2 범위

2. 설계 고려 사항

　2.1 설계 목표

　2.2 제약 사항

3. 설계

　3.1 구성

　3.2 소프트웨어 아키텍처

　3.3 컴포넌트 정의

　3.4 클래스 다이어그램

　3.5 플로우 차트

[그림 14] '미세 알림' 소프트웨어 설계서

소프트웨어 설계와 더불어 앱 개발 진행 관련 이미지들도 모두 준비되어 있어야 합니다. 안드로이드에서 필요한 이미지들 중에 주요한 것들로 보면 다음과 같습니다.

▲ 해상도별 앱 아이콘

▲ 알림 아이콘

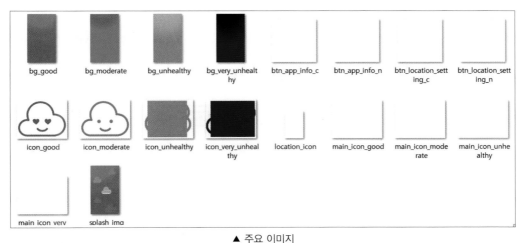

▲ 주요 이미지

[그림 15] 앱 개발에 필요한 주요 이미지들

[4단계] 소프트웨어 구현하기

✳ 상세한 소스코드 개발 과정은 백견불여일타 카페에서 PDF로 제공됩니다.

소프트웨어 설계와 화면 가이드가 끝나면 개발자는 소프트웨어 구현을 진행할 수 있습니다. 바로 구현을 진행하기에 앞서 구현된 소스를 관리하기 위한 툴에 대해 간략하게 언급하고 시작합니다. 앞서 요구사항 분석 단계에서 형상(소스, 문서) 관리는 깃헙GitHub을 이용하는 것으로 명시했습니다. 이러한 형상 관리를 위한 툴이 필요한 이유는 2명 이상의 팀 단위로 개발할 경우 개개인이 개발한 코드들을 하나로 합치는 과정에 많은 시간이 필요하고 합치는 과정에서 발생된 실수가 나중에 앱의 중대한 버그로 이어질 수 있기 때문에 반드시 2명 이상일 경우 소스 관리 툴을 선정하여 사용합니다. '미세 알림'은 깃헙을 이용하여 소스를 관리합니다.

지금부터 소프트웨어 설계 문서와 화면 가이드를 토대로 '미세 알림' 구현의 일부를 설명하겠습니다. 나머지 부분은 아래 깃헙에서 다운로드하여 확인해 보길 바랍니다(화면 가이드 및 이미지도 깃헙에서 확인 가능합니다).

[github 경로] https://github.com/goodroadbook/FineDustAlert

[다운로드 방법]

- 깃헙 경로를 브라우저를 통해 접속하여, 화면 오른쪽 〈Download ZIP〉 버튼을 눌러 압축된 미세 알림 의 소스를 모두 받습니다.

- Android Studio를 실행하여 다음과 같이 임포트하여 실행합니다.

[그림 16] '미세 알림' 소스 다운로드하기

프로젝트 생성부터 작업을 진행합니다.

1. 프로젝트 생성 (미세 알림)

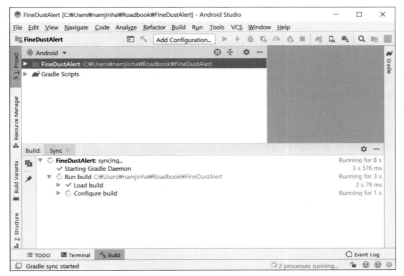

[그림 17] 프로젝트 생성하기

2. 미세 알림 화면 구현

미세먼지 상태에 따라 메인 화면은 다음과 같이 표시되게 구현하면 되겠습니다.

[그림 18] 측정 값에 따른 메인 화면 모습

3. 미세 알림의 주소 변환

위치 정보 조회를 통해 획득한 위도/경도 정보를 지오코딩으로 주소 정보로 변환할 수 있습니다.

```java
private String getCurrentAddress( double latitude, double longitude)
{
    Geocoder geocoder = new Geocoder(this, Locale.getDefault());
    List<Address> addresses;
    try
    {
        addresses = geocoder.getFromLocation(
                latitude,
                longitude,
                7);
    }
    catch (Exception e)
    {
        return null;
    }

    if (addresses == null || addresses.size() == 0)
    {
        return null;
    }

    Address address = addresses.get(0);
    return address.getAddressLine(0);
}
```

4. 에어코리아 대기오염 정보 조회

에어코리아에서 대기오염 정보는 API 문서에 정의된 프로토콜로 요청하여 대기 오염 정보를 가져올 수 있습니다. 요청 정보와 수신 정보의 예를 다음과 같습니다.

[요청 정보]

API 요청 주소 + 서비스 키 + 가져올 항목 개수 + 페이지 넘버 + 시도명 + 버전 + 수신 포맷(기본값 XML)

```
http://openapi.airkorea.or.kr/openapi/services/rest/ArpltnInforInqireSvc/getC
tprvnRltmMesureDnsty?serviceKey=서비스키값&numOfRows=50&pageNo=1&sidoName=%EA%B2
%BD%EA%B8%B0&ver=1.3&_returnType=json
```

[수신 정보]

수신 정보는 API 문서를 참고합니다. 일부 내용은 다음과 같으며 요청할 때 _returnType=json 값을 추가했기 때문에 json으로 수신하고 _returnType=json 값이 없는 경우 xml 값으로 수신됩니다.

```
{"list":[{"_returnType":"json","coGrade":"1","coValue":"0.6","dataTerm":"","dataTime":"2019-08-10 05:00","khaiGrade":"2","khaiValue":"54","mangName":"도시대기","no2Grade":"1","no2Value":"0.027","numOfRows":"10","o3Grade":"1","o3Value":"0.008","pageNo":"1","pm10Grade":"1","pm10Grade1h":"1","pm10Value":"30","pm10Value24":"30","pm25Grade":"2","pm25Grade1h":"2","pm25Value":"22","pm25Value24":"17","resultCode":"","resultMsg":"","rnum":0,"serviceKey":"","sidoName":"","so2Grade":"1","so2Value":"0.002","stationCode":"","stationName":"신풍동","totalCount":"","ver":""},
...
```

5. 파이어스토어에 대기오염 정보를 저장

파이어스토어에 대기 오염 정보를 아래 그림과 같은 형태로 저장합니다.

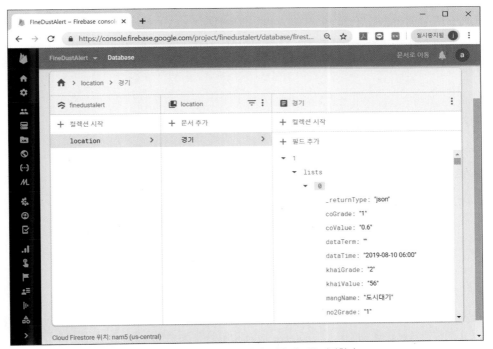

[그림 19] 파이어스토어에 대기 오염 정보를 저장한다.

6. 파이어베이스 서비스 적용

파이어스토어 뿐만 아니라 앱을 만들 때 기본적으로 다음 서비스들은 앱의 개선을 위해 적용이 필요합니다.

- 파이어베이스 애널리틱스
  - 모바일 앱을 위해 앱 사용 및 사용자 참여도에 대한 통계를 제공하는 무료 서비스
- 파이어베이스 크래스리틱스
  - 앱 품질을 저해하는 안전성 문제를 추적하고 수정하는 데 도움을 주는 실시간 오류 보고 도구
- 파이어베이스 테스트 랩
  - 구글 데이터 센터에서 실행되는 실제 프로덕션 기기를 사용하여 앱을 테스트
- 파이어베이스 성능 모니터링
  - 앱의 성능을 모니터링 하기 위해서 앱 시작 시간 추적, 화면 이동 추적, 백그라운드 동작 추적, 포그라운드 동작 추적을 통해 문제를 찾아 해결해 나갈 수 있는 기능을 제공

파이어베이스 서비스 사용으로 앱 성능 확인 및 구현이 완료되면 Android Studio에서 APK를 만들어 테스트 담당자에게 전달하면 되겠습니다. 프로젝트가 크고 여러 명이 작업하는 경우에는 별도의 빌드 시스템을 구축하여 자동으로 APK 파일이 생성되도록 하는 것이 효율적이라 할 수 있습니다.

[5단계] 구현한 소프트웨어 테스트하기

요구사항 분석에 나온 내용을 토대로 테스트 케이스 작성한 문서를 이용하여 테스트도 다음과 같은 단계로 테스트를 진행합니다.

[그림 20] 테스트 진행 순서

알파는 소프트웨어 테스트를 시작하는 첫 단계로 기능이 정상적으로 동작하지 않는 경우가 많기 때문에 많은 버그가 나올 수 있습니다. 안드로이드 앱 같은 경우 구글 플레이스토어의 알파에 APK 파일을 업로드하여 테스트를 진행하면 되겠습니다.

베타는 제품의 기능이 정상동작하고 안정화 단계에 도달한 상태이기 때문에 성능 측정을 진행하게 됩니다. 구글 플레이스토어에서 알파를 베타로 승급하여 테스트를 진행하면 됩니다. 베타가 완료되면 RC 단계로 출시할 준비가 되었음을 의미합니다. RC 단계에 문제가 없으면 구글 플레이스토어에서 프로덕션으로 승급을 하면 배포가 완료됩니다.

각 단계별로 테스트 항목은 요구사항 분석서를 토대로 만들어진 테스트 케이스를 이용합니다. 각 항목을 확인하고 테스트 결과를 적습니다.

[6단계] 배포하기

안드로이드 앱을 구현하여 모든 테스트 항목에 대해 PASS가 되면 배포를 진행합니다. 안드로이드 앱 배포는 구글 플레이스토어 및 기타 마켓을 통해 배포할 수 있습니다. 구글 플레이스토어에 등록하는 방법에 대해서 앞에서 이미 보았지만 다시 한번 보도록 하죠.

❶ 구글 개발자 콘솔 등록
- 구글 계정으로 로그인
- 구글 개발자 계약 수락
- 구글 개발자 등록 수수료 결제
- 계정 세부정보 작성

❷ 구글 개발자 콘솔에 APK 파일 업로드
❸ 구글 개발자 콘솔에 스토어 등록정보 작성

위 3가지 항목에 대해서 구글 개발자 콘솔에 등록이 완료되고 앱을 게시하면 약 2시간 후에 검색이 되고 설치하여 사용할 수 있습니다.

찾아보기